Eva-Maria Siegel

Gewalt in der Moderne

Eva-Maria Siegel

Gewalt in der Moderne

Kulturwahrnehmung, Narration, Identität

Tectum Verlag

Eva-Maria Siegel

Gewalt in der Moderne.
Kulturwahrnehmung, Narration, Identität

ISBN: 978-3-8288-2361-7

Umschlagabbildung: George Wesley Bellows: Both Members of This Club, 1909 [Bilddatenbank: Bellows, George Wesley, S. 2. Die virtuelle Galerie der 25.000 Meisterwerke, S. 1886 (c) 2004 Zweitausendeins, Frankfurt am Main]

Besuchen Sie uns im Internet
www.tectum-verlag.de

Bibliografische Informationen der Deutschen Nationalbibliothek
Die Deutsche Nationalbibliothek verzeichnet diese Publikation in der Deutschen Nationalbibliografie; detaillierte bibliografische Angaben sind im Internet über http://dnb.ddb.de abrufbar.

Vorsatz

Kronach, Sonntag, 22. Juli 2009, stiller Marktplatz:

Woran ich mich am stärksten erinnere, ist das Einrasten des Türhebels links hinten, unmittelbar neben mir. Ein scharfes Geräusch. Um uns herum Gesichter, wütend, sehr jung, tiefschwarz, aufgerissene Augen und Münder. Die Stöcke, die einige in den Händen tragen, kann man nur aus einiger Distanz erkennen. Vier Personen im Jeep, drei davon sind weiß. Sie halten uns für Franzosen. Sie singen Spottlieder auf Sarkozy. Ich bin die einzige Frau. Es gab einen Toten, 12 Jahre alt, Sohn eines Polizisten. Woran ich mich erinnere, ganz genau, ist das Kauern vor dem Fenster im Treppenaufgang des belagerten Hotels, neben mir eine amerikanische Studentin, während unten an der verriegelten Tür gerüttelt wird, das Hotelpersonal atemlos durchs Haus läuft, treppauf, treppab und ruft, geht vom Fenster weg. Ich erinnere mich an die Stunden auf dem bewachten Rektoratsgelände und an die Kälte in mir, als wir die Flüge absagten nach langen Beratungen mit diversen Amtsträgern. An die eigenartige Stimmung einer Vorahnung auf dem Markt schon am frühen Morgen, als die Landfrauen nicht kamen, um ihre Produkte zu verkaufen oder eilig wieder einpackten und verschwanden, wie vor einem schweren Gewitter bei blitzblauem Himmel. So viel Stille in den sonst so belebten Gassen. Und auf den roterdigen Wegen zwischen den einstöckigen Häusern leise wehende Vorhänge in der Tür. Ich erinnere mich an die ersten Schüsse oben auf der Transferstraße zwischen dem Norden des Landes und der 350 km weit entfernten Hauptstadt, einzige Handels- und Verkehrsader weit und breit. Blick durch das vergitterte Fenster im zweiten Stock des Hotels, während auf Augenhöhe Menschen zusammen- und wieder auseinanderliefen, bei jedem Knall. Wütende Rufe, über Stunden. Die dröhnenden Stockschläge unten an der Tür des Hotels, verbarrikadiert die Tür, nachts lief das kostbare Wasser in den Hof. Ich erinnere mich an meinen roten Koffer auf dem Bett, den ich nicht mehr auspackte und an der Tür neben dem Eingangsbereich deponierte. Drei Nächte fast ohne Schlaf. Immer wieder verschobener Aufbruch im Morgengrauen. Ich erinnere mich an die Erleichterung, als der Tank wieder mit Diesel gefüllt war, aus einem olivgrünen Rohr, das in der Erde steckte. An die grünen Uniformen auf schweißglänzender dunkler Haut. An die kräftigen Hände der Männer und Frauen, die die tagelang auf eine Transportgelegenheit Wartenden von der Straße hoch auf den Lastwagen rissen, noch im Anfahren klammerten sie sich fest, Geldscheine in der Hand. An das müde Gesicht des Generals in Zivil, an seine Limousine, dunkelblau, an den respektvollen Klang der langsam auf Französisch gesprochenen Worte. An den Rhythmus der Makossa-Klänge aus dem CD-Player im Jeep, an die auf das Lenkrad trommelnden sehnigen Hände des Fahrers. An all das erinnere ich mich, bis ich am Stadtrand von Y. das erste Foto schoss, *Café Revolution*, und auch an die acht Stunden am Flughafen, den zu verlassen ich mich weigerte, und beschloss, wissen zu wollen, welche Art von Gewalt das war ...

Gliederung

Einleitung, nicht nur für Wissenschaftler: Zur modernen Topographie der Gewalt

Für Uta Sadji (1939–2009)

Es ist nicht aus Mangel an Wissen,
daß der Europäer seine Geschichte
nicht als Geschichte der Verantwortung kennt.

Jacques Derrida: Donner de la mort – Den Tod geben

Wenn die „formale Struktur" des Gewaltbegriffs sich durch die Formel auszeichnet „Wer – was – wem"[1], dann trägt die Literatur noch weitere Daten in Form komplexer narrativer Bezüge in dieses Strukturgeflecht ein: Wer – was – wem – mit welchen Mitteln – aus welchem Grund – mit welchen Folgen. Zu den Erkenntnissen der vorliegenden Untersuchung gehört es, dass Gewalt, anders als der aktuelle Trend in der sozialwissenschaftlichen Forschung besagen will, nicht auf eine „absichtsvolle physische Schädigung"[2] reduzierbar ist. Im Raum literarischer Entäußerung bestätigt sich ganz besonders noch einmal, dass „der Normalfall von Gewalt [...] Uneindeutigkeit" ist, was nicht zu verwechseln ist „mit vage"[3]. Von daher erweist sich eine strikte begriffliche Eingrenzung als wenig hilfreich. Zu den Privilegien literarischer Texte gehört es *per se*, Begriffe nicht ausschließlich als „Mittel zum Zweck der Erkenntnis einzusetzen"[4]. Vielmehr zeigen sie ihr Funktionieren *in actu* und stellen sich damit dem „Problem der Uneindeutigkeit in den verschiedenen Varianten"[5] mit dem Ziel, einen höheren Grad an Reflexionsvermögen und Sensorium bei ihren Lesern und Leserinnen zu erreichen.

Die gegenwärtige Diskussionslage in der sozialwissenschaftlichen Betrachtung von Gewaltphänomenen zeigt deutlich, wie sehr einst festgefügte Begrifflichkeiten ins Mäandern geraten sind, wie sehr ihr einst zweckrationaler Modus sich auflöst in einen

---

1 Wilhelm Heitmeyer/Hans-Georg Soeffner (Hrsg.): *Gewalt. Entwicklungen, Strukturen, Analyseprobleme.* Frankfurt a.M. 2004, Einleitung, S. 11.

2 Gertrud Nunner-Winkler: Überlegungen zum Gewaltbegriff, ebd., S. 27.

3 Einleitung, ebd., S. 11.

4 Gertrud Nunner-Winkler: Überlegungen zum Gewaltbegriff, ebd., S. 27.

5 Einleitung, ebd., S. 11.

wertrelationalen, der der Realisierung von Normen dient. Von daher mag in der Theoriebildung der kulturwissenschaftlichen Fächer moniert werden, dass Begrifflichkeiten wie „Globalisierung, Modernisierung, Hybridität, Transnationalität usw." zu den gelegentlich „jargongefährdeten Signalwörtern"[6] zu zählen sind. Es bleibt die Herausforderung, dass sie alle gleichermaßen auf Phänomene zielen, die Kulturdifferenzen zum Ausgangspunkt ihrer Betrachtung machen, ohne bei der Differenz zu bleiben. Das ist von Bedeutung in einer Zeit, in der Kulturwahrnehmung auch und nicht zuletzt medial erzeugt wird. Denn im Raum überliefernder Narrationen ist sie immer schon medial hergestellt worden. Heute scheint die Darstellung bestimmter Regionen der Erde ausschließlich über Gewaltphänomene zu funktionieren: Nur da, wo wieder einmal die Völker aufeinanderschlagen, knüpft sich das öffentliche Interesse kurzzeitig an ein: Warum? Die Literatur als ein eher langsames, kaltes, eben deshalb vielleicht aber auch langlebiges Medium lässt das Potenzial ihrer Eindrücke und Erkenntnisse oft nur im Rückblick erkennen. An ihm lässt sich aber ablesen, dass im Kontext des medialen Diskurses über Formen der Gewalt narrative Muster eine unterschwellige Rolle spielen. Sie sind einer genaueren Betrachtung wert. Denn mehr als alle anderen medialen Entwürfe basiert der literarische Schreibakt auf dem Konzept einer Einzigartigkeit des Menschen – auf der Würdigung seines jeweils spezifischen Eigenwerts und Eigensinns. Insofern spricht er Identitätsbildungsprozesse an, die, in welcher Form auch immer, aus primordialen, für ursprünglich gehaltenen Bindungen hervorgehen. Unter einer solchen Voraussetzung trägt ein deskriptiver Gewaltbegriff wenig zur Klärung von Dynamiken bei, die etwa einen Übergang von direkten zu indirekten Gewaltformen aufweisen. Zu unauflöslich sind Prozesse der Identitätsbildung mit Interessen der Legislative verknüpft, mit Vorurteilsstrukturen verbunden, die eine Prüfung hinsichtlich der Verwertbarkeit ökonomischer Kriterien nahelegen. Vor diesem Hintergrund erscheint es angebracht, über die Wahrnehmung des Anderen neu nachzudenken.

Vor fast fünfzig Jahren hat der Psychoanalytiker Erich Fromm, der soziale Handlungshorizonte und individuelles Verhalten zusammendachte, über die Verschiedenartigkeit der Phänomene der menschlichen Destruktivität nachgedacht. In diesem Zusammenhang hat er auf die Geschichte der modernen Industriegesellschaft verwiesen.[7] In einem noch höheren Maße als zu seiner Zeit hat die Frontlinie, auf die er dabei referier-

---

6 Doris Bachmann-Medick: *Cultural Turns. Neuorientierungen in den Kulturwissenschaften.* Reinbek b.H. 2006, S. 19.

7 Erich Fromm: *Anatomie der menschlichen Destruktivität.* Reinbek b.H. 1977, S. 19.

te, heute Bestand.[8] Hatte sich in den zwanziger Jahren des 20. Jahrhunderts in der Gewaltforschung eine wirkungsmächtige Umorientierung vom Fühlen auf das Verhalten vollzogen, hat diese Perspektive sich in der zweiten Jahrhunderthälfte nahezu umgekehrt. Erst in jüngster Zeit, nicht zuletzt befördert durch die neurologische Forschung[9], rücken emotionale Bedingungen verstärkt in das Blickfeld. Sie erlauben es, *instrumentale Aggression* – die dem Menschen das verschafft, was er notwendig braucht oder das, was ihm als wünschenswert erscheint – und *defensive Aggression* – die auf reale Faktoren reagiert, die eine Notwendigkeit von Gewalt bedingen – deutlicher voneinander abgrenzen.[10] Wenn Fromm als Ausgang aus der Gewaltspirale der Entwicklung menschlicher Eigenaktivität und schöpferischer Kraft eine bedeutsame Rolle bei der Bekämpfung von Gewaltpotenzialen beimisst und sie gerade nicht als Selbstzweck sieht[11], verweist er auf eine Potenzialität, für die physische Gewalt bestenfalls den Signalcharakter eines Defizits haben kann. Diese Potenzialität ist nicht allein durch Kontrollmechanismen abzudecken, welche „notfalls wieder durch Gewalt"[12] abgesichert werden.

Die literarischen Texte, in denen in diesem Band den modernen Gewaltformen nachgegangen wird, entfalten den Zusammenhang von Fremdwahrnehmung, Narrativität und Identitätsbildung in ausgeprägter Form. Zwar nutzen auch Wissensdiskurse wie Geschichtsschreibung und Psychoanalyse narrative Muster und Verfahren ausgiebig für ihre Darstellungsverfahren. Ihrer Poetologie gegenüber weisen jedoch literarische Texte topographische Beschreibungen von Gewalt in anderer Weise auf. Sie dienen erstens als Speicher der Wirkungsmacht physischer Gewalterfahrungen, sie können zweitens als medialer Speicher von Wissenskonfigurationen gelten, die Auskunft über mehr oder minder gewaltsame Identitätsbildungsprozesse geben, und sie sind drittens

---

8 Vgl. dazu aus der Perspektive dekonstruktivistischer Ansätze Andrew Haas: Metaphysik und Gewalt. Unendlichkeit bei Descartes und Lévinas, in: Ilka Becker u.a. (Hrsg.): *Unmenge – wie verteilt sich Handlungsmacht?* Köln 2008, S. 353–370.

9 Vgl. etwa Joachim Bauer: *Warum ich fühle, was du fühlst. Intuitive Kommunikation und das Geheimnis der Spiegelneurone.* Hamburg 2005.

10 Potenziale der Emotionsforschung in den Kulturwissenschaften zeigen exemplarisch auf: Alexandra Pontzen/Heinz-Peter Preußer: Ritualisierte Verarbeitungsformen von Fehlverhalten. Eine Einleitung zu Schuld und Scham, in: Dies. (Hrsg.): *Schuld und Scham.* Heidelberg 2008, S. 7–24.

11 Erich Fromm: *Anatomie der menschlichen Destruktivität*, S. 488.

12 Gertrud Nunner-Winkler: Überlegungen zum Gewaltbegriff, in: Heitmeyer/Soeffner (Hrsg.): *Gewalt*, S. 28.

ein emotionaler Speicher und strukturierendes Element von Emotionen selbst. Zur Wahrnehmung anderer kultureller Räume tragen sie insofern bei, als in der Analyse von literarischen Entwicklungsverläufen Krisensymptome festzumachen sind, die Historiker wie Trutz von Trotha auf den Nenner „globale[r] Kleinkriege" gebracht haben.[13] Das jüngste Produkt jener sich seit der zweiten Hälfte des 20. Jahrhunderts verstärkt ausbreitenden „Gewaltmärkte" darstellend, markieren sie die Grenzen einer Globalisierung nach den humanitären Richtlinien des Entwicklungsdiskurses. Insofern stellen sie insbesondere den Export des Verfassungsstaates verstärkt in Frage. Im Zuge dieser Argumentation erscheint eine echte, praktikable Demokratie nur realisierbar, wo eine Befriedigung der existenziellen Grundbedürfnisse der Menschen gewährleistbar ist.

Dieser Kontext rückt die kulturelle Differenz historisch gewachsener Wertsysteme verstärkt in den Blick. Um diese Aussage an einem Beispiel zu verdeutlichen: In den letzten Jahren ist zu beobachten, wie der Diskurs über den islamischen Terror die Auseinandersetzung mit Terrorgruppen wie der RAF ersetzt. Zudem werden Formen der psychologischen Kriegsführung im Anti-Terror-Kampf zunehmend kritisch beleuchtet. Doch scheint dies nach dem Ende des Kalten Krieges nur zu einer Fortsetzung politischer Frontziehungen mit anderen Mitteln zu führen.[14] Demgegenüber möchte der vorliegende Band Aspekte der eigenen kulturellen Wertordnung fokussieren. Er geht anhand von literarischen Eckpunkten einer Diskursgeschichte vor, die Gewalt- und Kulturwahrnehmung auf andere Weise miteinander ins Verhältnis zu setzen sucht. Drei Epochenzusammenhänge kristallisieren sich dabei heraus. Zum einen steht die Herausbildung einer europäischen Identität im Verlauf des 18. Jahrhunderts im Fokus, die auf die kolonialen Praktiken seit der Frühen Neuzeit referiert. Zum anderen geht es um die Abgrenzung und Inklusion nationaler Identitäten in Kontexten des 19. Jahrhunderts. Und nicht zuletzt setzt die Erfahrung grenzüberschreitender Identitätsbildungsprozesse mit dem Beginn des 20. Jahrhunderts ein, die Gewalt keineswegs allein als physische, aber auch nicht als eine lediglich symbolische Kulturtechnik auffasst. Vielmehr bestimmt die literarische Fokussierung Gewalt als ein asymmetrisches Machtverhältnis, das die zweckrationale Seite der Existenz mit Prozessen der Identifi-

---

13 Trutz von Trotha: Die Zukunft der Gewalt, in: Kursbuch Jg. 2002 (147), S. 161–173.

14 Welch symbiotisches Verhältnis dabei Massenmedien und Terrorismus eingehen, indem der Terrorismus spektakuläre Geschichten liefert und die medialen Bilder den Terroristen Aufmerksamkeit sichern, zeigt Andreas Elter: *Propaganda der Tat. Die RAF und die Medien*. Frankfurt a.M. 2008.

zierung ins Verhältnis setzt. Sie setzen wiederum Destruktionspotenziale in besonderer Weise frei. So werden im Zuge von ‚Wir-Gruppen-Prozessen' Leidenschaften mobilisiert und instrumentalisiert. Gier, Rache, Schuld, Scham wiederum präformieren Machtprozesse. Der Gewaltausübung wird der Glaube an ihre Unendlichkeit konstitutiv beigegeben. Grenzen zwischen inkludierenden und exkludierenden Elementen in kollektiven Strukturen, die Identität absichern, werden neu errichtet.

Im Zuge der Verschaltung von Kulturwahrnehmung und Gewaltdarstellung rückt nicht nur die Frage in den Mittelpunkt, welche Formen von Gewalt die Wahrnehmung des Fremden besonders beeinflusst haben und beeinflussen. Ebenso zu erkunden ist, welche literarischen Erzählakte der Kennzeichnung des Unvertrauten, ja Unheimlichen dienen und welche Art von Identität damit befördert wird. Dass Destruktivität und Grausamkeit mit der Geschichte der Moderne eng verbunden sind und insofern in dieser Verbindung auch analytisch wieder zu entflechten, steht nach den Untersuchungen von Walter Benjamin zur Differenzierung von Gewalt, von Erich Fromm zur destruktiven Potenzialität des Menschen, von René Girard zur Konstituierung der Opferrolle, von Jacques Derrida zur Rolle des Gesetzes außer Frage. Gewaltausübung kann so vieles sein: Waffe, Kampf, Krieg, Zwang, rohe Kraft, Macht, Befugnis, Recht oder Unrecht. Zu unterscheiden ist aber ausübende von besitzender, gesetzgebende von vollziehender Gewalt, Gesetzeskraft von bloßem Machtstreben, Destruktion von verteidigender Aggression. Für die literarische Topographie ist diese Differenzierung von besonderer Bedeutung, weil hier körperlich erfahrene, insbesondere aber auch institutionalisierte Gewalt sprachlich darstellbar sein muss, um überhaupt *wahrnehmbar* zu werden. Um als Diskurssystem einer Wahrnehmung kultureller Praktiken in einem Text und seiner narrativen Verfassung überhaupt lesbar, einem Text *ablesbar* zu sein, braucht es drei Dimensionierungen: *erstens* einen physikalischen Raum, in den hinein sich eine Bewegung von Körpern vollzieht und damit eine Kontaktzone schafft; *zweitens* den Akt der dem Leser sprachlich vor Augen gestellten Bedeutung dieser Bewegung, die historisch, kollektiv oder individuell im Raum erfahrbar wird; *drittens* die diskursive Verfasstheit von räumlichen Ordnungsverfahren selbst, insofern diese, als Praxis, eine bestimmte Deutung als besonders handlungsrelevant markieren. Ohne kulturelles Wissen erschließt das Auge keine Räumlichkeit. Jede kulturelle Organisation beginnt mit Kulturtechniken des Raumes, die gelernt, gelehrt, erworben, tradiert und weitergegeben werden.

Von dieser dreifachen Dimensionierung des Verhältnisses von Gewalt und Kulturwahrnehmung ausgehend, stellen diskursive Ordnungen einen eigenen Aktionsraum dar. Er zeichnet mögliche Handlungen vor, auch und insbesondere gewaltförmige. Kulturelle Topographie in diesem Sinne ist Formgebung im literarischen Sinne und insoweit beruht sie immer auf einem Akt der Konstruktion.[15]

Nicht selten binden sich, wie in der folgenden Untersuchung gezeigt wird, solche Spielarten und Deutungsräume literarischer Darstellungen an Prozesse der Stereotypisierung, die die Wahrnehmung und Einordnung der Fremdheitserfahrung scheinbar erleichtern. Von hoher Bedeutung für den Prozess der Nationenbildung, der sich im Raum deutschsprachiger Literatur vor allem in der zweiten Hälfte des 19. Jahrhunderts vollzog, dienten sie der gegenseitigen Abgrenzung, unterstützten zugleich aber auch die Bildung lokaler Wissensformen. Über die Vorstellungen von Körperlichkeit sind Stereotype eng mit der Herausbildung identitärer Konstrukte verknüpft. Über diesen konstitutiven Charakter hinaus weist aber jede textuelle Ausformung identitärer Prozesse Formen einer Erzählung auf. Was nicht erzählt werden kann, *ist* nicht. Noch Latenzen müssen in Form einer Leerstelle, einer defizitären Verortung, gekennzeichnet sein, um in ihrer Potenzialität wahrgenommen zu werden.[16]

Solche Codierungen von Gewalt, wie sie sich in Texte eingeschrieben haben und in die Prozesse literarischer Wahrnehmung eingegangen sind, waren lange Zeit Forschungsgegenstand der Vergleichenden Imagologie als eines Teilbereichs der Komparatistik.[17] Seit den neunziger Jahren sind die internationalen Forschungsstandards von den *Cultural Studies* in den USA geprägt worden und werden zunehmend von der postkolo-

---

[15] Zu den grundlegenden Überlegungen eines kulturwissenschaftlichen Raumkonzepts vgl. Hartmut Böhme: Raum – Bewegung – Topographie. Einleitung zu: Ders. (Hrsg.): *Topographien der Literatur. Deutsche Literatur im transnationalen Kontext.* Stuttgart/Weimar 2005 (Germanistische Symposien. Berichtsbände, XXVII), S. XV–XX; zur Applikation auf die Wahrnehmung anderer Kulturen Alexander Honold/Oliver Simons (Hrsg.): *Kolonialismus als Kultur. Literatur, Medien, Wissenschaft in der deutschen Gründerzeit des Fremden.* Tübingen 2002; Michaela Holdenried: *Künstliche Horizonte. Alterität in literarischen Repräsentationen Südamerikas.* Berlin 2004; Albert Gouaffo: *Wissens- und Kulturtransfer im kolonialen Kontext. Das Beispiel Kamerun – Deutschland 1884–1914.* Würzburg 2007.

[16] Auf diesem Konzept einer Leerstelle, die ergänzt werden muss, basierte ursprünglich der Entwurf einer Wissenschaft vom Fremden – jedenfalls in der Fassung eines ihrer Begründer, Leopold-Joseph Bonny Duala-M'bedy: *Xenologie. Die Wissenschaft vom Fremden.* Freiburg 1977.

[17] Vgl. Hugo Dyserinck: *Komparatistik. Eine Einführung.* Bonn 1977; Günther Blaicher (Hrsg.): *Erstarrtes Denken. Studien zu Klischee, Stereotyp und Vorurteil in der englischsprachigen Literatur.* Tübingen 1987; Ruth Florack: *Nation als Stereotyp. Fremdwahrnehmung und Identität in der deutschen und französischen Literatur.* Tübingen 2007.

nialen Theoriebildung angeleitet.[18] Für die Forschungsgeschichte der literaturwissenschaftlichen Fächer war zunächst die Fokussierung auf eine Mediengeschichte der Bilder relevant. Das Erkenntnisinteresse an einer ,Kritik der Gewalt' richtete sich an der Ablösung des „Zeitalters der technischen Reproduzierbarkeit" durch die „Epoche der digitalen Produktion und Zirkulation von Bildern" aus, in der offenbar wurde, in welchem Maße die „täglich rund um den Globus verbreiteten Bilder von den internationalen Kampfschauplätzen" in ihren Erzählungen „eine geradezu biblische Gewalt entfalten"[19]. Doch muss die narrative Basis dieser Entfesselung der Affekte offensichtlich älteren Ursprungs sein als die der medialen Bilderwelten.[20]

Die Schichtung von Identitätsmodellen, die Kolonialisierung und Handelsökonomie entstammen, sich im Sinne der nationalen Konfiguration voneinander abgrenzten und sich im Zuge neuer technologischer Bedingungen des Verkehrs und der Kommunikation ebenso einander annähern wie voneinander abstoßen, sind in den Textbewegungen deutlich erkennbar. Die gleichzeitig im Raum existierenden Gemeinschaften grenzen ihr Identifikationspotenzial, das Bindungskraft herstellt und ermöglicht, nicht zuletzt durch die Abstufung von physischer und struktureller Gewalt voneinander ab, wobei sie sich zu ihrer Begründung oft einer Gemengelage aus religiösen und politischen Motiven bedienen. So bilden militärische Expansion, aber auch wissenschaftliche Neugierde, revolutionäres Pathos und Wissenserwerb verschiedenartige Epizentren der Gewalt bis zum Ende des 18. Jahrhunderts aus. Koloniale Machtpraktiken und Kriegszustände, die damit einhergehen, konfigurieren die Rahmenbedingungen von Identitätsbildung in der zweiten Hälfte des 19. Jahrhunderts. Auseinandersetzungen

---

18 Zu nennen sind hier insbesondere Edward W. Said, vgl. zusammenfassend z.B. Ders.: Kultur, Identität und Geschichte, in: Gerhard Schröder/Helga Breuninger (Hrsg.): *Kulturtheorien der Gegenwart. Ansätze und Positionen.* Frankfurt a.M./New York 2001, S. 39–58; Homi K. Bhabha: *Die Verortung der Kultur.* Tübingen 2000. Paul-Michael Lützeler hat diesen Ansatz überzeugend in den Raum der deutschsprachigen Literaturbetrachtung exportiert, vgl. Ders: Europäische Identität in der Postmoderne. Vom Nationalismus zur Multikulturalität, in: Jahrbuch Deutsch als Fremdsprache 19 (1993), S. 100–115 sowie Ders.: *Bürgerkrieg global. Menschenrechtsethos und deutschsprachiger Gegenwartsroman.* München 2009; vgl. auch den kulturtheoretisch ausgerichteten Aufsatz von Thomas Macho: Tiere 2. Ordnung. Kulturtechniken der Identität, in: H. Schmidinger/C. Sedmak (Hrsg.): *Der Mensch – ein „animal symbolicum"? Sprache – Dialog – Ritual.* Darmstadt 2007, S. 51–66.

19 So etwa die wissenschaftliche Diskussion zusammenfassend das Editorial von Sigrid Weigel in: Zur Kritik der Gewalt. Trajekte 8. Jg. (2007) 15, S. 3.

20 Darauf verweist bereits in exemplarischer Weise der Sammelband von Norbert Bolz/Friedrich Kittler/Raimar Zons (Hrsg.): *Weltbürgertum und Globalisierung.* München 2000.

mit Fragen der strukturellen Gewalt, die ungleiche Überlebenschancen noch da entbindet, wo sie nicht vollständig aus dem Bewusstseinsprozess ausgeblendet wird, bestimmen den Horizont identitärer Selbstreflexion des *homo narrans* am Ausgang des 20. und zu Beginn des 21. Jahrhunderts. [21]

Dieser Rasterung folgt die Gliederung des Bandes in wesentlichen Zügen. Das untersuchte literarische Feld reicht dabei von Vorläufern der Protomoderne über Aufzeichnungen aus dem Zeitalter der sich industrialisierenden Moderne bis hin zu den Gefilden postmoderner Ironie. Die ausgewählten Texte zeichnet es aus, dass sie einerseits Konventionen des Diskursablaufes beobachtbar machen, der Erfahrung von Gewalt beschwört, um sie ins Wahrnehmungsfeld zu heben. Andererseits werden Erzählmuster privilegiert, die mit der Herausbildung identitärer Aspekte in Verbindung zu bringen sind. Zweifellos stehen auch literarische Narrationen dabei als Repräsentationen jeweils in Abhängigkeit zu Machtpositionen, die als kulturspezifische Werte definiert und als Erklärungsmuster für Einstellungen und Handlungen herangezogen werden. Doch liegt die Produktivität analytischer Betrachtung gerade in der Überlegung, dass das Ausmaß einer literarisch konfigurierten Identität in spezifischen Schnittpunkten

---

[21] Vgl. Wolfgang Müller-Funk: *Die Kultur und ihre Narrative. Eine Einführung.* Wien/New York 2002, S. 19. In diesem Kontext ist strukturelle oder indirekte Gewalt noch immer zu definieren im Sinne von Johan Galtungs Begriffsprägung: „Gewalt liegt dann vor, wenn Menschen so beeinflusst werden, dass ihre aktuelle somatische und geistige Verwirklichung geringer ist als ihre potenzielle Verwirklichung.", vgl. Ders: Strukturelle Gewalt. Beiträge zur Friedens- und Konfliktforschung. Reinbek 1975, S. 9 sowie Exkurs S. 145–157. Nicht zwangsläufig, heißt es auf S. 12, muss bei der Ausübung von Gewalt ein handelndes Subjekt in Erscheinung treten, ein Aktant, „der einem anderen direkt Schaden zufügen könnte; die Gewalt ist in das System eingebaut und äußert sich in ungleichen Machtverhältnissen und folglich in ungleichen Lebenschancen." Diese Form der Gewalt, die sich in der ästhetischen Konstellation von Figuren zeigt, weist auf die Gefahr physischer Schädigung oder psychischer Beeinträchtigung hin, auch wenn ihr ausübender Akt eher in einem Unterlassen als der Ausführung einer Handlung liegt. Zum Glück geschieht das in Texten ja völlig gefahrlos. Dass Galtungs Begriff der strukturellen Gewalt eingestandener Maßen auf „strittige Probleme" verweist, ist für die literarische Analyse insofern eher von Vorteil. Den „Anschluss an wirtschaftwissenschaftliche Theorien", wie Gertrud Nunner-Winkler S. 45 fordert, kann sie bei entsprechender Aufmerksamkeit den untersuchten Texten kontextuell entnehmen. Die Antwort auf die Frage, „wieviel soziale Ungleichheit […] unter dem funktionalistischen Standpunkt gesamtwirtschaftlicher Effizienzsteigerung notwendig" ist (oder eher von Übel), „wie viel soziale Ungleichheit […] im Lichte des Anspruchs auf individuelle Freiheit der Lebensgestaltung ‚legitim'" sein soll oder „wie viel soziale Ungleichheit […] als Folge ausbeuterischer Machtkonstellationen" akzeptabel erscheint, der neuen ‚Leitwissenschaft' liberaler Wirtschaftsökonomie zu überlassen, hieße immer: So berechenbar wie möglich im Sinne von Galtungs mathematischer Formel.

kultureller Netzwerke aufzusuchen ist und eben nicht in der fixierten Zugehörigkeit eines Autors oder einer Autorin zu einer abgrenzbaren Kultur.

Von daher gewinnt jene Transformation kulturwissenschaftlicher Theorie an Bedeutung, die Hybridität als einen Leitbegriff konstituiert und die Frage nach Mischformen in den Mittelpunkt der Betrachtung stellt.[22] Auch sie sind sprachbasiert und bedürfen daher der Übersetzung als eines „Phänomen[s] der Äquivalenz ohne Identität“[23], wie Paul Ricœur betont. Doch tritt mit der Leitvorstellung des Hybriden den Vorstellungen einer feststehenden Identität zunehmend die Vorstellung einer „narrativen Identität“ gegenüber: „Solange Gemeinschaften lebendig sind, haben sie eine Geschichte, die sich erzählen lässt.“[24] In Anverwandlung wie in Umkehrung dieser These von der hohen Bedeutung der Translation lässt sich die Beobachtung formulieren, dass Gewalt das Phänomen einer Identität ist *ohne* sprachliche Äquivalenz – es sei denn in der Literatur. Obgleich über das Gewaltterrain Jahrhunderte lang berichtet und erzählt worden ist, ist sie selbst doch ein sprachloser Ort. Nirgendwo wird sie zur Performanz ihrer selbst. Ihre Diskursivität wird in Textsorten aufbewahrt, die zweifellos auch die „Lebensberichte der Nationen“[25] hervorgebracht haben, die aber auf ganz besondere Weise das Eigene und das Fremde miteinander ins Verhältnis setzen.[26] Es mag im Kreuzfeuer der wechselseitigen Interpretationen von Geschichten und der nie abschließbaren Übersetzung der einen Kultur in die andere, in kulturellen Austauschprozessen, zu akzeptieren sein, dass es Unentzifferbares in Lebensgeschichten, Unvereinbares in Konflikten und nicht wieder Gutzumachendes an erlittenen Schädigungen gibt. Doch müssen auch diese erzählt werden, damit der Blick auf jenes wahrnehmende Urteilen gerichtet werden kann, das in literarischen Texten aufscheint und es ihnen ermöglicht, über die Welt des Anderen Wissen zu sammeln, zu ordnen, zu speichern,

---

22 Das Paradigma zusammenfassend, wenn auch in kaum nachvollziehbarer Übersetzung: Homi Bhabha: *Die Verortung der Kultur.* Tübingen 2000; zum Diskussionsstand vgl. María do Mar Castro Varela/Nikita Dhawan: *Postkoloniale Theorie. Eine kritische Einführung.* Bielefeld 2005.

23 Paul Ricœur: Vielzahl der Kulturen. Von der Trauerarbeit zur Übersetzung, in: Übersetzung als transkultureller Prozess. Exilforschung. Ein internationales Jahrbuch 25 (2007), S. 5.

24 Ebd., S. 4.

25 Ebd.

26 Zur psychischen wie kulturgeschichtlichen Dynamik dieses Prozesses vgl. Julia Kristeva: *Fremde sind wir uns selbst.* Frankfurt a.M 1990; zur Leibfundierung aus philosophischer Sicht Bernhard Waldenfels: *Studien zur Phänomenologie des Fremden*, Bd. 1–3, insbesondere Bd. 3: Sinnesschwellen. Frankfurt a.M. 1999; zum kulturpolitischen Inszenierungscharakter Manfred Schneider: *Der Barbar. Endzeitstimmung und Kulturrecycling.* München 1997.

abzurufen, zu verarbeiten oder aber wieder zu vergessen. Dieses Wissen konstituiert sich niemals neutral. Es enthält insofern selbst Repräsentationen von Gewalt. Denn jede Praxis, auch die ästhetische, generiert und verkörpert Differenzen, deren Wahrnehmung sich einordnet in jenen Schwebezustand zwischen Realität und Fiktion, zwischen Mimesis und Einbildungskraft, der gleichsam seinen literarischen Subtext noch unterhalb der Sinneserfahrung schreibt.

Die vorliegende Untersuchung nimmt ihren Auftakt mit einer Betrachtung der Frühen Neuzeit und ihrer gewaltförmigen Eroberung der Neuen Welt. Ulrich Schmidels ‚Reise in Kriegsläufen' gibt zu erkennen, in welchem Maße die narrativen Konstruktionen, die das Zeitalter des Barock generieren, ihre emotionale Bindungskraft auf ein relativ konstantes anthropologisches Spektrum richten. Im Zuge militärisch-expansiver Gewalt lässt sich die Reise, die keine ist, als Ursprungstext kolonialer Praktiken lesen. Demgegenüber richten das Mobilitätsbegehren der europäischen Seefahrer und ihre philosophische Betrachtung den Blick auf Gewaltphänomene aus, die den für die Er-Fahrung im Wortsinn konstitutiven Wahrheitsbegriff betreffen wie bei Kant, auf expliziten wie impliziten Tauschprozessen beruhen wie bei Forster, um auf dieser Basis den gesellschaftlichen Umbruch zu befördern, oder instrumentelle Techniken zur Wissensanhäufung nutzbar zu machen wie bei Alexander von Humboldt. Im Fortgang der Untersuchung rückt die Topographie gewalttätiger Konflikte in den Vordergrund, doch bleibt das inzwischen geschaffene Machtgefüge durchgängig präsent, wenn auch im 19. Jahrhundert verborgen in den Schichtungen neuer Wissensfundierungen wie der Anthropologie und der Ethnographie. Die koloniale Expansionspolitik erweist sich in ihrem zwiespältigen Verhältnis zur Gewalt am deutlichsten in den noch wenig bekannten Missionarsschriften, wie das Beispiel der Aufzeichnungen von Franz Mayr zeigt, während Frieda von Bülows populäre Romane einen Repräsentationscharakter anstrebten, der bereits Binnendifferenzierungen des eigenen Kulturraumes zur Voraussetzung macht. Dass diese dualistische Spaltung der Wucht kaum etwas entgegenzusetzen hatte, mit der sich die Sprengkraft der Gewaltpotenziale im Inneren des Reiches entlud, weisen Hans Paasches zivilisationskritische Überlegungen zur Kriegsgewalt eindrucksvoll auf. Die für die Untersuchung herangezogenen Dramen von Brecht und die Reportagen von Kisch und Leitner lassen sich unter der Kapitelüberschrift vom ‚Gesetz der großen Zahl' deshalb subsumieren, weil sie das Aufmerksamkeitspotenzial im Hinblick auf moderne Gewaltphänomene an Massenbewegungen ausrichten und weniger an den sensitiven Empfänglichkeiten eines Subjekts, wie es Hubert Fichte als Erzählfigur konfiguriert. Die letzten drei untersuchten Texte, alle der Gattung Roman zugehörig, führen literarische Fallbeispiele vor Augen, die den Erzählraum deutlich ausweiten, um Dynamiken zu erfassen, die sich als elitäre Streitkultur darstellen wie bei Pleschinski, als implementiertes Herrschaftsverhältnis ausfalten wie bei Capus, als inneres Konfliktpotenzial aufzeigen, das die Rückkehr von Gewalt an ihren vermeintlichen Ursprungsort bedingt, wie bei N'Sondé. Den Abspann bildet der Verweis auf einen Roman von Kathrin Röggla, dessen Textur sich an der Oberfläche durch das Fehlen jeglicher Gewalt auszeichnet. In den kommunikativen Redeformen, die seine Figuren generieren, ist allerdings die Fetischisierung von Macht soweit eingesickert, dass dieser Prozess sich gegen das eigene Selbst der Sprecher zu richten beginnt.

Eine solche Fetischisierung gewalttätiger Dynamiken sichert, nimmt man die untersuchten Texte in ihrer Gesamtheit zur Kenntnis, keineswegs nur der kriegerischen Auseinandersetzung ihre Affektbindungen. Ihre sich wiederholende Wiederkehr auf die Schauplätze einer inzwischen globalisierten Welt lehrt uns nicht nur, dass wir es „weniger mit einem Clash der Kulturen zu tun haben als mit einem Clash der Waffen".[27] Denn dieser sozio-ökonomische Befund entbindet nicht von der Verantwortung für die Art und Weise, in der unser Wissen darum das Urteil über den Anderen in unsrer eigenen Selbsterzählung präformiert. Die Sprachgewalt und manchmal die Sprachohnmacht der Darstellung direkter oder indirekter Gewaltformen in den untersuchten Beispielen aus der Literatur deutscher Sprache mag gelegentlich mutlos machen. Wo sie nicht abstumpft, bringt sie uns an den Rand unserer eigenen Erklärungsfähigkeit. Diese Grenze ist zu überschreiten.

---

[27] Zur Kritik der Gewalt. Trajekte 8. Jg. (2007) 15, S. 4.

I Auftakt

1 Ulrich Schmidels ‚Reise in Kriegsläufen'. Kulturwahrnehmung in der Frühen Neuzeit

Welche Gewaltformen kennzeichnen die Raumordnung zu Beginn der Moderne, in der Frühen Neuzeit? Und welchen Stellenwert gewinnen sie für die spätere Topographie des europäischen Wissens über die Bedingungen der eigenen Identität und die Konstituierung des Fremden? In einer fulminanten Anklage gegen die „höchst wundersame Konstruktion der ‚neuen Weltordnung'"[28] hat Noam Chomsky, dessen Werk *Wirtschaft und Gewalt* unter dem Originaltitel *Year 501: The Conquest Continues* erschien, die These aufgestellt, dass nach dem Ende des Kalten Krieges auf „Leitmotive" zurückgegriffen wird, die allesamt der Kolonialisierungspolitik entstammen:

> „Im Gefolge der Globalisierung der Wirtschaft entstehen neue Regulationsmechanismen, die den Interessen transnationaler Wirtschaftsmächte dienen sollen. Dazu gehören zentral gesteuerte Transaktionen, die, wenn sie nationale Grenzen überschreiten, ‚Freihandel' genannt werden; dazu gehört ebenso ein zunehmender Protektionismus – gleichfalls ‚Freihandel' genannt – der gewährleistet, daß die transnationalen Konzerne die Technologien der Zukunft kontrollieren. Ein weiteres Resultat der Globalisierung ist die Ausweitung der für Länder der Dritten Welt so typischen Zwei-Klassen-Gesellschaft auf die Industrienationen."[29]

Die „dienende Funktion", die „dem Süden"[30] dabei zugewiesen wird – Lieferung von Ressourcen, billigen Arbeitskräften, Märkten und Investitionsmöglichkeiten – nimmt demnach ihren Ausgang in der alten Weltordnung, die sich mit der Inbesitznahme des lateinamerikanischen Kontinents manifestiert. Was Chomsky vernachlässigt, ist allerdings der Umstand, dass sich die europäische „Erfolgsgeschichte" der Konquestation zunächst *auch* gegen ihre eigenen Protagonisten gerichtet hat. Exemplarisch dafür steht eine Episode über die Gründungsgeschichte der Stadt *Buenos Aires*, über die der wenig bekannte Autor und ehemalige Soldat des spanischen Heeres Ulrich Schmidel in seiner

---

[28] Noam Chomsky: *Wirtschaft und Gewalt. Vom Kolonialismus zur Neuen Weltordnung.* Lüneburg 2001, S. 15.

[29] Ebd., S. 18.

[30] Ebd., S. 69.

1567 erstmals erschienenen Erzählung *Reise nach Süd-Amerika in den Jahren 1534 bis 1554* literarisches Zeugnis ablegt. *Buenos Aires*, das heißt *Guter Wind;* der Namensfindung ist die Erleichterung der Seefahrer abzulesen, nach der schwierigen Überfahrt endlich Land in Sichtweite zu haben. Nachdem sie die südamerikanische Küste erreicht hatten, so berichtet Schmidel, wurde ihr „Folkh" in zwei Gruppen aufgeteilt: Die einen wurden zum „krieg" abbeordert, die anderen aber zur „arbeit". Letztere begannen auf Verlangen des spanischen Heerführers Oberst Mendoza eine hohe Mauer um jenes Areal zu errichten, das ihren Ankunftsort markierte und auf dem später die neue Stadt entstehen sollte. Nun herrschte aber auf Grund der inzwischen einsetzenden Belagerung durch indianische Stämme eine so große Hungersnot, dass auf dem 'umfriedeten' Territorium eine Episode sich abspielte, die der Verfasser nicht ohne Entsetzen berichtet. Denn es geschah, dass

> „drei Spanier ein roß empfurten und dasselb heimlich assen und als mans vonn yhnen yhnnen wart, wurden sie gefangen und mit schwerer pein gefragt, das sie solches bekennten, wurden alsdann geurtheilet zum galgen, das mans al drei hieng. Auff die nacht sindt anndere Spanier zu diesen dreien gehenckhtenn zum galgen khumen und {haben} ynen die schenkl abgehaut unnd stückh fleisch aus inen geschnieten zur ersettigung ihres hungers. Item ein Spanier asse seinen pruder, der da gestorben whar in der stat Bonas Ayers."[31]

Am Beginn der kolonialen Expansion steht also ein kannibalistischer Akt. Gewaltförmig, grausam, inneres Martyrium, richtet er sich in existenzieller Not gegen Angehörige der eigenen identitären Gruppe und bereitet zugleich den Boden vor für Zuschreibungen der Handlung an das fremdkulturelle Bedrohungspotenzial, das da von außen lauert. Solch dramatischer Umstände eingedenk, hat Schmidel seine abenteuerliche Fahrt sehr treffend eine Reise „ihnn kriegsleiffenn"[32] genannt.

Nicht die Abwägung von Vergleichsmerkmalen und kulturellen Differenzkriterien wie bei Georg Forster im 18. Jahrhundert, nicht die 'Vermessung der Welt' wie bei Alexander von Humboldt, nicht die Zuschreibung des Primitivismus an die andere Kultur wie in den Romanen der Frieda von Bülow stehen im Zentrum seiner Narration. Vielmehr spricht der schmale Prosatext, der erstmals in deutscher Sprache aus der Per-

---

31 Zitiert wird im Folgenden nach der Ausgabe von Valentin Langmantel (Hrsg.): *Ulrich Schmidels Reise nach Süd-Amerika in den Jahren 1534 bis 1554, Nach der Münchener Handschrift.* Tübingen 1889, hier S. 30f.

32 Ebd., S. 21.

spektive der Eroberung im offiziellen Auftrag der Kolonialisierung berichtet, vom Vorgang der Monopolisierung einer Gewalt, die sich auch gegen ihre Betreiber richtet. Zwar ist die Rede nur von der Zentralgewalt militärischer Institutionen, von deren Praktiken und von den Auswirkungen dessen, was sie als Normalität des Handelns in den eroberten geographischen Raum einführen, was als anleitende Befehlsgewalt vorgegeben wird, ausgehend von politischen Machtkonstellationen und Kräfteverhältnissen, die dem Schreiber selbst verborgen bleiben. Doch es geht um genau jene Machtverhältnisse und deren Beziehungsgefüge, das Foucault vor dem Aufkommen der Disziplinarmächte von Recht und Gesetz allein „in Begriffen von Krieg, Kämpfen und Zusammenstößen“[33] entzifferbar sah und das René Girard in *Gewalt und Gegenseitigkeit* mit dem Schlüsselbegriff der „Nachahmung“ benennt.[34] Foucault bestimmte den kriegerischen Akt als „Punkt maximaler Spannung“, an dem sich die Kräfte und Energien zusammenziehen. Girard spricht von der „mimetischen Rivalität“, die noch im Widerstand „unsere Beziehungen zu den anderen verändert und uns schließlich selber gerade in die Richtung verändert, die wir zu vermeiden glauben, wenn wir Widerstand leisten: daß wir dem mimetischen Rivalen immer ähnlicher, mit ihm immer identischer werden.“[35] Diesen „Angleichungsprozeß“ sieht er untrennbar mit einer ständigen Zunahme von Gewalt verbunden und macht in ihm das Bedrohungspotenzial der Gegenwart aus. Im 16. Jahrhundert, dem Zeitalter des aufkommenden Barock, gilt das insbesondere für die Wahrnehmungsparameter der fremden Kultur, obgleich diese in der zitierten Eingangsepisode nur recht mittelbar zum Ausdruck kommen. Bereits die Art und Weise des Aufeinandertreffens im ersten Kontakt erweist sich als präformiert durch „nackte Kräfteverhältnisse“[36] und deren tiefgreifende Auswirkungen. Für die Literatur an der Zeitenwende des 15. zum 16. Jahrhundert, für den Übergang vom Ende des Mittelalters zum Beginn der Neuzeit, der die ebenso sprachgewaltigen wie sprachohnmächtigen narrativen Formen des Barock konstituiert, ist es insofern von erheblicher Bedeutung, dass der Krieg mit der Entstehung der Armeen als einer der mächtigsten Institutionen in seiner Ausübung ebenso zentralisiert wird wie er an die äußersten Grenzen der europäischen Staatenmächte drängt, um sie zu erweitern. Diese

---

[33] Michel Foucault: *In Verteidigung der Gesellschaft. Vorlesungen am Collège de France (1975–76).* Frankfurt a.M. 1999, S. 31.

[34] René Girard: Gewalt und Gegenseitigkeit, in: Sinn und Form Jg. 54 (2002) 4, S. 437–454, hier S. 438.

[35] Ebd., S. 439.

[36] Ebd., S. 58.

Kriegsgemeinschaft zeigt sich nach innen wie nach außen stets von einer Instabilität bedroht, die neue Kriegsakte heraufbeschwören muss, um die Kräfte zu sammeln und auf ihren Mittelpunkt, die unsichtbare Spitze der Machtpyramide, hin auszurichten. Vergleichbar in dieser Hinsicht Grimmelshausens *Simplicisimus Teutsch,* schildert Schmidels *Reise* nach Süden hin insofern eine 'heillose Welt'. In ihr hat die Macht eine so unendliche und ungeheure Ausdehnung, dass ihre Blutspur nur als Abbild und Schaudern vor einer göttlichen Weltordnung wahrgenommen werden kann. Wo aber endet seit dem hochgradig symbolischen Datum von 1492, seit der Ankunft der Schiffe des Christoph Kolumbus, an der südamerikanischen Küste der Raum Spanien? Wo beginnt er? Er fängt an, wo der Krieg beginnt. Seine Boten sind reisende Konquistadoren, die mit ihren Schiffen bis an die Schwellen der bis dahin bekannten Welt, ihrer äußeren wie ihrer inneren Topographie, vordringen. Schmidels literarisch repräsentativer Text legt für seine Zeitgenossen Zeugnis davon ab, dass der Raum der eigenen Identität sich da aufzuspalten beginnt, wo Hunger und Gewalt es erzwingen.

1.1 Reisen und Schreiben. Ein soldatischer Bericht

Wie Nicolaus Federmanns *Indianische Historia*[37] oder Hans Stadens *Warhaftige Historia*[38] ist auch die *Warhafftige Historie einer wunderbaren Schiffart, welche Ulrich Schmidel von Straubing von Anno 1534 biß Anno 1554 in Americam oder Neuwewelt bey Brasilia und Rio della Plata gethan,* in der Regel ohne weitere Umstände dem Genre der Reiseliteratur zugeschlagen worden. Für diesen Text, dessen Untersuchung exemplarisch am Beginn meiner Erörterungen moderner Gewaltformen steht, ist allerdings kaum eine „literaturwissenschaftliche Forschungsgeschichte"[39] wie zu den anderen genannten Autoren zu verzeichnen. Dennoch ist er als eine einzigartige „Kostbarkeit aus dem Zeitalter der Entdeckung"[40] bezeichnet worden, der man hohe völkerkundliche, historisch-geographische und entdeckungsgeschichtliche Relevanz nachsagt. Schmidels Bericht erzählt von der Permanenz gewalttätiger Konflikte ebenso wie von den vorsichtigen Versuchen erster Annäherung. Er legt Zeugnis ab von den abenteuerlichen

37 München 1965.

38 Marburg 1964. Hinzuzufügen ist aus neuerer Zeit die Publikation *Das Gold der Neuen Welt. Die Papiere des Welser-Konquistators und Generalkapitäns von Venezuele Philipp von Hutten 1534–1541.* Hrsg. von Eberhard Schmitt und Friedrich Karl von Hutten. Hildburghausen 1996.

39 Wolfgang Neuber: *Fremde Welt im europäischen Horizont. Zur Topik der deutschen Amerika-Reiseberichte der Frühen Neuzeit.* Berlin 1991, S. 329, Anm. 267.

40 Ulrich Schmidel: *Wahrhaftige Historien einer wunderbaren Schiffart.* Graz 1962, S. V.

Wegbahnungen des spanischen Söldnerheeres durch den Urwald, immer den Flüssen entlang, ebenso wie von der kaum noch erhofften Rückkehr in die heimatlichen Gefilde. Dort setzt sich der Autor schließlich nieder und bringt das Ganze zu Papier, nachdem er seine angestammte soziale Rolle und Identität wie durch wunderbare Fügung wieder eingenommen hat und bevor er seinen Geburtsort erneut verlassen muss, vertrieben im Dreißigjährigen Krieg. Das gewaltförmige Aufbrechen der Grenzen fremder Kulturräume, das mit der kriegerischen Operation wie mit der Entstehung neuer Kategorien kultureller Wahrnehmung verbunden war, mit neuen Sichtbarkeiten, Hörbarkeiten und Geschmäckern, liegt zu diesem Zeitpunkt bereits weit in der Vergangenheit zurück.

Von Bedeutung für solche Fragen ist aber, dass sich im Zuge der geschilderten Eroberungsstrategien in dem vergleichsweise schmalen Text mehrere Dimensionen der Darstellung von Gewalt verdichten: Schildert Schmidel zum einen eine topologische Bewegung im Raum, die grundsätzlich auf dessen Materialität hin ausgerichtet ist, schließt er auf einer zweiten Bedeutungsebene erste Strategien einer sozialen Neuordnung mit ein, die Kategorisierung jener Lebewesen betreffen, die, Mensch oder Tier, diesen Raum bislang bevölkert haben. Oft ist die Rede vom Wunder der Anschaulichkeit fremder, nie gesehener Wesen. Von einer Gattungs- oder Artenzugehörigkeit kann in diesem vorlinnèschen Zeitalter noch keine Rede sein. Was darüber hinaus in den Blick gerät, sind die kulturellen Erstkontakte in der Gründungsphase kolonialer Gewalt. Von topographischen Operationen durchzogen, durchqueren diese drei Praktiken – eine räumliche, eine klassifikatorische, eine kulturelle – den Sprachraum, der sich nicht ohne Mühe öffnet, aber eigensinnig sein Zeil verfolgt, dem fiktiven Leser die Topographie der Gewalt zu eröffnen.

Die beschriebene Komplexität generiert eine doppelte Raummatrix von Bewegung durch den Raum und Schreibakt in Ulrich Schmidels Text. Dabei verläuft die *Reise nach Südamerika in den Jahren 1534 bis 1554* zunächst scheinbar entlang der vielfach angerufenen religiösen Konfliktlinien. Diese bilden sowohl implizit wie explizit die ideologische Voraussetzung der kriegerischen Konfrontation. Liest man den Text jedoch vor dem Hintergrund der Frage, in welcher Weise fremdkulturelle Praktiken und ausgeübtes Gewaltpotenzial miteinander ins Verhältnis gesetzt werden, sind den Beschreibungen der Auseinandersetzungen vielfach andere Parameter und Interessen zugrunde zu legen: waffentechnische Erörterungen ebenso wie wirtschaftliche Interessenlagen. Fünfunddreißig Jahre nach Kolumbus erreicht der Eroberungskrieg in Lateinamerika unter der Fahne des spanischen Feldherrn Mendoza einen seiner grausamsten Höhepunkte. Rückblickend auf seine fast zwanzigjährige Zeit als bayrischer Söldner im Heer der Konquistadoren setzt der Verfasser als einer der ersten Kriegsberichterstatter eine literarische Wahrnehmung in Gang, in der die Regulierungsmacht einer kriegerischen Unternehmung die Wunder der äußeren Natur umstandslos und ausnahmslos ihrer räuberischen Botschaft unterwirft.

Obgleich die meisten Kommentatoren, folgend dem Herausgeber der Schrift im 19. Jahrhundert, in ihr eine vollkommen authentische Darstellung, das heißt, Dokumentationscharakter angelegt sahen[41], ist Schmidels Erzählung vor allem aussagekräftig hinsichtlich einer Umdeutung vorgefundener Realitäten in Kriegszeiten. Nicht nur findet sich in seinem Bericht jene für das Zeitalter so eigentümliche Mischung aus „christlichem Missionsgedanken, Herrschsucht und Profitgier" wieder, mit der die Europäer – „heroisch und fragwürdig zugleich", wie Rainer Beck bemerkt – sich die Welt zu erschließen begannen, um sie neu zu ordnen und um „aus dieser Erschließung für Jahrhunderte einen höchst einseitigen Nutzen zu ziehen".[42] Parallel zur Schilderung der folgenreichen Expansion in die Fremde, die für die eigene biographische Konstruktion wie für deren Irritationen maßgeblich ist, verweist der Text darüber hinaus auf einen bemerkenswerten Wandel innerhalb der europäischen Kultur selbst. Er bezieht sich nicht nur auf ein Denken, das sich erstmals von geistiger Vormundschaft zu befreien begann, sondern auch auf den Umstand, dass im Zuge dessen militärische Gewalt als Mittel interkultureller Konfliktlösung angesichts der fehlenden inneren Kohärenz der eigenen Truppe zunehmend in Zweifel zu ziehen war.

Für diese Veränderung war es von Bedeutung, dass die Lebensbeichte eines einfachen Soldaten, zunächst auf Niederbayrisch verfasst, mit der Übersetzung ins Lateinische in das Inventar gelehrten Wissens aufstieg. Ursprünglich gehörte der Text der volkssprachlichen Literatur der Frühen Neuzeit an. Ein früher Druck wurde 1576 in der Gelehrtensprache in eine Sammlung von Reiseberichten mit durchgängig kosmogra-

---

41 Vgl. Bernhard Jahn: *Raumkonzepte in der Frühen Neuzeit. Zur Konstruktion von Wirklichkeit in Pilgerberichten, Amerikareisebeschreibungen und Prosaerzählungen.* Frankfurt a.M./Berlin/Bern/New York/Paris/Wien 1993, S. 216. Das treffendste Beispiel liefert das Vorwort des Herausgebers der historisch-kritischen Neuausgabe im späten 19. Jahrhundert, das Schmidels Werk trotz der vielen Ungereimtheiten den „stempel völliger glaubwürdigkeit" ausstellt, vgl. Valentin Langmantel (Hrsg.): *Ulrich Schmidels Reise nach Süd-Amerika in den Jahren 1534 bis 1554.* Tübingen 1889, S. 6.

42 Rainer Beck (Hrsg.): *1492. Die Welt zur Zeit des Kolumbus. Ein Lesebuch.* München 1992, C.H. Beck, S. 9. Ebenso Ders./Eberhard Schmitt (Hrsg.): *Das Leben in den Kolonien.* Wiesbaden 2003 (Dokumente zur Geschichte der europäischen Expansion; Bd. 5).

phischen Ansprüchen aufgenommen. 1567 war er, noch in seiner ursprünglichen Fassung, in der erweiterten 2. Auflage des von Paul Feyerabend in Frankfurt herausgegebenen *Weltbuchs* publiziert worden. 1590 erschien er, in verschiedene Episoden aufgeteilt, in Theodor de Brys Buch über die *Grand voyages*. Eine dritte deutsche Ausgabe lässt sich mit dem Druckort Nürnberg im Jahr 1599 als Teil einer Sammlung von Texten nachweisen, die Levinus Hulsius herausgegeben hat und die mit zahlreichen publikumswirksamen Illustrationen versehen ist.[43] Auch dieses szenische Bildmaterial verbindet die Durchquerung des topographischen Raumes mit einer Topographie der Gewalt. Die Drucke greifen dramatische Momente des Textes heraus, zergliedern sie in Details und übersetzen sie in anschauliche, figural gefasste Anordnungen. Innerhalb der Erzählung jedoch geschieht diese Transformation anders, nämlich unter Zuhilfenahme des Kulturvergleichs. Gattungsgeschichtlich knüpft der Text damit an die Topik der Historie bzw. der Chronik an, allerdings mit einem ausgeprägten Bezug auf die kriegerische Geschichte der Begegnung zweier sich zunächst völlig fremd gegenüberstehenden Kultursphären. Was die Narration vor diesem Hintergrund als bemerkens- und aufzeichnungswerte Momente heraushebt, prägt die Wahrnehmungsebene der Schlüsselfigur, die auf der Ebene homodiegetischen Erzählens verbleibt, von Anbeginn an: Erstmals in der Geschichte räumlicher Eroberungen wird unter der Führung Mendozas eine Landmasse mit dem königlichen Auftrag der Unterwerfung eines umfassenden Territoriums ‚bereist'. Nicht Kolonisation steht im Vordergrund – sondern Kolonisierung, Unterwerfung unter die eigene Kultur, verbunden mit der Überzeugung von der eigenen Höherwertigkeit, die als Rechtfertigungsgrund von Herrschaft und Gewaltausübung dient.

Gelegentlich findet sich in der Forschungsliteratur das Erstaunen darüber dokumentiert, dass Schmidels Bericht zwar jeden einzelnen Kriegszug akribisch aus dem Gedächtnis nachvollzieht und dokumentiert, geographische Uneindeutigkeiten aber zu den am meisten hervorstechenden Merkmalen zählen.[44] Wenn sich überhaupt ein räumlicher Fokus ausmachen lässt, kreist er um die Errichtung jener spanischen Kolonialstützpunkte, die später, wie bereits ausgeführt, die Gründung von Städten wie *Buenos Aires* oder auch *Asunción* nach sich ziehen. Dabei richtet sich die Penetrierung des fremden Gebietes ebenso auf eine innere wie auf eine äußere Dimension. Domi-

---

43 Zur Publikationsgeschichte vgl. Wolfgang Neuber: *Fremde Welt im europäischen Horizont,* S. 74 und S. 226.

44 Vgl. Bernhard Jahn: *Raumkonzepte in der Frühen Neuzeit,* S. 220.

niert in der Wahrnehmung des Außen die kriegerische Auseinandersetzung, so richtet sie sich nach innen hin auf das grundsätzliche Identitätsmerkmal soldatischer Disziplinierung. Durch existenzielle Not über äußerste Grenzen des Handelns hinaus angetrieben, kann das beschreibende Ich seine Handlungen noch im Nachklang der Erinnerung den eigenen zivilisatorischen Maßstäben kaum angemessen unterziehen. Gesprengt werden angesichts der brutalen Begleitumstände der Durchquerung des Raumes durchgängig alternative Handlungsoptionen. So richtet sich die Gewalt auch und nicht zuletzt gegen den eigenen Verbund und schließlich sogar gegen die Toten. Gewalt prallt auf Widerstand, auf Gegengewalt. Not und vorherrschender Mangel lassen beide Konfliktparteien zunehmend verrohen. Unter diesem düsteren Vorzeichen blickt der Bericht ohne jede mildernde Distanz auf die einstigen Unternehmungen seines Verfassers zurück, auf die Zeit, in der dieser als Waffengefährte der Konquistadoren die gesammelten Streitkräfte der spanischen Seemacht, bestehend aus vierzehn Schiffen und etwa 2.500 Soldaten, in und durch das vermeintliche „Gold-Kastilien"[45] der Neuen Welt begleitet.

Dass der Blick auf die Bewohner der eroberten Ländereien von überseeischen Mythen angetrieben wird, die mehr über das Eigene als über das wahrgenommene Fremde aussagen, wird rasch offenbar. Die Topik des Kannibalismus, den indigenen Stämmen zugeordnet, vermischt sich mit fabulösen Erzählungen über die Insel der Amazonen, wie sie auch andere Berichte, z.B. die Briefe Philipp von Huttens auszeichnen.[46] Sie verstärken das Angstpotenzial ebenso wie die Anziehungskraft des Vorstoßes in den unbekannten Raum. Solche Bezugnahmen mögen den Verkaufswert entschieden gesteigert haben, wie vermutet worden ist[47], haben darüber hinaus aber die Funktion· die Rolle der Anthropophagie für die Diskriminierung von ‚Naturvölkern' bereits am Beginn des Kolonialismus in Kraft zu setzen. Sie verschränken sie mit der Angst vor weiblich besetzter Körperlichkeit und rufen damit eine sexuelle Imaginationskraft an, die einerseits dem Soldatenleben zuzurechnen ist, andererseits aber ein Bedürfnis der Herrscher nach Verifikation des mythischen Potenzials bedienen.[48] Auch indianische Mythen werden in die literarischen Deutungsmuster integriert: So verknüpft sich die erstmalige Beschreibung eines Krokodils, als eines in den Tropen beheimateten Tiers,

---

45 Robert Lehmann-Nitsche: *Ulrich Schmidel, der erste Geschichtsschreiber der La-Plata-Länder.* München 1912, S. 11.

46 *Das Gold der Neuen Welt,* S. 85f.

47 Vgl. Bernhard Jahn: *Raumkonzepte in der Frühen Neuzeit,* S. 232.

48 Vgl. *Das Gold der Neuen Welt,* S. 86.

unmittelbar mit dem indigenen Glauben, dass sterben muss, wer es erschaut.[49] Ein solcher Blick auf das Fremde mag für die Leserschaft angenehm gefahrlos bleiben, generell aber arbeitet der Text mit der „Gedankenfigur der Similitudo“[50], um vermittels des Vergleichs mit heimischen Sitten und Gebräuchen das Unbekannte zum Vertrauten ins Verhältnis zu setzen. Dieses Verfahren dient der eigenen identitären Selbstvergewisserung, aber auch der Markierung fremder Normengefüge als barbarisch. Dass hinter den Funktionssetzungen zum Teil die gleichen symbolischen Akte hervorschimmern wie am heimatlichen Herd, berührt im narrativen Bericht stellenweise wie ein subversives Verfahren.[51] Es bricht die Textoberfläche auf, um in einer tieferen Dimension gegensätzliche Deutungen zu ermöglichen.

Zu diesem Eindruck trägt der Umstand bei, dass Konstruktionen des kulturell Anderen, die eher als Inversion der eigenen Identität als zur Rechtfertigung der Kolonialisierung dienen, zahlreich zu finden sind. Am Beginn moderner Eroberungstaktiken durchquert das Heer des Don Pedro Mendoza im Auftrag des spanischen Königs jenes riesige Gebiet, das heute in etwa Argentinien und Paraguay umfasst. Nahrungsmittelmangel begleitet den Feldzug von Anfang an. Monate und Jahre vergehen über den Zug entlang des Rio de la Plata, des Silberflusses. Hunger, Durst, Hitze und Krankheiten sind Begleiterscheinungen der militärischen Überlegenheitsstrategie, die Eroberung und Unterwerfung von Anfang an prägt. Ob Taktik und Strategie unter der Fahne des spanischen Feldherrn oder unter der Flagge eines seiner vielen Adelantados umgesetzt werden, die nach seinem Tode Stellvertreterkriege um die Macht führten, berührt den Erzähler kaum. „Die Spanier“ seien, heißt es an einer Stelle lapidar, in jedem Falle „mit unmenschlicher Rohheit“ vorgegangen. Obgleich das Interesse des Erzählers an den sukzessive unterworfenen fremden Welten durchscheint, behält der kriegerische Grundsatz der „Notwendigkeit und Berechtigung eines brutalen Durchsetzens gegen die Wilden“[52] doch seine unabdingbare Gültigkeit. Dominant bleiben hinter der religiösen Verkleidung der Interessen die waffentechnische wie die kaufmännische Seite des Krieges.

---

49 *Ulrich Schmidels Reise nach Süd-Amerika*, S. 65.

50 Wolfgang Neuber: *Fremde Welt im europäischen Horizont*, S. 156.

51 Vgl. dazu Bernhard Jahn: *Raumkonzepte in der Frühen Neuzeit*, S. 229.

52 Ulrich Schmidel: *Wahrhaftige Historien einer wunderbaren Schiffart*, S. XI.

1.2 Waffenspur des Sieges

Der Blick des bayrischen Landsknechts auf die beschriebenen historischen Vorgänge offenbart, wie stark kulturelle Wahrnehmung und gedankliche Umgestaltung der Realität in Kriegszeiten an das Wehrwesen gebunden sind. Als „Augenzeuge"[53] der Geschehnisse wie als Soldat verfügt der Verfasser über genügend waffentechnische Kenntnisse, um den Hiatus des Gewaltpotenzials, der sich zwischen Eingeborenen und Eroberern aufspannt, einschätzen zu können. Schmidel beschreibt die „handtpogen" und „dardes", die Wurfspieße, mit ihren Spitzen aus „Feyerstein" sowie die bola perdida, eine indianische Schleuderkugel, durchaus mit technischer Bewunderung. Vergleichend setzt er sie mit den in „Teuschslandt" gebräuchlichen „pleykugeln" ins Verhältnis.[54] Der Stamm der *Querandis,* der sich weigerte, das spanische Lager dauerhaft mit Nahrungsmitteln zu versorgen und dessen Angehörige auf Befehl von Don Diego de Mendoza, dem Bruder des Heerführers, daraufhin ausgerottet werden, setzte die faustgroßen Steine zur Gegenwehr ein. An einem kurzen Strang befestigt, umschnürten sie die Beine der spanischen Rösser und brachten ihre Reiter zu Fall. Als das Söldnerheer auf dem Wasserweg einen Vorstoß in nördliche Richtung unternimmt, stößt es auf das Volk der *Timbos.* Es benutzt zur Bekämpfung der Eindringlinge Ruderbote, die Schmidel „Zillen" nennt, um sie mit den Fischerboten in „Teuschslant"[55] zu vergleichen, die sich nur durch das eisenbeschlagene Ruder unterscheiden. Auf dem Feld der Waffentechnik wie der Transportmittel erweisen sich die Analogien als besonders ausgeprägt. Sie binden Fremdes an Vertrautes an, um dem Leser vor Augen zu führen, was in der Differenz nicht aufgeht. Vor allem die Beschreibung der Waffentechnik ist von Analogieschlüssen geprägt. Auch auf der Gegenseite werden spanische „Pixen" in Anschlag gebracht, Handfeuerwaffen, die eigentlich die wirkungsmächtigste Erfindung des späten Mittelalters sind. Bei den Spaniern komplettieren Kanonen, Musketen und Artebusken das Arsenal kriegerischer Gewalt. Feuerwaffen und Kanonen spielen in den Kämpfen eine Kriegsentscheidende Rolle, auch wenn, wie der Militärhistoriker Michael Howard ausgeführt hat, selbst auf den noch unbefestigten europäischen Straßen Anfang des 16. Jahrhunderts die Transportschwierigkeiten gigantisch sind.[56] Das koloniale Begehren, die „Leidenschaft"[57] der Herrschaft, treibt das Heer mit seinen

---

53 Ulrich Schmidels *Reise nach Süd-Amerika,* S. 6.

54 Ebd., S. 29.

55 Ebd., S. 34.

56 Michael Howard: *Kanonen und Artebusken,* in: 1492, S. 71.

57 René Girard: *Gewalt und Gegenseitigkeit,* S. 438.

schwer bewaffneten Reitern und Pikinieren durch den unwegsamen tropischen Urwald voran, wobei sich die Soldaten über weite Strecken von Wurzeln und Früchten ernähren. Insofern widmet der Verfasser des Berichts den physischen Anstrengungen dieser Reise, die keine ist, beredte Aufmerksamkeit. Sie gilt besonders den Umständen des Verladens, eine Tätigkeit, die alle Kräfte bündelt, um jene Waffentechnik auf den Schiffen zu versammeln, die notwendig ist, die Flussverläufe nordwärts zu erkunden. Erheblich aber gewinnt die Darstellung an Fahrt bei der Schilderung unmittelbarer Eindrücke in sinnlicher Gestalt, z.B. Riechen und Schmecken.[58] Die Nahrungsmittelknappheit und der „Hunger“[59], von dem vor allem Hutten spricht, sind allerorts so existenziell, dass die Proviantsuche zeitweise Vorrang gewinnt vor allen anderen Unternehmungen. Der einzige Gemütszustand, der dabei explizit benannt wird, ist die „anngst“[60]. Vor allem die Raubzüge, die in den frühen Morgenstunden stattfinden und bei denen hohe eigene Verluste zu verzeichnen sind, erregen ein höchstes Maß an Furcht auf beiden Seiten. Schmidels Schilderung fasst diese Darstellungsebene in ein dürres Zahlenwerk, das sich wie eine auf exakte Messbarkeit bedachte Spur von Gewaltexzessen durch den ansonsten kaum auf dramatische Höhepunkte bedachten Bericht zieht: Zahlen, Daten, Fakten, Registratur der Toten, Zahlenkolonnen der Verwundeten, dreistellig, vierstellig. Die Unbarmherzigkeit, mit der die Konquistadoren vorgehen, wird dabei nicht selten ihren Widersachern oder den zeitweiligen Bündnispartnern unterstellt. So legt die Erzählung etwa vom Kriegszug am Paraguay gegen die *Agazes* Zeugnis ab, bei dem das Volk der *Carios* den Spaniern Heeresfolge leistete, und berichtet, diese hätten so gar „kein erparmung über das folckh“[61] aufgebracht. Demgegenüber bleiben die Kriegspraktiken des spanischen Heeres und seiner Scharmützel hingegen unkommentiert. Abscheu erweckt lediglich der Umgang der Gegenseite mit dem Körper des toten Feindes, wobei die Beschreibung von Objekten auch hier den Ausdruck von Empfindung weitgehend ersetzt. So ist die Rede von mit Fischzähnen besetzten Schermessern, die dem Skalpieren dienen, eine Praxis, die bei der Erörterung kriegerischer Auseinandersetzungen bis in die populäre Literatur des 19. Jahrhunderts hinein besondere Empörung hervorruft, weil sie ein körperlich fixierbares fremdkulturelles Differenzmerkmal drastisch vor Augen führt. Das Nehmen des Skalps legt von einer körperlichen Technik Zeugnis ab, die ein physisches Zeichen des Sieges über den

---

58 Vgl. Bernhard Jahn: *Raumkonzepte in der Frühen Neuzeit*, S. 233.

59 *Das Gold der Neuen Welt*, S. 82.

60 *Ulrich Schmidels Reise nach Süd-Amerika*, S. 94, vgl. auch S. 47.

61 Ebd., S. 46f.

Feind setzt. Der christlichen Memoria, des Eingedenkens an die Toten, ist solche kulturelle Praxis deutlich entgegengesetzt. Dieser Kontrast wird in der *Reise nach Süd-Amerika* zum Signalement einer Konfliktspannung:

> „Nun merckhet aber" schreibt Schmidel, „was er [der Indianer] mit dem Menschenkopff weiter macht und zu wem er in praucht. Nemlich, wann er die gelegenhait nach solchem scharmizl, so nemptt er diesen mannskopff und zicht die haut mitsamptt dem har über die ohrenn herab, alsdann nimppt er diese haut mit samptt dem har und hept sie auff und lests dürr weren, dernach nimpt er die dürr haut und macht sie auff ein stangen und stegts für sein haus oder wonung zu einer gedechtnus, als hie zu lanndt ein rietter oder hauptman, die habenn ein fennlein, die steckhens in die kirchenn."[62]

Der Skalp auf der Stange avanciert in dieser Passage unversehens zum Fähnlein in der Kirche. Die Wahrnehmung einer krass entgegengesetzten kulturellen Szenerie widmet sich zum heimatlich-beruhigenden Zeichen der eigenen identitären Bestimmung um. Das religiös eingefärbte Wertesystem und das okzidentale Bewusstsein machen den so andersartigen Ritus der Erinnerung beschreibbar, indem sie ihn zur Symbolwelt der eigenen Kultur ins Verhältnis setzen. Die assoziative Verschiebung hin zu einem vertrauten materiellen Artefakt, die dem zu Grunde liegt, ist dabei zugleich räumlich und zeitlich markiert: Das Fähnlein des Ritters oder Hauptmanns hält am mittelalterlich-sakralen Ort der Aufbewahrung die Erinnerung an die militärische Eroberung wach, um zeitgleich zur zukünftigen Spur des zu erwartenden Sieges zu werden.

1.3 Implosion des Krieges

Jenseits der unverhüllten Erwartung, persönlichen Profit aus den begangenen Gewalttaten zu ziehen, dominieren Themen wie Nahrungssuche und Kriegstechnik den Text. Gelegentlich finden Beschreibungen des Körperbaus der indigenen Völker oder andere anthropologische Details Eingang.[63] Systematisch aber folgt die Erzählung den Irrfahrten durch die zu erobernden Ländereien, sie spürt den metallischen Objekten der Begierde nach. „Golt oder silber"[64] treibt das Heer auf seiner Suche voran. Die Gier

---

62 Ebd., S. 78.

63 Zusammenfassend auch bei Bernhard Jahn: *Raumkonzepte in der Frühen Neuzeit*, S. 227.

64 *Ulrich Schmidels Reise nach Süd-Amerika*, S. 84. Eberhard Schmitt weist von daher in seinem Vorwort zu *Das Gold der Neuen Welt*, S. VIII zu Recht auf die Frage der „Statussicherung oder -erhöhung" hin, die sich allerdings wohl auf die Angehörigen der Ritterschaft beschränkte, die spezifischen Ehrvorstellungen unterlagen.

nach Edelmetallen führt die Eroberer nach ihrer Landung in der Nähe von Rio de Janeiro in die Mündungsbucht des Rio de la Plata. Sie treibt sie zu Tausenden den Parana und den Paraguay hinauf und wieder hinab, mit Zwischenaufenthalten in den Stützpunkten *Asunción* oder *Buenos Aires*. Durch das Gebiet zahlloser Indianerstämme lässt sie sie marschieren, vom Wege abgebracht lediglich von durch Heuschreckenschwärme verursachten Hungersnöten. Dabei bilden die einzelnen „nazionen" oder Stämme gleichsam „mentale Inseln" mit „unscharfen Rändern" und „unklaren Positionen"[65] in dieser Raumkonstitution aus. Schmidels Bericht spart weder die physischen Torturen der Expansion noch den Prozess der Versklavung der einheimischen Bevölkerung aus. Narrativ verdichtet sich die Gewaltdarstellung in der Schilderung von Folterungen und grausamen Hinrichtungen von Eingeborenen in der Folge von erzwungenen Geständnissen. Ebenso deutlich wird jedoch im Verlauf der Erzählung, dass der Handel gegenüber Raub und Tötung zu einer neuen Erfolg versprechenden Überlebenstechnik avanciert. Einzug hält das Wort vom „reschat", einer Umschrift der spanischen Bezeichnung für den Tausch: rescate. So tauschen die Söldner naturale Gegengaben für Kleidung ein.[66] Oder aber es wechseln gehobene Tauschobjekte gegen silberne Armringe oder Stirnplatten den Besitzer, so zum Beispiel Nürnberger Waren: „hackhenn, messer, paternoster, scher unnd annder riestung mer"[67] werden im Text als Beispiele genannt. Zeitweilig ermöglicht der Tausch sogar Friedenskontrakte. Im Vorfeld dieser Verhandlungen wird allerdings ebenso sorgsam wie auf dem Kriegsfeld die Zahl der auf der Fahrt zu beklagenden Toten registriert. Im Zuge dieser Rechtfertigung von Verhandlungspraktiken taucht häufiger der Topos der Verwunderung auf, mit dem die Gastfreundschaft der Eingeborenen hervorgehoben wird. Gebunden an die Argumentation des christlichen Missionsgedankens führt Schmidel sie auf ein „Mittel" zurück, das seiner Vorstellungswelt zufolge nur göttlichen Ursprungs sein kann. Wie fremdartig auch immer eine andere Kultur im Erstkontakt erscheinen mag – die Gegebenheiten von Gastlichkeit und Tausch geben eine erste Basis für gegenseitige Verstehensprozesse ab. Zum Austausch kultureller Parameter allerdings taugt diese Vermittlungsleistung noch nicht. Materielle Objekte wechseln die Seiten im Rahmen eines latent stets anwesenden Konflikts. Zu ungleich erscheint die Verfügungsgewalt über Waffen. Zu verschiedenartig ist die militärische Disposition, zu konträr erweist sich die Ausgangslage des Aggressionswillens, als dass nicht Schwert und Lanze das Ge-

---

65 Bernhard Jahn: *Raumkonzepte in der Frühen Neuzeit*, S. 221.

66 *Ulrich Schmidels Reise nach Süd-Amerika*, S. 34.

67 Ebd., S. 71.

schäft regieren. Notdürftig verborgen schimmert diese Interessenlage hinter einem christlich-katholischen Regime hervor, das gänzlich ohne Milde bleibt. In vielen Passagen der *Reise nach Süd-Amerika* markieren Anrufungen der Barmherzigkeit Gottes jene Leerstellen, die einer gebildeten Leserschaft der Zeit Äußerungen von Mitleid entlocken könnten. Noch in der Niederschrift aus zeitlicher Distanz übersteigen offenbar viele der Grausamkeiten die Vorstellungskraft eines zu erwartenden Publikums. Der trockene Berichtston lässt nicht einmal die Vermutung einer psychischen Abwehr aufkommen. Von den Vorzeichen einer humanen Vorstellungswelt kann in diesem Text keine Rede sein.

So treibt allein die Suche nach dem ‚Goldland' die Eroberer in den Raum der Wildnis hinein. Vor allem die Berichte vom sagenhaften Reichtum der „Amossenes weiber", der Amazonen, verführen die Konquistadoren zu immer wieder erneuten fieberhaften Raubzügen durch das Land. Der Mythos, „vor zaitenn"[68] auf die indigenen Völker gekommen, hält in seiner geschichtslosen Tiefe dafür her, im geographischen Raum nach Spuren von wägbarem Gold zu suchen. Wie seine Heerführer auch, scheint der bayrische Waffengefährte der Konquistadoren hinsichtlich der Topographie vermuteter Reichtümer allein das zur Kenntnis zu nehmen, was der Vermehrung europäischer Reichtümer, vor allem aber der eigenen dient. Dennoch gewinnt seine Erzählung im Bezug auf die Gewaltexzesse gegen Ende eine eigentümliche Dynamik. Sie zeigt auf, wie die Regulierungsmacht der expansiven Unternehmung in gegenseitig sich bekriegende Truppenverbände zerfällt. Der Krieg implodiert.

Vor dem Hintergrund zeitlich nachgelagerter Genres, die über alltägliches Kriegsgeschehen und damit einher gehende Gruppendynamiken berichten[69], gewinnt Schmidels neuzeitliche Schilderung damit geradezu paradigmatischen Wert. Erstmals zeigt sie ein psychologisches Muster auf, das Stationen der Eskalation innerer Konflikte enthält: Polarisierung, Angst vor Gesichtsverlust, gegenseitige Drohstrategien und begrenzte Vernichtungsschläge, Zersplitterung und gemeinsames Treiben in den Abgrund.[70] Die sich verschlechternden Gesundheitsverhältnisse im spanischen Heer lassen Verschwörungen aufkommen, Kämpfe der Anhängerschaften sich feindselig gegenüberstehender Feldleute brechen auf, Amtsenthebungen und Wechsel der Provinz-

---

[68] Ebd., S. 68.

[69] Vgl. als aktuelles und prominentes Beispiel Ryszard Kapuściński: *Afrikanisches Fieber. Erfahrungen aus vierzig Jahren.* München/Zürich 2008.

[70] Die Schilderung ist nahezu konform dem Konflikteskalationsmodell von Friedrich Glasl in Ders.: *Konfliktmanagement. Ein Handbuch für Führungskräfte, Beraterinnen und Berater.* Stuttgart 1999.

verwaltung häufen sich, Rückführungen nach Spanien erfolgen, Anklagen wegen schlechter Amtsführung werden in Szene gesetzt und weisen auf eine zunehmende Personalisierung der Kriegszwecke hin. Zwei lange Jahre wartet das Heer in der Stadt *Nostra Singnora de Sunssion* auf einen kaiserlichen Bescheid. Er soll die kameralistische wie die militärische Hierarchie, den doppelten Raum der Befehlsgewalt, neu ordnen.[71] Ein Mann namens Cabeza de Vaca, berichtet Schmidel, übernimmt daraufhin die spanische Provinz. Er setzt seinen Schwurbruder Irala als *maestro de campo*, als obersten Befehlshaber aller Truppen ein. Trotz fortwährenden Nachschubs aus den europäischen Häfen ist das Heer auf nur 800 Soldaten zusammengeschmolzen. Der Streit um die Goldbeute führt zu immer eigenmächtigeren Feldzügen sowie zum Konflikt zwischen Verwaltung und Heer. Beide konkurrieren in der Vernichtungsstrategie der einheimischen Bevölkerung, eine mimetische Rivalität, die sich gegenseitig zum Antrieb wird. Während die Auslöschung an den weitgehend Wehrlosen vollzogen wird, lässt sich der bisherige Heerführer durch den spanischen Thron zum neuen Adelantado ernennen. Er bekämpft von nun an die Anhänger des alten. Emotionslos kommentiert der Kriegsberichterstatter:

> „Solchen krieg triben wir selbst unndander zwey ganntze jar lang [...]; und da nun solches die Carios, so unnser freindt gewesn, merckhten, das wir Chriestenn selbst under einannder unnains, untrey und so wol geriest waren, liessen sie inens von unns nit sonnderlich gefallen, sondern gedachtenn, ein ydes reich das in sich selber zerteils unnd uneins, das wirtt zerstörtt."[72]

Nicht gänzlich frei von Galgenhumor, ist dies die einzige Passage des Textes, in der von einer ‚wohlen', das heißt von einer leichten Reise die Rede ist. Erst vor drängender äußerer Gefahr erfolgt ein Friedensschluss zwischen den verfeindeten Parteien. Kommentarlos setzt der Bericht seine Leser über das sich anschließende „scharmizl"[73] ins Bild, gerichtet gegen jene Stämme, die solche Gelegenheit beim Schopf ergriffen, sich gegen ihre Besatzer zu empören. Eine winzige Verschiebung, ein literarischer Kunstgriff, markiert in der Schlusspassage des Textes den Ausgang des Geschehens: Eingefügt ist eine kurze Binnenerzählung über den Tod Gonzalo Pizarros, jenes illegitimen Bruders des Eroberers von Peru, der 1548 auf Befehl des Vizekönigs als Empörer enthauptet worden war. Peru wird aus der Perspektive des Erzählers zum ersehnten Eldo-

---

71 *Ulrich Schmidels Reise nach Süd-Amerika,* S. 58.

72 Ebd., S. 77.

73 Ebd., S. 79.

rado, zu jenem fernen Land des Goldes, das immer woanders liegt als da, wo er selbst es sucht. Peru, „pilich [genandt] das reich landt", stellt den neuen topographischen Raum als Sehnsuchtsort zur Verfügung, in dem die Ziele der Konquistadoren ihre Erfüllung zu finden hoffen. Komplettiert wird diese Anrufung durch einen der wenigen Erzählerkommentare, mit denen der Zeuge des Geschehens seiner Leserschaft zu wissen gibt, was er davon hält: „Neit und Hass" seien „so groß in der weltt, das einer dem annderen nichts guets ginett".[74] Neid und Hass markieren das affektive Antriebspotenzial der militärischen Expansion. Ihre Benennung überragt klar und unmissverständlich wie ein Signal die ansonsten akribische Detailfülle des Textes, seelische Binnenräume auslotend, die ansonsten durchweg im Verborgenen bleiben. Freilich verwandeln diese sich sogleich in ein Äußeres, in „Zeit-Räume"[75] nämlich, Vorschein einer Historisierung in der Protomoderne, die es eigentlich noch gar nicht gibt. Die Kluft zwischen der Fülle an zu erzählender Zeit und dem Mangel an Erzählzeit eröffnet sich in genau jenem Augenblick, in dem der Berichterstatter die Seele des hingerichteten Feldherrn seinem Gott anempfiehlt. Denn an dieser Stelle beruft er sich ausgerechnet auf sein individuelles Recht zur selektiven Information seiner Leserschaft: „Es wehr vil darvonn zu schreibenn", führt Schmidel aus, und: „aber zeit gibt's nicht."[76]

1.4 Der Gott der Zeit, die Geschütze und die Schrift

Solche modernen Reflexionselemente, so selten sie sind, erschaffen eine Narrativität über den Augenschein hinaus und weisen darauf hin, dass ihr Bedingungsgefüge noch die nachträgliche, die verarbeitende Aufzeichnung am Beginn kolonialer Gewaltakte prägt. Sie zeigen aber auch auf, dass das Verfahren des chronologischen Berichts bereits einen skeptischen Blick auf die Identitätskonstruktionen der Frühen Neuzeit erlaubt. Die literarische Deutungsmacht, die diese Form der teilnehmenden Beobachtung noch im Nachhinein gewinnt, beruht auf drei Momenten: Sie setzt zum einen die Kenntnis der Kulturtechnik des Schreibens voraus, die Verfügung über das ebenfalls mimetische Kapital der Schrift. Damit trägt der hier an erster Stelle untersuchte Text in singulärer Weise zur Bildung eines frühneuzeitlichen Wissensvorrats im Fundus der europäischen Textsammlungen bei. Zum zweiten prägen sich erstmals volkssprachliche Züge einer

---

[74] Ebd., S. 97.

[75] Bernhard Jahn: *Raumkonzepte in der Frühen Neuzeit*, S. 352.

[76] *Ulrich Schmidels Reise nach Süd-Amerika*, S. 97.

mentalen Kartographierung von Eroberungspraktiken aus, wie sie im Zeitalter der spanischen Konquista ihren Ausgang nahmen. Bei aller subjektiven Beschränkung des Blickwinkels erlaubte die Herkunft des Autors aus einer angesehenen Patrizierfamilie einen Wahrnehmungshorizont, wie er unter den soldatischen Begleitern der Konquistadoren nicht eben häufig anzutreffen war. Drittens stützt das Authentizitätsbegehren der Schilderung sich weniger auf eine Faktizität des Berichteten, wie die Textkommentatoren im 19. Jahrhundert annahmen, als vielmehr auf eine implizite Bedingung der Verschriftlichung selbst: auf den Umstand, dass in dieser Welt ohne Heil das Entrinnen aus extremer Todesdrohung überhaupt möglich war. Entronnen der Gefahr für Leib und Leben, konnte der Verfasser nun von den inneren Konflikten des Heeres Zeugnis ablegen, gestärkt dadurch, dass der Verzicht auf alle von der militärischen Führung angebotenen Kommandos wohl den Eindruck persönlicher Integrität für die spätere Leserschaft steigerte. Sichtbar und erzählbar gemacht werden Verluste auf beiden Seiten des Kriegsgeschehens. Bedauert aber wird nicht nur der Verlust an Menschenleben, sondern auch an Kontaktmöglichkeiten. Gott, die spanischen Geschütze und die Schrift sind die Zeichen rückhaltloser Bekundung im Text. Sie stellen jene Autoritäten dar, deren Geltung innerhalb der Erkundung von Kriegsgewalt unangefochten bleiben muss. Die Schrift aber steht bereits neben, ja über der militärischen Ordnung des geographischen Raums. Nur durch die sie erfahren wir, was in jener vor sich gegangen ist.

Insofern beschreibt nichts ironischer und präziser die Bedeutung des neuzeitlichen Schreibaktes als das berichtete Geschehen selbst: Was unseren literarischen Gewährsmann Schmidel schließlich aus den über zwanzigjährigen Kriegswirren errettet, ist ausgerechnet ein Schriftstück. Es ist ein Brief, transportiert über die spanische Faktorei der Fugger in die Wälder rund um *Asunción*. Er enthält die Mitteilung, wie dringlich es ist, nach Europa heimzukehren. Ein letztes Mal also führt seine Reise in Kriegsläufen den Berichterstatter den Fluss Paraguay hinauf, an den sich inzwischen die Besitzungen der Portugiesen anlagern. Dass er die stürmische Überfahrt zu den Azoreninseln überstehet, die lange Seefahrt nach Lissabon überlebt und von dort aus den Hafen von Cadiz erreicht, wo er, die spanische Küste vor Augen, durch den Untergang des Begleitschiffes in den Naturgewalten der See sein gesamtes Hab und Gut verliert, schreibt er seinem Schutzengel zu. Ebenso arm, wie er seine Heimatstadt Straubing verließ, kehrt er im Jahre 1554 auf dem Landweg über Antwerpen dorthin zurück. Doch auch dort findet er keine Ruhe: Unter den Bürgern, die sich der Lehre des Lutherischen Evangeliums anschließen und die im Zuge der Gegenreformation aus der Stadt vertrieben werden, ist auch der einstige Waffengefährte der Konquistadoren. Er unterliegt nun selbst der Glaubensverfolgung und schließlich der Verbannung. Was sein Erzähler der schlussendlich dann doch noch als „glickhselig“ bezeichneten „Reiß“[77] als Ende der Narration markiert, ist die Macht und grenzenlosen Güte einer das Geschehen aus der Ferne ordnenden Hand. Die Pathosformel von der Hand Gottes kennzeichnet am Ausgang des Textes noch einmal jenen emotiven Überschuss, der über die Grenze des Erfahrbaren hinaustreibt: das für sich selbst unfassbare Wunder des eigenen Überlebens. Erratisch fremd aber nimmt dieser Ton sich bereits aus inmitten der militärischen Machtkonstellationen der Frühen Neuzeit. Sie erschaffen die Umgebungsbedingungen und bereiten das Terrain für die Gewalt kolonialer Inbesitznahme.

---

77 Ebd., S. 115.

II Identitäten der Aufklärung

2 Vom Schiff aus betrachtet, sind die anderen immer die Fremden (Immanuel Kant)

2.1 Identität und Wahrheitsbegriff

„Es ist nicht aus Mangel an Wissen, dass der Europäer seine Geschichte nicht als Geschichte der Verantwortung kennt.“[78] Derridas Verweis zielt darauf, zu klären, dass diese Verkennung keine persönliche, zufällige Eigenschaft des Literaten, des Wissenschaftlers oder des Philosophen darstellt, der zu uns spricht oder auch nur mit einem Kenntnisstand vorrangig in Verbindung zu bringen wäre. Geschichtliches Wissen in der Vielfalt seiner Narrationen kann vielmehr gleichermaßen Fragen, Grundlagen und Abgründe verdunkeln, wenn der naive Glaube Vorherrschaft gewinnt, das Wissen auf einfache Weise aktualisieren und damit totalisieren zu können. Jeder Vereinfachung geht als Reduktion von Komplexität – zumindest im Bereich der Wissenschaft – eine Form der Verdrängung voraus, sofern ihr nicht eine Synthese verschiedenartiger Perspektiven gelingt. Als Beleg dafür mag im vorliegenden Zusammenhang Kants Auseinandersetzung mit dem Thema Gewalt gelten. In großen Teilen seines Werkes verbindet er sie mit dem Sinnbild des Gesetzes. Die Herausarbeitung einer unfassbaren, strukturellen Gewalt, die mit dieser Differenzierung einhergeht, braucht keinerlei Rechtfertigung ihres Urteils; wohl aber braucht sie, wie Anselm Haverkamp hervorgehoben hat, Raum zur Darstellung ihres Vollzugs. Sie selbst bzw. ihre Träger entscheiden somit am Kriterium der Sichtbarkeit, „was als Gewalt zu gelten hat und wo.“[79]

In einem der vielen Gleichnisse, die die Textur von Kants Werk durchziehen, und deren Bedeutung für die Wirkung seiner Schriften kaum zu überschätzen ist, verwendete er gern und häufig ein räumliches Bild, dessen Symbolkraft dem Diskurs der Aufklärung, ebenso aber der Erfahrungswelt der Kolonisation entstammt. Es spricht sogar einen besonderen Aspekt der damit verbundenen Identitätskonstruktion aus. Die Rede ist bei Kant von der Suche nach einem Land, von dem der Philosoph behauptet, dass

---

[78] Jacques Derrida: Den Tod geben (Donner la mort), in: Anselm Haverkamp (Hrsg.): *Gewalt und Gerechtigkeit. Derrida – Benjamin.* Frankfurt a.M. 1994, S. 333.

[79] Anselm Haverkamp: Kritik der Gewalt und die Möglichkeit von Gerechtigkeit. Benjamin in Deconstruction, in: Ebd., S. 33.

er inzwischen jedes seiner Teile sorgfältig „in Augenschein“ genommen habe und das er auch zukünftig „durchmessen“ wird, um „jedem Dinge auf demselben“ seine besondere „Stelle“ beizuordnen. Diese Vermessungsleistung und Zuweisung eines Orts, dieser Vorgang der Verortung also, bezieht sich im philosophischen Denken am Ausgang des 18. Jahrhunderts noch weniger auf Kulturphänomene, sondern vor allem auf den Wahrheitsbegriff selbst. Er bildet den impliziten Ausgangspunkt für die Wahrnehmung von Räumen, Orten und Topographien.[80] Es ist die „Insel“, um die es Kant hier zu tun ist – und sie ist in seinem Verständnis noch „durch die Natur selbst in unveränderliche Grenzen eingeschlossen“ und eignet sich insofern als Topos für die Kennzeichnung von selbstverständlichem Besitzstand, Kontinuität und Isolation gleichermaßen. So heißt es in der *Kritik der reinen Vernunft*:

> Es ist das Land der Wahrheit, ein reizender Name, umgeben von einem weiten und stürmischen Ozeane, dem eigentlichen Sitz des Scheins, wo manche Nebelbank, und manches bald wegschmelzende Eis neue Länder lügt, und indem es den auf Entdeckungen herumschwärmenden Seefahrer unaufhörlich mit leeren Hoffnungen täuscht, ihn in Abenteuer verflechtet, von denen er niemals ablassen, und sie dennoch auch niemals zu Ende bringen kann.[81]

Den Anspruch der Unveränderlichkeit vorausgesetzt, kann man sich, versehen mit der Kantschen Erkenntnislehre, dennoch auf das unsichere Meer hinauswagen, um diese Insel nach Breite und Länge zu untersuchen und um Gewissheit zu gewinnen, ob irgendetwas von dort zu erhoffen sei. Nützlich sei es jedoch, vorher „noch einen Blick auf die Karte des Landes zu werfen“, das man soeben verlassen hat. Kants ironische Bezugnahme auf die Analogie zwischen geistigem Abenteuer und räumlicher Entdeckungsfahrt weist nicht nur auf Georg Forster voraus und legt nicht allein biographische Hintergründe nahe – bekanntlich hat er Königsberg kaum jemals verlassen. Sie mündet auch in die Problematik ein, wie Voraussetzungen von Identität zu fassen und in den Mittelpunkt der Reflexion zu rücken sind. Denn da wir mit dem, was wir se-

---

[80] Zu Kants Wahrheitsbegriff im erkenntnistheoretischen Sinne vgl. den Beitrag von Véronique Zanetti: Kants Auffassung von Wahrheit, in: Athenäum. Jahrbuch für Romantik 12. Jg. (2002), S. 91–110. Der Aufsatz hält fest, dass – im Gegensatz zu der Behauptung, der Philosoph siedle „das Wahrheitsproblem allein im Raum der Kohärenz zwischen Urteilen an“ – die Sinne deutlich affiziert werden, d.h.: alle Erkenntnis fängt auch bei Kant mit der Erfahrung an, S. 109. Vgl. ebenso Karlheinz Barck: *Poesie und Imagination. Studien zur Reflexionsgeschichte zwischen Aufklärung und Moderne.* Stuttgart/Weimar 1993.

[81] Immanuel Kant: Kritik der reinen Vernunft, in: Ders.: *Werke*, Bd. III/1. Hrsg. von Wilhelm Weischedel (3. Aufl.) Frankfurt a.M. 1977, S. 267f.

hen, in der Regel nicht einfach zufrieden sind und zufrieden sein können, ist es Kants weiterer Argumentation zufolge überaus nützlich, der Frage nachzugehen, „unter welchem Titel" – das heißt, unter welchen Bedingungen unserer Urteilsbildung – „wir denn selbst dieses Land besitzen, und uns wider alle feindseligen Ansprüche gesichert halten können".[82]

Die Verschränkung des Gleichnisses vom Land der Wahrheit, das eine Insel im Meer des Unbekannten ist, mit den Abenteuern der Seefahrer auf der Suche nach ihrer Wahrheit verweist also auf eine elementare Entstehungsbedingung des Kantschen Zugriffs auf das Verhältnis von eigenem und Fremden. Aber sie schließt die Frage nach den Bedingungen der Möglichkeit, die Wahrheit ‚zu besitzen', mit ein. Diese Frage, die heute mit einigem Recht zu den postmodernen Fragestellungen gezählt werden darf, zielt, um mit Julia Kristeva zu sprechen, auf eine „verborgene Seite unserer Identität", auf die Beziehung zum jeweils als fremd Definierten:

> „Der Fremde, Figur des Hasses und des anderen, ist weder das romantische Opfer unserer heimischen Bequemlichkeit noch der Eindringling, der für alle Übel des Gemeinwesens die Verantwortung trägt. Er ist weder die kommende Offenbarung noch der direkte Gegner, den es auszulöschen gilt, um die Gruppe zu befrieden. Auf befremdliche Weise ist der Fremde in uns selbst: Er ist die verborgene Seite unserer Identität, der Raum, der unsere Bleibe zunichte macht, die Zeit, in der das Einverständnis und die Sympathie zugrunde gehen. Wenn wir ihn in uns erkennen, verhindern wir, daß wir ihn selbst verabscheuen. Als Symptom, das gerade das ‚wir' problematisch, vielleicht sogar unmöglich macht, entsteht der Fremde, wenn in mir das Bewußtsein meiner Differenz auftaucht, und er hört auf zu bestehen, wenn wir alle uns als Fremde erkennen, widerspenstig gegen Bindungen und Gemeinschaften."[83]

Kristevas weitere Überlegungen gelten der Alternative, jenen personifizierten Fremden, der in früheren Gemeinschaften und Gesellschaften ein so vorzügliches Feindbild abgegeben hat, in den modernen Gesellschaften so einfach verschwinden zu lassen oder aber ihn ökonomisch und politisch im Sinne einer bedingungslosen Assimilation zu integrieren. Während ihre theoretische Erörterung im Band *Fremde sind wir uns selbst* das Mit-Erleben des Anderen und damit emphatische Voraussetzungen seiner Akzeptanz ins Zentrum der Erörterung rückt, geht es um 1800 noch um die Formen wie um

---

[82] Ebd., S. 268.

[83] Julia Kristeva: *Fremde sind wir uns selbst.* Frankfurt a.M. 1990, S. 11.

das Ausdrucksvermögen jener ‚fremden Vernunft', die der personifizierte Fremde jeweils darstellt oder die er verkörpert. Dieser Unterscheidung zwischen dem Gründungsdiskurs der Moderne und der postmodernen Auseinandersetzung mit ihm eingedenk, unternimmt das folgende Kapitel eine Durchleuchtung von Kants Schriften unter dem Gesichtspunkt, was sein philosophisches Werk über die Abgrenzung von oder die Annäherung an diese andere, uns fremd erscheinenden Vernunft zu wissen gibt. Welche Schlussfolgerungen sind daraus im Zeitalter verstärkter Globalisierungsbemühungen zu ziehen? Welches Verhältnis legt der aufklärerische Diskurs zur Gewalt bzw. zu deren vielfältigen Manifestationen nahe? Und wie verhält es sich mit der narrativen Verfasstheit jener europäischen Bildlichkeit von Selbstidentität, europäische Identitätsbilder, die der Erkundung des Fremden wie der Fremde zugrunde zu legen sind?

2.2 Grenzziehungen: Praktische Vernunft, Eigennutz, Glück und Interesse

Es mag überraschen, dass bei der Lektüre des Kantschen Werks, nimmt man etwa die *Grundlegung der Metaphysik der Sitten* als ersten Ausgangspunkt, Affekte und Verstandestätigkeit nicht an entgegen gesetzten Polen des Vernunftdenkens angesiedelt werden. Kant polemisiert in diesem Sinne sogar gegen die impliziten Voraussetzungen anderer zeitgenössischer Denkströmungen, die er einer „vulgären Aufklärung" zurechnet. Vor allem über die Macht und Wirkungsgewalt des Gesetzes gehen beide, Kopf und Herz, demgegenüber eine logische Verbindung ein. Kant, sich gegen seine Kritiker zur Wehr setzend, zieht als Exempel für diese Verknüpfungsleistung den Begriff der „Achtung" heran: seine unzweifelhafte Hochschätzung beruhe keineswegs auf der „Zuflucht zu einem dunklen Gefühle". Als Begriff, der Emotion und Verstand miteinander verbinde, wird er zum Gegenbegriff der bloßen Gewalt. Indem über die Achtung als einen „Begriff der Vernunft" weitere Auskunft gegeben wird, weist Kant einen unterstellten grundlegenden Dualismus zwischen Verstand und Gefühl zurück. Weil eben die Achtung durchaus auch eine emotionale Seite habe, schreibt er, sei sie

> „kein durch Einfluß *empfangenes*, sondern ein durch einen Vernunftbegriff *selbstgewirktes* Gefühl und daher von allen Gefühlen der ersteren Art, die sich auf Neigung oder Furcht bringen lassen, spezifisch unterschieden. Was ich ‚unmittelbar als Gesetz für mich erkenne', erkenne ich mit Achtung, welche bloß das Bewusstsein der *Unterordnung* meines Willens unter einem Gesetze, ohne Vermittlung anderer Einflüsse auf meinen Sinn, bedeutet. Die unmittelbare Bestimmung des Willens durch das Gesetz und das Bewusstsein derselben heißt *Achtung*, so daß diese als

> Wirkung des Gesetzes aufs Subjekt und nicht als Ursache desselben angesehen wird. Eigentlich ist Achtung die Vorstellung von einem Werte, der meiner Selbstliebe Abbruch tut."[84]

Achtung also ist die Wirkung eines Gesetzes auf ein Subjekt, das sich ihm willentlich unterordnet. Sie steht insofern der Ausübung direkter, unmittelbarer und ausführender Gewalt entgegen. Somit ist die Achtung in der Kantschen philosophischen Lehre zu jenen Empfindungen zu rechnen, die weder in der Liebe zum Eigenen, der Selbstliebe, aufgehen können noch der Selbstdefinition und Eigenbestimmung als Subjekt, das staatlicher Gesetzlichkeit unterliegt, widersprechen. Sie können zwar durchaus eine Störung oder Verstörung des Einzelnen bewirken, indem sie seinem Narzissmus deutliche Grenzen setzen. Doch wird die begriffliche Singularität der Achtung und ihre Zwischenstellung im Weiteren vor allem in ihrem besonderem Vermögen angesiedelt, vermittels eines erzeugten Affekts differenzierte Vorstellungen von der Macht des Gesetzes zu erwecken. Schließen sich nämlich Gesetz und Freiheit ohne jede Form institutionalisierter Gewalt zusammen, handelt es sich Kant zufolge um Anarchie. Regieren aber Gesetz und Gewalt ohne jede Freiheit, mündet die institutionelle Formgebung in Despotie. Diesen beiden Gefahren entgegen wirkend, sieht Kant die republikanische Verfassung an einen Gewaltbegriff geknüpft, der Freiheit und Gesetz miteinander in ein komplexes Verhältnis zu setzen in der Lage ist, während Gewalt ohne jede Freiheit und ohne jedes Gesetz ausschließlich der Barbarei zugehörig sei.

Noch weit entfernt vom Wissensfeld der Introspektion, das erst mit dem Ende des 19. Jahrhunderts entstehen wird, und doch entschieden in dessen Vorläuferschaft eingebunden, arbeitet Kant in seiner *Grundlegung der Metaphysik der Sitten* das Verhältnis zwischen der Achtung vor einer Person und der Achtung für das moralische Gesetz heraus. Für letzteres könne das Persönliche jeweils nur ein Exempel abgeben. Von Bedeutung für den Moraldiskurs ist aber, dass die Identität eines Einzelnen sich demnach unter anderem über die gesetzliche Konstruktion von „Rechtschaffenheit" bestimmt. Sie wird von außen über dieses Kriterium definiert. Dabei kann es sich um Gesetze handeln, die Wertvorstellungen als Ordnungsmodelle der Welt anleiten oder um Gesetze der persönlichen Integrität, die verbunden werden mit einer „Achtung des Rechts". Kants Ausführungen münden im Weiteren in einem Kristallisationspunkt seiner Argumentation, der einen ganzen Katalog von Eigenschaften und Verhaltens-

84 Immanuel Kant: Grundlegung zur Metaphysik der Sitten, in: Ders.: *Werke*, Bd. VII, S. 28 (Hv. im Text).

weisen bündelt – von „Talenten", wie es in der *Grundlegung der Metaphysik der Sitten* heißt. Zwar sind sie an eine Person, an einen Träger gebunden, ihr Ursprung ist jedoch keineswegs in dessen Selbst aufzusuchen. Weil sie aber nur jeweils an einem Einzelnen wahrgenommen werden, begründen sie zugleich jenes Interesse, das sich auf die Person zu richten beginnt:, als eine „Person von Talenten".

Neben der Tatsache, dass Kant an dieser Stelle bereits den Prozess der Identifizierung in seinen Gründzügen beschreibt, ist zweierlei an dieser diskursiven Strategie der Verschränkung von Affekthaushalt, dem Vorstellungsgefüge der inneren Welt, mit dem Verstand, dem Wahrnehmungsgefüge der äußeren Welt, bemerkenswert. Einerseits kann die Achtung vor dem Anderen zu einer „unbezweifelbaren moralischen Triebfeder"[85] der Entwicklung jedes Einzelnen werden, wie Kant in der *Kritik der praktischen Vernunft* hervorhebt. Zweitens wende sie sich, wie er nicht müde wird zu betonen, in aller Regel nur Personen zu. Niemals aber sei sie „auf Sachen" aus. Von daher begründet sich auch der Umstand, dass das Streben nach Glück nicht Sache der Achtung ist. Und auch auf Besitz sei sie nicht aus. Achtung vor dem Anderen schließt demzufolge das Verlangen nach „Glückseligkeit", ein für Kant zentraler Begriff, in diesem Sinne vielmehr eher aus, lässt es ungestillt. Weil gerade die Vernunft nun einmal nicht als Mittel zur Erlangung des Glückes tauge, muss sie notgedrungenerweise ihren Dienst gerade da versagen, wo er scheinbar am meisten benötigt wird – da nämlich, wo „das Streben nach Glück" zum „Ersatz für das Glück" zu werden droht.

Damit begründet Kant nicht nur den modernen Diskurs der Affektenlehre, sondern weist voraus auch auf jene Form der Dialektik, die danach fragt, was zur Antriebskraft in Tauschprozessen wird. Folgt man dem Medienwissenschaftler Norbert Bolz, so zeigt sich diese elementare „List der Vernunft", gleich, ob es sich um ein gesteigertes Verlangen nach Gütern handelt oder um ein Begehren nach anderen Lustobjekten, die dem Verbrauch gewidmet sind, heute in der Irritation „moderner Gesellschaften", die ihre „Unzufriedenheit auf hohem Niveau" kultivieren, um so ihren Mitgliedern jedes Unlustgefühl oder jede Unbequemlichkeit zu ersparen. Die paradoxe Formel der Systemtheorie, die besagt, dass „gerade Unruhe die Stabilitätsbedingung sozialer Systeme" ist, kennzeichnet damit zugleich die wirtschaftliche Dynamik moderner Gesellschaften, die auf mittelbarer Bedürfnisbefriedigung und fortwährenden Tauschprozessen beruhen:

---

85 Immanuel Kant: Kritik der praktischen Vernunft, in: Ebd., S. 199.

> „Pleonexie, also ein Begehren, das eigentlich unersättlich ist, bringt die nötige Unruhe in die Wirtschaft; der alltägliche Ärger beunruhigt die Politik, und die Neugier irritiert die Wissenschaft. So erweist sich gerade die Instabilität des Menschen, seine Neugier, sein Begehren, sein Unbehagen, seine Sensibilität, als Bedingung der Stabilität der Gesellschaft."[86]

Kant, ein Vorläufer der Propaganda der Pleonexie und des Marketings? Kant, ein Vordenker der Identität aller Konsumisten im Zeitalter der späten industriellen Moderne? Festzuhalten ist zunächst, dass die Kantsche Entgegensetzung von Achtung und Gewalt das Streben nach „Glückseligkeit" in der Befriedigung eines künstlich erzeugten Bedarfs nicht zu den „Ideal[en] der Vernunft" gerechnet hat. Vielmehr unterstellt sie es den Idealen der „Einbildungskraft", dem Raum des Imaginären, womit die Grenze zwischen Wahrnehmung und Vorstellung ein weiteres Mal zum Verschwinden gebracht wird. Die narrative Konstruktion einer wissenschaftlichen Diagnostik der Moderne widmet sich von Anfang an deren Neigung, die Achtung vor der Person auf die Achtung vor den Sachen zu verschieben. Sie beruft sich demzufolge auf die Kräfte der Vorstellung, auf den Wunsch und auf die Imagination, eingedenk der Tatsache, dass diese die Verhaltensweisen affektiv besetzen. Wenn die „Selbstliebe" eines Menschen nun aber darin bestehe, so fährt Kant fort, „sich selbst nach den subjektiven Bestimmungsgründen seiner Willkür zum objektiven Bestimmungsgrunde des Willens überhaupt zu machen", dann handelt es sich in diesem Fall um eine Form der Liebe, die gewissen Gefahren der Überzeichnung unterliegt: sie kann sich bis zum Gotteswahn steigern und bis zum praktischen Prinzip des „Eigendünkels" herabsinken. Kant führt dieses Gefährdungspotenzial darauf zurück, dass die Achtung vor dem Willen des anderen in der Regel mit einer Demütigung verbunden ist. Auch das moralische Gesetz „demütigt", so warnt er. Die Gesetzlichkeit kränkt die Eigenliebe, anders als die vermeintliche Freiheit der Gewalttat. „Unvermeidlich", hebt er hervor, demütigt es jeden Menschen, sofern und sobald dieser mit dem Gesetz der geachteten Person „den sinnlichen Hang seiner Natur"[87] vergleicht. Freilich sei die Achtung ein Tribut, den wir in der Regel nicht verweigern. Allenfalls halten wir sie zurück oder wir behalten sie für uns. Gerade deshalb sei sie selten und nur schwer mit dem Gefühl der Lust zu verbinden. Genau das unterscheidet sie vom Glücksempfinden: Wir überlassen uns ihr, der Achtung, in der Regel nur äußerst ungern. Darauf führt Kant in der *Kritik der prakti-*

---

86 Norbert Bolz: *Das konsumistische Manifest.* München 2002, S. 89.

87 Immanuel Kant: Kritik der praktischen Vernunft, S. 194f.

schen Vernunft eine Neigung zurück, die er für eine *Human Condition* hält, die Neigung, am Anderen irgend „etwas ausfindig zu machen", was uns „die Last der Ansehung einer Person" erleichtern könne. Folgen wir ihr, suchen wir stets nach „irgendeinem Tadel", um uns „wegen der Demütigung, die uns durch ein solches Beispiel widerfährt, schadlos zu halten".[88]

Kants diskursive Strategie der Abwägung von Achtung, Ächtung, Verachtung und Missachtung hätte allerdings kaum an Überzeugungskraft gewonnen, erführe nicht auch diese Negation der Achtung vor dem Anderen wiederum ihre dialektische Aufhebung im Kontext seines argumentativen Musters. Denn wäre das Gefühl der Achtung wirklich „pathologisch" zu nennen in dem Sinne, dass es „ein auf dem inneren *Sinne* gegründetes Gefühl der Lust" zu erwecken vermag, wäre das Unterfangen von Vergeblichkeit gekrönt, eine Verbindung dieser Empfindung „mit irgend einer Idee a priori zu entdecken".[89] Die Möglichkeit dieser Verknüpfung führt er gerade auf die Getrenntheit vom unmittelbaren, sinnlichen Lustempfinden zurück. Sie bildet sich indessen aber auch nicht im Sinne eines Geschmacksurteils heraus. Denn dieses wäre als „Beurteilungsvermögen eines Gegenstandes oder einer Vorstellungsart durch ein Wohlgefallen oder Mißfallen"[90] zu kennzeichnen, das für sich genommen aber als interesselos zu gelten hätte. Im Falle der Achtung, sei es vor dem Gesetz oder vor dem Fremden, handelt es sich aber gerade um eine Beibehaltung des Interesses. Und auch der Neigung zum Interesselosen misst die Sinnenlehre des 18. Jahrhunderts noch eine bestimmte Bedürfnislage bei, und zwar da, wo es um die Befriedigung elementarer Bedürfnisse als Voraussetzung von distanziertem Urteilsvermögen geht. Kant macht klar, dass der blanke Hunger etwa durchaus nicht geeignet ist, eine „Wahl nach Geschmack" zu treffen. Nur da, wo das elementare Bedürfnis befriedigt ist, heißt es in seiner Schrift *Über das Gefühl des Schönen und Erhabenen*, setzt die Unterscheidungsfähigkeit ein, das Differenzierungsvermögen zu erkennen, wer „unter den vielen Geschmack habe, oder nicht".[91]

Diese erste Ausformung eines Modells von Bedürfnisstufen, die aufeinander aufbauen und deren Defizite ausgeglichen sein müssen, ehe das Subjekt die nächste Qualitätsstufe seines Wunschpotenzials erreicht, ist heute in der Wirtschaftspsychologie ebenso

88 Ebd., S. 198.

89 Ebd., S. 201.

90 Immanuel Kant: Kritik der Urteilskraft, in: Ders.: *Werke*, Bd. X, S. 124.

91 Immanuel Kant: Über das Gefühl des Schönen und Erhabenen, in: Ders.: *Werke*, Bd. II, S. 837.

wie im Marketing gebräuchlich.[92] Wenig ins Bewusstsein getreten ist jedoch, dass der Erfinder Abraham Harold Maslow seine Hierarchie der Bedürfnisse später um eine sechste Stufe ergänzt hat – um das Bedürfnis nach Transzendenz oder Transpersonalität, die Suche nach etwas, das außerhalb eines beobachtbaren Systems liegt. Ihr liegt das Interesse am Anderen zu Grunde, als Teil der Achtung vor einer Person und ihrer individuellen Bedürfnislage. Im vorliegenden Zusammenhang, der Frage nach Identität und struktureller Gewalt, ist es allerdings von größerer Bedeutung, dass sich bereits in den vorkritischen Schriften der Kern des Arguments auf ein Phänomen unseres Affekthaushaltes richtet, das Kant an gleicher Stelle mit der „Würde der menschlichen Natur" in Verbindung bringt. Diese Auffassung von Würde knüpft sich an eine allgemeine und keineswegs nur an eine spezifische, individualisierte Achtung vor dem Anderen – als einem dem eigenen Selbst und der eigenen Entwicklung bzw. Bedürfnislage Fremden. Als Empfindung erreicht diese Würde, folgt man Kants weiteren Ausführungen, immer dann ihre „größte Vollkommenheit", wenn der jeweils Einzelne „sich zwar auch selbst lieben und schätzen" gelernt hat, also seinem Eigenen Rechnung trägt, wenn er diese Wertschätzung aber anderen im gleichen Maße zu Teil werden lässt und sie damit in einem Allgemeinen verankert. Ihre zusammenschließende Wirkung erreicht die Achtung vor dem Fremden also erst dann, wenn dieser als „einer von allen" erkannt wird, „auf die sein ausgebreitetes [...] Gefühl sich ausdehnet".[93] In dieser Verbindung der Präferenz einer Selbstachtung und ihrer Verknüpfung mit der Ausdehnung eines Affekts auf ein allumfassendes Allgemeines liegt die Sprengkraft einer Idee der Menschenrechte begründet, die nicht in das Postulat einer einheitlichen Natur, in die Anthropologie einmündet, sondern einen gemeinsamen sozialen Affekthaushalt zur Voraussetzung macht. Hier ist die Verbindung aller existierenden Subjekte zur gesetzlich streng geregelten, normativen Welt der Vernunft in Kants universalistischem Diskurs angesiedelt.

Für die geheime Wirkungsgeschichte dieses Denkens scheint es nicht ganz unerheblich gewesen zu sein, dass Variationen dieser Konnexion von Eigenem und Fremden die europäischen sozialen Bewegungen in den folgenden Jahrhunderten begleitet haben. Freilich ist dieser Translations- und Übertragungsvorgang etwa für die antikolonialen Bewegungen noch zu untersuchen. Doch lassen sich bereits erste Eckpunkte erkennen:

---

92 Abraham H. Maslow: *Psychologie des Seins.* Toward a psychology of being. Ein Entwurf. München 1973; Ders.: *Motivation und Persönlichkeit.* Olten 1978.

93 Immanuel Kant: Über das Gefühl des Schönen und Erhabenen, in: Ders.: *Werke*, Bd. II, S. 837.

Vermittelt über den deutschen Philosophen Max Stirner, der ein vorzüglicher Kenner der Kantschen Schriften war, findet das Axiom der Achtung Eingang in das Vokabular des liberalen Anarchismus im 19. Jahrhundert. John Henry Mackay, ein in Berlin lebender und aus Schottland stammender Anhänger der anarchistischen Bewegung, der um die Wende des 19. zum 20. Jahrhundert enorme Popularität gewann, greift es auf und verbindet es mit einem dem Historismus abgelauschten Wachstums- und Entwicklungsbegriff. Es möge, so verkündet er 1891, die neue Bewegung noch „den Letzten lehren", dass im Sinne einer Steigerung des „Egoismus" seine eigene „Freiheit" nur wachse und abnehme „mit der Freiheit der Anderen" – dass dieser also „in demselben Maße unabhängiger wird, als er seinem Nächsten erlaubt, unabhängig von ihm zu sein"[94]. Von da an findet das Postulat erstaunlich rasch seinen Weg in den politischen Diskurs des 20. Jahrhunderts. Es findet sich in den Schriften Gustav Landauers ebenso wieder wie in den Briefen Rosa Luxemburgs und vermittelt sich darüber in die Kurzfassung auf den Plakaten ostdeutscher Demonstranten 1989, die es – ohne den Entwicklungsbezug – publik machten. Wenn aber „Freiheit immer nur die Freiheit der anderen" ist, wie es dort hieß, dann schränkt dieses wieder zum Axiom gewandelte Postulat zwangsläufig das eigene Freiheitsverlangen ein. Mit Blick auf die Umwandlung eines im 19. Jahrhundert einst revolutionär gedachten, gewaltsam durchzusetzenden Veränderungspotenzials hieße das, den evolutionären Prozess der Selbstverwirklichung als Transzendenz so zu gestalten, dass die Teilhabe am Konsumbedürfnis sich ausdehnen, die „Wohlstandsgesellschaft" erweitert werden kann. Dieser Prozess ist eben gerade nicht mit der Erfüllung von Ergo-Bedürfnissen gleichzusetzen. Auch wenn diese eine der am häufigsten anzutreffenden „Reaktionsbildung[en] auf die Folgelasten des zivilisatorischen Fortschritts"[95] sein sollten, steht dieser globale Umwandlungsprozess in einem Bezugsgefüge von praktischer Vernunft und Eigennutz, Glücksanspruch und Interesse, das beeinflussbar ist. Es grenzt sie voneinander ab, differenziert sie, bildet aber innerhalb des Kontextes eines Gegenentwurfs zur Gewalt das „komplementäre Geheimnis".[96]

---

94 John Henry Mackay: *Die Anarchisten. Kulturgemälde aus dem Ende des 19. Jahrhunderts.* [1891] Neue Ausg. (5. Aufl.) Berlin 1924, S. XIII. Vgl. dazu und zu weiteren Belegen Eva-Maria Siegel: *High Fidelity – Konfigurationen der Treue um 1900.* München 2004, S. 190.

95 Norbert Bolz: *Das konsumistische Manifest,* S. 93.

96 Anselm Haverkamp: Kritik der Gewalt und die Möglichkeit von Gerechtigkeit. Benjamin in Deconstruction, in: Ders. (Hrsg.): *Gewalt und Gerechtigkeit,* S. 36.

Diese Grundzüge einer „Archäologie“[97] der Verantwortung beziehen einige Vertreter der postkolonialen Debatte inzwischen auch auf jene „Idee“ des Fremden, die Kristeva mit Blick auf die Migrationsbewegungen innerhalb Europas, besonders aber hinsichtlich der Überschreitung seiner Grenzen, als ein „Symptom“ gekennzeichnet hat. Ein Symptom, das unsere je eigene „Schwierigkeit“ markiert, „als *anderer* und mit den anderen zu leben“.[98] Kant, Benjamin und auch Derrida beziehen dieses symptomatische Gefüge vor allem auf die Frage des Völkerrechts. Es begründet jene Macht, die sowohl Gewaltregelungen als auch Kraft zu ihrer Durchsetzung einschließt, Legitimität von Illegitimität trennt, jene Grenze, an der sich Gewalttätigkeit und Gerechtigkeit, Gesetz und Recht, Verbrechen und Strafe scheiden. Zieht man noch einmal Kants Gründungsdiskurs als Vergewisserung heran, macht die Gesetzeskraft zuallererst einen rechtlichen Zustand zur Voraussetzung, in dem „der Vertrag“, wie er in seiner Schrift *Zum ewigen Frieden* ausführt, „die Staaten [...] in der Absicht verbindet, unter einander und zusammen gegen andere Staaten sich in Frieden zu halten“. Bezeichnenderweise hielt aber bereits er es für notwendig anzumerken, dass dieser Friedensvertrag im Raum militärischer Strategien keineswegs dazu dienen sollte, verstärkt allein ökonomische „Erwerbungen zu machen“.[99]

2.3 Kulturwahrnehmung und ‚Fürwahrhalten'

Dennoch hat sich in den Entwürfen der Anthropologie, die bis auf Kant zurückgehen[100], die handelsökonomische Lesart als Variante der Wahrnehmung kultureller Austauschprozesse zunächst durchgesetzt. Michel Foucault hat seine Auseinandersetzung mit diesem Verlauf der Dinge auffälligerweise mit dem gleichen tradierten symbolischen Arsenal verknüpft, mit dem Bild des Schiffes. Das von ihm eingesetzte topologische Repertoire spart jedes Detail aus: Es handelt sich nicht um ein bestimmtes Schiff, es ist kein Segelschiff, kein Dampfer, kein Tanker, kein Containerschiff, sondern es geht um ein Schiff mit den allgemeinen Eigenschaften eines Schiffes: Rumpf, Segel, Masten. Ein Schiff, das, folgen wir seiner überaus wirkungsmächtigen Diktion,

---

97 Ebd.

98 Julia Kristeva: *Fremde sind wir uns selbst*, S. 112 (Hv. ebd.)

99 Immanuel Kant: Zum ewigen Frieden, in: Ders.: *Werke*, Bd. XI, S. 247.

100 Das zeigt u.a. Kokora Michel Gnéba: Die Auseinandersetzung zwischen Georg Forster und Immanuel Kant über die Frage der Menschenrassen, in: Welfengarten. Jahrbuch für Essayismus. Hrsg. von Leo Kreuzer und Jürgen Peters, 11 (2001), S. 50–65.

„die Heterotopie schlechthin" darstellt und zugleich eine ihrer wesentlichen Materialisierungen ausmacht:

> „Bordelle und Kolonien sind zwei extreme Typen der Heterotopie, und wenn man daran denkt, dass das Schiff ein schaukelndes Stück Raum ist, ein Ort ohne Ort, der aus sich selber lebt, der in sich geschlossen ist und gleichzeitig der Unendlichkeit des Meeres ausgeliefert ist und der, von Hafen zu Hafen, von Ladung zu Ladung, von Bordell zu Bordell, bis zu den Kolonien suchen fährt, was sie an Kostbarsten in ihren Gärten bergen, dann versteht man, warum das Schiff für unsere Zivilisation vom 16. Jahrhundert bis in unsere Tage nicht nur das größte Instrument der wirtschaftlichen Entwicklung gewesen ist (nicht davon spreche ich heute), sondern auch das größte Imaginationsarsenal 8...] In den Zivilisationen ohne Schiff versiegen die Träume, die Spionage ersetzt das Abenteuer und die Polizei die Freibeuter."[101]

Die Vorstellungswelt dieses Schiffes, die damit verbundene Perspektive auf den Raum, hat weit reichende Folgen für die Entwürfe des Fremden und für die Definitionen von Gesetz und Gewalt. Foucaults Analyse der Wahrnehmung des Anderen und des in sie strukturell eingeschlossenen asymmetrischen Potenzials ist Teil einer Analytik jener Wissensordnungen, die die Voraussetzungen dafür schaffen, dass der Verstand als Erkenntnis- und Verstehensprozess überhaupt über die Mittel zur Synthesis gegenüber der bloßen Sinnlichkeit verfügt. Unter dieser Bedingung stellt der anthropologische Diskurs die Frage in den Mittelpunkt, was „den Menschen" als solchen denn ausmache, was er denn „ist", als Teil einer Ontologie. Wie vielfach gezeigt worden ist, steht diese Frage dem, was Foucault das gesamte „Repräsentationstheater" der Aufklärung nannte, eher entgegen.[102] Seine Einführung in Kants *Anthropologie in pragmatischer Hinsicht*, deren Text er 1961 ins Französische übersetzte, geht zudem von einer stark verkürzenden Thesenbildung aus: Vom 16. Jahrhundert an bis weit in das 18. Jahrhundert hinein, resümierte er, habe die feudale Gesellschaft das Individuum nur in

---

[101] Michel Foucault: Des espaces autres/Von anderen Räumen (1969), in: Ders.: *Schriften in vier Bänden /Dits et Ecrits,* Bd. IV. Edited by Daniel Defert and François Ewald, Frankfurt a.M 2005., S. 931–942. Hier zitiert nach: Michel Foucault : Andere Räume, in: *Aisthesis. Wahrnehmung heute oder Perspektiven einer anderen Ästhetik: Essais.* Hrsg. von Karlheinz Barck, Peter Gente, Heidi Paris and Stefan Richter. Leipzig 1919, S. 46.

[102] Vgl. hierzu etwa Ute Fritsch: Michel Foucaults Einführung in die Anthropologie Kants, in: Paragrana. Internationale Zeitschrift für historische Anthropologie. Hrsg. vom Interdisziplinären Zentrum für historische Anthropologie. Bd. 11 (2002) 2, S. 11–37.

seinem Verhältnis zum Staat einerseits und in seinem Verhältnis zum Ding andererseits gekannt. Kants Lehre nimmt er davon nicht aus. Auch dieser habe, stellt Foucault fest, in seiner *Grundlegung der Metaphysik der Sitten* die „Beziehungen des Mannes (des Menschen) [l'homme]“ insbesondere „zu den Frauen und den Dienstboten“ ausschließlich in „Form des Sachenrechts“ dargestellt.[103] Im gleichen Atemzuge hebt er hervor, welche „Menschenarten“ im Zuge dessen als Sachen gelten, als Aneignungsgegenstand von Besitz: Sklaven, Frauen, Leibeigene. Derselbe Prozess der Aufklärung, in dessen Verlauf „*der Mensch* emphatisch als Rechtssubjekt konstituiert wird“, fasst Ute Fritsch die Auseinandersetzung zusammen, konstituiert im gleichen Zug jene „*Menschen*, die nicht als Rechtssubjekte gelten“.[104]

Mit Blick auf das von ihr als fremd Definierte und damit aus dem Rechtswesen vorläufig Ausgeschlossene wie mit Blick auf die ihr fremde Vernunft übersieht die aufklärerische Abstraktion also allzu leicht jene konkreten Träger von Eigenschaften, an die es den Umgang mit den Rechtsmitteln bindet. Georg Forster, der Weltreisende, von dem noch die Rede sein wird, hat dagegen entschieden Einspruch eingelegt. Was Forster an der Wahrnehmung von kulturell andersartigen Welten interessiert, sind Formen des Tausches, Differenzen des Besitzens und des Eigentums, ist die komplexe Vernetzungsmacht der Gabe und des Geschenks, die er den „kulturellen Kontrastschemata“[105] des Gesetzes und der Gewalt entgegenstellt. Den Erscheinungsformen von Ethnien, der Differenzierung nach Geschlecht und sozialer Herkunft spricht Forster allerdings eine Relevanz für das anthropologische Denken zu, die ihnen Kant als Leitfigur der Aufklärung nie zuerkannt hat. Vorgestellt wird in seinem eigenen anthropologischen Entwurf, um noch einmal mit Foucault zu sprechen, „der Mensch (l'homme)“ als „freihandelndes Wesen“ – allerdings ohne jeden Sinn dafür, wie stark diese Freiheit durch eine ökonomisch und rechtlich höchst eindimensional ausgestattete Zone des wirtschaftlichen „Freihandels“ eingeschränkt wird. Diese Variante der Raumordnung eröffnet zugleich wirkungsmächtige kulturelle Topographien. In ihnen beginnen jedoch zunächst vor allem jene Freiheiten zu zirkulieren, die sich „an die anderen durch einen tauben und ununterbrochenen Handel“ binden. Es ist diese Zone

---

103 Vgl. neben Ute Fritsch, S. 18 zur weiteren Ausformung und Ausfaltung dieser These Hartmut Böhme: *Fetischismus und Kultur. Eine andere Theorie der Moderne.* Reinbek b. H. 2006.

104 Ute Fritsch: Michel Foucaults Einführung in die Anthropologie Kants, S. 19.

105 Vgl. dazu ausführlicher Eva-Maria Siegel: Tauschverhältnisse. Gabe, Diebstahl und Besitz um 1800 am Beispiel von Georg Forsters „Reise um die Welt“. In: Horst Dippel/Helmut Scheuer (Hrsg.): Georg-Forster-Studien XI/1, S. 301–321.

europäischer Identität, die ihre eigenen Freiheiten zuvorderst dazu benutzen wird, „eine Residenz auf der ganzen Oberfläche der Erde“[106] zu erwirtschafteten, von der aus sie sich in alle Himmelsrichtungen der Erde ausbreiten kann.

Von den Schiffen dieser Freihandelszone aus betrachtet, erscheinen die Anderen als vernunftbegabte Wesen so anders, dass auch der in Königsberg sesshafte Kant enorme Schreibenergien auf den Versuch verwendet, Wahrnehmungsmuster wie etwa Differenzierungen der Hautfarbe durch Einflüsse des Klimas, das heißt aus einem chemisch-physikalischen Anpassungsprozess heraus zu erklären.[107] Im Vorfeld der naturwissenschaftlichen bzw. empirischen Vermessungsversuche seit Beginn des 19. Jahrhunderts gilt allerdings auch in seinem anthropologischen Gedankengebäude das Weiß der Oberfläche als Signalement des Ursprungs. Deshalb greift er erneut auf seinen Begriff der Achtung zurück, bezieht ihn nun aber auf das Distanzgefälle zu einer fremden Vernunft. Denn dieses kennzeichnet eine Wahrnehmungsmodalität nicht der Körperoberfläche, sondern zeigt vielmehr divergierende Orientierungsbedürfnisse auf, die im eigenen Denken nicht empathisch vorwegzunehmen sind. Das schließt bereits die Problematik der Übersetzung mit ein, die unaufhebbar bleibt; unaufhebbar nicht allein hinsichtlich der Transformation der einen Sprache in die andere Sprache, sondern insbesondere auch hinsichtlich des Gebrauchs der einen Sprache in einen anderen Gebrauch derselben Sprache.

Josef Simon betont in diesem Zusammenhang, dass – bezogen etwa auf die Dynamik dessen, was Albert Memmi einst als „regelrechte Verschiebung ganzer Bevölkerungen durch die Arbeitsemigranten“[108] prognostiziert hat – diese Problematik die Suche nach einer Ethik des Respekts für das Unversöhnbare nach sich zieht. Ähnliche Überlegungen fundierten bereits Kristevas Ausführungen hinsichtlich der Dynamiken zwischen der Konstitution des Selbst und der Konstitution des Fremden. Ihre wissensgeschichtlich angelegte Untersuchung arbeitet als Resultat heraus, dass in erster Linie Achtung notwendig ist für das, was ist, unter Beachtung dessen, was unaufhebbar bleiben muss. „Achtung der Persönlichkeit in ihrer jeweiligen Befindlichkeit“[109] zieht dann auch

---

106 Ute Fritsch: Michel Foucaults Einführung in die Anthropologie Kants, S. 20.

107 Vgl. dazu Kokora Michel Gnèba: Die Auseinandersetzung zwischen Georg Forster und Immanuel Kant über die Frage der Menschenrassen, S. 53.

108 Albert Memmi: *Der Kolonisator und der Kolonisierte. Zwei Porträts.* Mit einem Vorwort von Paul Sartre. Frankfurt a.M. 1980 (frz. Erstausgabe 1957), S. 139.

109 Josef Simon: *Kant. Die fremde Vernunft und die Sprache der Philosophie.* Berlin/New York 2003, S. 3.

Simon zufolge nach sich, Integrationsbemühungen auf einen vorgefundenen Sprachstand auszudehnen.

Auch ohne an die Pragmatik dieser Schlussfolgerung anzuknüpfen, ist es erhellend, bei der Betrachtung des Identitätsbegriffs, wie er sich philosophiegeschichtlich überliefert hat, auf jene drei Arten der erkenntnistheoretischen Einstellungen zu einer fremden Vernunft zurückzugreifen, die Kant exemplifiziert. So grenzt er etwa eine systematische Ignoranz der fremden Vernunft deutlich von der „literarischen Konstruktion" einer fremden Vernunft ab. Während die erstgenannte in der Regel dazu führe, das Denken in einem logisch-egoistischen Sinne dogmatisch werden zu lassen und sich damit grundsätzlich im Irrtum befinde, handele es sich im zweiten Fall um die implizite Einbeziehung in einen Dialog. Dabei behält sich „ein Autor" allerdings die Gestaltung des Auftretens sowie des Eintretens seines Dialogpartners in das eigene Denken vor und entkommt somit nicht dem Problem der Repräsentanz. Abgesehen davon, dass hier ein Erzähler gemeint ist, der dieses Eintreten in der Regel narrativ konturiert, kann dieser Einbezug grundsätzlich übergehen in ein Bewusstsein der Fremdheit in ihrem je eigenen Dasein. Diese literarisch konstitutive Auflösung eines „Übertragungs- und Repräsentationsverhältnisses"[110] sieht Simon im Vorgang der Vergegenwärtigung angelegt, die aber zwangsläufig begrifflich unbestimmt bleiben muss. Dies gilt auch noch da, wo ein „Autor" nicht mehr davon ausgeht, „den ihm fremden Standpunkt antizipieren zu können".[111]

In dieses Anknüpfungspotenzial der Kantschen Philosophie einer fremden Vernunft mit Blick auf die literarische Konstruktion schreibt sich also eine Form des Dialogs ein, die die Ausgestaltung eines Gesprächspartners weitgehend der Imagination von Figuren und Verfassern überlässt. Damit einher geht die Bewegung der Bewusstwerdung einer Differenz auf der Rezeptionsseite. Sie mag sich als Heterogenität oder als Hybridität gestalten, in beiden Fällen ist sie nicht ohne weiteres sprachlich einholbar und läuft von daher Gefahr, sich stereotyp zu entäußern. Dieses zuletzt von Homi Bhabha in *Die Verortung der Kultur* aufgeworfene Problem der Imagologie des Anderen bindet sich in Kants ursprünglicher Argumentation in der *Kritik der reinen Vernunft* an einen Wahrnehmungszustand, den er nach *Meinen, Wissen und Glauben* unterteilt und somit an einen elementaren Bewusstseinsvorgang, den er unter den Stichwort „Fürwahrhalten" zusammenfasst. Er definiert ihn als eine „Begebenheit in unse-

---

110 Julia Kristeva: *Fremde sind wir uns selbst*, S. 198.

111 Joseph Simon: *Kant. Die fremde Vernunft und die Sprache der Philosophie*, S. 6.

rem Verstande", die zwar „auf objektiven Gründen" beruhen mag, darüber hinaus jedoch „subjektive Ursachen im Gemüte dessen" erfordert, „der da urteilt".[112] Hervorgebracht wird dieser Zustand des „Fürwahrhaltens" in der Regel rhetorisch, das heißt durch die Kunst der „Überzeugung". Aber auch die „Überredung" liegt nicht fern, wenngleich Kant diese unter den „bloßen Schein" subsumiert. Hier wie da steht nicht das zur Verfügung, was er einen „Probierstein" nennt, ein Validitätsprinzip, das er insofern als rein „äußerlich" zu betrachten geneigt ist. Die Probe nämlich bestehe allein in der „Möglichkeit", eine Wahrnehmung oder eine Erfahrung mitzuteilen, und zwar in der Weise, dass ihr „Fürwahrhalten für jedes Menschen Vernunft gültig zu befinden"[113] sei. Was daraus letzten Endes erwächst, sei immerhin zumindest eine „Vermutung". Die Präsumtionen von Überzeugung, Überredung und Vermutung legen den Grund zur Einstimmung aller Urteile aufeinander, ungeachtet der Verschiedenheit der Subjekte untereinander. Ihr Erfahrungswert, wird an gleicher Stelle eingeräumt, stehe der Humanität, die er zum Bestandteil und Ausdruck eines „System[s] der sich selbst lohnenden Moralität"[114] erklärt, allerdings eher gegenüber als zur Seite.

Zu den Kerngedanken des aufklärerischen Diskurses über den Fremden und seine Wahrnehmung zählt also, dass der humanitäre Ansatz in erster Linie der Vernunft einer theoretischen Erkenntnis dient. Diese Überlegung will nicht nur besagen, dass wir den zeitlich und räumlich begrenzten Horizont jeweils mit zu bedenken haben, unter dem unser Denken über den Anderen zustande kommt. Er konstituiert sich auch mit jeder dazu gewonnenen Erkenntnis anders und neu. Zur Vernunft des praktischen Handelns gehört die *humanitas* demzufolge nur insofern, als mitzubedenken ist, ob und unter welchen Bedingungen die Freiheit, die wir uns mit unseren Handlungen nehmen, mit der gleichen Freiheit anderer zusammen bestehen kann. In diesem Sinne aber ist drittens das verstehende Erkennen des Anderen als genau jenes Handeln zu betrachten, durch das sich das Subjekt zum Zweck seiner Orientierung in der Welt von seinem jeweiligen Standpunkt aus ein Bild macht. Für dieses Bild zeichnet er ebenso verantwortlich wie für seine Handlungen. So führt der argumentative Weg auch an dieser Stelle wieder zur Verantwortlichkeit zurück. Das erweist sich von hoher Bedeutung, etwa für den Stellenwert medialer Konstruktionen. Denn ausgehend von ihrer Darstellungsmacht hätte der Einzelne, als Berichterstatter wie als Zuschauer, als

---

112 Immanuel Kant: Kritik der reinen Vernunft, Bd. 2, in: Ders.: *Werke,* Bd. IV, S. 687.

113 Ebd., S. 688.

114 Ebd., S. 681.

Maßstab seiner Aufmerksamkeit jeweils zu bedenken, dass er ‚der andere der anderen ist' und insofern keinen übergeordneten Standpunkt einzunehmen vermag.

Aus dieser Erkenntnis lässt sich zweierlei ableiten. Zum einen ist die Wahrnehmungslehre des Fremden notwendigerweise eine Orientierung mit Hilfe der Einbildungskraft und insofern immer als literarische Konstruktion und Narration zu denken, will sie nicht selbst strukturelle Gewalt ausüben. Weil allgemeine Vernunft aber der intelligiblen Welt zugehörig ist, weil wir sie uns „vorstellen müssen" als ein „Ideal des höchsten Guts"[115], ist ihre praktische Ausführung durch eine ethische Bedingung fundiert: dass jedermann tue, was er tun soll. Das nennt Kant das Diktat des *Als ob*. Die Kriterien ethisch korrekten Handelns entspringen demzufolge der Vorstellung, *als ob* ihre Ausführungen einem „obersten Willen"[116] entsprungen sind – wie immer dieser auch zu definieren sei. Das der Literatur zugerechnete – und sie restringierende – Merkmal der Fiktionalität markiert in dieser Konzeptualisierung durchgängig die gesammelte Elementarkraft des Glaubens. So löst sich die Wahrnehmung des Fremden in eine Glaubensfrage auf. Sind ihre Objekte der Welt der „Anschauung" zugehörig, konstituiert sie sich, da Gegenständlichkeit gegeben ist, als eine „Erfahrung". Immer aber bleibt sie Erfahrung einer fremden Vernunft, in der erst die Vorstellung vom Anderen eine Verknüpfung der Wahrnehmungen ermöglicht. Sind die Handlungen, die dem entspringen, macht- und gewaltbasiert, verfahren sie monogenetisch und imaginieren einen einzigen Grund als Ursprung. Demgegenüber ist den Erfahrungen der Bilderwelt aber eine Polygenese zuzuschreiben. Sie sind verstreut, sind synthetisch und artifiziell. Ihr Gefährdungspotenzial beruht darauf, bei der Konstruktion oder Rekonstruktion von Wissensbeständen den Gegenständen die Farbe jener Brille zu verleihen, die das eigene Fürwahrhalten prägt.

2.4 Küsten der Länder der Wahrheit

Der Überschreibung konkreter Erfahrung durch stereotype Wahrnehmungsmuster hat Kant in seiner Schrift *Zum ewigen Frieden* die „Achtung fürs Recht der Menschen" gegenübergestellt. Er hat die „Menschenliebe" mit dem höchsten Pathos, zu dem das Vernunftsdenken in der Lage ist, zur allgemeinverbindlichen Pflicht erklärt.[117] Der pathetische Ausdrucksgestus verweist darauf, dass zum Lieben niemand wirkungsvoll

---

[115] Ebd.

[116] Ebd., S. 680.

[117] Vgl. Immanuel Kant: Zum ewigen Frieden, in: Ders.: *Werke*, Bd. XI, S. 250.

verpflichtet werden kann. Die „Misere der Verantwortung“[118], wie sie in den narrativen Schichtungen der Topographie der Gewalt aufscheint, entbirgt jedoch eine besondere Verpflichtung. Denn wörtlich geht es „in der Tat“ darum, in der Verantwortung für den anderen „zu antworten“, und das heißt in der Diktion Derridas:

> „dem Anderen zu antworten, vor (gegenüber) dem Anderen und vor (gegenüber) dem Gesetz und, wenn möglich, öffentlich sich selbst, die eigenen Absichten, die eigenen Ziele zu verantworten, und das mit dem Namen des für verantwortlich erachteten Handelnden.“[119]

Allerdings, so hat bereits Kant hinzugefügt, beuge vor dieser Form der Rechtslehre die Politik nur äußerst ungern ihre Knie. Allzu oft streite sie ihr den Realitätssinn ab oder deute die Pflicht in Wohltätigkeit um. Wenn in der wissenschaftlichen Auseinandersetzung mit dem Prozess der Globalisierung davon gesprochen wird, das Weltbürgertum, so wie es sich einst als europäisches Selbstbild aus dem philosophischen Diskurs und dem Imaginationsarsenal der christlichen Seefahrt entwickelt hat, sei heute zu einem „Kampfbegriff“ geworden, ist die Frage nicht unangebracht, ob das den Verzicht auf die Achtung vor der fremden Vernunft mit einschließt. Denn in dem Maße, wie das „Weltbürgertum“ vom „Weltmarkt“ abgelöst wird, von jenem „System“, das ganz und gar auf Tauschprozessen im Sinne „egoistischer Nutzen- und Profitmaximierung“[120] beruht, erwächst die Notwendigkeit einer alternativen Diskursordnung. Denn gerade mit dem Wohlstand zeigt sich der blinde Fleck ökonomischer Effizienz: die „Notwendigkeit“, ja Dringlichkeit, „soziale Kooperation in großem Maßstab zu organisieren“[121]. Das ist ohne eine Idee von sinnvollen Möglichkeiten der emphatischen Zuwendung in erweiterten interkulturellen Grenzen kaum möglich. Ohne sie ist weder eine Eindämmung des „Club-Charakters“ der *global player* am Weltmarkt, noch „die lebendige Erfahrung einer Koexistenz von Regionalität und Nationalität“ denkbar. Ohne sie gibt es keine Umwandlung gewaltsamer Gesetzlosigkeit in als hilfreich für den Einzelnen empfundene Formen des Rechts: „Jahrhundertelang kulturell in Freund-Feind-Konstellationen außenpolitisch trainiert, braucht es, auch in demokrati-

---

118 Anselm Haverkamp: Kritik der Gewalt und die Möglichkeit von Gerechtigkeit. Benjamin in Deconstruction, in: Ders. (Hrsg.): *Gewalt und Gerechtigkeit*, S. 36.

119 Jacques Derrida: Den Tod geben, (Donner la mort), in: Ebd., S. 355.

120 Raimar Zons: Weltbürgertum als Kampfbegriff, in: Norbert Bolz/Friedrich Kittler/Raimar Zons (Hrsg.): *Weltbürgertum und Globalisierung*. München 2000, S. 27.

121 Norbert Bolz: *Das konsumistische Manifest*, S. 13.

schen Ländern, eine Anstrengung der Einübung in Toleranz, um die eigenen Interessen a priori im Lichte möglicher anderer Interessen zu entwickeln."[122]

Toleranz braucht Anerkennung von Verschiedenheit. Denn dass es *das* Land der Wahrheit ‚nicht gibt', wissen wir seit Kant. Bestenfalls gibt es Länder der Wahrheit. Ihre Küsten liegen gelegentlich so nahe beieinander, dass wir – durch die Nebel fremdartiger Diskurse streifende Seefahrerinnen und Seefahrer – ab und an ihre Umrisse wahrnehmen und sie miteinander vergleichen können. Eine der Voraussetzungen für diese wissensgeleitete Denkfigur der Analogie ist die Achtung des Eigenen „unter Berücksichtung des ‚Anderen'"[123] und unter der Maßgabe der Verantwortung – Identität stiftendes Prinzip der Aufklärung über die Jahrhunderte hinweg.

3 Nachrichten von der Peripherie (Georg Forster)

3.1 Ankunft am Cap

Was geschieht dort am Rand, wo die „Grenzen der Sichtbarkeit"[124] sich mit der Entdeckung peripherer Welten ausgedehnt haben, wo die Historizität der Sinne[125] sich in ihrer räumlichen Dimension abbildet? Sie konstituiert, was für ‚wahr' gehalten wird. Mit den Reisen von Louis Antoine de Bougainville und James Cook beginnt die zweite, die wissenschaftliche Entdeckung der Welt. Sie beruht auf dem Vermessen, Kartieren, Quantifizieren und Qualifizieren des Bekannten und Unbekannten durch die europäischen Seefahrer und ihrer an der Natur gebildeten Begleiter. Das Schiff wird zum ‚Imaginationsarsenal' des Zivilisationsprozesses seit dem 16. Jahrhundert, wie Foucault schreibt, wird selbst zum Verkehrsplatz, zur *Heterotopie* – nicht Utopie, nicht Dystopie – zum in sich geschlossenen und zugleich nach außen hin offenen Raum, der eine instrumentelle Funktion besitzt und die wirtschaftliche Entwicklung vorantreibt. Was ist daran gewaltsam? Was zeichnet dieses „schaukelnde Stück Raum" aus, vor anderen Heterotopien wie dem Garten, dem Theater, dem Kino oder auch dem Friedhof? Welche besonderen Träume generiert es, Träume, die mit dem Ersatz durch die scheinbare Zeitlosigkeit des Luftverkehrs offenbar versiegt sind? Zweckmäßige Containerfracht heute oder luxuriöse Kreuzfahrt, in beiden Fällen scheint das Schiff von der

---

122 Birger Priddat: Globalisierung und Politikkoordination, in: *Weltbürgertum und Globalisierung*, S. 176.

123 Julia Kristeva: *Fremde sind wir uns selbst*, S. 169.

124 Friedrich Kittler: *Optische Medien. Berliner Vorlesung 1999*. Berlin 2002, S. 7.

125 Vgl. dazu Ralf Konersmann (Hrsg.): *Kritik des Sehens*. Leipzig 1997, S. 12.

„Kompensationsheterotopie“[126] der Kolonie befreit. Die Ambivalenz ihrer Macht zeichnet sich durch zweierlei aus: durch den Traum von der Erschließung der Welt durch einen über Meere und Länder frei streifenden Blick ebenso wie durch die gewaltförmige Einbettung in eine geopolitische Ordnung. Nicht zuletzt beruht sie auf der Herrschaft über das nautische Verkehrsmittel. Diese Zweideutigkeit des Traumes vom Fremden, des Wunsches oder auch des Begehrens nach dem Anderen erweist sich an der Lektüre von Georg Forsters *Reise um die Welt* besonders eindrucksvoll. Gerade im Blick des jungen Beobachters tritt sie noch kaum getrennt in Erscheinung. 1777 in London als *A Voyage round the World* veröffentlicht und 1778 bis 1780 in einer deutschen Bearbeitung publiziert, erweist der Text deutlich, wie sich die Hervorbringung einer europäischen Identität durch die Wahrnehmung der fremden Welt selbst erzählt.

Das „Dritte Hauptstück“ des umfangreichen Berichts, den Georg Forster mit der Genrebezeichnung ‚philosophische Reisebeschreibung' versehen hat und dessen Niederschrift auf die Tagebuchaufzeichnungen seines Vaters Johann Reinhold Forster zurückgeht[127], widmet sich dem *Aufenthalt am Cap.* Vorrangiges Ziel ist es, *Nachricht von der dortigen Colonie* zu geben. Doch stellt Forster in episodischen Zügen vor allem Ergebnisse einer Forschungsexpedition dar, macht publik, welche Perspektive auf die Fremde seit der Mitte des 17. Jahrhunderts die Epoche der wissenschaftlichen Reisen, von England ausgehend, prägt. Gesellschaften von Fernhandelskaufleuten galten als die ersten Unternehmen Europas – die Seefahrt steht im Zeichen von Gründungsprozessen. Sie banden die Forschungsreisen in ihre Zwecke ein. Als Pioniere im mitteleuropäischen Raum galten die Fugger, galt aber insbesondere auch die 1380 gegründete *Große Ravensburger Gesellschaft.* Bis zum 18. Jahrhundert genossen solche Organisationen Seltenheitsrechte, denn sie beschränkten sich weitgehend auf den Handel. Seit der Verkündigung der *Bill of Rights* im Jahr 1689 war der Weg für die Entwicklung neuer Wirtschaftsformen frei. Mit der Durchsetzung der bürgerlich-parlamentarischen Staatsverfassung in England ging die staatliche Förderung merkantiler Interessen großer Handelshäuser einher. Das Bürgertum wiederum förderte die Wissenschaften, insbesondere diejenigen, die eine mathematisch-nautische bzw. eine geographische oder naturkundliche Ausrichtung hatten. Im Zusammenspiel all dieser Faktoren er-

[126] Ebd., S. 45.

[127] Zur Vor- und Entstehungsgeschichte des Textes: Georg Forster: *Reise um die Welt.* Hrsg. von Gerhard Steiner. Frankfurt a.M.1980, S. 1018–1023. Zitiert wird folgend nach dieser Ausgabe.

hielten die Seereisen eine veränderte Bestimmung und gewannen neue Organisationsformen und Zwecksetzungen hinzu.

Im Zuge dieser Entwicklung erfolgte an James Cook der Befehl des britischen Königs, die Sommermonate für Entdeckungen gegen den Südpol hin zu nutzen, wobei es ihm gestattet sein sollte, in den Wintermonaten bei stürmischen Wetter zu den Wendezirkeln zurückzukehren. Von Madeira kommend, passierten seine beiden Schiffe, die *Resolution* und die *Adventure*, auf dem Weg zur Antarktis das Kap der Guten Hoffnung. Johann Reinhold Forsters *Log-Book* ist zu entnehmen, dass sie dort am 30. Oktober 1772 eintrafen und drei Wochen lang den ersehnten Landgang vornahmen.[128] Die Besonderheit dieser Reise liegt in der Umkehrung der bisherigen Stoßrichtung: Da Cook am Südpol nicht das große, feste Land vorfand, das ursprünglich dort vermutet worden war, sondern ein geschlossenes Eisfeld, richtete er seine Expedition anschließend nordostwärts aus und umsegelte auf diese Weise die Erdkugel. „Unter allen Reisen um die Welt", berichtet der zu Beginn der Reise siebzehnjährige Forster stolz, „ist die unsrige auch würklich die erste, die von Westen nach Osten gerichtet worden."[129]

Zu Beginn der Reise sollen sich an Bord der beiden Schiffe einhundertachtzehn Mann befunden haben. Neben Netzen, Angeln, Geräten zur Fischerei, Medikamenten, Zitronensaft, Sauerkraut, Trinkwasser sowie Mischungen aus Schießpulver und Essig, die zum Räuchern der Schlafkammern dienten, transportierten sie zahlreiche Gegenstände, die zum Tausch bestimmt waren. So hatte man dem „Capitain allerley grobe Tücher" bei der Abfahrt mitgegeben, sowie „Eisengeräth und andere Waaren", berichtet Forster. Auch wurden, „auf Befehl der Admiralitäts-Collegii, etliche hundert verguldete Schaumünzen, mit dem Brustbilde des Königs, ausgeprägt, um zum Denkmal der Reise unter den Wilden vertheilt zu werden."[130]

Forsters Blick, sein überwiegend durch visuelle Wahrnehmung geprägter Erzählstil, setzt auf den Empfindungsreichtum beim Anblick der aufgesuchten Orte, ebenso wie er im Nachhinein noch Genuss am Akt der literarischen Umformung erkennen lässt.

---

128 Birgit Kertscher: Johann Reinhold Forsters Log-Book kept on board His Majesty's Sloop Resolution, in: Georg-Forster-Studien XIII (2008), S. 201–213, hier S. 208. Das Logbuch dokumentiert das erste Halbjahr der zweiten Expedition von James Cook, wobei die drei Wochen des Aufenthaltes am Kap weder in Cooks eigenem Logbuch noch im Reisejournal des Vaters verzeichnet werden. Festgehalten werden lediglich in Tabellenform Prozedere und Wetterumstände der Ankunft wie der Abfahrt.

129 Georg Forster: *Reise um die Welt*, S. 30.

130 Ebd., S. 33.

Die Koppelung eines frischen, naiven Beobachterblicks mit einer zum Teil reflexiven Erzählhaltung dominiert vor allem jene Passagen seiner Reisebeschreibung, die der Ankunft an einem jeweils neuen, noch völlig unvertrauten Ort gewidmet sind. Diese Verortung als Konzentration des Schreibers auf einen Beginn der Austauschprozesse erweist sich nicht nur an der berühmt gewordenen Schilderung der Insel Tahiti, auf die zurückzukommen sein wird.[131] In gleicher Weise betrifft sie auch die erste Begegnung mit dem Vorgebirge der Guten Hoffnung und der Landschaft des südlichen Afrikas. Dennoch lassen sich deutliche Unterschiede herausarbeiten. Vor allem die Ankunft am Cap gibt dem Verfasser Gelegenheit, die zu erwartende Perspektive wissenschaftlicher Forschung um Überlegungen zur Gewalt der kolonialen Expansion zu ergänzen. Dennoch räumt Forsters Entdeckerfreude dem nüchternen Erkenntnisstreben zunächst den Vorrang ein:

> Nach einer sehr regnigen Nacht liefen wir endlich mit Tagesanbruch in die *Tafel-Bay* ein. Die im Hinter-Grunde derselben liegenden Berge waren nun ohne Wolken und setzten uns durch ihren steilen, felsigten und dürren Anblick in Erstaunen. Als wir tiefer in die Bay kamen, entdeckten wir die Stadt, am Fuß des schwarzen *Tafelberges*, und gelangten bald darauf vor Anker. Nachdem wir das Fort begrüßt und von verschiedenen hiesigen Bedienten der Holländisch-Ostindischen Companie, an Bord unseres Schiffes Zuspruch bekommen hatten, giengen wir in Begleitung unserer beiden Capitains, *Cook* und *Ferneaux*, mit der frohen Erwartung ans Land, daß wir in einem von dem unsrigen so weit entferten und auf der anderen Hälfte der Erdkugel gelegenen Welttheile, viel Neues für die Wissenschaften finden müssten.[132]

Forster beschreibt in seiner *Reise um die Welt* Wahrnehmung durchgehend als Bestandteil einer wissenschaftlichen Strategie des Sehens. So richtet sich der Blick zunächst auf die neu entstehende Siedlung innerhalb der scheinbaren Wüstenlandschaft, die er von „gebrochenen Maßen schwarzer fürchterlicher Bergen umgeben" sieht. Der

---

131 Zu den Gegebenheiten der Reise am Beispiel der Südsee-Kapitel vgl. Eva-Maria Siegel: Tauschverhältnisse. Gabe, Diebstahl und Besitz um 1800 am Beispiel von Georg Forster ‚Reise um die Welt', in: Georg-Forster-Studien XI/1 (2006), S. 301–322; zu den impliziten Voraussetzungen der Wahrnehmungsmodalitäten ausführlicher Eva-Maria Siegel: Verstrickte Akteure. Schwellen und Vernetzungen von Mensch und Umwelt im Werk Georg Forsters, in: Georg-Forster-Studien XII (2007), S. 99–118 sowie S. 59.

132 Georg Forster: *Reise um die Welt*, S. 84.

merkwürdige Kontrast der Landschaft zu „Fleiß und Arbeitsamkeit“[133] der städtischen Bewohner fällt ihm als nächstes ins Auge. Prägungen der Landschaft durch den „holländische[n] National-Charakter“[134] hebt er hervor und bringt die breiten und regelmäßigen Straßen, den dort angesiedelten Eichenbestand, die exakt gezogenen Kanäle ins Spiel, die Erwartungshaltung der Leserschaft durchbrechend. Von der Wiedergabe sinnlicher Eindrücke schweift die Darstellung hin zu jenen soziokulturellen Ordnungsmodellen, die eine Verflechtung der Tauschbeziehungen im Raum der Region konfigurieren. Ohne Umstände kommt Forster auf die soziale Hierarchie zu sprechen. Er knüpft sie an Zahlen und Statistiken, so etwa an die Bezifferung der „Anzahl der Sclaven, welche die Companie allhier zu ihrem Dienst hält“ und die er „auf etliche hundert“ schätzt. Differenzen im Hinblick auf die Verschiedenheit der Lebensbedingungen werden eher indirekt mitgeteilt, zum Beispiel mit Hilfe der Beobachtung, dass nur die „Matrosen der Compagnie-Schiffe [...], die hier anzulegen pflegen und auf ihren Reisen von Europa nach Indien gemeiniglich eine ungeheure Menge von Kranken an Bord haben“[135], am *Kap der guten Hoffnung* über ein eigenes Hospital verfügen. Zum dichotomischen Bedingungsgefüge, das die Seereisenden dort vorfinden, gehört der Kampf ums Überleben, um die eigene unversehrte Haut. Für Forster konstituiert er den Hiatus zwischen der Gruppe der Kolonisatoren und den kolonisierten Bevölkerungsschichten. Entscheidet sich bereits auf den Schiffsplanken der Ost-Indien-Schiffe, während „der langen Reise durch den heißen Himmelsstrich“, wem Zugriff auf knappe Ressourcen wie Trinkwasser und Nahrungsmittel gewährt wird und wem nicht, zeigt sich die nautische Welt der Eroberer von tiefen Klüften durchzogen: Ihr Sozialgefüge, aber auch ihr Kulturgefüge bilden eine Hierarchie ab, die Forsters Darstellung auf den Ankunftsort überträgt. Noch bevor er die Lebensbedingungen der dortigen Bevölkerung kennengelernt hat, gibt der Verfasser zu erkennen, dass ihm die Gewaltförmigkeit des Lebens auf den Schiffen der Handelsflotte keineswegs entgeht.

Der globale Kostendruck, unter dem die europäischen Handelsunternehmen miteinander konkurrieren, formt sich in Forsters Beschreibung der Ankunft der Cookschen Schiffe am Cap rasch in eine Emphase des Protests um. Gewaltformen, die auf Modernisierungsprozesse zurückzuführen sind, offenbaren sich sowohl in der enormen Todesrate unter den Rekruten der Ostindischen Compagnie auf den Schiffen als auch

---

[133] Georg Forster: *Reise um die Welt*, S. 85.

[134] Ebd., S 86.

[135] Ebd., S 87.

in der kirchlichen Affirmation der Sklaverei an Land. Wie später Alexander von Humboldt ist der junge Forster nicht bereit, die für sein europäisches Selbstverständnis konstitutive Integrität der Anschauung und der Wiedergabe der Eindrücke zu vergessen. Angesichts des vorgefundenen sozialen Normengefüges, das den europäischen Reichtum doch erst mit erschafft, ist das eine erstaunlich autonome Leistung. So mündet sein Sinn für Unterscheidungen bei aller Offenheit für das Neue der wahrgenommenen Welt in einen flammenden Protest gegen die Gewalt der Kolonisationspraktiken. Wie fast immer in Forsters Erzählungen findet sich dieser Einspruch, der in der Regel eine Überflutung durch eine Emotion anzeigt, in eine Fußnote verwiesen. Im Falle des Dritten Hauptstücks, des *Aufenthalts am Cap*, gibt sie allerdings keine ethnologische Beschreibung zu erkennen oder ein Ereignis, das den Fließtext ergänzt. Was Forster unternimmt, ist eine flammende Anrufung der „Colonisten aller Nationen", die sich, einige Jahre vor der französischen Revolution, bereits auf den Begriff der Freiheit beruft. Im Zentrum steht der Appell an ein „mitleidiges Gefühl" gegen die „Unglücklichen", gerichtet an den fiktiven Leser. Worauf Forster sich dabei bezieht, sind nicht nur die aus Holland „weggestohlenen" Matrosen, die auf den Schiffen der Compagnie ihren Dienst fronen. Seine Anrufung gilt ebenso der bedauernswerten Lage der „Neger in den Englischen und Französischen Colonien". Das, wie Forster hervorhebt, „unschätzbare Glück der Freyheit", zählt er in beiden Fällen jedenfalls nicht zu den Exportgütern europäischer Kolonialpolitik. Zum Auslöser dieser Zuwendung wird signifikanterweise die fehlende Möglichkeit der Ausübung von religiösen Pflichten. Obwohl Forster die mangelnde Garantie von Handlungen, die Freiheit voraussetzen, weitgehend darauf beschränkt, dass es keinen „eignen Prediger am Cap" gäbe, markiert er den Verfahrenshintergrund seiner Aussage sehr deutlich, und zwar im Sinne eines Zusammenwirkens kultureller Kräfte, das seine eigenen Exklusionsmechanismen generiert. Zum Reichtum und zur Fruchtbarkeit des Landes an der Peripherie der bekannten Welt tragen Kolonisten bei, deren Anwärter „aus holländischen Familien, aus französischen Protestanten, größtentheils aber aus Deutschen"[136] bestehen. Sie alle sorgen dafür, zusammen mit ihren Sklaven, dass die Schiffe aller Nationen, die hier anlegen, mit Vorräten versorgt werden: Korn, Mehl, Schiffs-Zwieback, Orangen und jener Wein, dessen Stöcke „von *Schiras*, in Persien"[137] stammen.

---

[136] Ebd., S. 96.

[137] Ebd., S. 99.

Hätte Forsters in eine Fußnote verbannte Empörung angesichts der Verhältnisse der Sklaverei, aufmerksam gelesen, die Publikation des Bandes verhindern können? Wohl kaum. Doch wird daran zweierlei deutlich: Die Bezeichnung der „Colonie" am Cap führt noch jene vorkoloniale Bedeutung von Pflanzung, Plantage und Feld mit sich, wie sie auch den etymologischen Ursprung des Kulturbegriffs ausmacht. Insofern wird in dieser Variante des Gebrauchs besonders deutlich, welch wirkungsmächtige räumliche Umorganisation damit verbunden ist, zu der die beginnende internationale Verflechtung der Handelsbeziehungen zwingt. Forsters Text ist abzulesen, dass sie an der Südspitze des afrikanischen Kontinents zu einer Verschränkung von militärischen und kaufmännischen Funktionen führt bzw. diese weiter ausbaut.[138] Gewaltsamer Druck setzt auch hier merkantile Interessen durch. Diese Verknüpfung verschafft dem Gouverneur ebenso wie seinen Untergebenen die nicht unansehnlichen Einkünfte, die Forster kommentarlos registriert. Die „ursprünglichen Landes-Bewohner" allerdings zwingt das so entstandene Kräfteverhältnis dazu, sich „in die inneren Gegenden des Landes" zurückzuziehen, gleichsam an die Peripherie der Peripherie. Landflucht im eigenen Land, die zum Zeitpunkt der Ankunft bereits dazu geführt hat, dass das „nächste *Kraal* oder Dorf" nun „fast hundert englische Meilen von der Stadt am Cap entfernt"[139] liegt.

Angesichts dieser die wissenschaftliche Forschung erschwerenden Bedingungen können die beiden Naturgelehrten die Gelegenheit nicht nutzen, selbst „neue Beobachtungen über dies Volk" zu machen. Und so verweisen sie auf einen Gewährsmann südafrikanischer Geschichte, den Afrikaforscher Peter Kolb. Der Blick wird wieder frei, sich anderen topographischen Gegebenheiten zuzuwenden. Forsters Text kehrt sich wieder der Naturgeschichte im engeren Sinne zu. Bei einer Gelegenheit des Aufstiegs zum Tafelberg, die sich bietet und die den Blick in das Landesinnere ermöglicht, nehmen die beiden Naturforscher das geographische und mineralische Terrain in Augenschein.

Der *Aufenthalt am Cap* gibt insofern eine Leerstelle zu erkennen: Was nicht sichtbar wird, weil es militärischer Aggression und wirtschaftlicher Macht weicht, kann ethnographisch nicht beschrieben werden. Von daher bleibt der Blick folgerichtig in einer zentralperspektivischen Konstruktion verfangen. Vom Berggipfel her wird die Kulturleistung der Plantagen gewürdigt, geschaffen und umgeben von „den verschiedensten

---

138 Vgl. ebd., S. 95.

139 Ebd., S. 100 (Hv. im Text).

hugenottischen Nationen"[140]. Insofern wird die expansive Bewegung der machtvollen Neuordnung des Terrains nur sehr vermittelt ins Spiel gebracht. Deutlich wird jedoch die ambivalente Verschränkung verschiedener Kategorien, an denen die koloniale Kulturleistung gemessen wird. Einerseits stellt Forster den zukünftigen Nutzwert neuer Waren und Güter für die Herkunftsländer der Seefahrenden heraus, andererseits geht es ihm um den aus London und Paris gleichsam in die neuen Regionen der Welt exportierten Freiheitsbegriff. Das moderne, das europäische ökonomische Kalkül ermöglicht, gestützt durch militärische Gewalt, den Freihandel. Der freie Seeverkehr sichert die Möglichkeit, den Reichtum europäischer Nationen durch das dorthin verbrachte Gut zu mehren. Was Forsters Blick aber ins Zentrum zu rücken beginnt, ist die nur scheinbare Leere eines Raumes, der, gewaltsam erobert, vernutzt wird im Namen zivilisatorischer Expansion. Die kulturelle Vielfalt am Kap ist ein Produkt, das gewaltförmig erzeugt wird durch den explosiven Druck der Sklaverei. Er führt fremde Völker, „Madagaskaren, Malayen, Bengalesen, Schwarzafrikaner"[141] zusammen und lässt ihre Ursprungskulturen aufeinanderprallen. Forsters Blick registriert diesen für die Entwicklung der Region bis in das letzte Drittel des 20. Jahrhunderts hinein wirkungsmächtigen Prozess wie nebenher. Sein vorrangiges Ziel ist schließlich die Erschließung der „Reichthümer des Pflanzen- und Thierreiches" – jener, die „auch jetzt schon aus *Africa* gebracht sind", ebenso wie jener, die „große Schätze für die Natur-Wissenschaft" darzustellen vermögen, obgleich sie in den „inneren, fast noch unbekannten Theilen"[142] des Kontinents und der Erde noch immer sorgsam verborgen liegen.

3.2 Gewalt des Tausches. Gabe, Diebstahl und Besitz

Forsters Beschreibungen der Welt, die er erst später in seinen Vorlesungsskripten systematisieren wird, bevorzugen bereits in der *Reise* den Zugriff auf das Faktische im Sinne der Relativierung eigener Horizonte. Systematisch betrachtet, sind sie jener *Geschichte der Neugier* zuzuordnen, die Justin Stagl in die „drei Urmethoden der Forschung (der Natur- wie der Sozialforschung)" unterschieden hat: die „Reise", die „Befragung" und die „Erkundung signifikanter Phänomene". Unter der letzteren, der abstraktesten Erkenntnisart, subsumiert er „die Erkundung eines Forschungsobjekts, das dem Forscher nicht unmittelbar zugänglich ist, über seine ihm zugänglichen Begleit-

---

140 Ebd., S. 95.

141 Vgl. ebd., S. 96.

142 Ebd., S. 105.

phänomene oder Überreste".[143] Diese Art der Spurensuche wertet er als Teil eines „Forschungssystems", mit dessen Hilfe sich eine Gemeinschaft über ihre Erfahrungswerte austauscht. Die *Reise* schafft als Erlebnis der Fremde die Voraussetzung für eine Erschließung von Realitäten vor Ort. Die *Befragung* setzt die direkte Begegnung mit einem konkreten Menschen voraus und sichert so auf kommunikative Weise den empirischen Gehalt der Erfahrung. Die eigentlich erschließende Methode aber stellt die *Erkundung* dar. Stagl lässt sie nicht allein auf dem Augenschein beruhen, sondern stellt sie vielmehr der Spurensuche anheim nach dem, was nicht allein mit den Sinnen zu greifen ist – was begriffen werden muss, gegebenenfalls nachträglich und mit all jener Vorläufigkeit, Unzulänglichkeit und Lückenhaftigkeit, die Deutungsakten zu eigen ist.

Insofern verwundert es nicht, dass Forsters literarische Erkundungen der Welt in einem Spannungsfeld von sensorischer Wahrnehmung und ästhetischer Syntheseleistung stehen, das, mit dem kulturanthropologischen Wissen seiner Zeit untermauert, unterschiedlichste Diskurse zusammenschließt.[144] Dennoch erfährt sein Werk seine prominente Stellung nicht allein auf Grund dessen oder auf der Basis seiner literarischen Beobachtungsgabe, in der narrative Gesichtspunkte nationaler Identität weitgehend entfallen. Dieser Glücksfall der deutschen Literaturgeschichte lässt auch einer Kulturwahrnehmung Raum, die sich die Mühen der kognitiven Analyse keineswegs erspart, um in ihrer erinnernden Wiedergabe implizite Gewaltmomente auszumachen.

Am Beispiel der beiden Tahiti-Kapitel von Forsters *Reise um die Welt* lässt sich demnach zeigen, welche *Repräsentationstechnologien* der kulturellen Raumordnung um 1800 zugrunde liegen und welche Vorstellungen vom Anderen das aus Europa mitgebrachte *mimetische Kapital* produziert hat, das dem eigenen kulturellen Kontext entstammt. Diese ‚Erfindung des Fremden', um mit Stephen Greenblatt zu sprechen, folgt zwar der Spur interkultureller Tauschakte. Doch knüpft sie sich gleichermaßen an unterschiedliche Modalitäten der Gabe, an differente Auffassungen der Verletzung von Eigentumsrechten, an Bestimmungen des Diebstahls wie an die Bewahrung von Besitzrechten. Statt Verstehensprozesse und Empathie produzieren diese aber Missverständnisse und Aggression. Diese Bestimmung von Gewaltaspekten bezieht sich insofern nicht nur auf dominante Ausprägungen, wie sie sich durch die Ausblendung mar-

---

143 Justin Stagl: *Eine Geschichte der Neugier, Die Kunst des Reisens 1550–1800.* Wien/Köln/Weimar 2002, S. 7.

144 Vgl. dazu auch mit Blick auf andere Autoren Michaela Holdenried: *Künstliche Horizonte. Alterität in literarischen Repräsentationen Südamerikas,* Berlin 2004, S. 234f.

ginalisierter Gruppen und Diskurse konstituieren und auf die Greenblatt und andere verweisen.[145] Sie bezieht sich auch auf manifeste Formen dieser Marginalisierung selbst. Gerade die Frage nach der Integrität des Besitzes und der Kompatibilität bzw. Inkompatibilität von Eigentumsverhältnissen generiert bis heute äußerst ungleiche Verteilungseffekte. Obgleich Forsters Darstellung mit dazu beigetragen hat, eine narrative Basis für die weitgehend vorurteilsfreie Wahrnehmung fremder Welten und fremder Vernunft zu schaffen, gibt es auch in seinem Werk keine Wahrnehmung des Anderen ohne damit einhergehende Praktiken der Repräsentation. Das trifft auf ihn als einen Naturforscher der Spätaufklärung ebenso zu wie auf Ulrich Schmidel als Soldat der Konquistadoren in der Frühen Neuzeit. Dennoch zeigen sich signifikante Unterschiede in der Art und Weise, wie die Präsenz des Wahrgenommenen überschritten wird. Denn um 1800 erweisen sich die Darstellungs- und Aufzeichnungsverfahren bereits selbst mit einem veränderten Modell der Repräsentation unterlegt: Die Druckerpresse gilt als seine Technologie, die Schrift ist ihr Schauplatz, die Sprache das Transportmittel. Die machtvolle europäische Anordnung von Wissensbeständen ist ohne zwei neue Repräsentationstechnologien, *Bildungskapital* und *Reisekapital,* nicht zu denken. Sie setzt sie als Zeichen von Tauschzirkulationen in Kraft, in denen die Ordnung der Welt in neue topographische Formen gegossen wird.[146] In ihnen werden Identitätsentwürfe gebannt, die die Materialität der Welt selbst neu besetzen.

3.2.1 Differenz des Besitzens

Als Kontrastfolie zum europäischen Typus des *homo oeconomicus* hat Joseph Vogl ein sinnfälliges Beispiel angeführt für jene „eigentümliche Aufteilung von Dingen, Gütern, Aktionen und Menschen", wie sie die ethnographischen Beschreibungen in der Regel präformieren:

> „Wenn ein Papua sprechender Arapesch aus Neuguinea vor seine Hütte tritt, mag sein Blick auf einigen Kokos- und Betelpalmen ruhen, die ihm nicht gehören. Ihre Früchte wird er nicht berühren. Er wird sie kosten nur mit Erlaubnis des Besitzers

---

[145] Stephen Greenblatt: *Wunderbare Besitztümer. Die Erfindung des Fremden, Reisende und Entdecker*, Berlin 1994; Clifford Geertz: *Dichte Beschreibung, Beiträge zum Verstehen kultureller Systeme.* Frankfurt a.M. 1983; Urs Bitterli: *Die Entdeckung Amerika. Von Kolumbus bis Alexander von Humboldt.* München 1991.

[146] Vgl. Eva-Maria Siegel: Topographie des Tausches, Topographie des Instruments. Zwei Wahrnehmungsmodi des Fremden um 1800, in: Hartmut Böhme (Hrsg.): *Topographien der Literatur. Deutsche Literatur im transnationalen Kontext.* DFG-Symposion 2004. Stuttgart/Weimar 2005, S. 625–647.

> oder einer Person, der vom Besitzer ein besonderes Recht darüber eingeräumt wurde. Auch die Schweine vor seiner Haustür werden zwar von seiner Frau gefüttert, gehören aber einem seiner oder ihrer Verwandten. Dabei muss man wissen, dass der Arapesch-Mann grundsätzlich in zwei oder drei verschiedenen Dörfern wohnt, in Gartenhütten, in Hütten in der Nähe des Jagdbusches oder in Hütten bei seiner Sagopalme, einen Gutteil seiner Zeit aber auch auf einem Grund, den er nicht besitzt. [...] In seinem Haus liegen einige Dinge von beträchtlichem Wert, große Gefäße, geschnitzte Teller oder gute Speere, die er aber schon seinen Söhnen übertragen hat, auch wenn diese noch Kleinkinder sind. Seine eigenen Schweine befinden sich weit entfernt in anderen Dörfern. Seine eigenen Palmen sind drei Meilen in der einen und zwei Meilen in der anderen Richtung verstreut. Noch weiter entlegen seine Sagopalmen; weithin verstreut und entfernt auch seine verschiedenen Gartenbeete, meist auf dem Boden fremder Leute. [...] Auch wenn ihm das Haus, in dem er meist wohnt, eigentlich gehört, so stammen seine Pfosten und Planken doch von den Häusern anderer Leute, von Häusern, die auseinander genommen oder verlassen wurden. Das Holz ist sozusagen geborgt. Darum wird er auch die Dachbalken, selbst wenn sie zu lang sind, nicht zerschneiden, denn sie werden später wieder für die Häuser von anderen mit anderer Größe gebraucht."[147]

Von einem zumindest vergleichbaren Komplexitätsgrad dürften die Besitzverhältnisse auf der polynesischen Insel O-Tahiti gewesen sein, die Georg Forster als Begleiter seines Vaters auf der zweiten Reise Cooks in den Jahren zwischen 1772 und 1775 angetroffen hat. Ihre Vernetzung erschwert eine Perspektive, von der aus betrachtet eine wirtschaftliche Einheit auszumachen ist. Die wesentlichen Elemente des wirtschaftlichen Verkehrs sind auch hier in nicht-ökonomische Institutionen und Beziehungen eingebettet, getragen von „Ereignissen der Verwandtschaft", von „Heirat, religiösen und öffentlichen Zeremonien, durch die Tätigkeiten wie Erzeugen und Tauschen in Gang gehalten und definiert werden".[148]

Auf dieser Basis sind europäische Begrifflichkeiten wie Arbeit und Eigentum kaum hinreichend geeignet, die Mannigfaltigkeit der feinen Unterschiede zu beschreiben, wie sie für eine solche Ordnung der Dinge gültig sind. Sie entstammen einem völlig anderen Wissensraum. Solchen Veränderungen, wie sie die Entdeckungen der Entde-

---

[147] Joseph Vogl: *Kalkül und Leidenschaft. Poetik des ökonomischen Menschen.* München 2002, S. 9.

[148] Ebd., S. 10.

cker wie James Cook für die Entdeckten schließlich mit sich brachten, ist der Journalist Tony Horwitz im Nachvollzug der Reisen Cooks nachgegangen:

> „Im Jahrzehnt seiner Entdeckungen stand die Welt auf der Schwelle zur industriellen Revolution. Dampfmaschine und Feinspinnmaschine wurden entwickelt, als Cook zu seiner ersten Pazifikfahrt aufbrach; im Jahr 1776, als Cook seine letzte Reise antrat, veröffentlichte Adam Smith seine Schrift *Der Wohlstand der Nationen*. Cooks Entdeckungen eröffneten den aufstrebenden westlichen Ökonomien und Imperien gewaltige neue Territorien, mit allem was damit einherging: Walfänger, Missionare, Massenproduktion, Alphabetisierung, Rum, Gewehre, Syphilis, Pocken.“ [149]

Die zwiespältigen Auswirkungen der Entdeckungsfahrten herausarbeitend, verdankt sich Horwitz der Hinweis, in welch hohem Maße die „gegenseitige Verständnislosigkeit in Fragen von Eigentum und Gerechtigkeit“[150] Cook auf allen seinen Pazifikfahrten begleitet hat. Diese kulturelle Differenz des Besitzens und des Teilens zeigt sich sogar noch am ebenso symbolischen wie die Zeitgenossen verstörenden Ereignis von Cooks Tod. Horwitz schildert, wie seine Knochenteile nach der eher zufälligen Ermordung als „grausige Gabe“[151] von einem *kahuna*, einem heiligen Mann, vor der Küste von Hawaii übergeben werden:

> „Und während die Hawaiianer Cooks Knochen unter ihren Anführern aufteilten, vollzogen die Engländer an Bord der *Resolution* ein ganz ähnliches Ritual. Gemäß den Gebräuchen der Seefahrt verteilten und verkauften die Offiziere und ‚Gentlemen' des Kapitäns Kleidung und all sein Hab und Gut. Nach zweieinhalb Jahren auf See, in Gewässern, die vor ihnen kein Europäer befahren hatte, konnten die Engländer auf die nützlichen Utensilien aus der Ausrüstung ihres toten Kapitäns nicht verzichten.“[152]

Ebenso wie die Forsters entstammten die seefahrenden Engländer eigentlich einer Gesellschaftsform, in der Eigentumsrechte ansonsten als sakrosankt galten. Seeleute, die mit öffentlichen Hinrichtungen und der strengen Disziplin der Seefahrt aufgewachsen waren, mögen zwar, sofern sie Offiziere waren, Anspruch auf das Eigentum des toten *Captains* gehabt haben. Doch war von ihnen kaum zu erwarten, dass sie Gnade bei

---

[149] Tony Horwitz: *Cook. Die Entdeckung eines Entdeckers*. Hamburg 2004, S. 14.

[150] Ebd., S. 92.

[151] Ebd., S. 9.

[152] Ebd., S. 10.

Eigentumsdelikten etwa gegenüber den Tahitianern walten ließen. Der Kontrast zwischen einer Kultur der Gabe, für die großzügige Geschenke zum guten Ton gehörten und als Ausdruck der Wertschätzung des Gastgebers für den Gast galten,[153] und einer Ordnung der Dinge, wie sie an Bord eines Schiffes herrschte, das in den Augen der Eingeborenen mit einer geradezu verschwenderischen Überfülle an Dingen ausgestattet war, könnte kaum größer sein. Er gibt von daher Aufschluss über die Frage, welche modernen Gewaltformen aus diesem Konfliktfeld entspringen.

Indizien für Differenzen des Besitzens liefert zunächst die Sprache selbst, nimmt man ihre Wörter als Spur eines kollektiven Gedächtnisses. Zweihundert Jahre nach Cooks und Forsters Reise klärt einer der Insulaner den Besucher des späten 20. Jahrhunderts über einen Begriff auf, der für die Erfahrungen der europäischen Seefahrer mit dem Tauschprozess nicht unbedeutend gewesen sein dürfte. Das wort *heroa*, tauschen, macht nämlich kaum einen Unterschied zwischen den ausführenden Handlungen *geben* und *leihen*. Es bedeutet soviel wie „Vielleicht gebe ich es dir zurück, vielleicht auch nicht. Ich weiß es noch nicht."[154] Was für die Bewohner der Insel Tahiti Dinge zum Tauschen sind, ist für sie ohne unmittelbaren Gegenwert. Für ihre europäischen Besucher ist dieser Umstand aber schlichtweg Diebstahl, der gewaltsame Bestrafung nach sich zieht. Die damit verbundenen Komplikationen und Erschwernisse der Kommunikation sind Forster keineswegs entgangen. In seiner Gedenkschrift für *Cook, dem Entdecker*, hat er sie sogar deutlich benannt:

> „Wenigstens sind alle Nachrichten, die man aus dem Munde der Eingeborenen erfährt, bei der Unvollkommenheit unserer Sprachkenntnisse mehr oder weniger schwankend und unzuverlässig, je mehr Beziehung sie auf abstrakte Begriffe oder auf Gegenstände der Einbildungskraft und Logik haben."[155]

Zu den Differenzen abstrakter Begrifflichkeit und damit den Vorstellungswelten von Logik und Vernunft, die die Welt entlang ethnischer und religiöser Bruchlinien aus-

---

[153] Zu diesem Komplex noch immer informativ: Marcel Mauss: *Die Gabe, Form und Funktion des Austausches in archaischen Gesellschaften.* Mit e. Vorwort von E.E. Evans-Pritchard. Frankfurt a.M. 1990. Mauss' 1950 unter dem Titel *Essais sur le don* in Paris erstveröffentlichte Studie stellt die erste systematische Untersuchung des über Polynesien hinaus weit verbreiteten Systems des Geschenkaustauschs sowie seiner Funktion im Bezugrahmen gesellschaftlicher Ordnungen dar. Unverzichtbar auch: Bronislaw Malinowski: *Argonauten des westlichen Pazifik. Ein Bericht über Unternehmungen und Abenteuer der Eingeborenen in den Inselwelten von Malinesisch-Neuguinea.* Mit e. Vorw. von James Frazer. Hrsg. von Fritz Kramer. Frankfurt a.M. 1984.

[154] Tony Horwitz: *Cook*, S. 113.

[155] Georg Forster: *Cook, der Entdecker*. Frankfurt a.M. 1976, S. 87.

einanderdriften lassen, gehören also auch *hard facts* der Ökonomie. Doch lassen sich bei der Ankunft auf Tahiti auch gewisse Indifferenzen aufzeigen, die Besucher und Eingeborene ebenso vereinen wie zusammenschließen.

3.2.2 Indifferenz der Begierde

Kulturellen Kontrastschemata entgegenarbeitend, wie sie Cooks Sicht- und Handlungsweisen offenbar bestimmt haben, zeichnet Forsters Darstellung der *Reise um die Welt* ein analoges Verfahren aus. Es macht europäische Sitte, Norm oder Gewohnheit zur Folie des Anderen, ohne dass damit in aller Regel eine Herabstufung einher geht. „Vornemlich aber bey denenjenigen Völkern, die nicht zu den ganz ungesitteten gehören“[156], macht der junge Begleiter und Verfasser des Berichts Ähnlichkeiten aus. Ein vielfach in der Forschungsliteratur angeführtes Beispiel hierfür ist die Begegnung mit einem der Eingeborenen Tahitis. Er trifft ihn auf einer der ausgedehnten Wanderungen mit dem Vater und etikettiert ihn sogleich als den „Fresser“, um ihm anschließend Eigenschaften eines der Lethargie Verfallenen anzuheften:

> „Wir hatten uns bis dahin“, schreibt er, „ mit der angenehmen Hoffnung geschmeichelt, daß wir doch endlich einen kleinen Winkel der Erde ausfündig gemacht, wo eine ganze Nation einen Grad der Civilisation zu erreichen und dabey doch eine gewisse frugale Gleichheit unter sich zu erhalten gewusst habe, dergestalt, daß alle Stände mehr oder minder, gleiche Kost, gleiche Vergnügungen, gleiche Arbeit und Ruhe mit einander gemein hätten. Aber wie verschwand diese schöne Einbildung beym Anblick des trägen Wollüstlings, der sein Leben in der üppigsten Unthätigkeit ohne allen Nutzen für die menschliche Gesellschaft, eben so schlecht hinbrachte, als jene privilegirten Schmarotzer in gesitteten Ländern, die sich mit dem Fette und Überflusse des Landes mästen, indeß der fleißigere Bürger desselben im Schweiße seines Angesichts darben muß.“[157]

Diese Szene zeigt einen Kurzschluss von kulturellen und sozialen Egalitätskategorien auf und ist recht bezeichnend für die Prägung von Forsters Wahrnehmung. Sie ist insofern als Paradigma einer durchaus gewaltsamen Urteilsfindung gelesen worden, die sich weiter transformiert bis in die Diskurse der sozialen Bewegungen hinein. Im

---

[156] Georg Forster: *Reise um die Welt*, in: *Georg Forsters Werke. Sämtliche Schriften, Tagebücher, Briefe*, Hrsg. von der Deutschen Akademie der Wissenschaften zu Berlin, Bd. 2. Bearb. von Gerhard Steiner. Leipzig 1983, S. 569.

[157] Ebd., S. 275f.

Usprungskontext der polynesischen Kultur ist sie inzwischen im Sinne „besonders strenger Taburegeln“ ausgeleuchtet worden, die den ihnen Unterworfenen verboten, ihre „Speise mit der Hand zu berühren“.[158] Was Forster jedoch in seinem Urteil kund tut, ist eine Deutungsmacht, die eine Konvergenz zwischen der europäischen und der tahitianischen Kultur auf so unmittelbare Weise herstellt, dass sie mehr über die eigene Welt als über die aufgesuchte aussagt. Was Forsters Verwunderung hervorruft, lässt sich aber nicht allein auf seine Realitätsgrundlage hin befragen. Viel mehr sagt es über eine Vergleichbarkeit der Begierden aus. Reflexionen über das Verhältnis von Ruhe und Aktion, Untätigkeit und Tätigkeit, vermuteter Faulheit und Arbeitssinn ersetzen rasch und häufig in der ‚philosophischen Beschreibung' der Weltumseglung die betörende Wirkung jener Naturschönheiten, für deren malerische Wiedergabe die Eingangspassage des ersten Tahiti-Kapitels exemplarisch ist:

> „Ein Morgen war's, schöner hat ihn schwerlich je ein Dichter beschrieben, an welchem wir die Insel *O-Tahiti*, 2 Meilen vor uns sahen. Der Ostwind, unser bisheriger Begleiter hatte sich gelegt; ein vom Lande wehendes Lüftchen führte uns die erfrischendsten und herrlichsten Wohlgerüche entgegen und kräuselte die Fläche der See. Waldgekrönte Berge erhoben ihre stolzen Gipfel in mancherley majestätischen Gestalten und glühten bereits im ersten Morgenstrahl der Sonne. Unterhalb derselben erblickte das Auge Reihen von niedrigern, sanft abhängenden Hügeln, die den Bergen gleich, mit Waldung bedeckt, und mit verschiednem anmuthigem Grün und herbstlichen Braun schattiert waren. Vor diesen her lag die Ebene, von tragbaren Brodfrucht-Bäumen und unzählbaren Palmen beschattet, deren königliche Wipfel weit über jene empor ragten. Noch erschien alles im tiefsten Schlaf; kaum tagte der Morgen und stille Schatten schwebten noch auf der Landschaft dahin. Allmählig aber konnte man unter den Bäumen eine Menge von Häusern und Canots unterscheiden, die auf den sandichten Strand hinaufgezogen waren. Eine halbe Meile vom Ufer lief eine Reihe niedriger Klippen parallel mit dem Lande hin, und über diese brach sich die See in schäumender Brandung; hinter ihnen aber war das Wasser spiegelglatt und versprach den sichersten Ankerplatz. Nunmehro fing die Sonne an die Ebene zu beleuchten. Die Einwohner erwachten und die Aussicht begonn zu leben.“[159]

---

[158] Ludwig Uhlig: Georg Forster, Captain Cook und das Tabu, in: Georg-Forster-Studien IX (2004), S. 43.

[159] Georg Forster, *Reise um die Welt*, S. 241.

Tahiti hat Orte aufzuweisen, die, wie Forster später bemerkt, „eine der schönsten Gegenden“ sind, „die ich in meinem Leben gesehen“.[160] Dennoch stehen infolge der narrativen Hervorbringung dessen, was Humboldt später als „Naturgemälde“ bezeichnen wird, weniger ästhetische Landschaften im Mittelpunkt als vielmehr Techniken der teilnehmenden Beobachtung, wie sie die Ethnographie auszeichnen. Sie beziehen sich auf die Kleidung der Eingeborenen ebenso wie auf deren Tätowierungen oder Physiognomien, sie gelten Prozessen der Sprachaneignung ebenso wie vorgefundenen Hierarchien, sie führen dem Leser Schwimmübungen, botanische Exkursionen oder Ereignisse an Bord vor Augen. Dieser gestreute Fokus der Aufmerksamkeit bewirkt wie nebenbei, dass manche Textpassagen wie Drehbücher wirken, um damit dem Imaginationsvermögen der europäischen Leserschaft kompatibel zu sein. Es sind allerdings Buchstaben, die etwas zu sehen geben. Forsters Kulturwahrnehmung darf insofern als ein Paradebeispiel gelten für das, was Greenblatt „das Archiv der Filme“ genannt hat, „die in den Köpfen der Europäer abzuschnurren“ beginnen in dem Moment, in dem „ihre Welt mit dem Anderen kollidiert.“[161]

Die Begierde richtet sich allerdings nicht nur an der Vorstellung abgerufener schöner Bilder aus, sie richtet das Mythenarchiv der Glückseligen Inseln geradezu ein, das sich in den folgenden beiden Jahrhunderten aufzubauen beginnt.[162] Horwitz führt es allerdings weniger auf Cooks Schriften zurück oder auf die Arbeiten der beiden Forsters, mit denen er wenig vertraut ist. Er macht die Wirkungskraft des Mythos an der Militärgeschichte, vor allem an jenen Tausenden von Marinesoldaten fest, die im Verlauf des Zweiten Weltkrieges „in den Pazifikraum einfielen“[163].

---

160 Ebd., S. 270.

161 Stephen Greenblatt: *Wunderbare Besitztümer*, S. [7]

162 Vgl. dazu insbesondere Gabriele Dürbeck: *Stereotype Paradiese. Ozeanismus in der deutschen Südseeliteratur 1815–1914.* Tübingen 2007 (Studien und Texten zur Sozialgeschichte der Literatur. Bd. 115), die allerdings auf Forster nur am Rande Bezug nimmt.

163 Tony Horwitz, *Cook,* S. 146: „Unter ihnen befand sich auch James Michener, ein Reservist und Marinehistoriker, der auf einer alten Schreibmaschine in *Vanuatu* das Buch *Die Südsee* verfasste. Das Buch gewann den Pulitzerpreis und inspirierte das Musical *Südsee-Paradies* von Rodgers und Hammerstein und einen erfolgreichen Film gleichnamigen Titels. Und nicht zuletzt lieferte es den Auslöser für die amerikanische Versessenheit auf alles, was irgendwie polynesisch war, von Mai Tai bis Hula-Hopp-Reifen.“ Vgl. dazu auch: Horst Martin Müllenmeister: Berichte aus dem Paradies. Der Traum von den Inseln des Glücks, in: *Erkundung und Beschreibung der Welt. Zur Poetik der Reise- und Länderberichte.* Vorträge eines interdisziplinären Symposions vom 19. bis zum 24. Juni 2000 an der Justus-Liebig-Universität Gießen. Hrsg. von Xenia von Ertzdorff und Gerhard Giesemann u. Mitarb. von Rudolf Schulz. Amsterdam/New York 2003, S. 589–618.

Demnach wäre die kulturelle Obsession weniger der Imagination durch die Schrift oder einer literarischen Tradition geschuldet, als vielmehr einem Merchandising als Nebeneffekt militärischer Handlungen. In der Vorstellung paradiesischer Zustände thematisiert und reproduziert sich der Konnex von militärischer Gewalt und Medienindustrie also selbst. In Forsters Darstellung jedenfalls erweist sich das vermutete Arkadien im Naturzustand noch keineswegs frei von den Zwängen der Ökonomie. Gleich, ob es sich um Präsente als Kreuzungspunkte von Gabe, Präsenz und Repräsentation, um die Begrenztheit der Verfügung über Waren auf Seereisen oder um interkulturelle Begegnungen handelt, die sich zum Teil auf sexuelle Gefälligkeiten beziehen: Nahezu immer gibt es einen Nexus zwischen einem Begehren nach Austausch und der Begierde des Haben-Wollens. In ihm verschränken sich beide Bedürfnisse miteinander. Nicht selten ist das Gelingen oder Misslingen der Tauschakte allerdings von den verschiedenartigen, ja konträren Auffassungen der Besitzverhältnisse abhängig. Die Raumordnung des Warenwerts betrifft in ihren diskursiven Auswirkungen sowohl die sich neu etablierende erdgeschichtliche Kunde als auch das Wissen über die Fauna und Flora der Insel. Ihre Gewaltmacht umgreift die Sozial- und Geschlechterordnung ebenso, wie sie die hohe Wertschätzung handwerklichen Geschicks einschließt.

3.2.3 Gabe, Ringtausch und Verkehr

Vor diesem Hintergrund installieren sich die wechselseitigen Projektionen. Es findet die durchaus nicht gewaltfreie Begegnung eingeborener Neugierde mit der professionellen europäischen Handelsmentalität an den Küsten der Insel statt. Getauscht wird so gut wie alles: Verschenken die Seefahrer bei den Besuchen der Tahitianer an Bord Glaskorallen, Nägel und Medaillen, so revanchieren sich diese gegenüber ihren Gästen an Land mit Kokosnüssen, Brodfrüchten und Pisangs als Willkommensmahl. „Gegenseitige Geschenke bestätigen gemeiniglich die neugeschloßne Freundschaft“[164], heißt es bei Forster lakonisch. Schließlich machen nicht zuletzt die vielen Gaben und Gegengaben das besondere „Creditiv“[165] des Repräsentanten der britischen Krone James Cook aus. Ausgerechnet der zum Teil recht hoch bemessene und in der Regel kaum gleichgewichtige Wert der Gegenstände führt jedoch nicht selten zu vermehrten Diebstählen an Bord. Solche Vorfälle ziehen zahlreiche Disziplinierungsakte gegenüber den Inselbewohnern nach sich, wie Forster deutlich macht: Gelegentlich findet er einige

---

[164] Ebd., S. 305.

[165] Ebd., S. 298.

von ihnen in Ketten gelegt vor, die Rede ist auch von Schlägen und Auspeitschungen. Obgleich diese durchaus einseitigen physischen Gewaltakte gegen die zu Delinquenten erklärten Bewohner auf Tahiti häufig wieder zu einem erneuten Austausch von „Bonniten"[166] führen und damit zu einer Art von Ringtausch, taucht bei Forster an dieser Stelle die berechtigte Frage auf, wie unter diesen besonderen Umständen die Integrität des königlichen Besitzes generell zu wahren sei. Den strikten Standpunkt der Verletzung europäischer Eigentumsrechte zu vertreten und sie durch Strafgewalt und Sanktionen verhindern zu wollen, wie Cook sich vornimmt, hält Forster für wenig angebracht. Zudem erschweren die Vorgänge entschieden die für seine Forschungen unerlässliche Kommunikation mit den Eingeborenen. Sein Plädoyer für weniger Disziplinargewalt und mehr Verstehensprozess ist moralphilosophisch fundiert. Es richtet sich weitgehend an den Erkenntnissen des englischen Philosophen Adam Smith und dessen Werttheorie aus – und damit am Diskurs der schottischen Kulturphilosophie, die mit weiteren Studien von David Hume, Lord Kames, John Millar und Adam Ferguson aus dem Vergleich der modernen Zivilisation mit früheren Kulturstufen allgemeine kulturgeschichtliche Erkenntnisse zu gewinnen suchte.[167] Streng genommen beruht die Singularität der von ihm geschilderten und narrativ verknüpften interkulturellen Tauschakte jedoch weniger auf der Problematik, wie in der Bewegung der Waren Preise Dinge charakterisieren, wie also im Sinne von Wert und Gegenwert das Geld ein Zeichensystem zwischen verschiedenartigen Reichtümern herstellt. Ihre Gewaltförmigkeit beruht vielmehr darauf, dass mit dem Begriff des zivilisatorischen Fortschritts eine bestimmte Rangordnung menschlicher Aktivitäten errichtet wird, die Ausgleichsprozesse zwischen diesen Verschiedenheiten eher verhindert als befördert. Kunst und Handwerk, aber auch Religion und Riten werden so zum Objekt allein wissenschaftlicher Betrachtung deklariert, die ihrerseits damit reflexiv wird und somit ihren Subjektcharakter gewinnt, untermauert und weiter ausbaut.

Diese Art *Ranking* operativer Tätigkeiten wird im Text mit einem ganzen Katalog von Indizien versehen, darunter sprachlichen, wobei das geringe Maß an vertieften Ver-

---

166 Ebd., S. 552.

167 Vgl. dazu vor allem die Ausführungen von Ludwig Uhlig: Georg Forster, Kapitän Cook und das Tabu, S. 44f., der auf die fast gleichzeitigen Erscheinungsdaten von Forsters *Voyage Round the World*, die englische Erstausgabe der *Reise um die Welt*, und Adam Smiths *Enquirity into the Nature and Causes of the Wealth of Nations*, erschienen 1776, verweist – und darauf, dass „die schottische Kulturphilosophie und die zeitgenössischen Entdeckungsreisen geradezu zwei Flügel ein und desselben weit angelegten anthropologischen Forschungsprojekts" bildeten, „einerseits die theoretische Spekulation und andererseits die zugehörige empirische Feldforschung vertretend".

ständigungsmöglichkeiten nirgendwo wirklich problematisiert wird und insofern auf Gewaltaspekte von Deutungsabsichten hin auch gar nicht überprüft werden kann. Allein das vermutete Maß an Abstraktionsfähigkeit, mit anderen Worten die Verallgemeinerbarkeit hinsichtlich europäischer Vernunftmaßstäbe, charakterisiert die Bedingungen zivilisatorischen Fortschreitens. Liest man Forsters Schilderungen Tahitis unter dieser Prämisse, gewinnt man eine Ahnung davon, was es heißt, das moderne Recht auf Gewalt an einen Vernunftbegriff zu knüpfen, der allzu glatt und geläufig davon ausgeht, der Mangel an abstrakter Begrifflichkeit in einer Sprache sei ihrem mangelnden Ausdrucksvermögen und ihrer fehlenden Bildlichkeit gleichzusetzen. Vorstellungen von Eigentum und Besitz mussten von daher schon unter der Voraussetzung gegenläufiger Konnotation zwangsläufig in Konflikt geraten. Tausch ist eben zu keiner Zeit und nirgendwo gleich ‚Tausch'.

Bei aller nachdenklichen Sympathie für die Bewohner der Insel geht Forsters Interesse für die Tahitianer nie soweit, dass er sich der von Bougainville in Szene gesetzten Vorstellung Tahitis als existierendem Elysium der Südsee hingegeben hätte. Das zeigt sich besonders deutlich an seiner Bewertung jener Referenzgrößen, die als Inbegriff des Luxuriösen auf der Insel gelten. Allem, was dort selbst nicht wächst und gedeiht, wird ein besonderer Wert beigemessen. Damit avancieren nicht allein die roten Papageienfedern, wie sie die Europäer von anderen Inseln mitbringen, zum herausragenden Objekt der Begierde.[168] Sie betrifft vor allem auch den Bereich immaterieller Güter, und dort insbesondere den freizügigen Umgang mit der Sexualität. Da sich an Bord ausschließlich Männer befinden, kommt der vermuteten Promiskuität der Inselbewohnerinnen ein signifikanter Stellenwert zu. Mit seltener Deutlichkeit verleiht Forster seiner Überzeugung Ausdruck, dass die Gier nach Dingen – die Rede ist von den Federn, aber auch von Nägeln oder anderen werkzeugähnlichen Gegenständen – Sitte und Moral der Insel künstlich zu verderben drohen. Hinter dem als seltsam, jedoch als bemerkenswert markierten Verhalten der Südseebewohnerinnen beginnt er nach einem regelhaften kulturellen Muster zu suchen. Als Quelle dieser *cultural patterns* jedoch gelingt es ihm lediglich, jene Formen der Materialität manifest zu machen, die als wesentliches Glied Unterschiede ausmachen in der Kette jener genau festgelegten Formen des Tauschhandels, der sich zwischen den verschiedenen Stämmen entlang der Handelsrouten entfaltet. Was dem Berichterstatter der Vorfälle entgeht, ist der Umstand, dass der Tauschhandel der Europäer unverblümt in einen ebenso intertribalen wie zir-

---

[168] Georg Forster: *Reise um die Welt*, S. 283 u. a.

kulären Tauschhandel eingreift. Verstrickt in ein ganzes Netz von Pflichten, Funktionen und Privilegien, entspricht er dem einer entwickelten Stammesgemeinschafts- und Verwandtschaftsorganisation.[169]

Vor allem Forsters Schlusspassage legt den Gedanken nahe, die von Malinowski in seinen Untersuchungen entworfene und den Gepflogenheiten der Eroberten gegenübergestellte Figur des ‚schuftenden Weißen' mit den auf Cooks Schiffen hart arbeitenden Matrosen zu vergleichen. Auf einem solchen Analogieverfahren beruht zumindest Forsters Schilderung der Abfahrt. Ausführlich geht er in einer erzählenden Episode darauf ein, wie einer der Mannschaftsangehörigen ins Wasser springt, um zurück zur Insel zu schwimmen. Mit dem Beiboot eingefangen und zurück auf das Schiff verbracht, lässt Cook ihn in Ketten legen. Darauf wird später zurück zu kommen sein – an dieser Stelle geht es zunächst um Parallelen zu späteren ethnologischen Forschungen. Sie ergeben sich vor allem im Hinblick auf Handelsmuster als Kulturmuster, wie sie die vergleichende Ethnologie unter dem Stichwort des *Ringtausches* verortet hat. Im Falle der hart arbeitenden Europäer führt die erste Berührung mit ihm zu Formen von Gewalt, die im 19. Jahrhundert zu Kolonialisierungspraktiken ausgebaut werden. Im Falle der Stammesgemeinschaften führt er demgegenüber zur Mehrung des Ansehens und zu vermehrten Tauschaktivitäten. „In beiden Fällen", schlussfolgert Malinowski, „bringt der konventionelle, einem Gegenstand beigemessene Wert Macht, Ruhm und die Freude an seiner Vermehrung mit sich. Im Falle des weißen Mannes ist dies zwar unendlich komplexer und indirekter, unterscheidet sich aber nicht wesentlich von dem der Eingeborenen."[170]

Zwar ist die *Reise um die Welt* von einem kulturrelativistischen Denken in diesem lakonischen Sinne weit entfernt. Doch finden sich bereits in Forsters Beschreibungen vielfältige Hinweise auf das eklatante Missverhältnis zwischen Ausgestaltungen der Gabe als einer ringförmigen Bewegung von Sachen, Werten, Verträgen und Menschen und der im Wesentlichen auf dem Geldwert basierenden Tauschwirtschaft einer die Moderne einleitenden Industriegesellschaft. Hier wie da dient der angehäufte Reichtum, dient etwa die Akkumulation von Lebensmitteln zugleich der Zurschaustellung

---

169 Malinowski verweist in diesem Zusammenhang darauf, dass in diesen ringförmigen Tausch auch die *mapula*, die Bezahlung für eheliche Beziehungen, mit eingebunden ist. Er schließt den Hinweis an, dass insofern eine ökonomische Unterscheidung nicht vergessen werden darf: Die Gaben innerhalb einer dauernden Beziehung sind der Bezahlung für eine zu einer bestimmten Gelegenheit gewährten Gunst nicht gleichzusetzen, Vgl. Ders.: *Argonauten*, S. 219.

170 Georg Forster: *Reise um die Welt*, S. 386.

von Wohlstand wie der Kontrollmacht über andere. Dennoch stößt der Strom von Gaben, der sich da in Form von Geschenken und Gegengeschenken entäußert, in nicht wenigen Fällen auf ein Kauf-, Verkaufs- und Kreditsystem, in dem „die alten Prinzipien“ des Gebens und des Nehmens sowie der Grundsatz der Gastfreiheit mit der „Härte, der Abstraktion und der Unendlichkeit“[171] der europäischen Gesetzlichkeit entschieden kollidieren.

Besonders manifest wird diese Kollision in den Archipelen der Südsee am Geschlechterverhältnis, aber auch an damit verbundenen Gewaltphänomenen. Anschaulich schildert Forster die wechselseitig vollführten Tänze, die Gesänge und Schaufeste, höchst dramatische Vorführungen, die zwischen den Stämmen stattfinden, gleich ob diese gegeneinander verfeindet oder miteinander verbündet sind, und bei denen den europäischen Gästen lediglich eine Zuschauerrolle zukommt. Wie nahe beieinander dabei kollektive Ächtung und Ereignischarakter des Festes liegen, zeigt Forsters Schilderung des zweiten Aufenthalts auf den Societäts-Inseln. Eine der Frauen, in die Fremde verheiratet, versucht bei Gelegenheit eines Stammesfestes die Chance zu ergreifen, mit Hilfe der englischen Schiffe auf ihre Heimatinsel *Raietea* zurückzukehren. Das gelingt ihr zunächst, und zwar mit Hilfe eines Rollentausches, genauer gesagt, eines Kleidertausches: Als blinde Passagierin versteckt, schlüpft die Südseefrau während der Überfahrt in „eines Offiziers Kleider“[172], in der Hoffnung, sich so unsichtbar für ihre zahlreichen Verfolger zu machen. Dieses Unterfangen zeitigt ungeahnte Effekte, die das kulturelle Gefüge geradezu verkehren: Während auf Tahiti die Frauen in Gegenwart ihrer Männer am Mahl nicht teilnehmen dürfen, speist sie nun gelassen mit den anderen Offizieren in der Messe und zeigt, wie Forster bemerkt, „überhaupt [...] viel gesunde Vernunft.“ Die Flucht gelingt indes nur zeitweilig. Bei der Ankunft auf einer der Inseln wird die Verkleidete überfallen; der Besitz der europäischen Kleidung ist so begehrt, dass die Räuber sie ihr mit roher Gewalt entwenden. Aber wiederum ist nicht der Gewaltakt als solcher entscheidend für den Fortgang der Handlung. Es ist der kulturelle Umgang mit seinen Folgen: Auf einem Tanzfest ihres Stammes, wo sie endlich angekommen ist, wird die Geschichte der Entflohenen in ein Tanzritual übersetzt. Diese Urspungsform der Mimesis, etwas durch nachahmende Bewegung zur Darstellung zu bringen, gibt sie dem Spott und der Ächtung des Clans preis. Im Zuge

---

171 Vgl. Marcel Mauss: *Die Gabe*, S. 159.

172 Georg Forster: *Reise um die Welt*, S. 601. Forsters Worten zufolge gefällt es ihr „in dieser Tracht so wohl, dass sie solche gar nicht wieder ablegen wollte.“

seiner Kontrollmacht bleibt sie als ‚Person' im Besitz der elementaren verwandtschaftlichen Struktur. Was Forster anhand dieser Episode schildert, ist eine der keinesfalls gewaltfreien Schattenseiten des Tauschprinzips: Jedes Mitglied, vor allem aber die weiblichen, sind bei Strafe der Exklusion auf die ethnische Binnenintegration angewiesen.

Auch über diese Episode hinaus arbeitet Forster mit äußerster Sorgfalt heraus, wie wenig es sich beim Handel mit Federn und Nahrungsmitteln und auch beim praktizierten Frauentausch um einen einfachen Austausch von Gütern, Reichtümern und Produkten handeln kann, der im Rahmen eines zwischen Einzelpersonen abgeschlossenen Vertrages funktionieren würde. Vielmehr handelt es sich um jenes kollektive „System der totalen Leistungen"[173], das sich um 1800 mit der Topographie der Verkehrswege zu kreuzen beginnt. Die Schiffe tragen die Wirtschafts- und damit die Rechtsordnungen der europäischen Moderne in dieses System hinein. Sie verknüpfen es dort mit Kriterien des Utilitarismus und des Gewinns. Freilich werden die archaischen Formen des Austauschs nur zum Teil überschrieben und auch Forster lässt seine Leser darüber im Unklaren, ob er das für wünschenswert hält oder nicht.[174] Dass dieser Weg ebenso in die umgekehrte Richtung funktionieren kann, zeigt vielmehr seine Anknüpfung an den Bericht des französischen Naturforschers Bougainville, dessen Schriften er in London unmittelbar vor dem Antritt der Reise ins Englische übersetzt hatte:

> „Als der Herr von Bougainville im April 1768 hier vor Anker lag, entdeckten die *Tahitier*, bloß am Gange, daß der Bediente des Herrn *Commerson* (eines Naturforschers, der mit auf dem Schiff war) eine verkleidete Frauensperson seyn müsse, welches, während der ganzen Reise, niemand an Bord gewahr worden war. Diese Person war durch frühe Unglücksfälle zur Verläugnung ihres Geschlechts bewogen worden, hatte schon in Paris als Livree-Bediente gedient, und war alsdann, aus Neugier, mit zu Schiffe gegangen, weil sie gehört, daß diese Reise *um die Welt* gehen solle. Herr von Bougainville giebt ihr das Zeugniß, sie habe sich, sowohl vor

---

173 Marcel Mauss: *Die Gabe*, S. 22.

174 Erst Mauss kehrt in seiner Untersuchung diese Perspektivierung strategisch um, wenn er die sozialen Äußerungen der Gabe und des Potlatsch als ein „allgemeines Handlungsprinzip" empfiehlt: „Wir sollten aus uns herausgehen, Gaben geben, freiwillig und obligatorisch, denn darin liegt kein Risiko", ebd., S. 165. Vgl. dazu auch Jacques Derrida: „Den Tod geben", in Anselm Haverkamp (Hrsg.): *Gewalt und Gerechtigkeit. Derrida – Benjamin*, S. 380 über die Problematik des Adressaten einer Gabe.

als auch nach ihrer Entdeckung, überall untadelhaft aufgeführt, und sey damals 27 Jahr alt gewesen."[175]

Wiederum wird das wissenschaftliche Zitierverfahren dazu benutzt, eine Beobachtung, die für spätere Argumentationen entscheidend sein wird, in eine Fußnote zu verweisen. So kommt der Verehrer Bougainvilles auch auf Potenziale der fehlenden Möglichkeiten sprachlicher Abgleichungsprozesse zu sprechen: Innerhalb einer Kultur, in der ohnehin „alles spricht"[176] – die Vegetation, das Wetter, die animalische Welt – bleibt jedes Phänomen in seinen natürlichen Kontext eingebettet. Von daher verheißt Verbalität ohnehin kaum Eindeutigkeit. Die gesammelte Aufmerksamkeit richtet sich auf die nonverbale Ausdrucksebene, auf die Körpersprache.[177] Die geschilderte Entlarvung führt nicht allein vor Augen, wie ungewöhnlich der Umstand wahrgenommen werden musste, unter all den Männern an Bord plötzlich eine Frau vorzufinden. Das Kennzeichnungsmerkmal des Ganges überschreibt in dieser zweiten Episode, die auf Geschlechterverhältnisse Bezug nimmt, den bloßen Tausch der Kleider. Sie wird so zum semantischen Differenzmerkmal einer Zeichenordnung, die den Körperpraktiken im wahrsten Sinne des Wortes ‚einverleibt' wurde und die nur dem geschulten Auge des Beobachters und nicht Involvierten lesbar wird.

Die dritte in diesem Kontext geschilderte Episode macht kenntlich, dass der Weg zurück in einen als Zustand der Glückseligkeit interpretierten Naturzustand vor dem Hintergrund der Abfahrt ebenso attraktiv erschien, wie er versperrt bleiben musste. Das „glückliche Leben, die gesunde Nahrung und die einfache Tracht" der Bewohner

---

175 Georg Forster: *Reise um die Welt*, S. 576.

176 Marcel Mauss: *Die Gabe*, S. 110.

177 Deshalb kann ich der These von Philipp Despoix nicht ganz zustimmen, dass es bei Cooks „polynesischen Begegnungen" vor allem darum gegangen sei, Frauen aus dem Tausch „auszuschließen", vgl. Ders.: Benennung und Tausch. Zur Semantisierung des Unbekannten in Reiseberichten der 1770er Jahre, in: Inge Baxmann/Michael Franz/Wolfgang Schäffner (Hrsg.): *Das Laokoon-Paradigma, Zeichenregime im 18. Jahrhundert*, Berlin 2000, S. 155. Zwar untersucht Despoix die großen britischen und französischen Forschungsreisen der 1760er und 1770er Jahre von Bougainville und Cook und erwähnt ebenfalls Forster nur abschließend und eher am Rande. Forsters Beschreibungen belegen aber hinreichend, dass Cooks gesetzliches Dekret, das dazu diente, die Kontrolle über den Tauschhandel – samt der „Errichtung eines auf Eisengegenständen – vor allem Nägeln – beruhenden Marktsystems" zu gewinnen und vor allem der Bekämpfung der Diebstähle der Inselbewohner dienen sollte, nur wenig Wirkung zeitigte. Wesentlich für den hier untersuchten Zusammenhang ist aber der Hinweis, dass es sich keineswegs um „zeichenfreie Räume" handelt, die von den europäischen Reisenden aufgesucht werden, sondern um Reisen in das „Zentrum von Zeichenprozessen", vgl. ebd., S. 173.

Tahitis waren, legt Forster nahe, vor allem den einfachen Matrosen allzu verlockend erschienen – deutlich hebt er den Kontrast zur „beständigen Unruhe, den ekelhaften Speisen und den groben engen Kleidungen europäischer Seeleute“[178] hervor. Die Schlusspassage des zweiten Tahiti-Kapitels kippt das Gefälle der Tauschbeziehungen in die Horizontale. Sie dreht sie sogar um: Was seine Polarität als Spannungsgefälle markiert, ist ein Sprung ins Wasser. Als der Abschied von der Insel beendet ist, die Kanonen abgefeuert, die Anker gelichtet und die Segel gesetzt sind, versucht einer der Seeleute, berichtet Forster,

> „sich diese unruhigen Augenblicke zu Nutze zu machen, um unbemerkt nach der Insel zu entwischen. Man ward ihn aber gewahr, als er dernach hinschwamm und sah zugleich einige Canots herbeyrudern, die ihn vermutlich aufnehmen wollten; der Captain ließ ihm also gleich durch eins von unsern Booten nachsetzen, ihn mit Gewalt zurückbringen und ihn zur Strafe für diesen Versuch vierzehn Tage lang in Ketten legen. Allem Anschein nach, war die Sache zwischen ihm und den Insulanern förmlich verabredet; denn sie hätten vielleicht eben so viel Nutzen davon gehabt, einen Europäer unter *sich* zu behalten, als dieser gefunden haben würde, unter *ihnen* zu bleiben.“[179]

An diesen Gewaltakt der Rückholung und Arretierung knüpft der Berichterstatter sogleich allgemeine Betrachtungen an. Sie erörtern die „Wirkungen jenes allgemeinen Fluches“, welcher „Tahiti nicht erreicht zu haben scheint oder wenigstens fast gar nicht daselbst gefühlet wird.“[180] Der ‚Fluch' der fortwährenden Tätigkeit setzt eine feine Unterscheidung zwischen der Reichweite der modernen Zivilisation und ihrem ‚gefühlten' Zustand; er bezieht sich dezidiert auf das „beständige Arbeiten“, welches „das gemeine Volk“ in Europa „zu lauter Plackereyen“ bestimme, während doch die „ganze Kunst und Mühe, einen Brotfruchtbaum anzuziehen“ in den Breitengraden Tahitis darin bestehe, „daß man einen gesunden Zweig abschneidet und in die Erde steckt!“[181] hinter diesem Ausrufezeichen verbirgt sich bereits jener Ansatz, den Forster in seinem späteren Aufsatz über den *Brodbaum* ausfalten wird: Die Natur als Schöpfungsgabe, die dem Menschen zumisst, was er braucht. Die Voraussetzung einer ursprünglichen Gleichheit in einem kulturellen Urzustand wird hier bereits umgedeutet

---

178 Georg Forster: *Reise um die Welt*, S. 550.

179 Ebd., S. 595f. (Hv. im Text)

180 Ebd., S. 596.

181 Ebd., S. 596f.

zur Lobpreisung einer Ordnung, in der die Mitglieder ihre Tätigkeiten „nur freywillig" und zu ihrem „eigenen, unmittelbaren Nutzen übernehmen".[182] Dieses Lob der Muße ist der Durchschlagskraft der Marktverhältnisse und der Akkumulierung von Handelskapital allerdings gerade da nicht gewachsen, wo es um die Sicherung existenzieller Bedürfnisse geht. Die Emphase richtet sich vielmehr auf ein Zusammenspiel von Arbeit, Tausch und Gabe, in dem diese so eng miteinander verwandt sind, dass selbst die „Zubereitung der Kleidung" nicht als „würkliche Arbeit", sondern als ein „Zeitvertreib"[183] erscheint.

Das mag, so ist abschließend zu vermuten, auch die Aura jener Objekte ausmachen, die als Artefakte des Schenkens und der Gabe der Begegnung im Austausch dienten. Als museale Gegenstände erreichen sie die europäische Welt auf dem Schiffsweg. Im Museum, dem Platz ihrer Aufbewahrung, werden sie zu Kultgegenständen verklärt. Vor allem Trauerbekleidung und Waffen vollziehen den Wechsel der Diskursordnung hin zum Schauwert. Johanna Schopenhauer, Mutter des Philosophen und Gründerin eines literarischen Salons in Weimar, den auch Goethe gerne besuchte, weiß von ihrer *Reise nach England* im Jahre 1802 einiges davon zu berichten. In *Sir Ashton Levers* Londoner Kabinett seien es, schreibt sie, „die größtenteils von Kapitän Cook aus dem fünften Weltteil herübergebrachten Merkwürdigkeiten" gewesen, die die meiste Aufmerksamkeit auf sich zogen:

> „Lange kannten wir sie aus Reisebeschreibungen und Kupferstichen, aber nur der Augenschein konnte uns davon überzeugen, daß diese die Gegenstände treulich darstellen, wie sie sind. Wir konnten nicht genug die Feinheit bewundern, den Geschmack und die Vollendung der Arbeiten, die wir hier bloß mit Muschel, einem scharfen Stein, einem spitzen Dorn hervorgebracht sahen, und noch dazu von Menschen, die wir Wilde nennen. Es gibt nichts Zierlicheres als ihren aus den schönsten Federn künstlich zusammengesetzten Kopfputz, und ihre Stickereien von Pflanzenfasern und feinen Fischdärmen würden sowohl in Hinsicht des Musters als der Ausführung jeder europäischen Näherin Ehre machen. Wie zweckmäßig sind ihre Waffen, ihre Geräte zur Jagd und Fischerei! Wir würden nicht fertig werden, wollten wir alles Merkwürdige anführen, was wir hier sahen. In dieser

---

182 Ebd., S. 598.

183 Ebd., S. 599.

Sammlung könnte man ein ganzes Jahr hindurch täglich einige Stunden verweilen, ohne um Unterhaltung verlegen zu werden."[184]

Entrissen ihrem ursprünglichen Gebrauchswert, eingetauscht gegen Zivilisationsgüter und überführt in die Sterilität des Museums, dienen die Objekte nun einem einzigen Zweck: die Energien unterhaltender Bildung nach Maßgabe der eigenen Ökonomie am Laufen zu halten. Das, „was man natürliches Wirtschaften nennt"[185], wird aus der Funktion unterhaltender Bildung erschlossen und ‚auf europäische Weise' dem Auge anheim gegeben. Hinter den Scheiben der Vitrinen archiviert, in den Stickmustern der britischen Näherinnen aufbewahrt, eingegangen in das Kulturmuster des Primitiven, erinnerten die Artefakte die modernen Beschauerinnen und Beschauer an alternative Möglichkeiten von Verausgabung und Tausch.

Freilich schließt Forsters Erzählung von der Weltumseglung Cooks am Ende mit einem anderen Hinweis. Er bezieht sich darauf, dass „durch die Betrachtung dieser verschiedenen Völker [...] jedem Unparteyischen die Vortheile und Wohlthaten, welche Sittlichkeit und Religion über unseren Welttheil verbreitet haben, immer deutlicher und einleuchtender werden"[186]. Das, was der Philosoph und Wahrnehmungsforscher Bernhard Waldenfels den „Humanismus des anderen Menschen"[187] genannt hat, gerät damit in den Hintergrund, wird in einen moralisierenden Diskurs eingebunden. Der Adressatenbezug an eine europäische Öffentlichkeit lässt die Einschränkungen des Nützlichkeitsdenkens vergessen. Ihm sind die Herausforderungen des Tauschhandels nicht gewachsen, die zugleich juristische, wirtschaftliche, religiöse und ethische Fragen aufwerfen.

3.3 Gewaltige Natur. Zur Ästhetik des Environments

Nicht nur die Vernetztheit solcher Fragestellungen hat Forsters Nachdenken über den natürlichen und künstlichen Zustand der Welt vorangetrieben. Es sind vor allem die „Beziehungsmaschen" in der Verbindung zwischen Mensch und Natur, sowie deren Differenziertheit hinsichtlich „biologischer oder anthropogen artifizieller Organisationsformen", die „zur Produktion, Distribution, Kommunikation von materiellen oder

---

[184] Johanna Schopenhauer: *Reise nach England* (1818), Berlin 1982, S. 155f.

[185] Marcel Mauss: *Die Gabe*, S 20f.

[186] Georg Forster: *Reise um die Welt*, S. 998.

[187] Bernhard Waldenfels: *Topographie des Fremden,* Frankfurt a.M. 1997 (Studien zur Phänomenologie des Fremden I), S. 182.

symbolischen Objekten“[188] bestimmt sind. Obgleich von der modernen Kulturtechnik des Netzwerks um 1800 noch kaum eine Rede sein kann, ist dieser Ansatz geeignet, das Augenmerk auf Schwellen zwischen der Konzipierung des Humanen in der Spätaufklärung und seiner Umwelt, der Umgebung, das *environment* zu richten. In Forsters Arbeiten ist diese Grenze noch nicht wie im Industriezeitalter fixiert am Verhältnis ‚des Menschen' zu einer ihn umgebenden natürlichen Materialität. Vielmehr schreibt sich die Trennungslinie in das Subjekt selbst ein, in seine Triebe und Empfindungen. In dieser Frage hatte sich Forster während der Zusammenfügung seines Berichts über die Weltumseglung deutlich am Wissensdispositiv des englischen Pragmatismus orientiert. Nur so konnte er in Fragen einer klimatheoretischen Fundierung der Kulturwahrnehmung auch gegen Kant argumentieren.[189]

In Wilna angekommen, wo er seine Streitschrift *Noch etwas über die Menschenraßen* verfasst, muss „die Lektüre“ weitgehend an „die Stelle des Umgangs mit denkenden Männern“ treten, wie er besonders die Weltreise und noch die Zeit in Kassel auszeichnete – und dies zu einer Zeit, in der dieser Umgang „in großen Städten und selbst auf deutschen Akademien über manche Gegenstände“ nun „ein so helles und so neues Licht verbreitet“[190], wie Forster klagt. Frucht dieser Beschränkung ist jedoch der Anschluss an einen wissenschaftlichen Diskurs, der sich zwar noch auf eine Naturwahrnehmung stützt, die als überwältigend, gewaltig, wenn auch kaum gewaltsam beschrieben wird. Im Falle Forsters enthält er bereits Elemente der Beschreibung spezifischer Einflüsse von Umweltsystemen auf Subjekte im Sinne dynamischer, nicht-essentieller Ankoppelungen. Insofern interessiert unter dem Gesichtspunkt der Vernetzung nicht nur die natürliche Umwelt des Menschen. Es interessiert auch der Blick auf das soziale Verbindungsgefüge als einer nicht-linearen Beziehungslogik. Die Wahrnehmung von Lokalverhältnissen wandelt sich auf dieser neuen Grundlage in die Frage nach sozialer Kohäsion und Bindungskraft um.

---

188 Hartmut Böhme: Einführung. Netzwerke. Zur Theorie und Geschichte einer Konstruktion, in: Jürgen Barckhoff/Hartmut Böhme/Jeanne Riou (Hrsg.): *Netzwerke. Eine Kulturtechnik der Moderne*. Köln/Weimar/Wien 2004, S. 19.

189 Die einzelnen Punkte der wissenschaftlichen Debatte dokumentiert ausführlich Kokora Michel Gnéba: „Die Auseinandersetzung zwischen Georg Forster und Immanuel Kant über die Frage der Menschenrassen“, in: Welfengarten, Jahrbuch für Essayismus, 11 (2001), S. 50–65.

190 Erstdruck in *Der teutsche Merkur* nachgedruckt in: Georg Forster: *Über Leckereyen und andere Essays*. Hrsg. von Tanja van Hoorn. Hannover-Laatzen 2004, S. 7.

Die von Forster dabei angestrebte „Vereinigung von Empirie und Theorie" referiert als Methode zunächst auf jene Gelehrten der Schottischen Schule, deren Namen er in seinen Schriften mit dem Prädikat der „philosophers of the present age"[191] versieht: Adam Smith, David Hume, Adam Ferguson, Henry Home und John Millar. Ihnen ist gemeinsam, dass ihre Arbeiten aus dem Vergleich der modernen Zivilisation mit früheren Kulturstufen allgemeine Erkenntnisse über die Natur des Menschen sowie den historischen Verlauf zu gewinnen suchen. Das Werk von Adam Smith ist in diesem Zusammenhang von besonderer Bedeutung. Zum einen erscheint die Epoche machende Schrift *Inquiry into the Nature and Causes of the Wealth of Nations* fast zeitgleich mit Forsters *A Voyage Round the World.* Zum anderen arbeitet auch sie der Durchsetzung eines ökonomischen Diskurses, in dem ein Nutzwert sich jeweils unmittelbar und kurzfristig auszuzahlen hat, eher entgegen.

Smiths Untersuchung, 1776 veröffentlicht, zählt heute zu den „Klassikern der Weltliteratur"[192], wobei ihre faszinierende Wirkung sich mit ihrem Gegenstand weitgehend deckt: der Suche nach Grundregeln, Ursachen und Ordnungsmustern im menschlichen Streben nach Wohlstand. Nahezu alle Zeitphänomene wirft Smith in die diskursive Waagschale, um mit dem Merkantilismus seiner Zeit abzurechnen. Was er anstrebt, ist die Erklärung, warum es möglich sei, persönliche Freiheit und wirtschaftliche Leistungsfähigkeit mit sozialer Koexistenz auf gewaltlose Weise in Übereinstimmung zu bringen. Die Versöhnung mit dem Wohle des Gemeinwesens mündet in die Zukunftserwartung, „bei höchstmöglicher Freiheit Wohlstand und Zufriedenheit für alle"[193] zu erwirken. Insofern stellt die Strenge der analytischen Logik im Sinne einer rationalen Wahl oder Entscheidung nur *einen* Gesichtspunkt menschlicher Tätigkeit dar. Empirische Methoden der Naturwissenschaft auf das Gebiet der Moralphilosophie anwendend, kommt Smith zu einem anderen Schluss: Er kommt auf die „Natur des Menschen" zu sprechen und setzt sie erstmals ins Verhältnis zu sozialen Bindungskräften. Im Zuge dessen rücken Emotionen wie das Mitgefühl – *fellow feeling* – und der sympathetische Affekt in den Vordergrund. Ohne sie kann, so behauptet Smith, ein geordnetes Gemeinwesen weder geschaffen noch erhalten werden. Außen vor blei-

---

[191] Ludwig Uhlig: *Georg Forster. Lebensabenteuer eines gelehrten Weltbürgers (1754–1794).* Göttingen 2004, S. 86.

[192] Adam Smith: *Der Wohlstand der Nationen. Eine Untersuchung seiner Natur und seiner Ursachen.* Aus dem Engl. von Horst Claus Recktenwald. Vollst. Ausg. nach der 5. Aufl. (letzter Hand). London 1789 (10. Aufl.) München 2003, S. XV.

[193] Ebd., S. XVI.

ben in dieser affektiven Konstellation jene Leidenschaften, die ihren Ursprung in physischen Bedürfnissen haben. „Heftiger Hunger" etwa gehört dazu – wie bei Kant auch – eine Empfindung, die häufig „ungesittet" daherkomme und sich von daher leicht in Gewaltformen ausdrückt. Das ist vor allem dann der Fall, wenn sie auf eine Gesellschaft stößt, „die sich nicht in gleicher Verfassung befindet" und mit dieser Art von Empfindung daher keineswegs „sympathisieren wird."[194] Diesen „Widerwillen gegen die Begierden, die ihren Ursprung vom Körper her nehmen",[195] führt Smith auf den Grundsatz der Empathie zurück. Er besagt, dass die Partizipation am Schicksal der anderen es in der Regel verhindere, diesen gegenüber als außen stehender Beobachter – *spectator* – aufzutreten. Allerdings versetze dieser ersten Beobachterordnung gegenüber die intuitive Kommunikation der empathischen Annäherung in die Lage, „das Verhalten der anderen zu beurteilen, indem wir uns vorstellen, was wir selbst in einer ähnlichen Lage empfinden würden."[196] Das ist die frühe Empfindungsphilosophie der *Moral Sentiments.* Ihr zufolge kann zur Eruierung der Gefühle kein anderes Regelwerk herangezogen werden als das entsprechende Gefühl in uns selbst. Umgekehrt kann eine Meinung über das eigene Verhalten nur von der Beurteilung anderer abgeleitet werden. Diese Dynamik sozialer Einflussnahme begründet eine nicht-lineare Beziehungslogik der Vernetzung von Innen und Außen. Smith stellt damit in den Grundlagen ein „globales ‚Prinzip' für soziale Kohäsionskräfte"[197] auf, das letztlich auf sympathetischer Anziehung und antipathetischer Abstoßung beruht.

Die hohen Erwartungen, die sich mit Georg Forsters Rückkehr nach Deutschland und insofern auch mit dem Import solchen Ideengutes verbanden, lassen sich besonders deutlich dem Briefwechsel von Johann Friedrich Overbeck und Heinrich Wilhelm von Gerstenberg mit Johann Heinrich Voss entnehmen. Zwar spiegelt sich das Prinzip Hoffnung auf der Basis der spektakulären maritimen Unternehmungen vor allem im ironischen Glücksversprechen, die Auswanderung einer noch zu gründenden deutschen „Gelehrtenrepublik" in das Tahitianische „Paradies"[198] zu befördern. Signalwir-

---

[194] Hier zitiert nach der deutschen Erstausgabe Adam Smith: *Theorie der moralischen Empfindungen.* Braunschweig 1770, S. 51.

[195] Ebd., S. 53.

[196] Adam Smith: *Der Wohlstand der Nationen,* S. XXXVIf.

[197] Joseph Vogl: Sympathie und Symbolik bei Lessing, in: Torsten Hahn/Erich Kleinschmidt/Nicolas Pethes (Hrsg.): *Kontingenz und Steuerung. Literatur als Gesellschaftsexperiment 1750–1830.* Würzburg 2004, S. 51. Vgl. dazu aus neurobiologischer Sicht: Joachim Bauer: *Warum ich fühle, was du fühlst. Intuitive Kommunikation und das Geheimnis der Spiegelneurone.* München 2006.

[198] Wilhelm Herbst: *Johann Heinrich Voss.* Bd. 1. Leipzig 1872, S. 306.

kung zeitigen aber auch jene Denkimpulse, die den englischen Pragmatismus an die Seite der traditionsreichen französischen Naturgeschichte stellen. Beide gemeinsam sollen sie den literarischen Erneuerern auf dem europäischen Festland den Blick auf das Wirken der Naturgewalten eröffnen.

Mit Worten des Bedauerns über einen in der Vergangenheit versunkenen Zustand ganzheitlichen Wissens leitet Forster den Anfang seiner *Zoologischen Vorlesungen* ein. 1781 blickt er am Kasseler *Collegium Carolinum* zurück auf einen Zeitpunkt,

> „[d]a Wissenschaft und Kunst noch in der Wiege lagen, und der Trieb des Menschen, seine physische Bestimmung zu erfüllen, fast allein sein Forschen beseelte: da fasste noch ein einziger Kopf alles menschliche Wissen, da konnte derselbe Mann zu gleicher Zeit ein Priester Gottes, ein König, ein Hausvater, ein Arzt, ein Ackermann und ein Schäfer seyn."[199]

Das beschworene Prinzip der Einheit von Wissensbestandteilen, die mit der Macht des Priesters oder des Königs gekoppelt sind, weicht dem Prinzip methodischer Zugriffe und spezialisierter Perspektiven: Mit der „Zergliederungskunst" in Einzelwissenschaften, mit der die Entstehung von Fakultäten und ihrer „fast unzählige[n] Unterabtheilungen und Fächer[n]" einher geht, sei, so Forster weiter, die Wissenschaft „zerstückt" worden in dem „Glauben, nun sey jede Schwierigkeit besiegt."[200] Dem „Naturalienmäkler", dem die Naturkunde als allein sinnliche Wissenschaft erscheine, stellt er die „ächte Naturkunde" gegenüber. Ihre Ordnungsliebe allein verdiene sich das „Lob der Gemeinnützigkeit"[201], weil sie auseinanderstrebende Dinge zusammenfüge:

> „Wer kann eine unendliche Menge von Gegenständen ordnen? Wer kann ihre Beschreibung in wenige Worte zusammendrängen? Wer vermag es, einen Blick in das Weltall zu thun, und gerade das Merkwürdigste da herauszuheben, wo alles gleich wichtig und gleich wunderbar [...] ist?"[202]

Die Vielfältigkeit des Naturmaterials seit Beginn der wissenschaftlichen Reise ist überwältigend. Sie ruft nach Übersicht. Gefragt ist Selektion, gesucht wird nach dem Knoteneffekt der Hervorhebung, der zu Smiths Emotionslehre ebenso gehört wie zu

---

199 Georg Forster: Ein Blick aufs Ganze der Natur. Einleitung zu Anfangsgründen der Thiergeschichte, in: *Georg Forsters Werke,* Bd. 8. Sämtliche Schriften, Tagebücher, Briefe. Kleine Schriften zu Philosophie und Zeitgeschichte. Bearb. von Siegfried Scheibe. Berlin 1974, S. 77.

200 Ebd., S. 78.

201 Ebd., S. 80.

202 Ebd., S. 97.

Kants Begründungsanspruch der Wahrheit. In Forsters *Zoologischen Vorlesungen* kristallisiert sich die Einbettung eines Teils, der animalischen Welt, in ein Ganzes heraus, denn seine Betrachtung steht zuvorderst „im Zusammenhange mit dem [...] großen Weltenbau“[203]. Um von den lebendigen Kräften und tätigen Wirkungen auf eine Kraftquelle schließen zu können, bedarf dieses Vorgehen allerdings des kühnen Schwungs der Imagination. Der Höhenflug der Einbildungskraft ist nicht verzichtbar; Zeit, Raum und Stoff gelten als bloße Mittel dieser Kraft; das Weltall ist ihr „Schauplatz, Bewegung und Leben ihre Endzwecke.“[204] Im Rückgriff auf die Dualismen der Moralphilosophie, die nun im Umkehrschluss zur Anregerin des Naturdenkens wird, setzt sich auch diese Energiequelle aus „zwey Urkräften“ zusammen: einer „Anziehungskraft“, die überall gleichförmig verteilt ist, und einer „fortstoßenden Kraft“, die der sympathetischen Anziehung zwar gegenübersteht, aber nur in einem“ungleichem Maaße“ vorherrscht.

Neben den Bezügen auf die Lehre von Adam Smith verdankt Forsters ästhetische Darstellung, so sein Biograph, vieles Georges-Louis Leclerc de Buffons „glänzende[r] und lebendige[r] Prosa“.[205] Doch entstammen die Übertragungen, die zwischen natürlicher und sozialer Weltenordnung hin- und herlaufen, um das „Schauspiel dieses immerwährenden Cirkels“[206] an den Objekten selbst vorzuführen, noch einer anderen Quelle. Forster spricht mehrfach vom „großen Lambert“[207] und verweist damit auf die astronomischen Erkenntnisse von Johann Heinrich Lamberts in seinen 1761 erschienenen *Cosmologischen Briefen über die Einrichtung des Weltbaus*. Unter dem Einfluss von Francis Bacon begründete er eine vorkantianische Geschichte der Kosmologie. Seine *Briefe* trugen Entscheidendes dazu bei, die Möglichkeiten wissenschaftlicher Erkenntnis in eine historische Richtung und eine empirische Erfahrungsweise zu unterteilen und damit voneinander abzugrenzen. Allein die auf diesem doppelten Wissen basierende Erkenntnisform macht auch in Lamberts Schrift *Neues Organon oder Gedanken über die Erforschung und Bezeichnung des Wahren und dessen Unterscheidung von Irrtum und Schein* aus dem angehäuften Stückwerk „ein *Ganzes*.“ Dafür ist der Vernetzungscharakter elementar: „Wahrheiten“, schlussfolgert Lambert, werden „in demsel-

---

203 Ebd., S. 80.

204 Ebd., S. 81.

205 So Ludwig Uhlig: *Georg Forster*, S. 127.

206 Georg Forster: Ein Blick aufs Ganze der Natur, S. 86.

207 Ebd., S. 83.

ben [Maße] voneinander abhängig", wie sie „über den Gesichtskrais der Sinne"[208] hinausreichen. Die für die Naturlehre überaus wirkungsmächtige Geltungsmacht einer „Wissenschaftlichkeit des versammelten Wissens"[209] begründet sich in diesem Gründungsdiskurs als System, über ein zirkuläres Verfahren.

Innerhalb dieser methodischen Grundlegung, die für Forsters wissenschaftliches Werk kaum zu überschätzen ist, dient das dualistische Prinzip der Anziehung und Abstoßung vor allem einem Zweck: die Natürlichkeit einer vom Menschen noch als unabhängig gedachten Umgebung mit dessen sozialen Geltungsansprüchen zu versöhnen. Die zirkuläre Durchdringung natürlicher und kultureller Parameter errichtet den Kreislauf des Lebens. In ihm sind „der Mensch" wie „das Tier" Teil in einem „Systeme", „wo alles wechselseitig anzieht und angezogen wird" und in dem „nichts verloren gehen kann", weil die „Menge vorhandenen Stoffes"[210] stets dieselbe bleibt. Gemäß den Newtonschen Gesetzen der Bewegung und dem Gesetz von der Erhaltung der Energie gibt es kein Ruhepunkt innerhalb dieser Balance, keinen Stillstand in diesem gewaltigen System einer fortwährenden Übertragung von Kräften und Strömen.[211] Licht, Luft, Wasser, Erde – alles *ist da*, elementar vorhanden. Bis heute dominiert das ursprüngliche einfache Vierfelderschema der antiken vier Elemente Feuer, Wasser, Erde, Luft die Soziallehren. [212] Freilich hat auch für Forster keine der Gestaltformen der vier Elemente und schon gar nicht „der Mensch selbst" immerwährenden Bestand. „Unsterblichkeit gab die Natur keinem zusammengesetzten, zerbrechlichen Körper",[213] heißt es in *Ein Blick auf das Ganze der Natur*. Was aber treibt diese Entwicklung, diesen fortgesetzten Wandel voran? Neben den „Anziehungs- und Stoßkräften"[214] ist es

---

208 Johann Heinrich Lambert: *Texte zur Systematologie und zur Theorie der wissenschaftlichen Erkenntnis*. Hrsg. von Georg Siegwart. Textbearbeitung von Horst D. Brandt. Hamburg 1988 (Philosophische Bibliothek; Bd. 406), S. 5.

209 Ebd., S. XXIX.

210 Georg Forster: Ein Blick aufs Ganze der Natur, S. 84.

211 Vgl. hierzu unter Forschungsgesichtspunkten der Physik Stephen Hawking: *Eine kurze Geschichte der Zeit*. Reinbek b. H. 2004, S. 30.

212 Das betrifft etwa die Einteilung in Persönlichkeitstypen nach dem DISG-Modell oder die Differenzierung von Führungsstilen im 3D-Modell des kanadischen Sozialwissenschaftlers William J. Reddin. Insofern verwundert es nicht, dass den Ganzheitslehren im Management inzwischen ein geradezu „magischer Charakter" zugesprochen wird. Vgl. exemplarisch für diese Tendenz Christof Niederwieser: *Über die magischen Praktiken des Managements. Persönlichkeitsmodelle des modernen Managements im kulturhistorischen Vergleich*. München/Mering 2002.

213 Georg Forster: Ein Blick aufs Ganze der Natur, S. 87.

214 Ebd., S. 85.

die Mannigfaltigkeit der Formen selbst. Es sind die dynamischen Prinzipien eines „Bildungstriebes", die überall „Leben und Empfindung"[215] wecken. Leben und Licht stehen dabei in einem besonderen, „genauen Verhältnis" zueinander. Ohne den Lichtstrahl der Sonne ist weder Schutz, Erhaltung noch Vermehrung der Arten möglich. Im Gegensatz zu Kant führt Forster diese Triebstruktur einer Höherentwicklung als „Mittel zur Erhaltung der Gattungen" auf jene „erste [...] Urkraft" zurück, die der Selbsterhaltung des gesamten Systems dient und die er als die „wechselseitige Anziehungskraft gleichartiger Wesen" ausmacht. Das geschieht nicht ohne Seitenhieb auf den Philosophen: Ihre Wirkungen kennzeichnet der Naturforscher als „so wunderbar, so nahe gränzend an Vernunft",[216] dass sie leicht mit der Kraft der wissenschaftlichen Erkenntnis selbst verwechselt werden können.

So nahe grenzend an die menschliche Vernunft – aber doch nicht sie selbst! Mit dieser scheinbar nebensächlichen Einführung einer Differenz errichtet Forster eine Schwelle zwischen der Welt und ihren Zeichenordnungen und weist zugleich auf Möglichkeiten ihrer Überschreitung hin. Ein weiteres Indiz für diese Trennung findet sich in seinen späteren Würdigungen der Verdienste von James Cook. Während „der Trieb der Selbsterhaltung und der Gesellschaftstrieb [...] ihre Wirkungen im Thiere ohne ein besonnenes Bewußtseyn" äußern, führt er aus, gehöre zur „Vernunft, zur Wahrnehmung der Verhältnisse und Absonderung der Begriffe" zweifellos „das Bewußtseyn eines abstrakten *Ich*". Das Bewusstsein aber sei das „ausschließende Geschenk unserer menschlichen Organisation." In dieser so einzigartigen Fähigkeit des Menschen, sich und sein Tun selbst wahrzunehmen, in dieser „so geringen, fast unmerklichen Abschattung" liege, so Forster, der „incommensurable Unterschied zwischen der „Natur des Menschen und der Natur der vernunftlosen Thiere".[217] Diese Unterscheidung ist zugleich Bedingung der Möglichkeit des Strebens nach Perfektibilität. Freilich ist die den Menschen gegenüber dem Animalischen auszeichnende „angewandte Besonnenheit" keineswegs selbstverständlich. Als Widerpart der Aggression beruht sie gleichermaßen auf Wirkung wie auf Gegenwirkung. Jede neue Erkenntnis über die Welt weckt daher das Begehren des Wissenstriebes nur auf einer anderen, auf einer höheren Ebene. So führt er hin zu „Begriffen vom Glücke des Lebens, die zwar nach Klima und

---

215 Ebd., S. 87.

216 Ebd., S. 95.

217 Georg Forster: Des Capitain James Cooks dritte Entdeckungsreise in die Südsee und nach dem Nordpol (1789), in: *Georg Forsters Werke.* Sämtliche Schriften, Tagebücher, Briefe. Bd. 5 (Kleine Schriften zur Völker- und Länderkunde). Bearb. von Horst Fiedler u.a. Berlin 1985, S. 165.

Lokalumständen verschieden, im Ganzen aber Werkzeuge der ferneren Bildung und Entwicklung sind".[218]

Damit verankert Forster die lokale Vielfalt in einem höheren Prinzip des Bildungstriebes. Lange vor Darwin geht es ihm um einen theologischen Schöpfungsbegriff, den er durch bloße Empirie nicht ersetzt sehen möchte. Darin liegt sein spezifischer Beitrag zu einer Theorie der Interkulturalität, im differenzierten Umgang mit Affekten, der klimatologisch begründet wird. Ansätze zeigen sich auch in einigen Passagen der Schrift *Des Captain Cooks dritte Entdeckungsreise*. Leicht und unproblematisch lasse sich, schreibt Forster, zwischen Menschen in der Regel eine gütliche Einigung erzielen, wo die Natur ihre Schätze im Übermaß spendet. Wo Rauheit in den klimatischen Bedingungen walte, herrsche hingegen der ungezähmte Wille zur Gewalt vor, sind Eigenschaften wie Stärke und Unbeugsamkeit gefragt, werde sich gelegentlich unbeugsam „dem Zwang" widersetzt. Diese einfache Klimatheorie koppelt Aggressionspotenzial und Temperament miteinander, schließt Kulturraum und natürliche Ordnung zusammen. Sie wird allerdings über die Bestimmung allgemeiner Rechte des Menschen mit ihren Begriffen von Sicherheit, Freiheit des Eigentums und gegenseitiger Verpflichtung sofort differenziert. Sie allein bewirken eine Einschränkung der ‚natürlichen Härte'. Sie schaffen somit auch eine andere Auffassung von Glück, insofern sie neue, allgemeine Wirkungsfelder der Willenstätigkeit eröffnen. So zerbrechlich und anfechtbar sie ist, soziale Bindungskraft weist damit „höherer Kultur" den Weg. Die künstliche „Maschinerie" der bürgerlichen Gesetzgebung und der Verfassungstätigkeit, die Gewalt in der Exekutive des Staates monopolisiert, setzt Kräfte frei: Ihr höherer sozialer Vernetzungsgrad schafft Verbindlichkeiten, die wiederum Rückkoppelungen für den Einzelnen zeitigen.[219]

Das individuelle Glücksverlangen verschränkt sich also auch in Forsters wissenschaftlichem Werk mit einem Ganzen, das die Gewaltausübung sich vorbehält. Das stellt gleichsam den Kitt eines Sozialkörpers dar. Elementar wird dieser Vorgang vor allem da, wo es um die klimatische Vielfalt der „Natur des Menschen" geht, wo die Frage nach globalen Organisationsformen gestellt wird, die ihr gerecht werden können. „Sowohl der Organisation nach, als in Beziehung auf die Triebe und den Gang ihrer Entwicklung" sei es zwar „specifisch dieselbe Natur"[220], die das menschliche Wesen aus-

[218] Ebd., S. 196.

[219] Ebd.

[220] Ebd., S. 280.

zeichne, fährt Forster fort. Dennoch begründet sich für ihn das revolutionäre Postulat von der „völlige[n] und absolute[n] Gleichheit unter den Menschen" nicht aus diesem Umstand – physisch wie sittlich sei das unmöglich. Wiederum zeigt den konkreten Begründungszusammenhang eine Fußnote auf. [221] Sie liefert in Form einer Anekdote den Beleg dafür, dass die „Natur des Menschen" ohne Machtordnung nicht auskomme. Forster kommt auf die Kräfteverhältnisse zu sprechen, die im Prozess der Verständigung, also auf kommunikativer Ebene, eine Antwort auf die Frage erzwingen, „wie sich die Fremden" auf ihrer Reise um die Welt jeweils ihr „Recht zu schaffen" wussten. Ähnlich wie für Cook gehört auch für ihn diese Frage zu den Gestehungskosten der Freihandelszone europäischen Eigentums im außereuropäischen Raum. Solche Kollateralschäden, die als Machteffekte *in actu* existieren, vollziehen sich über den Diskurs vom Menschen selbst. Sie bilden sich als Vernetzung, Zusammenhang, Kontext ab, sie verfeinern sich in Maschen und Kapillaren des sozialen Netzes, das den globalen Gesellschaftskörper umgreift. Machtgewinn zählt Forster zu ihrer stärksten Triebkraft. Er macht für ihn die wesentliche „Triebfeder" aus, welche „die Europäer" zu ihren Handels- und Entdeckungsreisen antreibt. Nur im Appendix seines Würdigungstextes für Cook kommt Forster auf das unauflösbare Amalgam aus „Habsucht", „Politik" und „edler Wißbegierde" zu sprechen. Es begründet den „Vorwitz der Europäer, außer Landes zu reisen, und unberufen fremde Völker zu besuchen" – wobei er „Gewinn und Verlust, Nutzen und Schaden, Wachsthum und Zerstöhrung" sich gegenseitig die Waage halten sieht. In ihrer gegenseitiger Bedingtheit seien sie „an einander geknüpft".[222]

Vor diesem Hintergrund umreißt Forster in seinem *Leitfaden zu einer künftigen Geschichte der Menschheit* die „Sorgen" der „neueren Philosophie" im ausgehenden 18. Jahrhundert: Je stärker die Wissenschaft „den Substanzen" nachforsche, desto stärker scheinen diese sie zu fliehen. Nicht nur die Seele gehe dabei verloren, verfügt er, „sondern sogar der Körper soll ihr neulich abhanden gekommen sein."[223] Dabei beharrt er auf der Grundlegung der Existenz, denn „vor allen Dingen müssen wir *sein*; sodann erst können wir auf eine bestimmte Art und Weise unsere Kräfte äußern."[224] Diesem Sein eng verbunden ist die Wertschätzung der Kooperationsfähigkeit, das

---

221 Ebd., S. 307f. Angefügt ist sie dem „Bericht über die drastischen Maßnahmen, die die Rückgabe einer von den Einwohnern gestohlenen Ziege erzwangen".

222 Ebd., S. 308.

223 Erstdruck in *Neues Deutsches Museum,* nachgedr. in Georg Forster: *Über Leckereyen*, hier S. 118.

224 Ebd., S. 122 (Hv. im Text).

Spiel mit Optionen. Auch die Wahl von Alternativen setzt zunächst einmal Regelungen des Seins voraus und diese liegen jenseits einer rationalen Wahl jedes Einzelnen.[225] In diesem Sinne nimmt Forster gewisse Züge des modernen Denkens zum Beispiel in der Spieltheorie vorweg. Doch koppelt er sie an die Frage nach der Naturgesetzlichkeit des Menschen und differenziert sie von daher lokal.

„Was der Mensch werden konte, das ist er überall nach Maasgabe der Lokalverhältnisse geworden“[226], lautet der erste Satz in Forsters Studie *Über lokale und allgemeine Bildung*. Im Zuge dieser Verortung führt erst eine „höhere Ordnung der Dinge“ dazu, dass „politische Verkettungen der Begebenheiten die Leidenschaften des Europäers, insbesondere Habsucht, Ehrgeiz und Herrschgier bis zu einem Grad der Verwegenheit schärften, dem keine Unternehmung zu groß, keine Anstrengung zu weit getrieben schien.“[227] Seit das gesammelte Wissen die „philosophische Beute des erforschten Erdenrunds“ geworden ist, trete nun aber an die „Stelle des besonderen europäischen Karakters“ der Charakter der „Universalität“. „Wir sind auf dem Wege“, schreibt Forster, „gleichsam ein idealisirtes, vom Ganzen des Menschengeschlechts abstrahirtes Volk zu werden, welches, mittels seiner Kentnisse, und, ich wünsche hinzuzusetzen, seiner ästhetischen sowohl, als sittliche Vollkommenheit, der *Repräsentant* der gesamten Gattung sein kann.“[228] Dieser Anspruch auf Repräsentation der gesamten menschlichen Gattung wird durch die Deklaration der Macht über den gesamten Wissensfundus untermauert. Das widerspricht nur scheinbar der Betonung von „Erscheinungen des Manichfaltigen“ im Hinblick auf die „von ihrem Boden und Himmel gezeichneten

---

225 Norbert Bolz hat in seinem Band *Blindflug mit Zuschauer*, München 2005, auf diese andere Form rationaler Entscheidung anhand des „Gefangenen-Dilemmas“ aufmerksam gemacht und stellt sie den Theoremen von Adam Smith an die Seite. Dort heißt es: „Im Gefangenen-Dilemma hat jeder die Wahl zwischen kooperativen und aggressiven Spielzügen. Aus der Perspektive des einzelnen ist es rational, das Gefangenendilemma aggressiv zu spielen. Denn wie auch immer der andere sich verhält: Verrat bringt das beste Ergebnis für den einzelnen. Doch das theoretisch Zwingende ist nicht unbedingt auch klug. Die individuelle Rationalität führt nämlich für beide Spieler zu einem schlechten Ergebnis. Zugespitzt lautet das Dilemma: Jeder ist besser dran, wenn er egoistisch ist, aber beide sind besser dran, wenn sie kooperativ sind. Gegen die *Invisible Hand* Adam Smiths, die bewirkt, daß der Egoismus eines jeden zum allgemeinen Guten führt, demonstriert das *Prisoner's Dilemma*, wie die Rationalität des Egoismus zum allgemeinen Schlechten führt.“, S. 179. Zu wesentlichen Erkenntnissen der Spieltheorie in den Wirtschaftswissenschaften vgl. auch Christian Rieck: *Spieltheorie. Eine Einführung*. Selbstverlag 2008.

226 *Georg Forsters Werke*, Bd. 7 (Kleine Schriften zu Kunst und Literatur. Sakontala. Bearb. von Gerhard Steiner). Berlin 1963, S. 45.

227 Ebd., S. 47.

228 Ebd., S. 48.

Menschen".[229] Vor dem Hintergrund der klimatologischen Begründung von Vielfalt wird vor einer Übertragung auf die menschlichen Kulturverhältnisse ausdrücklich gewarnt. Dies gilt besonders im Hinblick auf jenes mechanisch-dualistische Denken, das Forster zufolge die Hoffnung nicht aufgibt, auf „*Kants* unsterblicher Kritik" ein „ehernes Gesetz" zu begründen, „das alle Menschen des eigenen Empfindens und Denkens überheben soll."[230]

Forsters Betrachtung der Lokalverhältnisse verwehrt sich demnach entschieden gegen den geographischen Determinismus seiner Zeit. Sie macht aber auch deutlich, für wie anfechtbar er das Machtgefälle zwischen den europäischen Wissensmetropolen und den an den Rand verwiesenen außereuropäischen Kulturen hält. Der *Leitfaden zu einer künftigen Geschichte der Menschheit* führt in diesem Sinne eine Stufenfolge als Vorüberlegung zu einer geschichtlichen Dynamik vor Augen, die den Stellenwert des Körpers anhand seiner materiellen Seinsbedingungen noch einmal neu und anders bestimmt. Forsters Unterscheidung von muskulinarischen, spermatischen, heroischen und sensitiven Kulturstufen leitet sich weitgehend von den vier „Trieben" ab: Selbsterhaltung, Fortpflanzung, äußere Wirkung und innere Wirksamkeit individueller Organisationskräfte.[231] Wiederum werden diese vier Felder mit räumlichen Parametern verschränkt, vor allem um Forsters Kritik an kolonialen Gewaltverhältnissen zu begründen. Den naiven Glauben, diese seien durch das Ideal allgemeiner Brüderlichkeit zu überwinden, teilt er nun nicht mehr.[232] Vielmehr greift er *Buffons* Gedanken von der einheitlich „rothen Geburtsfarbe"[233] aller Menschenkinder auf, um damit einer physiologisch fundierten Farbenlehre zu widersprechen. Sie strebt an, bislang klimatheoretisch begründete Modellierungen durch eine „metaphysische Eintheilung" zu ersetzen, von der „Grade des Mensch-Seins" abgeleitet werden.

---

229 Ebd., S. 49.

230 Ebd., S. 54.

231 Georg Forster: Leitfaden zu einer künftigen Geschichte der Menschheit, S. 125.

232 Georg Forster: Noch etwas über die Menschenraßen, S. 34f.: „Doch indem wir die Neger als einen ursprünglich verschiedenen Stamm vom weißen Menschen trennen, zerschneiden wir nicht da den letzten Faden, durch welchen dieses gemißhandelte Volk mit uns zusammenhieng, und vor europäischer Grausamkeit noch einigen Schutz und einige Gnade fand? Lassen Sie mich lieber fragen, ob der Gedanke, daß Schwarze unsere Brüder sind, schon irgendwo ein einzigesmal die aufgehobene Peitsche des Sklaventreibers sinken ließ?"

233 Ebd., S. 14. Das Buffon-Zitat führt aus, dass „Negerkinder auch in Guinea nicht schwarz, sondern roth gebohren werden und von den neugebohrenen Kindern der Europäer an Farbe nur wenig verschieden sind".

An der epistemologischen Grenze zwischen der „Farbe" der Haut und ihrer Anbindung an bestimmende „Eigenschaft[en]"[234] des Menschen errichtet sich das Urteil über die Sklaverei. Forster hält in seiner Wendung gegen den Göttinger Kontrahenten Christoph Meiners unbeirrt an dieser Grenzlinie fest.[235] Seinen Rezensionen aus dem Jahr 1790 ist zu entnehmen, worauf das beruht: auf der „Vorstellung eines unzertrennlichen, gleichsam beseelten Ganzen" der Naturgewalt als Vernetzungsprinzip seiner Lehre. Noch die Kriterien „ästhetischer Vollkommenheit"[236] werden an diesem Anspruch gemessen. Die narrative Darstellung selbst kann trennen oder verbinden, sie verfährt differenzierend oder analog. Forster hält fest, dass die Trennung den Autoren europäischer Reisewerke in aller Regel deutlich leichter falle. Was dabei herauskomme, seien aber „todhe Zusammensetzungen" gelehrter Kompilatoren – an Stelle von Werken, die aus einer „inneren Energie des Geistes" hervorgehen. Von diesem Verdikt ausgenommen ist nur die Zirkulation der Ideen des „inconsequenten Theoristen" Rousseau. Ihm verzeiht Forster zwar den „Fanatismus für die Ungebundenheit des Wilden", geißelt seine Nachfolger allerdings zugleich für den Versuch, „das einfache Glück […] dem Wilden" anzudichten, „ohne selbst davon kosten zu mögen."[237]

So übt er zum Beispiel in seiner Besprechung der *Voyage de Monsieur le Vaillant dans l'interieur de l'Afrique* entschieden Kritik an der Darstellung des „Eindruck[s] von den charakteristischen Nationalunterschieden", die Vaillant auf die „Gesichtszüge eingeschränkt" sieht. Forster beharrt demgegenüber auf der Notwendigkeit, „einmal die Verhältnisse der einzelnen Theile gegen einander von einem Künstler, der eigentlich wüsste, worauf es ankommt, nach der Natur"[238] aufzunehmen. Was er im Grunde vermisst, ist die präzise Veranschaulichung durch Gesamtbild. Ohne dieses bleibe dem Verfasser nur jener „hypothetische Faden" übrig, „woran wir alle unsere eigenen und alle fremden Erfahrungen reihen", um „Ordnung und Zusammenhang im Denken"[239] herzustellen. Ohne diese Ganzheitlichkeit laufe jeder Autor aufs Neue Gefahr, immer wieder den „unangemessenen Kreis des menschlichen Wissens zu durchlaufen", um das, was dort zu finden ist, in ihn einzuknüpfen. Und schließlich bleibe ihm nichts

---

[234] So im Lob von Sömmerings Schrift über *Die körperliche Verschiedenheit des Negers vom Europäer*, vgl. ebd., S. 19.

[235] Georg Forster: Leitfaden zu einer künftigen Geschichte der Menschheit, S. 126.

[236] *Georg Forsters Werke*, Bd. 11 (Rezensionen. Bearb. von Host Fiedler). Berlin 1977, S. 225.

[237] Ebd., S. 227.

[238] Ebd., S. 229.

[239] Ebd., S. 237.

anderes übrig, als sich „am Ende dieser Laufbahn [...] mit der unüberwindlichen Täuschung wissentlich auszusöhnen", deren eigentliche Aufgabe es ausmache, „Gleichgewichtspunkte"[240] zu finden.

Dieses Prinzip einer ästhetischen Balance entlang einer ausgleichenden Ordnung nimmt gleichsam Fechners Prinzip des ‚goldenen Schnitts' in der Kulturwahrnehmung vorweg. Ihm geht es weniger um repräsentative Gewalt oder um Systemzwang als vielmehr um ein Wissen, das ebenso erfahrungsbasiert wie begriffsgeleitet ist. Bedauerlicherweise, so Forster, hätten Verfechter der Sklaverei und Erfinder kultureller Rangordnungen wie Christoph Meiners eben nicht das Glück gehabt, „die Völkerschaften", die sie „jetzt herabwürdigen, in ihren Wohnsitzen zu besuchen". Ansonsten, schlussfolgert er, wären ihre „Beobachtungen ohne allen Vergleich billiger, menschenfreundlicher, und der Natur gemäßer ausgefallen [...] als Alles, was [...] aus unzähligen Schriftstellern, so verschieden an Interesse, als an Gehalt, Fähigkeit und Wissen" seither von ihnen „zusammengestoppelt" worden ist. Ausschlaggebend ist für ihn die Frage, wie ein Volk an die Stelle hinpasst, die es „auf dem Erdboden" ausfüllt. Und immer misslich sei es, „zwischen verschiedenartigen Dingen eine Rangordnung in Absicht auf ihren absoluten Werth zu bestimmen."[241] Meiners Einteilung der menschlichen Gattung in „gute und böse Menschenstämme" mit einer kaukasischen und einer mongolischen Herkunft, veröffentlicht 1885 in seinem *Grundriß der Geschichte der Menschheit*, hat Forster Zeit seines Lebens erbittert bekämpft. Überraschenderweise führt auch er dabei als Möglichkeit der Vervollkommnung menschlichen Wissens die Schrift ins Feld. Denn ob „wir", die stolzen Verfechter kultureller Überlegenheit, heißt es abschließend,

> „diese Vorzüge einer angebohrenen Vortrefflichkeit unserer inneren und äußeren Organisation, eher, als dem Klima, der Lage unserer Länder, der Kette vorangegangener Begebenheiten, insbesondere gewissen bestimmten Anregungen der Leidenschaften und Gemüthskräfte einzelner Menschen und einige glücklichen Würfen des Schicksals, wie z.B. der Erfindung der Buchdruckerkunst, verdanken"[242]

– darüber wird des Streitens auch künftig nicht leicht ein Ende sein.

---

[240] Ebd., S. 237f.

[241] Ebd., S. 245.

[242] Ebd., S. 240.

3.4 Revolution und Gewalt. Forsters emphatischer Blick

Die *Reise um die Welt* ist Referenztext für alle weiteren Entwürfe in Forsters Werk zum Verhältnis von Peripherie und europäischem Wissenszentrum. Was aber wäre aus ihm geworden, hätte er nicht an Cooks zweiter Weltumsegelung teilgenommen? Vermutlich einer von vielen kleinen Übersetzern in London, vielleicht mit einem gewissen Bekanntheitsgrad für die Übertragung von Louis-Antoine de Bougainvilles *Voyage autour du monde* in die englische Sprache. Es war Friedrich Schlegel, der in seinem *Fragment einer Charakteristik der deutschen Klassik* darauf hingewiesen hat, dass die „Weltumsegelung" als die „vielleicht wichtigste Hauptbegebenheit seines Lebens"[243] zu betrachten ist. Die Trennung des „größten Prosaisten deutscher Zunge" von Deutschland habe demgegenüber auf seine letzten Schriften kaum bedeutenden Einfluss gehabt. Die Reise sieht Schlegel als den „Urkeim"[244] eines Werkes an, dessen Horizont schließlich den Verstehenshorizont revolutionärer Gewalt, als Auswirkung des ersten modernen Gesellschaftsexperiments auf deutschem Boden, mit einschloss.

Ludwig Uhlig hat in seiner Forster-Biographie darauf hingewiesen, dass die beiden Reisenden ihre „Bestallung zur Weltreise" letztlich nur einer „personalpolitischen Intrige" verdankt haben dürften, die sie „als Schachfiguren ins Spiel brachte".[245] Aber auch wenn Johann Reinhold Forster nur als annehmbarer, wenn auch unbequemer Ersatzmann für den vermögenden, aber dann doch zu exaltierten Naturforscher Joseph Banks galt, willens und fähig, dessen Platz auf der *Resolution* einzunehmen, ist das zu jenen glücklichen Zufällen zu zählen, deren Wert darin liegt, dem Leben eine andere Richtung zu geben. Dass die Reise Forsters Umgang mit Fragen von Macht und struktureller Gewalt geprägt hat, weist ein Aufsatz von Ulrich Kinzel mit dem Titel *Zeichen und Schüsse* nach.[246] Zwar schrieben Cooks geheime Instruktionen vor, keine „Gewalt zu gebrauchen und die blutigen Auftritte vergangener Zeiten [nicht] zu wie-

---

243 Friedrich Schlegel: Fragment einer Charakteristik der deutschen Klassiker, in: Friedrich Schlegel: *Kritische Werke*, Bd. 2 (Charakteristiken und Kritiken I). Sonderausgabe für die Wissenschaftliche Buchgesellschaft Darmstadt. München 1967, S. 82.

244 Ebd. heißt es: „War seine Reise mit Cook wirklich der Urkeim, aus welchem sich jenes freie Streben, jener weite Blick vielleicht erst später völlig entwickelte: so möchte man wünschen, dass junge Wahrheitsfreunde, statt der Schule, häufiger eine Reise um die Welt wählen könnten; nicht etwa nur, um die Verzeichnisse der Pflanzen zu bereichern, sondern um sich selbst zur echten Lebensweisheit zu bilden."

245 Ludwig Uhlig: *Georg Forster. Lebensabenteuer eines gelehrten Weltbürgers (1754–1794)*, S. 45.

246 Ulrich Kinzel: Zeichen und Schüsse. Georg Forsters pazifistische Aufklärung, in: LWU. Literatur in Wissenschaft und Unterricht XXXVII (2004), S. 159–168.

derholen."[247] Doch gelang dies keineswegs an allen Orten. Die beiden „friedlichen, aufklärerischen Modelle der Kommunikation und des Tausches"[248] haben vor der defensiven Aggression nicht immer dominiert. Festzuhalten ist, dass sich dieses Verhältnis zur Gewaltausübung gegen Ende seines Lebens noch einmal diametral wandelt.

Die besondere Faszination von Forsters Werk und seine Ergiebigkeit für die Analyse moderner Gewaltformen macht vor dem Hintergrund dieser Wandlung also zweierlei aus: die weltumspannende Erfahrung der Kulturwahrnehmung ebenso wie das Moment der lokalen Appellation, etwa in den Revolutionsreden. Sie errichten die Linie gesellschaftlicher Differenzierung entlang von Herkunft, Klasse, Erbe und kulturellem Selbstverständnis – von Begriffen also, die als Beschreibungsmetaphern entlang der gedachten Figur einer Linie historische Verläufe ausmachen. Sie spalten diese imaginäre Linie in mehr oder minder miteinander verbundene Teilabschnitte und zuordenbare Umschlagpunkte auf, deren Gewaltpotenzial genauer unter die Lupe zu nehmen ist.

3.4.1 Dinge, Nutzen und Empfindung

Wo also ist in Forsters Werk jener Umschlagpunkt zu finden, an dem die Überzeugung von der Vorprägung jeder Naturwahrnehmung durch Handelszweck und Werturteil ersetzt wird durch die Praktikabilität der in der Welt aufgefundenen Fakten, Klassifikationen und Ordnungsmodelle? Welchem Wissensgefüge gilt sein letzter Blick? Das vormoderne Wissenschaftssystem des 18. Jahrhunderts, dem es zugehört, eignet sich ein Wissen an, für das koloniale Praktiken bereits das Bedingungsgefüge schaffen. Es bringt jedoch auch eine neue Diskursordnung hervor. Die Entscheidung, jene „scharf bestimmten Grenzen, wodurch man in neueren Zeiten die verschiedenen Zweige der Naturerkenntnis aus guten Gründen voneinander abzusondern bemüht gewesen ist"[249] in seinem Lehrkonzept zu überschreiten, arbeitet ihr zu. Sie ist auf die einzigartige „intermediale Stellung"[250] des Autors innerhalb der prämodernen Wissenskonfiguration zurückgeführt worden. Freilich bezieht sich dieses Dazwischen nicht al-

---

247 Georg Forster: *Reise um die Welt*, S. 11.

248 Ulrich Kinzel: Zeichen und Schüsse, S. 167.

249 Georg Forster: Vorlesungen über allgemeine Naturerkenntnis, in: Ders.: *Werke. Sämtliche Schriften, Tagebücher, Briefe*. Hrsg. von der Deutschen Akademie der Wissenschaften zu Berlin, Bd. 6, 2. Teil (Schriften zur Naturkunde). Berlin 2003, S. 1755.

250 Dirk Winkelmann: *Selbstbeschreibungen der Vormoderne. Theorietypologien und ästhetische Reflexionen gesellschaftlicher Ausdifferenzierung bei Schiller, Novalis, Forster und Marx*. Frankfurt a.M. u.a. 2000 (Forschungen zur Literatur- und Kulturgeschichte; Bd. 68), S. 179.

lein auf die Sondierung der Ergebnisse seiner Reise. In besonderer Weise nimmt Forster auch eine Zwischenposition ein hinsichtlich der divergierenden Rahmenbedingungen, die in Frankreich und Deutschland im Hinblick auf grundlegende gesellschaftspolitische Veränderungen herrschten. Von daher bestimmen Kulturvergleiche auch sein Spätwerk.[251] Aus gutem Grund also rückt die jüngere Forschung weniger politisches Engagement in den Mittelpunkt der Aufmerksamkeit als vielmehr die Ausprägung einer Vermittlungs- und Übertragungsleistung.

Ein exemplarischer Text dafür ist der in Kassel entstandene und erst in neuerer Zeit veröffentlichte Essay *Der Brodbaum*. Ausführlich beschreibt Forster darin den Bau der tropischen Pflanze, geht ihren Variationen, ihrer Vermehrung und dem Geschmack der Frucht nach. Doch heißt es gleich zu Beginn:

> „Seit mehr als drittehalb hundert Jahren zieht Europa durch seinen alles verschlingenden Handel die asiatischen Naturgeschenke und die des vierten und fünften Welttheils an sich, und giebt ihnen durch neue Arten der Anwendung den Wert, den sie in ihrem Vaterland nicht hatten."[252]

Forsters Einlassungen auf die ökonomische Durchformung der Welt dominieren im Weiteren den nur an der Oberfläche naturwissenschaftlich argumentierenden Diskurs. Grundsätzlich geht es um jenen effektiven „Gebrauch", der über den Wert als Nahrungsmittel hinaus von den Teilen des Baumes gemacht werden kann, um seinen Nutzwert für die Herstellung von Dingen. Diese Fetischisierung des Nutzens der Dinge ist als eine Erweiterung der Ich-Grenzen des „durchschnittlichen Menschen"[253] in-

---

251 Vgl. dazu insbesondere Thomas Grosser: Die Bedeutung Georg Forsters als Kulturvermittler im Zeitalter der Französischen Revolution, in: *Georg Forster in interdisziplinärer Perspektive. Beiträge des Internationalen Georg Forster-Symposions in Kassel, 1.–4. April 1993*. Hrsg. im Auftrag der Georg-Forster-Gesellschaft e.V. von Claus-Volker Klenke u a. Berlin 1994, S. 229.

252 Georg Forster: Der Brodbaum, in: Ders: *Werke. Sämtliche Schriften, Tagebücher, Briefe*. Hrsg. von der Deutschen Akademie der Wissenschaften zu Berlin. Bd. 6, 1. Teil (Schriften zur Naturkunde). Berlin 2003, S. 63.

253 Hartmut Böhme: *Fetischismus und Kultur. Eine andere Theorie der Moderne*. Reinbek b.H. 2006, S. 18. Böhme führt im Anschluss daran seine These aus, „dass der Fetischismus eine so staunenswerte Karriere im 19. Jahrhundert durchlief, weil mit ihm auf die Kehrseite der veränderten quantitativen und qualitativen Dynamik der ‚Gesellschaft der Dinge' reagiert wurde. Man muss sich erinnern: Anfänglich war der Fetischismus ein peripherer Term zur Bezeichnung von unverstandenen und, im christlichen Sinn, anstößigen religiösen Praktiken, welche Missionaren, Kaufleuten und Reisenden in zentralafrikanischen Stammesgesellschaften auffielen. Am Ende des 19. Jahrhunderts dagegen ist der Fetischismus nicht nur weltweit ausgedehnt auf alle Formen der ‚Primitive Culture' […], sondern er ist ins Zentrum der europäischen Gesellschaften gerückt.

terpretiert worden. Sie nimmt die Gegenstandssphären des 19. Jahrhunderts ebenso vorweg, wie sie sie nach sich zieht. Das Verbindende zwischen den Reisenden und den von ihnen aufgesuchten Völkern ist in Forsters Essay aber gerade nicht der Kommerz. Vielmehr ist er auf einen Begriffshandel aus, der den Variationsreichtum lokaler Fauna um den Variationsreichtum lokaler Kulturen ergänzt. Forster glaubt „mit Zuverlässigkeit“ zu wissen, dass „Sanftmuth, Liebe und Fühlbarkeit des Herzens die hervorstechenden Charakterzüge des Menschen sind, der von der Brodfrucht lebt“.[254] Allein der Umstand, dass der Baum, der ihm Schatten und Obdach, Kleidung und Speise gewährt, sein einziges Gut sei, bewahre diesen vor der Sklaverei des „europäischen Räubers“.

Das ist zweifelsfrei nicht das monokausale Entwicklungsmodell europäischer Expansionsbestrebungen. Vielmehr setzt die Naturbeschreibung aufgeklärte Moralvorstellungen und hegemoniale Eigentumsbegriffe „in Beziehung zum gesellschaftlichen Entwicklungsstand“[255]. Erörtert wird nun die Frage, in welchem Maße denn die „göttliche Bildnerin“ Natur bei der Austeilung ihrer Güter selbst mitgewirkt hat. Jenes „Zaubernetz von unzähligen Fäden und durcheinandergeschützten Knoten, wo Eins mit Allen und Alles mit Einem zusammenhängt“, jenes erstaunliche „System von himmlischer Uebereinstimmung“, jener großartige Plan der Schöpfung muss und soll endlich Auskunft geben über des Menschen Stellung darin.[256]

Zur „Mannigfaltigkeit der Schöpfung“ zählt der sich seiner „Begränzung“ bewusste Blick Forsters nun auch das Ergebnis früher Epochen der „Erdrevolutionen“[257] hinzu. Der Revolutionsbegriff taucht zunächst nicht im Kontext soziokultureller Veränderungen auf, sondern impliziert geologische bzw. mineralogische Schichtungen. Erst in der Nachfolge der Französischen Revolution bildete sich seine Bedeutung im Sinne eines gewaltsamen politischen Umsturzes heraus. Im 15. Jahrhundert der spätlateinischen Bezeichnung für das Zurückwälzen entlehnt, fand er zunächst als Fachwort in

---

Was eine befremdliche Alterität fremder Kulturen schien, schreckt wie eine Fratze aus allen Segmenten der europäischen Kultur selbst.“

254 Georg Forster: Der Brodbaum, S. 80.

255 Gerhard Steiner: Reise um die Welt, S. 180.

256 Zu diesem Aspekt ausführlicher Eva-Maria Siegel: Verstrickte Akteure. Schwellen und Vernetzungen von Mensch und Umwelt im Werk Georg Forsters, in: *Georg-Forster-Studien* XII. Hrsg. im Auftrag der Georg-Forster-Gesellschaft von Horst Dippel und Michael Ewert. Kassel 2007, S. 99–117.

257 Georg Forster: Der Brodbaum, S. 72.

der Astronomie für die Umdrehung der Himmelskörper Verwendung. Erst dann wurde er allgemein für die Kennzeichnung von Veränderungs- und Wandlungsprozessen gebräuchlich. Forster benutzt ihn an dieser Stelle eher im Sinne seines Gegenwortes, der Evolution. Sie schafft die klimatischen Bedingungen, in denen die Natur dem Brodbaum seinen Platz angewiesen hat.

Bevor Forster in seinen *Revolutionsschriften* Stufen soziokultureller Entwicklungsprozesse entwirft, bleibt die Macht eruptiver Ausbrüche also ganz und gar der naturgeschichtlichen Betrachtung vorbehalten. Weil er aber die „Geschichte der Erzeugnisse des Erdbodens" und der menschlichen „Empfindungen, Gedanken und Handlungen" so eng miteinander verwebt, favorisiert er im Grunde ein Konzept der Soziabilität, sei es durch Klima oder andere Umweltfaktoren. Es schließt Diffussionsprozesse zwischen den Wissenszweigen ebenso ein wie kulturelle Transferprozesse im Sinne öffentlicher Publizität. Von daher grenzt, heißt es im *Brodbaum*,

> „das Reich der Natur [...] mit dem Bezirk einer jeden Wissenschaft"; unmöglich sei es, „jenes zu übersehen, ohne zugleich in diese hinüberzublicken. Auch sind es nur diese Beziehungen der Dinge außer uns auf unser eigenes Selbst, die einer jeden Wissenschaft ein allgemeines Interesse geben; so wie von einer anderen Seite die Gemeinnützigkeit wissenschaftlicher Wahrheiten und ihr Einfluß auf das Glück der Menschheit, lediglich von ihrer allgemeinen und vollkommenen Verbreitung abhängt."[258]

Dass die allgemeine Nützlichkeit des Wissens von seiner Verbreitung abhängt, ist eine für das aufklärende Bestreben typische argumentative Figur. Ihr folgt noch Alexander von Humboldt im Vorwort zu *Kosmos*, wenn er Forsters im Umfeld der Weltreise entstandene Schriften in das Spektrum naturwissenschaftlich-ästhetischen Denkens einordnet, ihnen aber eine neue Richtung zuweist. Zu den europäischen Pionieren der Naturbeschreibung wie Rousseau, Buffon, Bernardin de St. Pierre, Chauteaubriand und Playfair zählend, habe Forster, heißt es,

> „das Darstellungsvermögen des Beobachters, die Belebung des naturbeschreibenden Elements und die Vervielfältigung der Ansichten auf dem unermesslichen Schauplatze schaffender und zerstörender Kräfte als Anregungs- und Erweiterungsmittel des wissenschaftlichen Naturstudiums auftreten" lassen. „Der Schriftsteller, welcher in unserer vaterländischen Literatur nach meinem Gefühl am kräf-

---

[258] Ebd., S. 80.

> tigsten und am gelungensten den Weg zu dieser Richtung eröffnet hat, ist mein berühmter Lehrer und Freund Georg Forster gewesen.“ [259]

Diese durchaus poetologisch zu nennende Absicht der ‚Belebung' von Wissen durch Veranschaulichung ihrer Erkenntnisweise trifft insbesondere auf die von Forster in Mainz 1792 gehaltenen *Vorlesungen über allgemeine Naturerkenntnis* zu. Sie sind Wilhelm und Alexander von Humboldt gewidmet. Auf ihre Bedeutung hat bereits Ilse Jahn in ihrem Aufsatz über die *Scientia Naturae –Naturbetrachtung oder Naturwissenschaft?*[260] hingewiesen. Es fällt auf, dass sich in Forsters Versuch, für seine Vorlesungsskripte und Lehrbuchentwürfe das gesamte Gebiet der Naturforschung zu systematisieren, teils entschuldigende, teils selbstvergewissernde Bemerkungen gerade zu Anfang häufen. Sie betreffen vor allem das Maß, in dem die inzwischen fixierten Grenzen tangiert werden, durch die in der Moderne die verschiedenen Zweige der Naturerkenntnis sich voneinander absondern. Um dem Vorwurf der Grenzüberschreitung zu entgehen, führt Forster ein narratives Hilfsmittel ein. Ausgehend von einem fiktiven Ort „gänzlicher Unwissenheit“ beschreibt er in der 2. Fassung seiner Einleitung unter den Phänomenen der Naturgeschichte zuvorderst seinen eigenen Ort der Erkenntnisgewinnung. Ohne der Experimentalphysik des 19. Jahrhunderts zu bedürfen, nimmt die Passage in kühnen Zügen Erkenntnisse zur menschlichen Sinneserfahrung von Fechner, Wundt und Mach vorweg:

> „Der erste feste Punkt, von welchem alle Erkenntnis ausgeht, beruhet auf der Empfindung, die einem jeden Menschen gemein ist, daß es, außer seinem empfindenden Ich, noch Etwas seinem Wesen fremdes giebt. Wir stellen uns nämlich vor, daß allerley Dinge außer uns liegen, die wir nicht selbst sind, und wir *glauben,* daß sie ein eigenes, von uns abgesondertes Daseyn haben, die Veranlassung zu diesem Glauben ist diese: daß in unseren Sinneswerkzeugen, dem Gesicht, dem Gehör, dem Geruch, dem Geschmack, dem Gefühl, gewisse *Veränderungen* vorgehen, welche sich auch dem innersten Sitze unserer Sinnesfähigkeit mittheilen, und denen wir uns, sobald wir unsere Aufmerksamkeit darauf richten, bewusst sind.“[261]

---

[259] Alexander von Humboldt: Kosmos. Entwurf einer physischen Weltbeschreibung, in: Alexander von Humboldt: *Schriften. Darmstädter Ausgabe,* Bd. VII/2. Hrsg. und komm. von Hanno Beck in Zusammenarbeit mit Wolf-Dieter Grün u. a. Darmstadt 2008, S. 62.

[260] In: Georg *Forster in interdisziplinärer Perspektive. Beiträge des Internationalen Georg Forster-Symposions in Kassel, 1.–4. April 1993,* S. 170.

[261] Ebd., S. 1758–1759 (Hv. im Text)

Diese aisthetische Empfindungskraft stellt die Rasterung für jene Zwischenwelt her, die uns die *durch* uns wahrgenommenen Dinge erst ‚gibt'. Einerseits Wahrnehmung eines empfindenden Ich, anderseits Wahrnehmung von etwas, das dinghaft gegeben ist, wird in ihrem Modus die Qualität einer Sache wahrgenommen. Im Kontext der Kantianschen Lehre gehört die Empfindungskraft zum ‚Realen in der Erscheinung', das überhaupt ‚gegeben' sein muss, um wahrnehmen zu können.[262] Dieses „Daseyn außer uns" fasst Forster verstärkt in Bestimmungen der Materie und des Körpers und insofern gestalttheoretisch auf. Insofern ist Wirklichkeit oder Realität für ihn das, was „auf irgend eine Art unsere Sinne berühren oder sinnliche Empfindungen in uns zuwege bringen kann" – das, was wir überall in einer „großen Menge von verschiedenen Dingen, voneinander *getrennt* und *geschieden* wahrnehmen."[263] Was erkannt werden kann, ist Gestalt, und wir ordnen sie einem Körper zu. Physikalisch betrachtet, besteht ein Körper aus Elementen. Für Forster erhebt sich die Frage, was ihn zusammenhält, was ihn zu einer einzigen Gestalt fügt. Wonach er sucht, ist eine Erklärung, weshalb die Elemente als solche nicht auseinanderstreben oder in sich zusammenfallen. Erneut wird das Vermögen oder das Streben der Teile, sich einander anzunähern, auf die sympathetische Anziehungskraft zurückgeführt, jene Denkfigur des 18. Jahrhunderts, die die Leerstelle energetischer Kräfte ersetzt. Was ihre Wirkung ausmacht, ist Bewegung. Während die Naturlehre in Gestalt der Physik die „Uranfänge" der Elemente und deren Eigenschaften untersucht, beschäftigt sich die Sternkunde mit den Gesetzen der Bewegung der Himmelskörper, widmet sich die Chemie der Auflösung der Körper in ihre nächsten Bestandteile oder aber deren Wiedervereinigung. Im Vorfeld der Ausdifferenzierung des Diskursgefüges ‚Natur' in Einzelwissenschaften erhebt Forster in seinen Vorlesungsmanuskripten den Anspruch, den Gesamtplan aufzuzeigen. Das ist eine konstruktive Leistung. Anfang von einem größeren Projekt, Fragment geblieben mit fünfundzwanzig Seiten und mehreren Einleitungen, zeugen die *Vorlesungen über allgemeine Naturerkenntnis* von der gewaltigen Anstrengung, die Dinge noch einmal zusammenzudenken, zusammenzufügen zum „Ganze[n] des Natursystems", und die Stellung des Menschen darin zu skizzieren. Dabei verfahren die Entwürfe weitgehend induktiv, sind aber bereits gebündelt durch die Bestrebung, „über die reine Naturbe-

---

262 Vgl. dazu Hartmut Böhme: *Fetischismus und Kultur*, S. 65.

263 Georg Forster: Vorlesungen über allgemeine Naturerkenntnis, S. 1760 (Hv. im Text).

schreibung hinaus bis zu Naturgesetzen und kosmographischen bzw. kosmologischen Aspekten vorzudringen".[264]

3.4.2 Gewalt als destruktive Aggression

Kaum zu übersehen ist der Kontrast der akademischen Rede im Vorlesungsformat zur hoch aufgeladenen Rhetorik der späteren Schriften. Und doch lassen sich Kontinuitäten aufweisen. Die Einleitung zu Forsters Vorlesungsskripten gibt zu erkennen, wie stark der Horizont eigener Ganzheits-Empfindung vom praktischen Horizont der außereuropäischen Kulturerfahrung geprägt worden war:

> „Meine Jugendjahre waren diesem beglückenden Geschäfte geweiht; der größte Schauplatz, den ein Mensch betreten kann, um die Wunder des objektiven Daseyns zu beschauen, that sich mir auf: ich umschifte die Erde. Ich verdanke dieser Schiffart die Entwicklung einer Anlage, welche von Kindheit an meine Richtung bestimmte, nämlich eines Bemühens, meine Begriffe zu einer gewißen Allgemeinheit zurückzuführen, sie zur Einheit zusammenzubinden und dadurch der Ahndung des Ganzen mehr Leben und konsequente Wirklichkeit in mir selbst zu verschaffen."[265]

Im weiteren Verlauf des Jahres 1792 wirft Forster, Direktor der Universitätsbibliothek in Mainz, sich in das politische Engagement. Aus der Position des unbeteiligten Beobachters tritt er über in die des handelnden Politikers und Administratoren. Von diesem Zeitpunkt an ist vom Ganzen des Naturzusammenhanges kaum mehr die Rede. Das Bestreben, zu einer Einheit ‚zusammenzubinden', wird auf den Charakter von Volksbewegungen übertragen. Über eine Auseinandersetzung mit Regierungs- und Verfassungsprinzipien geht das weit hinaus.[266] Der damit verbundene Umschwung der rhetorischen Mittel ist gut belegt. Demgegenüber möchte ich die Aufmerksamkeit aber auf ein anderes Moment lenken. Ins Zentrum einer „Revolutionierung"[267] der Verhältnisse, an der sich Forster mit seinen Clubreden ja beteiligt, rückt eine Verteidigung der Gewalt als defensive Aggression. Ihr Verteidigungspotenzial kommt vor allem da zum Tragen, wo sich strukturelle Gewalt offenbart – und zwar deshalb, weil sie

---

264 Ilse Jahn: Scientia Naturae, S. 175.

265 Georg Forster: Vorlesungen über allgemeine Naturerkenntnis, S. 1754.

266 Vgl. Ludwig Uhlig: *Georg Forster*, S. 286.

267 Ebd., S. 301, verwendet zur Kennzeichnung des „vermittelten, weitgehend fremdbestimmten Charakters des Vorganges".

durch den Umsturz der Verhältnisse in ihrer Machtausübung eingeschränkt wird. Die Figuration der Einheit und des Ganzen bezieht sich nun nicht mehr auf eine allgemeine Einheit des Menschengeschlechts. Sie kleidet sich in die Form eines „Totaleindrucks".[268] Vom Grundsatz her beruht er auf einem Empathiemodell, regt aber Verstehensprozesse gleichsam multiperspektiv an. In seiner Rede *Über das Verhältniß der Mainzer gegen die Franken* verwehrt sich Forster daher nicht nur gegen die Annahme von der „Verschiedenheit des Nationalcharakters"[269] der Deutschen und der Franzosen. Erklärtermaßen strebt er an,

> „dem deutschen Publikum eine differenzierte und damit angemessenere Urteilsbildung über die Vorgänge in Frankreich zu vermitteln, damit eine tragfähige, gewaltfreie Verständigungsbasis zu erreichen und [...] so schließlich eine reflektierte Anwendung der französischen Erfahrungen zu ermöglichen."[270]

Die Gewaltfreiheit der Verständigungsbasis setzt in diesem appellativen Text allerdings den rhetorischen Akt der Überzeugung voraus. Die Bürger von Mainz und des Umlandes sollen bestimmt werden, sich eine freiheitlich-republikanische Verfassung zu geben und eine Allianz bzw. Waffenbrüderschaft mit Frankreich anzustreben, um gemeinsam für die Freiheit zu streiten. Forster lässt keinen Zweifel an der Notwendigkeit, Gewalt anzuwenden. Im Kontext der Bestimmung, Freiheit zu erlangen, ist kein Opfer zu schade. Der einzelne hat sich der Dynamik der Bewegung unterzuordnen, „so oft es auf [...] das Glück einer ganzen Stadt und eines ganzen Landes ankommt." Es ist, ruft Forster aus, „auf einzelne Personen keine Rücksicht [zu] nehmen", wenn es um „die Freiheit" geht und wenn der „Zeitpunkt wirklich ist wo wir alle Kräfte anspannen müssen, um die Freiheit und Gleichheit [...] mit Eifer [...] anzunehmen und mit Muth bis in den Tod für ihre Beibehaltung zu streiten."[271]

---

268 Thomas Grosser: Die Bedeutung Georg Forsters als Kulturvermittler im Zeitalter der Französischen Revolution, S. 239 und S. 246–247.

269 Georg Forster: Über das Verhältniß der Mainzer gegen die Franken. Gesprochen in der Gesellschaft der Freunde der Freiheit und Gleichheit in Mainz (Jakobinerclub), 15. November 1792, in: Ders.: *Werke,* Bd. 10 (Revolutionsschriften 1792/93. Reden, administrative Schriftstücke, Zeitungsartikel, politische und diplomatische Korrespondenz, Aufsätze. 1. Text), bearbeitet von Klaus-Georg Popp, Berlin 1990, S. 11.

270 Thomas Grosser: Die Bedeutung Georg Forsters als Kulturvermittler im Zeitalter der Französischen Revolution, S. 236.

271 Georg Forster: Über das Verhältniß der Mainzer gegen die Franken, S. 7.

Die zu erwartende gewaltsame Auseinandersetzung steht ganz im Einflussfeld der historischen Konstellation. Da weder das Deutsche Reich einen Abfall von Mainz dulden, noch Frankreich tatenlos zusehen werde, wenn die Mainzer sich der konterrevolutionären Allianz anschlössen, gilt sie als unvermeidlich. Gerade weil es in dieser Phase des Umsturzes so sehr darauf ankommt, „auf der richtigen Seite zu stehen", wendet sich Forster dem interkulturellen Kommunikations- und Transferprozess zwischen den Fronten zu. Er wird als entscheidend für die Herstellung veränderter Voraussetzungen für ein gewaltfreies Zusammenleben betrachtet. In diesem Sinne wendet sich die Rede gegen das aristokratische Herrschaftsgefüge in Deutschland, das zu diesem Zeitpunkt auf einer Gewaltenteilung kleinstaatlicher Machtverhältnisse unter der Führung Preußens beruht. Strategisch und diskursiv setzt es auf Ungleichheit, Spaltung und Entzweiung der Nation: „Immer entzweite die Aristokratie die Menschen miteinander, immer säete sie Zwietracht und Haß, um ihre Herrschaft sicher zu gründen [...]"[272], ruft Forster aus. Und an anderer Stelle heißt es:

> „Unter den tausenderlei Erfindungen, womit sie ihre Untergebenen zu hintergehen wußten, gehört auch diese, daß sie sichs sorgfältig angelegen sein ließen, den Glauben an erbliche Unterschiede unter den Menschen allgemein zu verbreiten, durch Gesetze zu erzwingen und durch gedungene Apostel predigen zu lassen. Einige Menschen, hieß es, sind zum Befehlen und Regieren, andere zum Besitz von Ämtern und Pfründen *geboren*; der große Haufe ist zum gehorchen gemacht; der Neger ist seiner schwarzen Haut und seiner platten Nase wegen schon zum Sklaven der Weißen von der Natur bestimmt; und was noch dergleichen Lästerungen der heiligen gesunden Vernunft noch mehr waren."[273]

Das Destruktive am revolutionären Akt gilt also dem „Glaube[n] an die erblichen Unterschiede", der als das Zentralregiment der aristokratischen Gegenpropaganda ausgemacht wird. Die diskursive Bestimmtheit der Gegenüberstellung, die Exklusion, die das „sie" errichtet, gilt als kommunikative Barriere zwischen der konservativen, zweigliedrigen Allianz aus Religion und Adel der Geburt – Regierungsmacht im Foucaultschen Sinne – und den Prinzipien des republikanischen Frankreichs. Angefochten wird damit die genealogische These von der Erblichkeit sozialer Unterschiede. Sie hat bereits zum festen argumentativen Bestand aller kolonialen Bestrebungen gehört. Nicht allein die Sprache also ist es, die entzweit, heißt es mit Blick auf die geographische

---

[272] Ebd., S. 15.

[273] Ebd., S. 12.

Nachbarschaft von Deutschen und Franzosen. Es sind nicht allein die Sitten und Gebräuche, nicht das Temperament. „Begriffe" sind es, und vor allem ist es der eine: Liberté. „Einen Fürsten wird niemand wollen, wer die Freiheit einmal gekostet hat..." So suggestiv Forster hier formuliert, appelliert wird an einen „Volkscharakter" der Deutschen und damit an eine nationale Stereotypie, die gesellschaftspolitische Umsetzung erst am Ende des 19. Jahrhunderts erfahren wird. Damit prägt sich der semantischen Ordnung des Appells eine mentale Differenz ein. Bereit sein sollen die Mainzer „Mitbürger" für „die Stimmung zur leichten, heitern, geselligen Freude" – sie erleichtere das Geschäft und habe noch „jede Arbeit versüßt." [274] Abgesehen davon, dass diese Argumentation an die Hochschätzung der leichten, heiteren Lebensweise in den Tropen erinnert, ist die Forderung an die Anwesenden, ihre „Namen in das Buch" zu zeichnen, „das die Wünsche freier Männer enthält", nicht nur wörtlich zu nehmen.[275] Sie verweist auch auf die Spaltung des versammelten Meinungsspektrums hinsichtlich eines globalen Konfliktpotenzials: der Sklaverei. Von daher erklärt sich auch seine abwehrende Reaktion gegenüber der Ausbildung parteilicher Bestrebungen. Weniger um die Angleichung materieller Besitzunterschiede geht es als um die Beseitigung der mit eigenen Augen wahrgenommenen größten Ungerechtigkeit auf der Erde. Ganz einem hoch gestimmten Pathos verfallen, bettet er die gegenseitige Stereotypie deutsch-französischer Vorurteile in ein weltpolitisches Spannungsfeld ein. Polar gegenübergestellt werden Freiheitsbegehren und Sklaverei. „Es wird doch freien Völkern nicht schwerer werden, sich gemeinschaftlich zu den ewigen Wahrheiten, die in der Natur des Menschen ihren Grund haben, zu bekennen, als es den Sklaven war, einem Herrn zu gehorchen"[276], ruft Forster aus. Die weltumspannende Erfahrung der Versklavung des Nächsten, deren Auswirkungen er während der Weltreise, etwa am Cap der guten Hoffnung, so vielerorts beobachten konnte, gibt nun den Rahmen ab für die Berufung auf eine ‚Natur des Menschen'. In ihr fallen wissenschaftlicher Wahrheitsbegriff und politischer Appell zusammen.

---

[274] Ebd., S. 28.

[275] So Ludwig Uhlig: *Georg Forster*, S. 303. Ausgelegt war im Club ein „rotes Buch", in das „sich alle freiheitlich gesinnten Bürger eintragen sollten, und als Gegenstück ein schwarzes Buch für die Anhänger der Sklaverei." Anbei findet sich der Verweis, dass bei dieser Gelegenheit „vielleicht zum ersten Mal" in der deutschen Geschichte die Farben Rot und Schwarz schlagwortartig als Symbole für politische Parteien gebraucht worden sind. Forster allerdings habe diese Art von Symbolik höchst unbedacht gefunden.

[276] Georg Forster: Über das Verhältniß der Mainzer gegen die Franken, S. 14.

Insofern ist Dirk Winkelmann nur zum Teil zuzustimmen, der im Forster-Kapitel seiner Arbeit über die *Selbstbeschreibungen der Vormoderne* vermerkt, dass die „Entwicklung eines Volkscharakters" – oder vielmehr seines Begriffs – „von der Priorität interner gegenüber externer Faktoren"[277] abhängig gemacht wurde. Forsters Rede vor dem Jakobinerclub ist zugleich ein Beispiel für die Weltläufigkeit eines liberalen Programms, das beide Faktoren miteinander ins Verhältnis zu setzen suchte. Das hermeneutische Spiel von Eigenem und Fremden wird integriert in eine Ordnung der Koexistenz. Es nimmt die Form eines Dazwischen an, das eben gerade *nicht* dazu zwingt, die eigene Identität in die eine oder andere Richtung ausformen zu müssen. Auf den Dialog eines Austauschs von Begriffen war diese Programmatik ebenso fokussiert wie auf den Austausch von Waren. Der Unterschied liegt darin, dass „Waren nur an einem Ort sein können, um dem umlaufenden Geld Wert und Bedeutung zu geben", Begriffe, Konzepte und Theorien vor allem und in erster Linie aber „intellektuelle Kaufkraft" verlangen.[278] Die aber ist bekanntlich zu jeder Zeit und an jedem Ort ein knappes Gut.

Forsters *Reise um die Welt* hatte ihre wissenschaftlichen Zwecke in einen weltumspannenden Prozess der strategischen Erkundung eingebettet. Die nachgeschobene Auseinandersetzung damit hat seine Kritik an den politischen Verhältnissen in Deutschland zweifellos stark befördert. Sie hat aber auch seine Vorstellungen von gerechtfertigter Gewalt und Gewaltlosigkeit geprägt. Daran ändert auch die spätere Verbannung seines Werkes aus dem Gedächtnis der Nation nur wenig, die bezeichnenderweise in die Zeit nach der Bismarckschen Reichsgründung fällt.[279] Die Verzweiflung, von der Forsters letzte Briefe Kunde geben, spricht Bände. Nachdem der Rheinisch-deutsche Nationalkonvent beschlossen hat, um die Aufnahme der Mainzer Republik in die Französische Republik zu bitten, reist er gemeinsam mit anderen zwei Abgeordneten, dem Bauern Adam Lux und dem Kaufmann Andreas Patocki, nach Paris, um dem Nationalkonvent die Bitte erfolgreich vorzutragen. Kurz davor, im April 1793, hat die Belagerung von Mainz begonnen, die bedingt, dass die Delegation nicht mehr zurückkehren kann. Fünf Monate vor seinem Tod in einer Pariser Dachkammer, am 21. August 1793, schreibt Georg Forster an seine in der Schweiz weilende Frau Therese:

---

[277] Dirk Winkelmann: *Selbstbeschreibungen der Vormoderne*, S. 218.

[278] Ebd., S. 230.

[279] Vgl. Egon Erwin Kisch: Der ausgestrichene Klassiker: Georg Forster, in: Ders.: Gesammelte Werke, Bd. 10. Berlin/Weimar 1974, S. 207–209.

„Mich überzeugt jeder Tag und jede Stunde mehr, daß meine politische Laufbahn beendet ist. Dieselbe Redlichkeit und Ehrliebe, womit ich bisher meinen Grundsätzen treu geblieben bin, überzeugt mich, daß, so sehr ich nach meiner vormaligen Kenntnis der Dinge recht hatte, oder wenigstens glauben konnte, Recht zu haben, indem ich aus dem Privatgang des Schriftstellers heraustrat und mich in die wirkliche Handhabung öffentlicher Geschäfte begab, ich jetzt eben so sehr Unrecht haben würde, darin zu beharren, wenn nicht, was unmöglich scheint, die ganze Richtung, die man dem Rade der Staatsmaschinerie gegeben hat, in kurzem eine wesentliche Änderung erleidet. [...] Das alles sind süße Träume, die der unsittliche Zustand des Menschengeschlechtes vernichtet. Hätte ich vor zehn Monaten, vor acht Monaten gewusst, was ich jetzt weiß, ich wäre ohne Zweifel nach Hamburg oder Altona gegangen in ein Lehramt und nicht in den Klub. Das ist ein Wort, dessen Stärke ich wohl ganz und gar erwäge, indem ich es ausspreche. Es ist schlechterdings unmöglich, daß ein Mann von meiner Denkungsart, von meinen Grundsätzen, von meinem Charakter sich in einem öffentlichen Posten erhalten und folglich dem Staat nützen könne."[280]

Der Sprung von einem Aufklärungsmodell in eine hochgradige soziokulturelle Dynamisierung scheitert am Antagonismus von Denken und Handeln. Und er endet im Zweifel an einem Fortschrittsbegriff, der zwar die *gouvernementalité* zukünftiger Staatsordnungen entbindet, der allgemeinen Freiheit aber nicht zur viel beschworenen Macht verhilft. Für das Verlangen nach gesellschaftlicher Veränderung wie für seine Verteidigung boten nicht nur die Rahmenbedingungen in Frankreich und Deutschland höchst ungleiche Voraussetzungen. Forster sah den „lebendige[n] Begriff von der Würde des Menschen" wohl auch in Paris, vor allem aber in der Nordarmee Frankreichs, wo er über einen Gefangenenaustausch verhandelte, zu häufig verletzt. Der von Schlegel hervorgehobene Glaube, die „edelste Absicht" rechtfertige „unrechtmäßige Gewalt"[281], zeigt sich am Ende seines Lebens deutlich erschüttert. Den Zustand der Gesellschaften, die er kennen lernte, hat er aber aus einem Blickwinkel geschildert, der die Verhältnisse aus dem „Grund der anderen"[282] heraus begreift, mitteilbar macht und damit verstehbar. Was an seinem Werk so fasziniert, ist das Begreifen der Natur des Menschen, des *anima symbolicon*, als Herausforderung zur Empathie. Sie trägt zur Er-

---

280 Georg Forster: *Werke*, Bd. 17 (Briefe 1792 – 1794 und Nachträge). Berlin 1989, S. 423–424.

281 Friedrich Schlegel: Georg Forster. Fragment einer Charakteristik der deutschen Klassiker, S. 83.

282 Wolfgang Promies: *Reisen in Zellen und durch den Kopf. Ansichten von der Aufklärung*. Tübingen 1997, (Promenade. Bd. 7), S. 164.

weiterung der Grenzen kultureller Akzeptanz Entscheidendes bei. Die Bestimmung der Natur des Menschen als freier Wille soll nicht als Spielfeld von Machtinteressen dienen. Zwar könnte es, hat Friedrich Schlegel hinzugefügt,

> „nach einzelnen Stellen besonders seiner früheren Schriften zu behaupten scheinen, allgemeine Beglückung sei der Zweck des Staates. Nimmt man seine Gedanken aber, wie man überall bei ihm tun muss, im großen und ganzen: so ergibt sich, dass nicht seinem Kopfe und Herzen mehr widerstehen konnte, als die Lehre, der einsichtsvollere Herrscher dürfe die Untertanen zwingen, nach seiner Willkür glücklich zu werden. [...] Den freien Willen der einzelnen Bürger erklärte er, als notwendige Bedingung ihrer sittlichen Vervollkommnung, für das Heiligste.“[283]

---

[283] Friedrich Schlegel: Georg Forster. Fragment einer Charakteristik der deutschen Klassiker, S. 83.

III Zwischenspiele der Kolonisation

4 Gewalt der Physik (Alexander von Humboldt)

4.1 Wissen und Datenräume

In einem Aufsatz über die *Topographie der Zeichen* hat Wolfgang Schäffner am Beispiel des Werks von Alexander von Humboldt einige der Bedingungen für Aufzeichnungssysteme von Daten um 1800 markiert. Im Zuge dessen arbeitet er auch Unterscheidungsmerkmale gegenüber vergangenen Repräsentationsformen des Wissens heraus. Die Optik des Auges, die er beschreibt, sowie das Blickfeld, dessen Voraussetzungen er nachgeht, beruhen demnach nicht auf jenem natürlichen Blickwinkel, wie er Forsters Wahrnehmungsmodalität noch ausgezeichnet hat. Bestimmend wird vielmehr der experimentelle bzw. instrumentelle Zugriff auf physikalische Beschaffenheiten: des Bodens und der Luft, des Wassers und des Feuers, kurz, jener vier Elemente, die einst in ein Schichtenmodell von Kulturen übersetzte. Sie zu erforschen bedarf es der Sinne. Was sich dabei herauskristallisiert, ist das wissenschaftliche Kriterium der Exaktheit, das Forster noch nicht in diesem Maße kennt. Es macht die objektive Nachvollziehbarkeit der vorgenommenen Normierungen und Berechnungen möglich und erzeugt damit einen völlig anderen Raum der Sichtbarkeit. Dieser Raum wiederum steigert, ja potenziert die verwaltungstechnischen Möglichkeiten genau jener *gouvernementalité*, der Forster am Ende seines Lebens ahnungsvoll und mit Befürchtungen entgegensah.

Die Macht dieser Verwaltung ist weder kriegerisch im engeren Sinne, noch ausschließlich juridisch verfasst, ihre Gewalt ist nur selten körperlich erfahrbar und nur an ihren Auswirkungen sichtbar. Sie hält sich bevorzugt an Zahlen, an Zeichen, Punkte und Ziffern, mit entsprechenden Verfahrensweisen des Plus und des Minus, des Soll und des Habens, der schriftlichen Fixierung nützlicher Ergebnisse. Es ist die deutsche Kameralwissenschaft, Pendant zum französischen Merkantilismus, dem bereits Adam Smith widersprach. Mit ihrer Buchführung der Welt strebt sie an, die wirtschaftlichen Prozesse so zu beeinflussen, dass durch staatliche Führungsmacht der Wohlstand der Nationen wachsen kann – oder zumindest dem Streben der Fürsten nach maximalen Einkünften Genüge getan wird. Alexander von Humboldt hat ihre Grundsätze studiert. Seine elementaren Datensätze ordnet er in diesem kameralistischen Sinne an und nicht ausschließlich, um sie zu Karten zusammenzufügen. Sammeln und Reisen sind die Bewegungen, die er dabei vollzieht. Sein Ziel ist eine wohlgeordnete Welt – darstellbar in mathematischer Exaktheit, verifizierbar an exakten Beispielen und in ihrer Grundgesetzlichkeit nachvollziehbar durch das experimentelle Verfahren. Schäffner führt dazu aus:

> „Numeralisierung und Algebraisierung einerseits und topographische Darstellungstechniken wie Tabellen, Karten und Diagramme andererseits sind die spezifischen zeichen- und medientechnischen Modelle, die im 18. Jahrhundert die Datenverarbeitung bestimmen. Gerade diese topographischen und nicht mehr linearen Aufschreibesysteme machen einen anderen operationalen Charakter der Zeichen möglich: eine Ökonomie und Operationalität von Zeichen, d.h. mit möglichst wenig Zeichen möglichst viel sichtbar, lesbar, übertragbar und speicherbar zu machen, in einem visuellen Raum, in dem Formeln, Schrift und Bilder sich überlagern und die üblichen Grenzen zwischen Text und Bild auflösen.“[284]

Diese Fähigkeit zur Erzeugung von Evidenz wird an Humboldts disparatem Material als einem hybriden Zeichenraum ablesbar. Wie ist er organisiert? Wie Forster verschränkt auch dieser Reisende die Praktiken des Wahrnehmens, Aufzeichnens und Schreibens so miteinander, dass sie einer exklusiven, gerichteten und dennoch nichtlinearen Bewegung von Menschen und Dingen im geographischen Raum entsprechen. Der aufklärerische Rationalismus, von dem er ausgeht, sieht seine Aufgabe in einer noch immer weitgehend fachunspezifischen Wissensdarstellung. Er muss, will er nicht zum Kompendium additiver Wissenserfassung als reine Faktenaufzählung verkommen, die Problematik einer Erfahrungsverarbeitung der empirischen Weltenbreite in Richtung auf fluidale Elemente der Einbildungskraft auflösen. Angesichts einer marktgebundenen Literaturentfaltung, der sich Humboldt bewusst war, sind darüber hinaus Leserinteressen zu berücksichtigen. Sie schließen Orientierungs-, Informations- und Unterhaltungsbedürfnisse ein, die nicht durch die Mühlen einer kognitiv-kritischen und analytischen Apparatur zu drehen sind. Ein Drittes kommt hinzu: Da Wahrnehmung niemals frei, unmittelbar sensorisch und ursprünglich sein kann, ist ihre Darstellung an gewisse ästhetische Routinen gebunden. Sie laden den Raum von vornherein mit Qualitäten auf. Sie bevölkern ihn mit Elementen eines Vorwissens, das den

---

[284] Wolfgang Schäffner: Topographie der Zeichen. Alexander von Humboldts Datenverarbeitung, in: Inge Baxmann/Michael Franz/Wolfgang Schäffner (Hrsg.): *Das Laokoon-Paradigma, Zeichenregime im 18. Jahrhundert*. Berlin 2000, S. 359f. Der Band arbeitet den „paradigmatischen Status“ von Lessings *Laokoon* für eine Diskursgeschichte der Zeichen heraus und zeigt seinen Indizienchatakter für fundamentale Problemstellungen auf, „die etwa in den Bereichen von Regierungskünsten und Logik nach Lösungen verlangen.“, S. X.

Ausgangspunkt dessen bildet, was gehört, gesehen, geschmeckt und ertastet werden kann.

Diese drei Merkmale – die Rolle der Einbildungskraft, die Berücksichtigung einer Rezeptionserwartung sowie die Verwendung ästhetischer Routinen – machen die besondere Ausprägung von Wissensbeständen in den Aufzeichnungen Alexander von Humboldts aus. Sie gehen über das „medientechnische Büro" hinaus, dem Schäffner „paradigmatischen Charakter für die Datenverarbeitung um 1800"[285] zuspricht. Ebenso wie für die Berichte über die Weltreise, an der der von Humboldt bewunderte Georg Forster etwa zwei Jahrzehnte vorher teilnahm, gilt: Das Medienarchiv der *gouvernementalité* ist ohne die Rolle des Imaginären nicht zu denken. Folgt man den Ausführungen von Wolfgang Coy über das Unternehmen des Christoph Kolumbus, dessen Spur Humboldt dreihundert Jahre später aufnahm, ist der Einfluss der Einbildungskraft sogar umso höher einzuschätzen, je stärker der Reisende gezwungen ist, sich auf das Wissen seiner Vorgänger zu beziehen:

> „Kolumbus hat die Neue Welt entdeckt, als sie für die Europäer noch neu war. Folgt man der Beschreibung [...], so fand Kolumbus auf seinem neuen Weg nach Indien viel Vertrautes: Meerjungfrauen, halb Fisch, halb Weib oder Menschen, die auf Bäumen wachsen. Und natürlich Gold im Übermaß – immer auf der nächsten Insel. Kolumbus wußte, was er suchte und er fand es, weil er das alles schon gelesen hatte. Alexander der Große nämlich hatte ja seinen Weg nach Indien aufschreiben lassen – und dort gibt es, nach Alexanders Bericht, Menschen, die auf Bäumen wachsen, Frauen, die halb Fisch sind und die unendlichen Schätze des Orients. Christoph Kolumbus sah das, was er gelernt hatte."[286]

Stephen Greenblatt hat in seinem Band *Wunderbare Besitztümer. Die Erfindung des Fremden* längst festgehalten, in welchem Maße die Reisenden und Entdecker über Jahrhunderte hinweg ein ganzes „Archiv" an Bildern sahen. Es beginnt „in den Köpfen der Europäer abzuschnurren" in genau jenem Augenblick, in dem „ihre Welt mit dem Anderen kollidiert".[287] Der Versuch, das Vertraute im Fremden wiederzufinden und zu

---

[285] Ebd., S. 375 und 381.

[286] Wolfgang Coy: I'm looking through you, you're not the same!, in: Manfred Faßler (Hrsg.): *Alle möglichen Welten, Virtuelle Realität – Wahrnehmung – Ethik der Kommunikation.* München 1999, S. 30.

[287] Stephen Greenblatt: *Wunderbare Besitztümer. Die Erfindung des Fremden: Reisende und Entdecker.* Berlin 1994, S. [7].

Hause zu offenbaren, hat bei Greenblatt und anderen zur „Untersuchung" jener „Repräsentationspraktiken"[288] geführt, die in die Fremde mitgenommen wurden – von denen, die vorhatten, ihren Landsleuten daheim zu beschreiben, was sie dort sahen, erlebten und taten. Insofern hat „der Raum selbst [...] in der abendländischen Erfahrung eine Geschichte"[289]. Sie überkreuzt sich mit der Tiefe der historischen Zeit, bringt diese gleichsam in eine Horizontale. Bezogen auf die Wahrnehmung fremder Kulturen folgt die literarische Darstellung der Raumerschließung demzufolge den Spuren einer nautischen oder – im Falle Humboldts – einer terrestrischen Sukzession. Sie ist Verwaltung und hermeneutische Bewegung zugleich, weil sie immer erst *nachträglich* zu einem entzifferbaren und damit lesbaren Arsenal an Zeichen zusammengefasst werden kann.

Dass viele Ansichten dem, was Kant ‚die Wahrheit' nennt, näher kommen als eine Hierarchie von Wissensbeständen, weiß Humboldt bereits von Forster. Beide Reisende verbindet als erstes Unterfangen ihre gemeinsame Fahrt von Mainz den Niederrhein entlang und weiter nach England und Frankreich im April bis Juni 1790. Über die Gelegenheit dieser Reise mit Forster war Humboldt beglückt und teilt einem Jugendfreund mit:

> „Wir konnten diese Reise zu keiner glücklicheren Zeit machen als gerade jetzt. [...] Forsters Name, der allgemeines Interesse erwekt, Empfehlungen [...] verschaften uns überall Zugang zu den handelnden Personen [...] und ich kann Dich versichern, daß ich nicht nur eine sehr angenehme, sondern auch sehr nützliche und lehrreiche Reise gemacht habe."[290]

Das Nützliche und Lehrreiche stellt sich her über die Vielfalt der Eindrücke, die der berühmte Name des Reisegefährten miteinander verknüpft. Was der zu diesem Zeitpunkt 21-jährige Humboldt an seinem Förderer zuvorderst bewundert, ist die Art und Weise, in der die *Ansichten vom Niederrhein* die Kunst der Beschreibung mit Reflexionen über Ordnungsmuster der Wahrnehmung verbinden und so die Möglichkeiten

---

[288] Ebd., S. 17.

[289] Michel Foucault: „Andere Räume", in: Karlheinz Barck/Peter Gente/Heidi Paris/Stefan Richter (Hrsg.): *Aisthesis, Wahrnehmung heute oder Perspektiven einer anderen Ästhetik.* Essais. Leipzig 1991, S. 34.

[290] *Jugendbriefe Alexander von Humboldts an Wilhelm Gabriel Wegener.* Hrsg. von Albert Leitzmann. Leipzig 1896, S. 79, zit. nach: Georg Forster: *Werke in vier Bänden.* Hrsg. von Gerhard Steiner. 2. Bd. (Kleine Schriften zur Naturgeschichte, Länder- und Völkerkunde. Ansichten vom Niederrhein) Frankfurt a.M. 1969, S. 938.

ihrer literarischen Gestaltung erweitern.[291] Bereits die Doppeldeutigkeit des Begriffs *Ansichten* verrät etwas über die besondere Rolle, die das Visuelle dabei spielt. Sie gibt damit Auskunft über jenen Wahrnehmungsprozess, der in der zweiten Hälfte des 18. Jahrhunderts aller Bemühung um ‚Welterfahrung' innewohnt. Das, was Rotraut Fischer den „fortschreitende[n] Bedeutungsverlust der Gegenstände bzw. genauer: de[n] Verlust der Anschaulichkeit ihrer Bedeutung"[292] genannt hat, soll durch erweiterte Möglichkeiten des empirischen Belegs kompensiert werden. Im Falle Forsters geschieht das noch im Zeichen einer Wissensorganisation, die als Zusammenspiel einer ‚Gegenwart der Dinge' beschreibbar ist. Die Imagination beeinträchtigt nicht, sondern das Gesehene fördert, regt die Einbildungskraft des Betrachters vielmehr in starkem Maße an:

> „Denn am Ende, mehr hat man doch nicht, als was einem durch diese zwei kleinen Öffnungen der Pupille fällt und die Schwingungen des Gehirns erregt! Anders als so nehmen wir die Welt und ihr Wesen nicht in uns auf. Die armseligen vierundzwanzig Zeichen reichen nicht aus; etwas ganz anderes ist die Gegenwart der Dinge und ihr unmittelbares Einwirken."[293]

Für Forster geben die Buchstaben des „Alfabeths" nicht her, was er die Beweiskraft des Augenscheins nennt. Sie stellt jenes Korrektiv dar, das als Prinzip der Autopsie und der Selbstwahrnehmung eine Beglaubigung der Eindrücke ermöglicht – wobei in der Eindrucksbildung zugleich phantasmatische Elemente enthalten sind. Die Geltungsmacht dieses Prinzips – auch das ein Prinzip der Evidenz – hat für Humboldt entschieden einen anderen Stellenwert. Das gilt vor allem im Hinblick auf geographisch-physikalische, das heißt, vermessbare Dimensionen. „Physik der Erde" heißt er seine neue Wissenschaft. Sie wird seinem Namen zu einer Signifikanz verhelfen, deren Netz an Bedeutungen noch heute ihresgleichen auf der Erde sucht. Der französische Literaturwissenschaftler Pierre Bertaux hat darauf hingewiesen, dass nicht weniger als „9 Minerale, 107 Tiere und Fossilien, 267 Pflanzen" Alexander von Humboldts Namen tragen:

---

291 Georg Forster: Ansichten vom Niederrhein, von Brabant, Flandern, Holland, England und Frankreich im April, Mai und Junius 1790, in: Ders.: *Werke in vier Bänden.* Hrsg. von Gerhard Steiner. Bd. 2 (Kleine Schriften zur Naturgeschichte, Länder- und Völkerkunde. Ansichten vom Niederrhein) Frankfurt a.M. 1969, S. 379ff.

292 Rotraut Fischer: Die 'Wahrheit' in den 'Bildern des Wirklichen'. Zur Funktion des Ästhetischen in Forsters Reisewerk, in: *Georg Forster in interdisziplinärer Perspektive*, S. 318.

293 Georg Forster: *Werke in vier Bänden.* Bd. 4 (Briefe). Frankfurt a.M. 1970, S. 583.

> „Sein Name ist als Bezeichnung von Ortschaften, Bergen, Flüssen, Gletschern, Straßen, als Meeresströmung auf fünf Kontinenten und auf der Antarktis bezeugt. Humboldt Beach, Humboldt Bay, Humboldt Channel, Humboldt River, Sierra Humboldt, Pico Humboldt gibt es in der ganzen Welt. Auf dem Mond gibt es ein Mare Humboldt. 1858 erhielt, sich auf Humboldts Vornamen beziehend, ein Planetoid den Namen Alexandra."[294]

Diese Kennzeichnung der Welt mit Hilfe von Namen, die Buchstaben sind und doch mehr als Wörter ergeben, reicht nun bis in die fernsten Winkel jenes *Cosmos*, den zu beschreiben der Namenspatron sich bis zur Mitte des 19. Jahrhunderts vorgenommen hat. Sie ist nun selbst beziffert worden. Was aber sagt das über die „Logistik dieser Maschinerie" aus, die Wolfgang Schäffner zufolge schlichtweg „Humboldt heißt"?[295] Zweifellos hat der große Universalgelehrte mit dem, was er da in Kisten über Kisten von seinen Reisen aus der *Neuen Welt* mitbrachte, zu einer Enteignung durch Datenbesitz beigetragen. Dennoch zeichnen sich seine Aufzeichnungen über *Die Wiederentdeckung der Neuen Welt* durch eine Diskursmischung aus, die sich nicht allein auf den Nenner einer deskriptiv-analytischen Diktion bringen lässt. Sicherlich gehört es zu ihren Voraussetzungen, dass die Existenz der physischen Welt in eine mathematische Sprache übersetzbar ist. Doch zunächst einmal muss der Adressat dieser wissenschaftlichen Autorschaft die Schrift, in der das Universum geschrieben ist, *lesen* können. Der Hiatus zwischen Zahl und Buchstabe ist so einfach nicht aufzulösen – und vor allem nicht affirmativ in die Welt der Zahlenverhältnisse.

4.2 Naturgewalt und instrumentelle Wahrnehmung

Paradigmatisch für Humboldts Auffassung der Gewalt natürlicher Phänomene ist die Beschreibung einer seiner Vulkanbesteigungen. Von seiner fünfjährigen ‚Amerikanischen Reise' 1804 zurückgekehrt, überliefert er sie schriftlich. Nach eigenem Bekunden waren diese Unternehmungen „der ermüdende Gegenstand aller Fragen"[296], die

---

[294] Pierre Bertaux: Vorwort zu: Wolfgang-Hagen Hein (Hrsg.):Alexander von Humboldt. Leben und Werk. Frankfurt a.M. 1985, S. 8.

[295] Wolfgang Schäffner: Verwaltung der Kultur, in: Wolfgang Schäffner/Sigrid Weigel/Thomas Macho (Hrsg.): *Der liebe Gott steckt im Detail. Mikrostrukturen des Wissens.* München 2003, S. 352.

[296] Alexander von Humboldt: Über zwei Versuche, den Chimborazo zu besteigen. o. O., o. J. (1836). Aus dem Nachlass Alexander von Humboldts. Deutsche Staatsbibliothek, abgedr. in: Peter Hahlbrock: *Alexander von Humboldt und seine Welt. 1769–1859.* Ibero-amerikanisches Institut Preußischer Kulturbesitz (Schloß Charlottenburg, Orangerie. Berlin 29.6.–10.8.1969) [Katalog], S. 24.

im Anschluss an seine Rückkehr nach Europa an ihn gerichtet wurden. Im Bericht über die Erklimmung des *Chimborazos*, jenes Berges in Ecuador, der damals als der höchste Gipfel der Erde galt, legt er Zeugnis ab von jenem Augenblick, an dem er mit seinen Begleitern, sich unter körperlichen Qualen über die Schneefelder vorantastend, an den Rand des feurigen Schlundes gelangt. Er überquert ihn auf einer nur acht Zoll starken „Schneebrücke" und erreicht zusammen mit einem Indio, dessen Name ungenannt bleibt, den „riesigen Abgrund". Einen Blick hineinwerfend, nimmt er in der von Dämpfen verdunkelten Tiefe im Bruchteil einer Sekunde ein „blaues Licht" wahr, das er dem „brennenden Schwefel" zuordnet. Der ebenso verstörende wie faszinierende Eindruck des Leuchtphänomens bindet sich noch aus der Distanz der Niederschrift an ein Empfinden größter „Beklemmung". Für die Beschreibung des Wahrgenommenen erscheint dem Betrachter allein die Analogie mit dem „Chaos der Dichter" angemessen:

> „Keine Sprache hat Worte, um auszudrücken, was wir erblickten. [...] Ich sehe mich wieder hängen über dem entsetzlichen Schlund. Die schauerlichen Farben, die gewaltigen Massen, das düstere Licht, die geheimnisvollen Schleier der Dämpfe, die einen Teil verbergen und einen anderen enthüllen – all das ergreift die Phantasie [...]. Die Dämpfe, aufgewirbelt durch die Hitze des vulkanischen Feuers, sind in dauernder Bewegung. Kaum hat man die Augen fest an einen Gegenstand geheftet, ihn richtig zu erkennen, so verfinstert sich gerade diese Partie, und wählt man daraufhin eine andere, so wird man in seinen Hoffnungen wiederum betrogen, man hat es mit einer *Laterna magica* zu tun, deren Glasbilder ständig aus dem Brennpunkt des Objektivs verrutschen."[297]

Die Aufmerksamkeit gilt in dieser Beschreibung nicht so sehr der Erhabenheit des Anblicks und auch weniger, wie etwa bei Kolumbus oder auch bei Schmidel, der Repräsentanz des Dargestellten. Sie bedienen sich des Gelernten vor allem, um an die alten Mythen anzuknüpfen. Humboldt rückt demgegenüber optische Wahrnehmungsparameter in den Mittelpunkt, deren technische Komponenten durch den Vergleich mit der *Laterna magica* noch hervorgehoben werden. Dieser Lichtapparat diente im 18. Jahrhundert als Projektionsapparat für Glasdiapositive, oft verwendet auch für die Wiedergabe von Porträtaufnahmen. Doch auch dieser Transfer technischer Metapho-

---

[297] Alexander von Humboldt: *Die Wiederentdeckung der Neuen Welt.* Erstmals zusammengestellt aus dem unvollendeten Reisebericht und den Reisetagebüchern. Hrsg. und eingel. von Paul Kanut Schäfer. Berlin 1989, S. 289–290f Im Weiteren wird nach dieser Ausgabe zitiert, weil sie in Auszügen auch die Tagebuchaufzeichnungen Humboldts enthält.

rik in die Welt der Naturbeschreibung reicht nicht aus, um den gebotenen Anblick adäquat zu beschreiben. Zwar fordert die Beweglichkeit der Materie die Phantasie des Betrachters heraus. Doch kann der Blick die eindrückliche Vielfalt der Bewegungen kaum erfassen. Er rettet sich in das nüchterne Maß: Mit Hilfe seiner Instrumente ermittelt Humboldt kurze Zeit später einen Kraterdurchmesser von 1.560 Metern. Wo das Ausbuchstabieren des Unerhörten nicht hinreicht, beginnt die Vermessung der Welt. Die Organisation des repräsentativen Wissens schließt das instrumentelle Wissen in sich ein. Diese Form der neuen Wissensfundierung erweist sich keineswegs als gewaltfrei. Ihre Macht verletzt nicht im physischen Sinne, sondern antizipiert eine Entscheidungsgewalt, die denjenigen, die ihr unterworfen sind, auf Grund von Wissens- und Informationsgefällen kaum eine Alternative zur Anpassung erlaubt.[298]

In der klassisch gewordenen Moderne um 1800 gilt die instrumentelle Vernunft als eine der bevorzugten Bedingungen für das rationale Denken und damit für die Herstellung von Objektivität. Als spezifische Organisationsform von Wissen gestaltet sie die etablierten Repräsentationen europäischer Wissensbestände und damit jenen globalen Bezugsrahmen aus, in dem auch die Reiseberichte und -tagebücher Alexander von Humboldts anzusiedeln sind. In besonderer Weise kreisen sie um das Verhältnis der europäischen Sinnwelt zur vermeintlichen Unmittelbarkeit des Augenscheins und damit zur Welt der Sinneswahrnehmung. Die Grenzen einer vorgeblich neutralen, streng naturwissenschaftlichen Aufzeichnung werden damit aber auf der Darstellungsebene gesprengt. Sie schlagen um in „eine ästhetische Idee": in eine „*mentale* Struktur, die zugleich *wahrnehmbar*, also ein *aistheton* ist"[299]. Der Versuch, die Mannigfaltigkeit der Welt, ihre überwältigende und überbordende Vielfalt, zu einer ebenso eindrucksvoll empirischen wie lesbaren und damit implizit auch verallgemeinerbaren Darstellung zusammenzuzwingen, leitet die Modi des Wahrnehmens und Aufschreibens an. Im Medium des ‚Naturgemäldes', das Humboldt für sich als neue literarische Präsentationsform entdeckt – und bis hin zum Fragment gebliebenen Monumentalwerk *Kosmos* durchspielt – überkreuzen sich diese zwei Bewegungen.

---

298 Zur Unterscheidung von Macht und Gewalt vgl. Jan Philipp Reemtsma: *Die Gewalt spricht nicht. Drei Reden.* Stuttgart 2002, S. 9–46. Zur Verortung der Gewalt im Gefüge der Macht heißt es auf S. 29: „Die Macht zu verletzen ist die gewalttätige Seite der Macht, und diese wird auch benötigt werden, wenn es darum geht, die Macht wegzunehmen."

299 Hartmut Böhme: Ästhetische Wissenschaft. Aporien der Forschung im Werk Alexander von Humboldts, in: Ottmar Ette/Ute Hermanns/Bernd M. Scherer/Christian Suckow (Hrsg.): *Alexander von Humboldt – Aufbruch in die Moderne.* Berlin 2001, S. 17 (Hv. im Text).

„Humboldt ist der umfassend alphabetisierte Leser eines 'Buches der Natur'."[300] Mit dieser dezidierten Aussage hat Leo Kreutzer eine Betrachtung der Beziehungen des Reisenden zu jener „Konstellation" um 1800 eingeleitet, die noch heute unter der Bezeichnung „Weimarer Klassik" firmiert und auf die noch zurückzukommen sein wird. Als Autor von Wissenschaftsprosa dringt Humboldt auf weitgehend unbekanntes Gelände vor. In der Natur liest er wie in einer Schrift: Zeichen, die sich zu Texten zusammenfügen. Geologisches, Mineralogisches, Meteorologisches, Pflanzen, Tiere, Menschen – alle Vielfalt werde detailliert erfasst, um alles mit allem zu 'typischen' Naturszenen zu verbinden. Am Beispiel einer Betrachtung des *Kosmos,* Humboldts letztem Werk, hat Hans Blumenberg in seinem Band *Lesbarkeit der Welt* gezeigt, dass Humboldts ‚Schreiben' zwar ausdrücklich „aufs Gemüt wirken soll wie die Natur" – aber „seine Natur" wirke keineswegs „wie ein Buch", sondern sie entfalte eine Wirkungsmacht „wie ein ‚Gemählde'"[301], heißt es im Nachvollzug von Humboldts Diktion. Dieser Befund trifft auf die Beschreibung der Reisen in die Gegenden des ‚neuen Kontinents' Südamerika in besonderer Weise zu. Die Phänomene der Natur werden durch die sinnlich geschärfte, detailreiche und in messbare Daten übertragbare Wahrnehmung mit Hilfe der Instrumente gleichsam zum ‚Sprechen' gebracht. In Bild und Schrift vor Augen gestellt, in Zahlen übersetzt, dienen sie dem Aufzeigen von „Verbindungen", die für Humboldt „in den Naturwissenschaften" ebenso wie „in den Naturerscheinungen selbst" unübersehbar „herrschen".[302] Nur weil die Natur *auch* – allerdings nicht nur – in Zahlenverhältnissen zu uns spricht, lässt er „all diese Meßinstrumente mit sich rumschleppen".[303] Zu ihnen gehören vor allem

---

[300] Leo Kreutzer: Alexander von Humboldt und die Gruppe 94. Naturwissenschaft und Naturästhetik im Projekt einer anderen Moderne, in: Welfengarten. Jahrbuch für Essayismus 4 (1994), S. 88.

[301] Hans Blumenberg: *Die Lesbarkeit der Welt.* Frankfurt a.M. 1981, S. 289. Vgl. zu diesem Komplex der *écriture* aus neuerer Sicht Ottmar Ette: Alexander von Humboldt heute, in: *Alexander von Humboldt. Netzwerke des Wissens.* Haus der Kulturen der Welt. Berlin: 6. Juni – 15. August 1999. Kunst- und Ausstellungshalle der BRD, Bonn: 15. September 1999 – 9. Januar 2000. In Kooperation mit dem Goethe-Institut [Katalog], S. 30 sowie zur Epocheneinordnung Ottmar Ette u.a. (Hrsg.): *Alexander von Humboldt – Aufbruch in die Moderne.* Berlin 2001 (Beiträge zur Alexander-von-Humboldt-Forschung; 21).

[302] Alexander von Humboldt: *Reise in die Äquinoktial-Gegenden des Neuen Kontinents.* Hrsg. von Ottmar Ette. Mit Anm. zum Text, e. Nachw. u. zahlr. Abb. sowie e. farbigen Bildteil. 1. u. 2. Bd. Frankfurt a.M. 1991, S. 13.

[303] Leo Kreutzer: Alexander von Humboldt und die Gruppe 94, S. 89.

> „Sextant und Chronometer zur Standortbestimmung; Fernrohr und Mikroskop zur Beobachtung von Ferne und Nähe; Thermometer, Barometer, Hygrometer, Cyanometer und Elektrometer zu Messungen aller Art."[304]

Nicht das umherschweifende, sondern das still gestellte, auf den einzelnen Sehakt konzentrierte Auge ist demnach als das „Organ der Weltanschauung" zu betrachten. Das Wissen, das mit Hilfe der Messinstrumente organisiert wird, tritt in die „Funktion der Übersetzung" von „Sinnesempfindungen und Wahrnehmungen" ein; es zeigt sich demzufolge in einem höchsten Maße „bewaffnet"[305]. Das Verhältnis von visueller Erkenntnis und sprachförmigem Wissen, das dem Genre der physikalischen Reisebeschreibung zugrunde liegt, gewinnt allerdings erst in dem Maße an Bedeutung, in dem der Reisende sich mit der Aufgabe konfrontiert sieht, die „Faszination unmittelbarer Aufzeichnung" in die „Erinnerung an das Gesehene"[306] zu überführen. Nicht allein jene „Wunder"[307] also sind festzuhalten, die Humboldt zwischen Juli 1799 und November 1800 den Fluss Orinoko entlang führen, deren Ansichten ihn auf der Reise durch das Gebirge der Anden im März 1801 bis Februar 1803 erfreuen oder die den einjährigen Aufenthalt in Mexiko bis zum Hochsommer 1804 zu einem Höhepunkt seiner Reise werden lassen – mit anschließender Überfahrt nach Kuba sowie einem Abstecher in die Vereinigten Staaten, wo ihn Präsident Jefferson mit großen Ehren empfängt.[308] Das Ziel der Reise hat vielmehr eine doppelte Ausrichtung:

> „Ich wollte die Länder, die ich besuchte, einer allgemeinen Kenntnis zuführen; und ich wollte Tatsachen zur Erweiterung einer Wissenschaft sammeln, die noch kaum skizziert ist und ziemlich unbestimmt bald *Physik der Welt*, bald *Theorie der Erde*, bald *Physikalische Geographie* genannt wird."[309]

---

304 Urs Bitterli: *Die Entdeckung Amerikas. Von Kolumbus bis Alexander von Humboldt.* München 1991, S. 471; zu den Praktiken der Vermessung Alexander von Humboldt: *Die Wiederentdeckung der Neuen Welt*, S. 49, S. 74, S. 143, S. 242, S. 251, S. 259, S. 282, S. 310 und S. 324.

305 Karlheinz Barck: 'Umwandlung des Ohrs zum Auge'. Teleskopisches Sehen und ästhetische Beschreibung bei Alexander von Humboldt, in: Bernhard J. Dotzler/Ernst Müller (Hrsg.): *Wahrnehmung und Geschichte. Markierungen einer Aisthesis materialis.* Berlin 1995, S. 32.

306 Ebd., S. 29.

307 Frank Holl: 'Wir kommen von Sinnen, wenn die Wunder nicht bald aufhören'. Die amerikanische Reise, in: *Alexander von Humboldt. Netzwerke des Wissens*, S. 63ff.

308 Vgl. Urs Bitterli: *Die Entdeckung Amerikas*, S. 452ff.

309 Alexander von Humboldt: *Reise in die Äquinoktial-Gegenden des Neuen Kontinents*, S. 12.

In der Niederschrift der Erlebnisse sind die „Potenzen der Schrift" wie des Bildes auszuloten – „Sondierungen, die nicht bei der *Sinngebung* ansetzen, sondern vorab auf die *Formung der Sinne* in ihrer aisthetisch verschriftlichten Materialität zielen."[310] Sie vor allem bedürfen eines Vorwissens des Reisenden. Dieses Urteil vor dem Urteilen bestimmt seine Auffassungs- und Wahrnehmungsfähigkeit ebenso wie sein Vermögen zur Weitergabe. Es prägt den Charakter des Berichteten ebenso wie es repräsentative Funktionen voraussetzt. Doch gerade der in wissenschaftlicher Mission ausgesandte Reisende weiß eines genau: Was Betrachter so alles in Naturformen „hineinträumen", erweist sich allzu leicht von einer Beschaffenheit, die dem Wahrnehmungsvermögen der „Wissenschaft der Steuerleute" auf hoher See gleichzustellen ist: „Da unser Steuermann sieht, was er glaubt", führt Humboldt aus, „sieht er alles, was das Rezept ihm ankündigt."[311] Wahrnehmungen von Ähnlichkeit und Differenzen entlang einer „Fortschrittsgeraden"[312] erweisen sich so im Blick auf das Fremde allzu häufig als bevorzugte Ingredienzen dieser Rezeptur. Um aus der Fülle der Anschaulichkeit der Weltenordnung einzelne Aspekte hervorzuheben, erfährt der Prozess der Wissensproduktion aber auch in der Naturbeobachtung nicht selten eine Stilisierung. Gesehen wird auch hier, weiß Humboldt, in aller Regel das, was *vorher* 'gelernt' worden ist:

> „Die Europäer haben überall Pflaumen, Kirschen, Oliven, Äpfel gefunden. Die entfernte Ähnlichkeit der Tropenpflanzen mit den Gewächsen des Vaterlandes haben sie aufgefaßt. Der Däne sieht überall Birken, Tannen, Weiden und Eichen, der Spanier Oliven und Johannisbrot, jedem schwebt allgegenwärtig das Bild seiner Heimat vor. Um die Phantasie mit angenehmen Träumen zu füllen, gibt der Ankömmling dem neuen Wohnort den Namen seiner Vaterstadt, Flüsse, Seen und Berge, alles umher wird mit vaterländischen Namen begrüßt. [...] So haben die Abkömmlinge jener Völker, die einst die Welt durch ihre Eroberungen in Erstaunen setzten, Spanier und Portugiesen, den Vorzug, in beiden Indien nicht nur Sprache und Mitbürger, sondern auch Erinnerungen an die Produkte und kleinsten Lokalverhältnisse ihres Vaterlandes zu finden."[313]

Die Fülle der wahrgenommenen Objekte ist demzufolge als eine Grenzbestimmung zu betrachten, an deren Schwelle sich im Sichtbaren eine Art blinder Fleck einnistet. Zu

---

310 Karlheinz Barck: Umwandlung des Ohrs zum Auge, S. 34 (Hv. im Text).

311 Alexander von Humboldt: *Die Wiederentdeckung der Neuen Welt*, S. 358 und 384.

312 Leo Kreuzer: Alexander von Humboldt und die Gruppe 94, S. 91.

313 Alexander von Humboldt: *Die Wiederentdeckung der Neuen Welt*, S. 216–217.

jeder visuellen Konfiguration, zu *jeder* optischen Präsenz gehörend, erweist er sich als unvermeidliche Folge des wahrnehmenden Blicks, der konstituiert, was als Alterität empfunden wird. Vor diesem Horizont erhebt sich die Frage, inwieweit der Reisende Alexander von Humboldt als Wahrnehmender selbst noch an jene Sinnwelt gebunden bleibt, die aus seinen eigenen, aus den Repräsentationspraktiken europäischer Provenienz hervorgegangen ist.

4.3 Sinnenwelt und Weltensinn

Humboldts Darstellungsform, deren Narration sich in so hohem Maße technisch vermittelten Umgebungsverhältnissen verpflichtet weiß, scheint kulturgeschichtliche Qualitäten auszuschließen. Tatsächlich treten diese in seinen Berichten über die Reisen auf dem südamerikanischen Kontinent auch erstaunlich stark in den Hintergrund. Ich fühle wohl, schreibt er,

> „wie sehr ein Amerikareisender gegenüber denen im Nachteil ist, die Griechenland, Ägypten, die Ufer des Euphrat oder die Südseeinseln beschreiben. In der alten Welt sind es die Völker und die Abstufungen ihrer Zivilisation, die dem Gemälde seinen Hauptcharakter geben; in der neuen hingegen verschwindet gleichsam der Mensch mit seinen Produkten inmitten einer wilden und gigantischen Natur. Die menschliche Gattung bietet hier nur einige Überbleibsel eingeborener, kulturell wenig fortgeschrittener Horden oder jene Einförmigkeit der Sitten und Institutionen, die von europäischen Kolonisten an diese ferne Gestade verpflanzt worden sind."[314]

Gerade im Bezug auf die Darstellung kultureller Fremdwahrnehmung führt die Forschung sein Werk als ein höchst widersprüchliches vor. Die Wahrnehmung des Unvertrauten berührt sich um 1800 und insbesondere in den Arbeiten Alexander von Humboldts mit der spezifischen Organisation eines Feldes der Sichtbarkeit. Es ist ersichtlich mehr am physikalischen Körper der Erde als an der Körperlichkeit menschlicher Wesen interessiert. Dennoch gilt auch diese Konstitution der Körper als etwas Greifbares, begreifbar eben aufgrund der Augenscheinlichkeit einer heterogenen Erscheinungsweise. Freilich verführt diese Form der Sichtbarkeit zu einem Kolorit in der Bildlichkeit von Völkern, die, wie Humboldt einsichtig vermerkt, Gefahr läuft, „glän-

---

314 Alexander von Humboldt: *Reise in die Äquinoktial-Gegenden des Neuen Kontinents*, S. 35.

zender" zu sein „als wahr."[315] Den Stempel des Andersartigen drückt im Zuge dieses Glanzes, der die Wahrheit überschreibt, nicht zuletzt eine *Sinnwelt* auf, die in erster Linie optische und damit nicht-verbale Zeichenordnungen hervorhebt: Merkmale des Körperwuchses, der Hautfarbe, der Gestik oder auch des Blicks. Was damit entsteht, ist der performative Charakter von Ethnizität. Er wird während des gesamten 19. Jahrhunderts und weit darüber hinaus an stereotype visuelle Attribute gebunden bleiben. Eine physiologische Topologie gibt seine Praktiken vor, um die Verschiedenartigkeit von Kulturen miteinander in ein hierarchisch geordnetes Verhältnis setzen. Morphologie, die Lehre von der Gestalt, schließt auch bei Humboldt die Wahrnehmung der lebendigen wie der nicht lebendigen Natur in sich ein – und ihr Instrumentarium zur Erschließung der Sinneserfahrung verfährt grundsätzlich typologisch. Erst Darwin wird um die Mitte des 19. Jahrhunderts, entschiedener als Alexander von Humboldt, geschichtliche Erkenntnismomente in die Naturbetrachtung einbringen. Er benutzt sie allerdings so, dass phylogenetische Stammbäume als Genealogien zu erstellen sind. Die Relation von vorgeprägter Wahrnehmung und Entwurf neuer Wissensordnungen ist noch kaum entkoppelbar. Sie schließt das Verhältnis von Selbst- und Fremdbild in sich ein, macht den fremden Körper wie den eigenen zur Projektionsfläche von Qualitäten. Dieser Vorgang lässt sich an Humboldts Überarbeitung seiner Reiseberichte besonders gut beobachten, deutlicher noch als in den ursprünglichen Tagebucheintragungen. So enthalten viele Passagen der Erstaufzeichnung zum Beispiel eine explizite Kritik an den Praktiken der Sklaverei, die sich so in den gedruckten Fassungen nicht wiederfindet. Im Hinblick auf diese Auslassungen wird die repräsentative Dimension der Darstellung außereuropäischer Kulturen bei Humboldt verstärkt an Abstufungen des Zivilisationsprozesses geknüpft. Ihre Parameter korrespondieren um 1800 so sehr mit Prozessen der Landnahme, dass auch Humboldt kaum der Versuchung widerstehen kann, die damit einhergehenden Veränderungen der Kräfteverhältnisse zwischen entstehender erster und dritter Welt mit zu dokumentieren. Nicht ‚Menschen, die auf Bäumen wachsen' findet er vor, wie Kolumbus einst schrieb – was er erblickt, sind Menschen, die dem „Geist des Monopols"[316] unterworfen worden sind. Allerdings bleiben solche Anmerkungen auch in den Tagebüchern eher spärlich. Auch Humboldt reist im Auftrag eines Königs. Sein Unternehmen ist am Vorabend

---

[315] Alexander von Humboldt: *Die Wiederentdeckung der Neuen Welt*, S. 39.

[316] Ebd., S. 113.

des amerikanischen Unabhängigkeitskrieges in die Verfügung über das Land durch die spanische Regierungsmacht eingebunden.

Nicht vollständig jedoch enthebt sich die Bewaffnung der Sinne, die es erlaubt, Kenntnisse über die physikalische Erdoberfläche „als einen vielseitigen Körper mit verschieden geneigten Flächen"[317] zusammenzutragen, der Beschreibung der dazugehörigen Bewohner. Zwar bleibt der Kulturbegriff im engeren Sinn dabei noch weitgehend der eigenen, der europäischen Kultur vorbehalten – dem im Zuge der Kolonisation mitgeführten „Gemisch unserer Laster und Vorurteile"[318], wie Humboldt an anderer Stelle vermerkt. Der allgemeinen Nutzbarkeit „physikalische[r] Kenntnis der Gegenstände" bleibt diese eher kritische Wahrnehmungsperspektive dennoch untergeordnet. Ähnlich wie bei Forster zeigt sie sich in periphere Anmerkungen gedrängt, nicht, weil die kulturelle Differenz, die damit als Kräfteverhältnis und als Wissensmacht zugleich installiert wird, weniger „gewaltig ergreift". Der Betrachter nutzt in solchen Passagen vielmehr die Gelegenheit, entlang der Lehre von den unterschiedlichen Entwicklungsstufen Einblick in sein Innerstes zu geben. Denn, so betont er, die damit verbundenen Eindrücke entstammten „einem anderen Kreis von Vorstellungen und Empfindungen"[319], zu denen er ausdrücklich die Kindheitseindrücke zählt. Die Suche nach dem „Menschen im Naturzustande"[320], nach einem für ursprünglich erachteten Typus der Gattung, der Phylogenese und Ontogenese miteinander ins Verhältnis setzt, wandelt sich in Humboldts Aufzeichnungen in ein gigantisches Netzwerk um, in eine Perspektive der „Familienähnlichkeit" aller „kosmogonischen Überlieferungen"[321]. Das „gepriesene Glück des Menschen im Urzustand"[322], das die Rousseausche Lehre einst beschwor und das Forster auf Tahiti gefunden zu haben glaubte, erweist sich in Humboldts Wissensordnung als in höchstem Maße trügerisch. In ihr kommt erstmals zu Bewusstsein, dass die Sondierung durch das Datenmaterial die Welt der sinnlichen Schönheit von Landschaften, von Bergen, Tälern, Flüssen und Menschen dem kameralistischen Zweck preiszugeben droht. Innerhalb seiner Sinnwelt erscheint die Zweckdienlichkeit, die Be- und Vernutzung der materialen Welt ausschließlich praktischer Natur zu sein.

---

317 Ebd., S. 87.

318 Ebd., S. 253.

319 Ebd., S. 78.

320 Ebd., S. 97.

321 Ebd., S. 98.

322 Ebd., S. 119.

Dieses besondere Beziehungsgefüge von Sinnenwelt und Weltensinn erweist sich als der Dreh- und Angelpunkt der narrativen Struktur von Humboldts Reisebeschreibungen. Zugleich betrifft die Organisation von Sinnhaftigkeit auch deren eigene räumliche Syntax. Befragt man Humboldts Schreibweise auf ihre narrative Struktur sowie auf ästhetische Komponenten hin, so zeigt sich, dass Textformen ausgebildet werden, die weitgehend eine Gattungszuordnung unterlaufen. Hartmut Böhme hat sie als „Hybriden" beschrieben, als „Kreuzungen und Wucherungen, die den Haupttext umschlingen, erweitern, verzweigen, ihn rhizomartig unterwandern".[323] Dabei soll das Zeichnen physikalischer oder kartographischer Modellierungen und Reliefs, die in diese Vernetzungslandschaft von Anhängen und Fußnoten eingebunden werden, Anschaulichkeit ermöglichen. Ihr Schauwert soll dem Ort verbunden bleiben, an dem das Wissen einst gewonnen und aufgezeichnet worden ist. Das Zentrum dieser Verortung aber, die den Prozess der Wissensproduktion selbst ausstellt, stellt für Humboldt das Medium des ‚Naturgemäldes' dar. Die technisch fabrizierte, durch Buchdruck und Lithographie reproduzierte Mannigfaltigkeit der dargestellten Landschaften hat sich in diesem medialen Vermittlungsraum durch Beziehungen zu komplettieren, die zwischen Textur und Bildraum errichtet werden. Die verzweigte Darstellung des gesammelten Wissens wird dem Zeichen der Bemühung um einen erkennbaren „Nutzen" für seine Leserschaft untergeordnet. Sie soll diesem erlauben, die „Fülle der Beobachtungen so miteinander zu verbinden", dass sie in der Vorstellung „ein allgemeines Gemälde bilden."[324] In der Vorrede zur ersten Ausgabe der *Ansichten der Natur* wird schließlich näher ausgeführt, wozu dieses Gestaltungsmittel im Ganzen dient: Es dient dazu, sein Schreiben von der „dichterischen Prosa" abzugrenzen. Obwohl Humboldts Unterfangen ausdrücklich auf eine „ästhetische Behandlung naturhistorischer Gegenstände" abzielt, wird diese Konzeptualisierung als Poetologie des Wissens ausdrücklich ausgeschlossen:

> „Ueberblick der Natur im großen, Beweis von dem Zusammenwirken der Kräfte, Erneuerung des Genusses, welchen die unmittelbare Ansicht der Tropenländer dem fühlenden Menschen gewährt, sind die Zwecke, nach denen ich strebe. Jeder Aufsatz sollte ein in sich geschlossenes Ganzes ausmachen, in allen sollte eine und dieselbe Tendenz sich gleichmäßig aussprechen. Diese ästhetische Behandlung naturhistorischer Gegenstände hat, trotz der herrlichen Kraft und der Biegsamkeit

---

323 Hartmut Böhme: Ästhetische Wissenschaft. Aporien der Forschung im Werk Alexander von Humboldts, in: Ottmar Ette u.a. (Hrsg.): *Alexander von Humboldt – Aufbruch in die Moderne*, S. 24.

324 Alexander von Humboldt: *Die Wiederentdeckung der Neuen Welt*, S. 326.

> unserer vaterländischen Sprache, große Schwierigkeiten der Composition. Reichthum der Natur veranlaßt Anhäufung einzelner Bilder, und Anhäufung stört die Ruhe und den Totaleindruck des Gemäldes. Das Gefühl und die Phantasie ansprechend, artet der Styl leicht in eine dichterische Prosa aus."[325]

Zwar klingt das nicht nach jener strengen Scheidung von ästhetischer Erfahrung und wissenschaftlichem Ertrag, die Humboldt sich anfangs vorgenommen hatte. Auch schließen Eleganz des Stils und wissenschaftliche Genauigkeit der Datenspeicherung in dieser Schreibordnung einander nicht aus. Doch im Medium ihrer Wiedergabe soll sich allein das Zusammenwirken der Kräfte in der Außenwelt spiegeln, gebündelt in einem ganzheitlichen Naturbegriff. Diese Form einer „Textur" hätte im Idealfall „eine Art Mimesis der Vernetzungsformen von Natur selbst"[326] zu sein. Im Zuge dessen grenzen sich jedoch exakte Wissensanordnung und dichterische Narration stärker voneinander ab. Erkenntnis und Genuss fallen auseinander.

4.4 Poesie und Wissen als Arbeitsteilung

Für diesen Prozess einer Abgrenzung war offenbar die Konstellation von Bedeutung, dass es sich nach der Wende des 18. zum 19. Jahrhundert gleichsam um eine Art von Arbeitsteilung in einem Triumvirat gehandelt hat, das die Debatten der Sattelzeit weiterführte. Aus Goethe, Schiller und den beiden Brüdern Humboldt bestehend, habe dieses Triumvirat das „Projekt einer Verbindung von Naturwissenschaft und ästhetischer Erfahrung" mit vereinten Kräften, aber ‚getrennt marschierend' vorangetrieben.[327] Bestrebt, „der deutschen Literatur eine Klassik zu besorgen", habe der „germanistische Blick auf die deutsche Literatur des 18. Jahrhunderts", wie Leo Kreutzer schreibt, die damit verbundene Auseinandersetzung lange Zeit ausgeklammert. Forster fehlt in dieser Runde. Nicht nur sein früher Tod, sondern auch die Auslassungen des staatlich berufenen, wenn auch unbezahlten Historikers Friedrich Schillers über die Folgen des Mainzer Gesellschaftsexperiments haben wohl seine Anwesenheit in dieser illustren Runde vereitelt. „An der Weimarer Klassik vorbei"[328], betont Kreutzer, hat

---

325 Alexander von Humboldt: *Ansichten der Natur, mit wissenschaftlichen Erläuterungen.* Dritte verbesserte und vermehrte Aufl. Bd. 1, Stuttgart u. Tübingen 1849, S. VII–VIII.

326 Hartmut Böhme: Ästhetische Wissenschaft. Aporien der Forschung im Werk Alexander von Humboldts, in: Ottmar Ette u.a. (Hrsg.): *Alexander von Humboldt – Aufbruch in die Moderne,* S. 24.

327 Vgl. Leo Kreutzer: Alexander von Humboldt und die Gruppe 94, S. 80.

328 Ebd., S. 79.

der Repräsentant deutscher Poetologie, Johann Wolfgang von Goethe, seine Verbindung mit der Naturforschung aber stets aufrechterhalten. Vor allem in der „Jenaer Urszene im Juli 1794", einem Gespräch mit Schiller über die Unterscheidung von Erfahrung und Idee, hat er seinen Zielvorstellungen Ausdruck verliehen. Es galt einen Bund zu errichten zwischen dem organisierten Wissensfundus seiner Zeit und dem, was Humboldt fünf Jahre nach dem Ende seiner Reise in einem Brief an Goethe die „Fähigkeit" nennen wird, „die Natur zu fühlen".[329] Grundlage dieser Verbindung – und damit Ursprung der Humboldtschen Grenzziehung zwischen Morphologie des Wissens und Poetologie des Schreibens – ist die Betrachtung von Form und Gestalt selbst. „Da Ihre Beobachtungen vom *Element*, die meinigen aber von der *Gestalt* ausgehen, so können wir nicht genug eilen, uns in der Mitte zu begegnen"[330], schrieb Goethe im Juni 1795 an Humboldt. Das war allerdings noch vor Antritt der Reise in die Neue Welt. Als Gestaltphänomene sind aber nun, um sie zu charakterisieren, nicht nur die Morphologie der Pflanzen oder der Tiere aufzufassen, sondern vor allem physikalische Gegebenheiten. Das gilt noch im Bezug auf die kulturelle Phänomenologie. Was Humboldt an materiellen Erscheinungsformen von Kultur bevorzugt interessiert, sind Linien und Rhythmen; es sind Formen der Wiederholung, der permanenten Wiederkehr – und ganz besonders interessieren ihn diejenigen, die verschiedenen Kulturen gemeinsam sind. Aus „Arabesken" und „Mäandern" bestehend, vergnügen sie „das Auge" – vor allem, wenn sie „in rhythmischer Folge aneinandergereiht" sind:

> „Das Auge verhält sich zu dieser Anordnung, zu dieser periodischen Wiederkehr derselben Formen wie das Ohr zur taktmäßigen Aufeinanderfolge von Tönen und Akkorden. Kann man aber in Abrede ziehen, daß beim Menschen das Gefühl für den Rhythmus schon beim ersten Morgenrot der Kultur, in den rohesten Anfängen von Gesang und Poesie zum Ausdruck kommt?"[331]

Nicht der Universalismus eines europäischen Machtwissens stand für Humboldt also im Vordergrund – zumindest nicht im Hinblick auf seine Anwendung eines Ideals des Kunstschönen auf Phänomene der materiellen Kultur. Vielmehr wird in der Überkreuzung von Seh- und Hörsinn und vor dem Hintergrund des Totaleindrucks des Gemäldes eine Intention ästhetischer Harmonie auferlegt, die verschiedene Sinneser-

---

329 *Goethes Briefwechsel mit Wilhelm und Alexander von Humboldt.* Hrsg. von Ludwig Geiger. Mit e. Gravüre, die beiden Standbilder darstellend. Berlin 1909, S. 305, Brief vom 3. Januar 1810.

330 *Goethes Naturwissenschaftliche Correspondenz.* Erster Bd. Leipzig 1874, S. 310.

331 Alexander von Humboldt: *Die Wiederentdeckung der Neuen Welt*, S. 128.

fahrungen als Erfahrungsweisen in analoger Weise aufeinander bezieht. Wenn alles Wechselwirkung ist, wenn Wechselwirkung alles umgreift, was *da* ist, wenn natürliche wie artifizielle Phänomene nur in ihrer „allgemeinen Verkettung" miteinander zu begreifen sind, dann muss das „Band", das „die ganze organische Natur"[332] umschlingt, noch seine menschlichen Wahrnehmungsweisen in sich einschließen.

An der lebenslangen Bemühung Alexander von Humboldts, alles empirisch erfahrbare Einzelwissen einzuschmelzen in ein gleichsam ästhetisches Weltkontinuum, polarisieren sich noch heute Standpunkte der interdisziplinären Diskussion. Die durchaus nicht gewaltfreie, weil von Repräsentationspraktiken durchzogene Wissensorganisation fremder kultureller Ordnungen, das wird daran deutlich, zeigt sich im Falle dieses Grenzgängers zwischen Wissenschaft und Poesie eng verflochten mit der grenzüberschreitenden Verantwortung für das Kunstwerk Welt. Es stellte den eigentlichen Gegenstand, das Faszinosum all seiner ‚Augenreisen' dar. Ob dies als „Aufbruch in die Moderne", wie Ottmar Ette meint, oder als „Entwurf einer anderen Moderne" zu bewerten ist, wie Leo Kreutzer verfügt, dieses Urteil mag anderen überlassen bleiben. In beiden Fällen enthebt das gewaltige Werk nicht der Dringlichkeit, jenes „Wunderbare zu bergen"[333], das in unserer eigenen Wahrnehmung und ihrer Wissensanordnung verborgen liegt. Selbst wenn dieser Bergungsakt eine gewisse „Unersättlichkeit" hinsichtlich der das „Interesse weckenden Materialien und Strukturen" mit sich führen sollte, stellt das Eindringen in das „noch weitgehend unbearbeitete Feld der Wahrnehmungsgeschichte"[334] vielleicht einen jener raren Vorsprünge dar, über deren Schneefelder zu tasten jeder Gang über den Abgrund Humboldts Wissen nach bedarf. Denn schließlich, um am Ende dann doch noch einem Dichter das Wort zu erteilen,

> „wozu hat er all das ertragen: Insekten, Schlingpflanzen, Regengüsse *und die verdrossenen Blicke der Indianer*? Es war nicht das Zinn, die Jute, der Kautschuk, das Kupfer. Ein Gesunder war er, der mit sich die Krankheit ahnungslos schleppte, ein uneigennütziger Bote der Plünderung, ein Kurier, der nicht wußte, daß er die Zer-

---

[332] Alexander von Humboldt: *Kosmos. Entwurf einer physischen Weltbeschreibung* (1845, in: Ders.: Studienausgabe. Bd. 7. Hrsg. von Hanno Beck. Darmstadt 1993, Teilbd. 1, S. 39.

[333] Stephen Greenblatt: *Wunderbare Besitztümer,* S. 43.

[334] Gerhard Neumann/Sigrid Weigel (Hrsg.): *Lesbarkeit der Kultur. Literaturwissenschaft zwischen Kulturtechnik und Ethnographie.* München 2000, S. 13.

störung dessen zu melden gekommen war, was er, in seinen *Naturgemälden* [...] liebevoll malte."[335]

5 Mission und Gegenmission

5.1 Koloniale Expansion: Aufzeichnungen eines Toten (Franz Mayr)

Im Verlauf des 19. Jahrhunderts machen moderne Technologien, raumgreifender noch als Humboldts Instrumentarien, Entfernungen immer unbedeutender. Sie formieren das Interessenfeld des Handels und der Landnahme als globalen Prozess. Freilich hat die neuere Forschungsgeschichte am Beispiel des afrikanischen Kontinents gezeigt, dass die Kolonialgeschichte keineswegs „die Geschichte einer unbeschränkten Herrschaft der Europäer über machtlose, passive Afrikaner" darstellt. Denn „in jeder Kolonie, ja in jeder Stadt, in jeden Chiefdom, in jedem Dorf" habe sich „die Machtbalance anders"[336] eingepegelt. Dennoch vollendet sich um 1900 jener Prozess, der eine Parzellierung Afrikas in Interessensphären der führenden europäischen Kolonialmächte vorläufig abschloss. Im Zeitraum zwischen 1880 und 1912 teilen wenige europäische Staaten den gesamten Kontinent, mit Ausnahme von Liberia und Äthiopien, unter sich auf. Wie am Beispiel von Forsters *Reise um die Welt* gezeigt worden ist, reicht die europäische Präsenz in Form von Handelsstützpunkten, Konsulaten und Missionsstationen zwar wesentlich weiter zurück. Die Kap-Kolonie, die er besuchte und in der er die Gewaltförmigkeit der Sklaverei erstmals wahrnimmt und untersucht, hat sich aber deutlich gewandelt. Die Tätigkeit der Missionare ermöglicht den Zugang eines Teils der Bevölkerung zu neuen Kommunikationsmitteln wie der Schrift, aber auch den Zugriff auf neue Handelswaren und Güter. Das ruft einen soziokulturellen Strukturwandel hervor. Vor diesem neuen Hintergrund haben Eroberer und Staatengründer, Reformer und Umgestalter, Philanthropen und Verkünder europäischer Kultur während des gesamten 19. Jahrhunderts ihren Auftritt. Sie schaffen und verdichten ihre Herrschaftsstrukturen in einem topographischen Raum, in dem die Ausübung von Macht ebenso wie die Anwendung von Gewalt in erster Linie von der „unmittelbaren Präsenz des Herrschaftszentrums abhängig" war. Der Historiker Christoph Marx sieht damit die „nach außen hin abnehmende staatliche Gewalt" als ein

---

[335] Hans Magnus Enzensberger: Alexander von Humboldt (1769–1859), in: *Mausoleum. 37 Balladen aus der Geschichte des Fortschritts.* Frankfurt a.M. 1984, S. 64f.

[336] Christoph Marx: *Geschichte Afrikas. Von 1800 bis zur Gegenwart.* Paderborn u. a. 2004, S. 14.

„typisches Charakteristikum"[337] kolonialen Lebens an. Insbesondere die christliche Missionsarbeit wurde von Stellvertretern unternommen, die aus einem kulturell völlig fremden Umfeld kamen. In ihrer Tätigkeit beschränkten sie sich aber keineswegs auf die rein spirituelle Botschaft der Religion, sondern sahen einen untrennbaren Zusammenhang zur eigenen Herkunftskultur als zivilisatorische Leistung an. Dabei blieb der Horizont der Kulturwahrnehmung deutlich begrenzt: „Die Missionen des 19. Jahrhunderts", resümiert Marx, „nahmen ihre Arbeit hauptsächlich in den Gebieten auf, die den Europäern schon gut bekannt waren."[338] Über lange Zeit seien sie über die Brückenköpfe ihrer Missionsstationen kaum hinausgelangt. Obgleich der Ursprung dieser Brückenfunktion also gar nicht notwendigerweise aus dem Christentum oder seinen Offenbarungen herzuleiten war, erhoben die Missionen europäische Kulturstandards zum alleinigen Identitätsmuster. Das betraf etwa das Verhältnis zur Monogamie, zur europäischen Kleidung, zur Nahrungsbeschaffung und damit besonders europäische Vorstellungen von geschlechtlicher Arbeitsteilung, die als universale Norm zu gelten hatten. In umgekehrter Richtung

> „geriet alles, was diesen Vorstellungen nicht entsprach, zum Kennzeichen von Wildheit und Barbarei, etwa die 'Nacktheit' der Afrikaner, die Polygamie oder die Tatsache, dass Landwirtschaft in vielen Regionen in Frauenhand lag. Es war also ein dezidiert europäisches Christentum, das sich Ende des 18. Jahrhunderts anschickte, die Afrikaner auf den Weg des Heils zu locken."[339]

Dabei stellten die Missionare, am Kap und anderswo, der noch jungen Geschichtsschreibung des Kontinents zufolge einen 'komplizierenden Faktor' dar. Ihre Stellung war uneindeutig – nicht nur, weil sie sich aus religiösen Gründen weitgehend aus dem Handel heraushielten, sondern weil sie, gerade im Hinblick auf koloniale Gewaltpraktiken, keineswegs immer die gleichen Interessen verfolgten wie die europäischen Kolonisatoren. Im Mittelpunkt des Begehrens der Kaufleute und Händler stand die ökonomische Expansion, stand die Ausweitung kolonialer Machtverhältnisse. Im Fokus des Interesses der Missionare, die als Pioniere einer kulturellen Globalisierung galten, stand vordergründig das spirituelle Heil der Kolonisierten.

Ein herausragendes Beispiel für das Konfliktpotenzial im kolonialen Zeitalter, das diesem Prozess inhärent war, sind die Briefe und Schriften des österreichischen Missionars

---

337 Ebd., S. 72.

338 Ebd., S. 90.

339 Ebd., S. 91f.

Franz Mayr. Sein Tätigkeitszentrum lag im südlichen Afrika in der ehemaligen britischen Kolonie Natal. Sie sind erst annähernd einhundert Jahre nach ihrer Erstveröffentlichung als Sammlung herausgegeben worden und liefern wertvolles, bislang noch kaum erschlossenes Material für die Entschlüsselung der Beziehung zwischen Kolonisation und Mission.[340] Historische Handlungsmacht wird besonders eindrucksvoll in den Briefen inszeniert, die sich nicht, wie die Beiträge für Zeitschriften und Tagesblätter, einem öffentlichen Anspruch unterwerfen. Im Hinblick auf die Narrationsformen des Tagebuches und des Briefes ist allerdings jenes konstitutive Merkmal zu beobachten, das Homi K. Bhabha eine gewisse „Dünne der Erzählung" genannt hat. Auf Grund dieses niedrigen Fiktionalisierungsgrades sind die Aufzeichnungen aber besonders gut dafür geeignet, das „Geschehnis des Enthistorisierten"[341] einer historischen Kontextualisierung zuzuführen. Sie macht moderne Gewaltformen transparent und zeigt die Folgen der kolonialen Eroberung und ihrer Kompensationen auf.

Mayrs Aufzeichnungen sind zeitgeschichtlich im Kontext jener Konflikte zwischen Buren und Briten anzusiedeln, die ihren Höhepunkt mit den so genannten Burenkriegen 1881 und 1899 bis 1902 erreichten. Insofern ordnen sich die Aufzeichnungen des Missionars in den Traditionsbezug der Eliminierung einheimischer Bevölkerungsschichten ein. Von größerer Bedeutung aber sind sie hinsichtlich der enormen Faszinationskraft, die das kulturelle Zeichensystem jener fremden Landstriche ausübt, die der aus Osttirol stammende katholische Priester im Jahre 1890 erstmals betritt. Noch bevor dieser Teil Südafrikas in das Visier der internationalen Interessenmächte geriet, beschleunigt sich der Prozess der Landnahme, nachdem in den siebziger Jahren des 19. Jahrhunderts Gold- und Diamantenfunde gemacht wurden. Tausende von Menschen aus Europa, Indien, Amerika, Australien und Afrika selbst machten sich auf den Weg in die Minen. Neue Städte wie Johannesburg entstanden. Im Kontext dieser Entwicklungen ist die Rolle der Evangelisierung ambivalent: Weder kann sie allein als Wegbereiter kolonialer Praktiken betrachtet werden, noch ist sie eindeutig auf Seiten der einheimischen Bevölkerung zu verorten.

Eine besonders große Anzahl von Männern und Frauen schickte die katholische Großmacht Österreich-Ungarn, bevorzugt aus dem *Heiligen Land Tirol*, in die afrika-

---

340 Franz Mayr: *„Adieu ihr lieben Schwarzen". Gesammelte Schriften des Tiroler Afrika-Missionars Franz Mayr (1865–1914).* Hrsg. von Clemens Gütl. Wien/Köln/Weimar: Böhlau 2004. Zur historischen Kontextualisierung der Mission vgl. S. 19ff.

341 Homi K. Bhabha: *Die Verortung der Kultur.* Tübingen: Stauffenberg 2000, S. 295.

nischen Missionsstationen. Zu ihnen gehört auch der Bergbauernsohn Franz Mayr. Er hat in Brixen Theologie studiert – seine Schulter ist ein wenig verwachsen. 1888 wird er zum Priester geweiht. Für einige Zeit gehört er dem Orden der Trappisten an, der große Erfolge mit seinen Missionierungsmethoden aufzuweisen hatte. Die Trappisten gelten als die erste katholische Kongregation in Natal, die Einheimische zu Katechisten ausbildete, junge Zulus zum Priesterstudium nach Rom entsandte und neben den Bibelübersetzungen zahlreiche Arbeiten über deren Sprache und Kultur publizieren ließ.[342] Zunächst wirkte der Missionar in Pietermaritzburg, wo er eine Kirche und eine Elementarschule errichten ließ und das ‚Christendorf' Marienthal gründete, das damals noch weit außerhalb der Hauptstadt lag. Im Zeitraum von etwa zwei Jahrzehnten gelang es ihm, vor allem im Swaziland, mehrere weitere Missionsstationen anzusiedeln. Im Jahr 1914 fiel er einem Raubmord zum Opfer. Auf Grund seiner Bekanntheit und seines guten Rufes wegen breitete sich die Kunde von der Gewalttat wie ein Lauffeuer aus. Es war der erste Mord an einem Weißen seit fünfzig Jahren. Viele der führenden Missionarszeitschriften und Tageszeitungen brachten seitenlange Nekrologe, die dem Verstorbenen Respekt für seine über zwanzig Jahre währende missionarische Tätigkeit zollten und seine Verdienste um die Gründung zahlreicher Missionsstationen hervorhoben – aber auch seine Sprachbegabung und die Leidenschaft, mit der er ethnologische Gegenstände, Tierpräparate, Steine und Pflanzen gesammelt und den Gebrauch und die Wirkung afrikanischer Heilpflanzen dokumentiert hatte.[343]

Zu seiner Hinterlassenschaft gehören nicht nur mehrere hundert Briefe, sondern auch einige Reisebeschreibungen, die er verstreut in Missionszeitschriften und in der Tagespresse veröffentlicht hatte. Der Reiseweg aus den kalten Bergen Österreichs in das heiße südliche Afrika oder zurück nimmt an der Wende des 19. zum 20. Jahrhundert noch mehrere Wochen in Anspruch. Allein die raue und zeitweise auch stürmische Seefahrt dauerte vierzig Tage, wie Mayr in einem seiner Briefe beklagt. So gibt es auf den Dampfschiffen der Reiserouten, die der Missionar für die Finanzierung seiner Tätigkeit nutzt, viel Zeit zum Schreiben. An Deck verfasst er viele seiner Briefe, dort entstehen aber auch die Berichte für die Missionarszeitschriften und ganze Artikelserien. Exemplarischen Charakter trägt beispielsweise die Serie *Von Natal in Südafrika nach Canada in Nordamerika,* die in mehreren Fortsetzungen in der österreichischen Tages-

---

342 Vgl. Franz Mayr: *„Adieu ihr lieben Schwarzen". Gesammelte Schriften,* S. 51.

343 Vgl. ebd., S. 389.

presse Veröffentlichung findet[344]. Neben Schilderungen des kolonialen Alltags stehen Betrachtungen über Nutzen und Schaden von „Zivilisirung und Christianisierung“, die sich in der Verdichtung abwägender Gedanken in dieser Weise nicht im Briefmaterial finden. Im Zuge solcher Erörterungen stellt Mayr, etwa anhand der Gründungsgeschichte der Stadt Durban, Vergleiche an zwischen „einst und jetzt”. Sie setzen Expansionsbestrebungen und Wertsteigerung deutlich miteinander ins Verhältnis und stellen ein einzigartiges Dokument von ‚Gründungsgewalt’ dar. Aus diesem Grund sei eine längere Passage zitiert:

> „Vor etwa 30 Jahren war an Stelle der heutigen herrlichen Stadt Durban nichts als Sand und Gebüsch mit einigen armseligen Häusern. Das Land hatte in Natal, Transval und angrenzenden Ländern sozusagen keinen Wert. Dasselbe Stück Land in der Durbaner Gegend, das man damals um einhundert Kronen kaufte, ist heute 8 bis 12 tausend Kronen wert. Man nahm sich gar nicht die Mühe Land zu vermessen, sondern stellte die Grenzen nur durch Hinweis von einem Hügel auf einen anderen, von einem Baum und Strauch zum anderen fest. Damals wimmelten die Wälder und Täler von wilden Tieren, Löwen, Leoparden, Hyänen, Antilopen, Elephanten. Elfenbein, Tierfelle und Hörner konnte man für ein Spottgeld kaufen. [...] Hatte damals ein Bur oder Engländer einen Schwarzen erschossen, so wurde er höchstens mit einer Geldstrafe bestraft, kam gar vielleicht mit einer Mahnung es nicht mehr zu tun, ungestraft weg. Die Buren, wie bekannt, waren jeder Christianisierung der Kaffern feind. Im Uebrigen waren sie gerecht und hielten die Schwarzen besser zur Arbeit an als die nachgiebigen Engländer es tun. Dem Bur galt der Schwarze soviel wie ein Pferd oder Esel. Der gute, arbeitsame, respektvolle Kaffer wurde vom Bur freundlich behandelt, ebenso wie wir ein gutes, nützliches Pferd streicheln und gut versorgen. Gegen faule, unbotmäßige Schwarze war und ist der Bur grausam und scheut sich nicht, ihn halbtot zu schlagen oder gar eine Kugel durch den Kopf zu jagen, so wie wir ein wildes Tier beseitigen.”[345]

Erziehung zur Arbeit ist Kriterium des Menschseins – behutsame Strenge der „Führung” aber ist die Grenzmarkierung, die Mayr anlegt, um die Gewalt der Kolonisatoren voneinander zu unterscheiden. Jene soziokulturellen Differenzierungen, die bereits Forster beobachtet hatte und die er an die elementare Hierarchie an Bord der Schiffe

344 Geschrieben auf dem Dampfschiff *Jonian*, von April bis Juli 1904, veröffentlicht in: *Neue Tiroler Stimmen. Für Gott, Kaiser und Vaterland*, Jg. XLIV, Nr. 162–167.

345 Franz Mayr: *„Adieu ihr lieben Schwarzen”. Gesammelte Schriften*, S. 179f.

band, sieht der Missionar aber auch in die Passagierlisten der Dampfschiffe Einzug halten. Der Zugang zum Komfort ist stil- und klassengerecht geregelt, wobei sich der Klassenbegriff an die ‚Deckklassen' der Schiffsordnung hält: Die 1. Klasse gehört betuchten Reisenden, die 2. der Mittelschicht, die 3. den Proleten und Missionaren. Stärker noch als die von seinen Reisen überlieferten Berichte, deren Zweck dem Sammeln von Missionsgeldern diente, sind Mayrs Briefe geprägt von detaillierten Schilderungen des Alltags in einem kolonisierten Landstrich. So zeichnen sie zum Beispiel Einzelheiten auf über jene Frachtgüter, die zwischen Österreich und Südafrika hin- und herbewegt werden. Buchpost, Fotografien, Negative, Listen mit Taufnamen, Briefmarken, Ansichtskarten, Kleider, Museumsobjekte, Trommeln, Speere, Leibbinden, Schmucksachen – alles verlässt ungeachtet kultureller Besitzansprüche unterschiedslos das Land. In umgekehrter Richtung schreibt die Gräfin Maria Theresia Ledóchowska, durch die Gründung der St.-Petrus-Claver-Sodalität eine der wichtigsten Förderinnen der katholischen Mission in Afrika. Sie stiftet auch einen großen Teil des Geldes, mit dem Mayr weitere Missionsstationen einrichtet, wohingegen er seine persönlichen Auslagen mit einem bischöflichen Messstipendium von einem Schilling pro Tag finanziert. Für die Unterstützung der Maria Theresia Ledóchowska revanchiert er sich mit Gebeten – aber auch mit der Zusendung zahlreicher Missionsartikel, Alltagsgegenstände oder Pflanzen- und Tierpräparate. Am Ende des 19. Jahrhunderts ist die Musealisierung der afrikanischen Kulturgüter im vollen Gange. Der Bedarf an Exponaten in Europa ist groß. „Für ihr kleines Afrika-Museum", schreibt Mayr zum Beispiel am 7. August 1894,

> „sende ich hiermit einzelne Gegenstände, welche vorzugsweise Hauseinrichtungsgegenstände unserer armen Kaffern in Natal sind. Sie sehen eine Essmatte aus Gras geflochten, welche den Dienst unserer Porzellanteller thut; ebenso eine Schüssel aus Gras geflochten, ein Holzkästchen, welches das Kopfkissen der Kaffern bildet. Auf alle nicht selbstverständliche Sachen habe ich ein Papier mit dem deutschen und kaffrischen Namen des betreffenden Gegenstandes geklebt.[346]

Bevor die europäischen Kunstströmungen sich an den tribalen Objekten afrikanischer Provenienz erneuern, müssen diese verschifft, kategorisiert, bezeichnet und übersetzt werden. Dabei hat die Bezeichnung *Kaffern*, im südlichen Afrika zunächst für die dort lebenden Xhosa verwendet und ursprünglich abgeleitet von dem arabischen Wort *Kafir* für Ungläubige, noch nicht den diskriminierenden Beiklang, der ihr in den Zeiten

[346] Ebd., S. 71.

der Apartheid beigemessen wurde. In Namibia und Südafrika ist sie heute verboten. Freilich zeigen die Danksagungen an den „Redakteur“ bzw. an „Alessandro Halka“, ein Pseudonym, das die Gräfin gewählt hatte, um ihre Tätigkeit gegenüber dem österreichisch-ungarischen Hof zu verschleiern, deutlich in der herablassenden Tonlage ein Machtgefälle auf. Der Einsatz für die „interessanten Leutchen”[347] dokumentiert sich materiell und wird in der Regel mit diversen Spenden gebrauchter Kleider honoriert. Am 25.Oktober 1895 erfolgt daher umgehend der Dank. Mayr schreibt:

> „Letzten Montag ist die Kiste mit Kleidern glücklich und wohlerhalten hier angekommen. Wenn die Noth unter den Kaffern nicht eine so unbeschreiblich große wäre, würde aus dem Verkauf aller dieser schönen Kleider und Hemden und Tücher und Leinwand ein schöner Erlös für die Mission erwachsen; aber unter den gegenwärtigen Verhältnissen werde ich wohl vieles verschenken müssen und auf den Erlös verzichten. – Wahrlich das Jahr 1895 ist ein Schreckensjahr, das ich und meine Leute nie mehr vergessen werden. [...] Hier ist gegenwärtig fast in jedem Hause und Kraale ein oder mehrere Kranke; nichts als Influenza, Fieber und Verkühlungen.“[348]

Gewinnbringend ist die Missionstätigkeit nicht – das Augenmerk des Briefschreibers richtet sich daher deutlich auf eine präzise Darstellung der Ereignisse, die den Alltag erschweren. Dabei ist zunehmend ein Vorgang zu beobachten, der die narrative Strategie von Gebrauchstexten ebenso auszeichnet wie die literarischen ‚kleinen Formen’ am Ausgang des Jahrhunderts: Die Wiedergabe zeitlicher Ereignisse scheint in ihrem Reichtum an Details zeitweise mit der Genauigkeit von Fotografien zu konkurrieren. Stellenweise verfährt die Wahrnehmung des Paters wie ein Kameraauge. Nur selten kommt die Phantasie in seiner Darstellung zum Zuge. Was er sieht und berichtet, ist in der Regel ganz und gar handfester Natur. Dennoch übersteigt die narrative Formgebung seiner Aufzeichnungen deutlich die reine Erfolgsmeldung bezüglich der Missionstätigkeit. Gelegentlich kommt das Anekdotische zu seinem Recht. Eingekleidet in die Form des Berichts, integriert es biographische Elemente in die Lagebeschreibung. In solchen Passagen zeigt sich auch der nüchterne Missionar von der Lust am Erzählen hingerissen:

> „Mit großer Freude theile ich Ew Wohlgeb. Einiges mit über meinen braven Katechisten Jacob Umlaba. Derselbe ist der Sohn eines der größten Häuptlinge im

---

347 Ebd., S. 181.

348 Ebd., S. 85.

> Basutoland und Thronfolger zugleich. Aber aus Furcht vor einem Kriege in jenen unruhigen Jahren verzichtet der 16jährige Bursche auf seine ganze Erbschaft und floh aus Basutoland in's Nachbarland Natal. Er trat in Dienst bei Holländern, welche den armen Häuptlingssohn öfters halbthodtschlugen wegen kleiner Nachlässigkeiten, die er sich manchmal beim Treiben des Ochsenwagens hatte zu schulde kommen lassen."[349]

Dieser Beginn eines Werdeganges steht symptomatisch für die neuen Identitätsangebote, über die der Schreiber als Repräsentant der Mission nicht ohne Bitternis Zeugnis ablegt. Der Dienst bei den europäischen Eindringlingen weckt das Verlangen nach eigenem Besitz und den Wunsch nach Erwerb von Reichtum. Mayr wertet in seiner weiteren Schilderung dieses Begehren als Vorform zu einer „höheren Stufe der Kunst", der Kunst, „Weisheit zu erlangen". Der Fortgang seiner Erzählung berichtet vom Erlernen der Kulturtechniken Lesen und Schreiben, erworben in einer protestantischen Schule. Er gibt Einblick in die Taufe, die Voraussetzung der Weitergabe erworbenen Wissens als Prediger an die „schwarzen Mitbrüder" ist, teilt den Übertritt in die katholische Kirche mit, die Konversion. Im Gang der Entwicklung ist die Formung der Identität verbunden mit mehrfachem Namensaustausch: Umlaba ist der afrikanische Stammesname, später heißt der Protagonist Salomon, sein Taufname ist Jacob. In diesem Fluktuieren der persönlichen Identifikation sind – jenseits der Realerfahrung – prognostische Elemente verborgen: In Brechts anti-militaristischem Drama *Mann ist Mann* wird sich der Wechsel der identitären Konstruktion an den Wechsel jener Anrufung knüpfen, die auf dem persönlichen Kennzeichen der Namensgebung basiert. In Wilfried N'Sonde's postkolonialem Roman *Das Herz der Leopardenkinder* wird die identitäre Rolle des Erzählers auch deshalb so fluide, weil der Name nicht für eine feste Konstruktion des Selbst einstehen kann. Zwar wird diese Unsicherheit eines identitären Kerns vom Verfasser der Missionsbriefe nicht reflektiert. Generell entwickelt er nur wenig Sinn für die ambivalenten Folgen der Repräsentation europäischer Denkungsart. Dennoch ist seine Bemühung um Vermittlung zwischen den disparaten Kulturen Südafrikas unübersehbar, ist die Anstrengung mit Händen zu greifen, den alltäglichen Vorgängen der Kolonialisierung eine Stimme zu verleihen, sie aus der Anonymität herauszuholen. Zahlreich in seinen Briefen sind daher Beschreibungen seltener Sprachen und ritueller Praktiken, vor allem in jenen Beiträgen, die er in Blättern wie *Echo aus Afrika*, dem *Zambezi Mission Record* oder in der 1906 gegründeten Zeit-

---

[349] Brief vom 17. August 1894, ebd., S. 73.

schrift *Anthropos* veröffentlicht. Im Jahre 1912 erscheint dort die erste Sammlung von Zulu-Sprichwörtern[350], die von seinem ungebrochenen linguistischen Interesse Zeugnis ablegt und die Voraussetzung für vergleichende Sprachstudien und mythologische Forschungen schafft. Austauschprozesse, wenn auch asymmetrisch konstituiert, betreffen nicht mehr allein Wirtschaftsgüter. Der, wie es bei Forster heißt, Besitzwechsel von ‚Menschenmaterial' schließt, zumindest als Potenzialität, eine Wahrnehmung kultureller Wechselverhältnisse ein, bis Krieg und Tod auch diese Entwicklung unterbrechen. Des exzessiven Briefschreibers Franz Mayrs Dokumentation des kolonialen Alltagsgeschehens zeichnet auf dieser Grundlage ein für die Zeit um 1900 erstaunlich differenziertes Bild der Geschichte des afrikanischen Kapstaates. Die Historie seiner Eroberung ist ihm vertraut – er zeichnet sie von der Entdeckung durch den portugiesischen Seefahrer Bartholomäus Diaz im Jahre 1488 an auf und führt sie bis an die Geschehnisse der siebziger Jahre des 19. Jahrhunderts heran.[351] Mayrs Werk ist ein eindrucksvoller Beleg für den Doppeldiskurs von Entwertung des Anderen und exotistischer Faszination. Dieser erschließt sich aber nicht allein über die lokale Signifikation, weil er zu den bevorzugten Techniken der Kolonialisierung weit über das 19. Jahrhundert hinaus zählt.

5.2 Koloniale Repräsentation: Das innere Afrika (Frieda von Bülow)

Spätestens seit der Mitte des Jahrhunderts bildet Afrika für Europa ein *Frontier* der Erschließung. Imaginiert wird eine Grenzlandschaft zwischen Wildnis und Zivilisation, von der man sich materielle Reichtümer, aber auch den Reichtum an Erfahrungen versprach – manches somit, was dem eigenen Kontinent zu fehlen schien. Als Projektionsraum einer selbst von ‚Entzauberung' geprägten Welt wurde der Kontinent bereits nach den ersten Berichten der Entdecker und Missionare bedeutsam. Die Moderne projiziert im Zuge der Durchrationalisierung aller Lebenswelten die Faszination nach außen. Sie verortet sie in der Fremde, bei den Kolonialisierten, verdrängt sie als Aberglauben aber weitgehend nach innen. Dass dabei der Fetischismus der kriegerischen bzw. militärischen Auseinandersetzung Affektbindungen vor allem an die eigene Kultur sichert, zeigen die Romane Frieda von Bülows deutlich. Doch bereits in Wilhelm Raabes *Abu Telfan oder die Heimkehr vom Mondgebirge* ist Afrika kein geographischer Raum, der auf einer Karte zu verorten wäre. Die Bezeichnung des Kontinents ist viel-

---

350 Vgl. ebd., S. 65.

351 So zum Beispiel in seiner Artikelserie für die Zeitschrift *Echo*, vgl. ebd., S. 282–294.

mehr äußerer Assoziationsraum für einen inneren Zustand der Figuren, chaotisch, wenn auch domestizierbar, anregend, wenn auch kollidierend mit dem selbstzufriedenen Dasein der daheim gebliebenen Anverwandten. „Es war recht angenehm", lässt Raabe seinen Roman beginnen,

> „einen Helden, frisch, fromm und frei aus dem allerunbekanntesten, allerinnersten Afrika in Triest landen zu lassen. Man hätte glorreich lügen können, ohne die mindeste Gefahr zu laufen, dessen überführt zu werden, und wir hatten uns entschlossen, es zu tun. Was alles hätten wir mit unserer bekannten Gefälligkeit über den Gorilla, die Tsetsefliege, den Tsadsee, den Sambesi und dergleichen Kuriositäten sagen können! Überall hatten wir es mit Dingen zu tun, von welchen jedermann etwas gehört hat, ohne jedoch etwas Genaueres darüber zu wissen."[352]

Das wird am Ende des 19. Jahrhunderts anders sein. Die Exponate im Illusionsraum des Museums bereiten das Terrain vor für exakte Kenntnisse der Außenwelt. Raabes ironische Erzählexposition schildert nach der Jahrhundertmitte noch die Heimkehr eines „verwilderten Subjekts"[353], das unter dem Namen Leonard Hagebucher firmiert und in die deutsche Provinzstadt Nippenburg heimkehrt, wo ihn umständliche Verwicklungen erwarten. Fiktionalisiert wird der Anpassungsprozess eines 'Aussteigers' aus der europäischen Weltenanordnung. Im experimentellen narrativen Verfahren werden Erfahrungen eines problematischen Ichs aufgegriffen, um sie abschließend in eine Flucht ins Innere zu wenden. Der Prozess des Zurückfindens zur Ursprungsidentität wird imaginiert, wobei das Hineinschicken in die vorgefundenen bleiernen Zeitverhältnisse unter dem Druck einer anonymen Kraft geschieht, deren Macht im Zeichen von Familienkonstellationen steht. Sie befördern, ja sie erzwingen die mentale Auslöschung fremder, als hybrid empfundener Verhaltensweisen. Die Möglichkeit einer Horizonterweiterung wird von den weitaus meisten Figuren des Romans daher deutlich als Bedrohung empfunden. Diese epische Konstellation zeitigt Rückwirkungen auf das gesamte Romanprojekt. In die Autorfiktion aber schreibt sich eine Gegenstandswandlung ein, die das Dramatische des Abenteuers auf die heimelig-unheimliche Vertrautheit des Heimatlichen verkleinert:

> „So wurde eine große Aufgabe durch eine andere verdrängt; es handelte sich nicht mehr um Äthiopien, sondern um Germanien, nicht mehr um die Nymphaea lotus,

---

[352] Wilhelm Raabe: *Abu Telfan oder die Heimkehr vom Mondgebirge.* (1868) Freiburg i.Br./Braunschweig 1951, S. 11.

[353] Ebd., S. 9.

> sondern um Herba nicotiana, nicht mehr um unsträfliche Lieblinge der Götter, sondern um arg und oft gestrafte Sündenböcke der Menschen. Der Schmetterling vom Mondgebirge wurde wieder zu einem gewöhnlichen, weißgelben Buttervogel, der sein kurzes Sommerleben über einer angenehmen deutschen Wiese austummelt, ruhig seine Eier legt und der Vater einer entsetzlichen Menge sehr grüner und dickleibiger Raupen wird, was man dann in bestimmten Fällen Romane schreiben nennt."[354]

Romane schreiben – jenseits von Raabes höchst artifizieller narrativer Konstruktion, die alle vordergründige Spannung vermeidet und den Ereignischarakter kolonialer Expansion eben gerade nicht vorführt, entwickelt sich der deutschsprachige Kolonialroman belletristischer Prägung gegen Ende des 19. Jahrhunderts. Während Raabe die kolonialen Auswirkungen in ihrer Nachträglichkeit ironisch reflektiert, zeichnen sich die Romane Frieda von Bülows grundsätzlich durch eine Kombination mehrerer Elemente aus. Sie bedienen sich des Erwartungshorizontes einer breiten Leser- und vor allem Leserinnenschicht, die zu dieser Zeit entsteht. Durchgängig handelt es sich um eine formalästhetische wie wahrnehmungstechnische Zentralperspektive, in deren Fokus eine weibliche Erzählfigur rückt. Transparent gemacht werden Anknüpfungspunkte an empirisches Erfahrungsmaterial. Die Schlusslösungen der literarisch vorgeführten Konfliktstoffe propagieren schließlich, auch und gerade im kolonialen Raum, die Eheschließung als erwünschte Daseinsform des Weiblichen. Kolonialisation also bezieht sich keineswegs mehr auf einen geographischen Ort, sondern auf einen psychischen Binnenraum, der an das Ideal einer sesshaften Existenz geknüpft ist, als selbstvergessenes Glück.

Bemerkenswert aber sind im Zuge der literarhistorischen Einordnungskriterien die Allianzen von Tropenhygiene und Biopolitik, die von Bülows Texte unübersehbar auf diskursiver Ebene prägen. Sicherlich ist es so, dass, wie Helga Arbet ausführt, in den Kolonialromanen der Freiin von Bülow „die koloniale Expansion ein lebensnotwendiges, doch keinesfalls ein immer lobenswertes Unternehmen"[355] darstellt. Dennoch fällt daran auf, wie eng die literarische Gestaltung der kolonialen Praktiken deutscher Wesensart an der Hemmschwelle zur Gewaltausübung gegenüber den Kolonisierten ent-

---

[354] Ebd., S. 12.

[355] Helga Arbet: Die Kolonialromane der Frieda von Bülow, in: *Akten des XI. Internationalen Germanistenkongresses Paris 2005*, Bd. 9 (Divergente Kulturräume in der Literatur – Kulturkonflikte in der Reiseliteratur). Jahrbuch für internationale Germanistik Reihe A – Band 85. Bern u. a. 2007, S. 369.

lang geführt wird. Freilich ohne sie bewusst noch weiter herabsetzen zu wollen – zweifellos gehört die Autorin nicht zu den Befürwortern einer rigiden Kolonialpolitik. Welche narrativen Verfahren dafür eingesetzt werden, wird bereits in der Darlegung der Kriegsgründe in Ost-Afrika aus der Sicht eines Afrikaners in *Am anderen Ende der Welt* aus dem Jahre 1890 deutlich, Frieda von Bülows erstem Kolonialroman.[356] Paradigmatisch tritt diese Figur in ihre Rolle als heimlicher Übermittler der Kriegsgefahr auf der funktionalen Ebene der Figurenrede ein. Obgleich sie in ihren Grundzügen deutlich mit Sympathie erweckenden Faktoren versehen ist, dominiert das Gefälle zwischen der Zuschreibung negroider Inferiorität und der Zuordnung weißer Überlegenheit die Dialogszene in einem so hohen Maße, dass von einer ‚ästhetischen Aufwertung' des Anderen keine Rede sein kann. Anders als in den Handlungskonstellationen späterer Kolonialautoren wie etwa Hans Grimm oder Gustav Frensen beherrschen allerdings auch nicht „Abjektionsmechanismen"[357] das Feld, die in den literarischen Raum übertragen werden. Es werden vermittels der Narration noch keine 'Monster' des Anderen erzeugt, um den 'Kampf um neuen Lebensraum' im Sinne nationaler Superiorität zu rechtfertigen. Vielmehr zeigen die literarischen Ausprägungen des kolonialen Lebensstils in ihrer Diskursivierungsform etwas anderes auf: Die demonstrative Darstellung der Unterlegenheit der einheimischen Bevölkerung Ostafrikas dient der Stärkung des nationalen deutschen Selbstbewusstseins. Zugleich führt der im kolonialen Expansionsraum sich selbst übertreffende Patriotismus bestimmte Gefahren mit sich. Sie zeigt die kritische Beobachtungsgabe der Verfasserin vor allem in *Tropenkoller* auf, Frieda von Bülows bekanntestem Roman. Die medizinische Symptomatik der cholerischen Krankheit gewinnt leitmotivischen Charakter, nicht nur für die spezifische Kennzeichnung von Figuren, sondern für einen prognostizierten Verlauf sozialpsychologischer, das heißt mentaler Einflussfaktoren auf ein historisches Geschehen. Die romanhafte *Episode aus dem deutschen Kolonialleben*, wie es im Untertitel heißt, überträgt ein medizinisches Vokabular – die erhöhte Reizbarkeit, bei Freud der Neurasthenie zugeordnet, die im Roman eben gerade nicht auf tropische klimatische Bedingungen zurückgeführt wird – auf offenbar werdende Auswüchse des kolonialen Abenteuers. Vorgeführt wird weniger das tropische Fieber als ein Zustand der Physis.

---

356 Frieda Freiin von Bülow: *Am anderen Ende der Welt.* Berlin 1890, S. 143–145.

357 Vgl. dazu den erhellenden Aufsatz von Thomas Schwarz: Kolonialer Ekel und die Kultur der Gewalt. Zur strategischen Allianz von Tropen- und Rassenhygiene mit der deutschen Kolonialliteratur, in: *Worte, Blicke, Träume. Beiträge zum deutschen Kolonialismus in Literatur, Fotografie und Ausbildung*, Jg. 29 (2007) Sonderreihe, Bd. 53, S. 23–49, hier S. 25.

Impliziert wird vielmehr eine Ansteckungsgefahr für den gesamten Gesellschaftskörper, weil die viel gepriesene europäische Zivilisationskultur sich in der afrikanischen Hitze allzu rasch als ein Firnis erweist, der rein äußerlich bleibt. Erzeugt vom deutschen Streben nach historischer Größe, verstärkt durch eine Hypertrophierung des Ichs, die sich kollektiv ausdehnt, wird der *Tropenkoller*, ursprünglich ein Berliner Witzwort für die nicht selten auftretende Schroffheit und krankhafte Reizbarkeit deutscher Beamter, im Roman aus dem Munde der Figur des adeligen Offiziers Ludwig von Rosen wie folgt definiert:

> „Die Herrscherherrlichkeit im Lande der Wilden steigt den Knechts- und Bedientenseelen zu Kopfe [...] das ist's! Sie sind das Herrentum so wenig gewohnt, daß es sie um ihr armseliges bißchen Menschenverstand bringt und eine lächerliche Spielart des Größenwahnsinns zeitigt. Der Subalternbeamtengeist schnappt über, wenn er sich plötzlich als Bana Kubwa [großer Herr] steht. – Das ist etwas ganz anderes als die ungünstigen Einwirkungen des Klimas auf das Nervensystem, die auch die vornehmsten Naturen nicht verschonen. Was der ehrenhafte Drahn mir da so gut veranschaulicht, scheint mir eine durch klimatische und andere Komplikationen bösartig gewordene Form des Parvenütums."[358]

Das breit angelegte Figurenarsenal des Romans führt vor dem Hintergrund dieser Diagnose exakt jenen pathetischen Herrschaftsbegriff vor, der im Wilhelminischen Reich entwickelt und von Max Weber analysiert worden ist. Noch im Vorfeld der wissenschaftlichen Auseinandersetzung zeigt der Roman eine Disposition auf, die auf Machtgewinn und Machterhalt setzt und in diesem Sinne alle Möglichkeiten von Sanktion bedenkenlos einsetzt, aber auch Gratifikationen für ihre Zwecke ausspielt.[359] Diese Form der Gewalt ist weniger durch Blutvergießen gekennzeichnet als durch die langlebige Ausgestaltung von Sozialverhältnissen. Sie verfügt daher über Inklusions- und Exklusionsprozesse in besonderer Weise. Wie in der Missionsliteratur auch, werden Zivilisationsgrade an einen Begriff der Arbeit gekoppelt, der den Menschen zu einem Teil des auferlegten Systems degradiert. In ihm zählt allein die Position innerhalb einer festgefügten, verewigten Rangordnung. Zum zweiten wird der dem bürgerlichen Bildungsstreben entstammende Elitebegriff als Ausdruck der Zugehörigkeit zum preußi-

---

[358] Frieda von Bülow: *Tropenkoller. Episode aus dem deutschen Kolonialleben.* 1. Aufl. Berlin 1895, S. 64.

[359] Vgl. dazu Jan Philipp Reemtsma: Die Gewalt spricht nicht, in: Ders.: *Die Gewalt spricht nicht. Drei Reden.* Stuttgart 2002, S. 20f.

schen Hierarchiesystem umfunktioniert. Aus dieser Erhöhung des Selbst geht die Legitimation der Unterdrückung nahezu zwangsläufig hervor:

> „Jetzt gehört jeder Deutsche hier zu den 'Großen' des Landes. Nun steigt das Ich-Gefühl, und zwar um so sprunghafter, je weniger die betreffende Person vorher bedeutet hat. [...] Sehen Sie, so ein guter Junge, der in Deutschland Herdentier und Nummer war, sieht sich mit einem Male in einen hoch über der farbigen Menge stehenden Vertreter der Herren-Elite umgewandelt. Er wäre ein Wunder von einem Menschen, wenn das keinen Einfluß auf sein Selbstgefühl ausübte."[360]

Jenes repräsentative Verhaltensmuster, das die Erzählerin als „deutschen Nationalzug" kennzeichnet, „bei der eigenen Ansicht eigensinnig zu beharren und auf die Alleinrichtigkeit zu schwören"[361], erfährt im Zuge der aufkommenden Kriegsgefahr noch eine enorme Steigerung. Es entfaltet sich bis hin zum „Heraufbeschwören einer lawinenartig anwachsenden, unsichtbaren, feindlichen Macht", eine Macht, „gegen die es keine Waffe gibt".[362] Angesichts der Hypertrophie des Egos droht auch, in der Sprache des strahlenden männlichen Helden, die „sogenannte Humanität, diese 'Blüte europäischer Kultur'", sich im Wesentlichen als ein „ganz widerliches Mißgewächs"[363] zu erweisen. Ihre Fixation im Diskurssystem des Kolonialismus dient allein dazu, einen Vorwand herzugeben, in dessen Namen die Opfer „geschlachtet" werden, wie es im Roman heißt.

Bezieht man die Analyse des leitmotivischen Charakters mit ein, den die medizinische Krankheit gewinnt, geht der Roman über Fragen der Befürwortung oder Ablehnung des gewaltsamen Züchtigungsrechtes weit hinaus.[364] Der Fokus verschiebt sich dann auf die Vorwegnahme eines unübersehbar gefährlichen Potenzials, das sich aus dem Verlangen nach ausbeutbaren Kraftreserven speist und eine implizite Gefühlsverdrängung nach sich sieht. Die Abstumpfung einer emotionalen Sensibilität – die Bülow an anderer Stelle hellsichtig den „seelischen Tastsinn"[365] nennt – komplettiert sich durch den unbedingten Glauben an die allgemeine Gültigkeit und Verbindlichkeit des eigenen Normalitätsdiskurses. Er macht Unkultiviertheit und Unterentwicklung überall da

---

[360] Frieda von Bülow: *Tropenkoller*, S. 136.

[361] Ebd., S. 204.

[362] Ebd., S. 274.

[363] Vgl. ebd., S. 286.

[364] Vgl. Helga Arbet: Die Kolonialromane der Frieda von Bülow, S. 369.

[365] Frieda von Bülow: *Tropenkoller*, S. 174.

aus, wo die eigene dünne Richtschnur nicht mehr hinreicht. Mit den Selbstaussagen der Autorin und auch mit der sich permanent wiederholenden Handlungskonfiguration ihrer Romane hat das wenig zu tun. Danach zu fragen, welches „innerliche Erleben" als „Grundlage und Bedingung" ihres Schaffens gilt, reicht gerade für die Analyse populistischer Textsorten nicht aus. Ihre Texte entfalten ihre Wirkung vor allem über die Repräsentanz eines diskursiven Gefüges. Aufschlussreich ist bestenfalls, dass Frieda von Bülow die Zwangsläufigkeit und Genauigkeit, mit der das moderne Ordnungsbegehren des kolonialen Raumes Eingang in ihre Schreibakte fand, mit einer technischen Metaphorik des 19. Jahrhunderts ins Verhältnis gesetzt hat. Sie vergleicht ihre Romanliteratur mit der Daguerreotypie. Das Bildverfahren zeichnet neutral und selbst emotionslos auf, was an Licht- und Schattenreflexen durch die Linsenkonstruktion der Apparatur fällt:

> „Es ist viel Notwendigkeit bei diesem Vorgang und wenig Willkür. Ist erst einmal der Ausgangspunkt festgelegt, so muß alles Folgende in der Phantasie durchlebt werden. Man durchlebt mehr oder minder deutlich, mehr oder minder hellsichtig, und danach fällt das Ergebnis mehr oder minder gut aus. Der abwägende, ordnende Verstand spielt dabei nur die Rolle des Korrektors. Allein diese dem Träumen verwandte Phantasietätigkeit verlangt eine Drangabe des ganzen Menschen; denn es bedarf der völligen Konzentration, um das Vorgestellte im Geist zu durchleben [...] Mir ist, als bliebe während der Schaffenszeit von jedem *äußeren* Erleben ein undeutlicher Fleck auf dem Phantasiegewebe zurück, ähnlich wie auf der noch unentwickelten photographischen Platte, die ein Sonnenstrahl traf, während sie im Dunkeln werden sollte. So absorbiert jeder Roman die Spanne Lebenszeit, die ihm gewidmet ist, beinahe restlos."[366]

Das Überschreiben des ‚abwägenden, ordnenden Verstandes' durch ein emphatisches, wiederholtes Durchleben der Vorgänge wird zum aufzeichnenden, Realität suggerierenden Schreibverfahren. Im Durchleben selbst allerdings verbirgt sich der ‚blinde Fleck' der Wahrnehmung, der die äußere Welt durch ein Binnenverhältnis ersetzt.

5.3 Koloniale Depression: Zivilisationskritik aus dem Innersten des Reiches (Hans Paasche)

Gerade die sogenannte Kolonialliteratur, die sich vom Gegenstand her weitgehend über die Thematik der Peripherie definiert, stellt insofern ein interessantes Experimentierfeld für Gewaltanalysen dar, die über die Darstellungsfragen physischer Gewalt

---

[366] *Mitteilungen der literarhistorischen Gesellschaft Bonn*, 2. Jg. (1907), S. 259.

hinausgehen. Wenn es gilt, grundsätzliche Kontexte struktureller Gewalt aufzusuchen und auszuloten, trifft auf sie in einem besonderen Maße zu, was Paul Ricœur dem literarischen Medium generell unterstellt: ein „Laboratorium für Gedankenexperimente" zu sein, in denen die „Variationsmöglichkeiten narrativer Identität"[367] auf dem Prüfstand stehen. In seltener Weise betrifft das auch ein Werk, das in dieser Hinsicht noch kaum in den Blick geraten ist. Die Texte Hans Paasches nehmen einen singulären Stellenwert für den Zusammenhang von Kulturwahrnehmung, Narration und Identitätskonstruktion ein. Sie führen Gewaltphänomene in einem literarischen Reflexionsraum vor Augen, der den Horizont des Lesers für die Betrachtung der modernen Wurzeln von Gewalt entschieden zu öffnen gewillt ist. Es werden von der Peripherie ins Zentrum zielende Einschließungs- und Ausschließungsprozesse vorgeführt, mit Sinn für die damit verbundene Unterscheidung zwischen Stiftung von Ordnung und Zuschreibung von Chaos. Diese Betrachtung kolonialer Verhältnisse mündet in ein leidenschaftliches Plädoyer für Gewaltlosigkeit gegenüber der natürlichen wie der sozialen Umwelt. Von daher gewinnen die Texte nicht zuletzt paradigmatischen Charakter für den „wechselseitigen Verweis von Gewaltszenerie und Zerstörung von Leben als Zivilisationszerstörung".[368]

Paasches Prognose zu Beginn des 20. Jahrhunderts besticht noch heute in der Unbedingtheit, mit der sie das Verfahren kolonialer Unterwerfung von einer Außenbeziehung in ein Innenverhältnis überträgt: „Es wird nicht immer kolonisiert werden, oder vielmehr, alle werden überall und gegenseitig kolonisieren."[369] Was diese These besagt, ist kurzerhand: Das Zeitalter der Kolonialisierung wird nicht mit dem Ende des Ersten Weltkrieges seinen Abschluss finden. Es wird sich ausweiten in einen noch undefinierten Raum, es wird andere Opfer finden, die willig sind, da, wo das Ich sich zum Wir verwandelt:

---

367 Paul Ricœur: *Das Selbst als ein Anderer* (1990). München 1996, S. 182.

368 Pierre Kodjio Nenguié: Ein Deutscher mit schwarzafrikanischer Seele besucht das Kolonialdeutschland: Zu Hans Paasches Anti-Globalisierungsdiskurs in den Werken ‚Ändert Euren Sinn!' und ‚Die Forschungsreise des Afrikanders Lukanga Mukara ins Innerste Deutschland', in: *literatur für leser*, 2/07, S. 100, vgl. auch S. 97. Aus der Perspektive des kamerunischen Philologen Pierre Kodjio Nenguié nimmt das Werk von Paasche „in wichtigen Zügen das Bild des Kolonisators als Barbar vorweg, das sehr viel später Michel Foucault zeichnet". Es eröffnet so die Debatte um globalisierungskritische Gesichtspunkte bereits mit dem Beginn des 20. Jahrhunderts.

369 Hans Paasche: Das verlorene Afrika, in: Ders.: *„Ändert Euren Sinn!" Schriften eines Revolutionärs.* Hrsg. von Helmut Donat und Helga Paasche. Bremen 1992 (Schriftenreihe Geschichte und Frieden, Bd. 2), S. 234.

> „Schrill und eintönig klang es: Wir sind wir! Unser Recht: Platz an der Sonne; Wir über Alles; deutsch; in der Welt voran; Wach auf zur Macht! Und immer der andere Wahn, es sei ein Deutschland durchzusetzen mit Gewalt gegen andere Länder, Völker, Mächte; es gebe ein Sonderinteresse: 'Deutschland braucht, wir brauchen, der Arbeiter braucht.' Was Worte andeuten: Nationalökonomie, nationalliberal. Im Allgemeinen eine zu simple Auffassung; Warenhäufung, Erzeugung, Verschiebung, Steigerung der Fingerfertigkeit, Sparsamkeit, Organisation, Vereinfachung, Nützlichkeit, Zweckmäßigkeit im Dienste des einen: der lieblosen, öden, toten Macht, die sich nennt vaterländisch oder national. Fehlt nur ein Götze obenauf, der züchtigt oder Lohn verheißt."[370]

Der Fetischismus des Götzentums wird hier nicht in der Fremde aufgesucht, sondern liegt in der unmittelbaren Gleichsetzung nationaler Begriffe mit expansiver Gewalt. Diese Internalisierung prägt mit den im Verlauf der Kolonialisierungsprozesse erworbenen sozialen Ordnungsmodellen auch mentale und kulturelle Normierungen durch das gesamte 20. Jahrhundert. In dieser Erkenntnis ist die Bedeutung des Autors, Publizisten und Pazifisten Hans Paasche und seiner Schriften anzusiedeln. Seine Biographie liest sich wie eine Revue der Zeitereignisse nach der Jahrhundertwende: Als deutscher Marineoffizier hatte er 1905 in Ostafrika, im heutigen Tansania, an der Zerschlagung eines Aufstands afrikanischer Landarbeiter teilgenommen. 1909 trat er aus der Marine aus, um sich pazifistischen Kreisen anzuschließen. 1914, zu Beginn des ersten Weltkrieges, trat er erneut in den Offiziersstand ein. Ende 1916 wurde er endgültig entlassen. 1917 wegen Hochverrates verhaftet und angeklagt, landete er als vorgeblich Geisteskranker in einer Heilanstalt, aus der er 1918 befreit wurde. Im Mai 1920 starb er in Neumark auf seinem Gut „Waldfrieden“, von Freikorps-Soldaten am Seeufer 'auf der Flucht erschossen', wie die offizielle Version verlautbarte, nachdem diese eine Hausdurchsuchung wegen angeblichen Waffenbesitzes in der Vermutung einer kommunistischen Verschwörung durchgeführt hatten. Für die literarische Szenerie um 1900 macht sein Werk allerdings nicht so sehr jener „christliche Humanismus"[371] singulär, den neuere Untersuchungen ihm nachsagen, um den Verfasser als Opfer des rechten politischen Terrors zu rehabilitieren. Dieser Humanismus war für ihn anzweifelbar,

---

370 Ebd., S. 236.

371 Pierre Kodjio Nenguié: Diskursespiele in deutschen Kolonialtexturen: Anmerkungen zu Hans Paasches publizistischen Texten, in: *Mont Cameroun. Afrikanische Zeitschrift für interkulturelle Studien im deutschsprachigen Raum /Revue africaine d'etudes interculturelles sur l'espace germanophone* Nr. 2 (Nov. 2005), S. 65–76, hier S. 76.

blieb ohnmächtig vor dem Hintergrund der Gewaltexzesse in den zunächst fernen Kriegen des aufkommenden Jahrhunderts. Vielmehr ist es die erstaunlich hellsichtige Auseinandersetzung mit einem Diskurs, der einen Begriff vom deutschen „Volk" erschuf, „das die Gewalt anbetete" – und dazu „von einem deutschen Gedanken, einer Weltmission sprach."[372]

Freilich ist es dieser Form der Missionierung nicht um das seelische Wohl von ihr Anvertrauten zu tun. Den Topos von der Missionierung der Welt entbindet die rauschhafte Stimmungslage der Wilhelminischen Zeit. Als sie verflogen war, sich nicht länger aus der Furcht speiste, das Deutsche Reich möge auf dem Feld des expandierenden Welthandels hinter den konkurrierenden europäischen Industriemächten zurückbleiben, veröffentlicht Hans Paasche sein erstes Werk. Zwischen 1916 und 1918 erreicht es die Auflage von einer Viertelmillion Exemplaren und wird in zahlreiche Sprachen übersetzt. Kaum lässt der prosaische Titel *Fremdenlegionär Kirsch – eine abenteuerliche Fahrt von Kamerun in den deutschen Schützengraben in den Kriegsjahren 1914/15* erahnen, worum es sich handelt: eine gleichsam fingierte Realitätsdokumentation, die sich einer spezifischen Mischung aus Fiktion und Publizistik bedient. Keine fingierte Herausgeberschaft wie später in den *Briefen des Afrikanders Lukanga Mukara*, sondern ein Erlebnisbericht, der im Paratext den eigenen Namen anstelle der Verfasserschaft setzt. Adressiert ist das Büchlein an die bürgerliche Jugendbewegung – eine Leserschaft, die dem Autor „am ehesten geeignet schien, seine hochgesteckten, idealistischen Zielvorstellungen in die Realität umzusetzen"[373]. Der Roman, der keiner sein will, führt die Kriegserlebnisse eines Zwanzigjährigen vor Augen, dessen innere Wandlung den Anspruch auf Vorbildwirkung erhebt. Die Diktion verbleibt aber im Berichtston, eingebettet in einen hochgradig nationalistischen Diskurs. Erzählt wird ein Kriegsabenteuer in der Fremde, mit einem Plot am Ende, der jeder äußeren Wahrscheinlichkeit widerspricht. Dennoch signalisiert der Text Glaubwürdigkeit, gesteigert von einer durchgehenden Figurenstimme, die bei Abwesenheit eines stringent ausgeformten Figurenensembles das Textformat auszeichnet. Was Frieda von Bülow und andere naturalistische Autoren noch als Vergleichsmaterial für die Detailgenauigkeit ihrer Texte beschwören, die Nähe zum fotografischen Bild, macht Paasche zum integrierten Bestandteil seiner Dokumentation. Sie fügt Textabschnitte, Fotos und Kommentare in

---

[372] Hans Paasche: Ändert Euren Sinn!, S. 247.

[373] Peter Morris-Keitel: Paradiesische Zustände. Zu Hans Paasches Weltnaturschutzkonzept, in: Jost Hermand (Hrsg.): *Mit den Bäumen sterben die Menschen. Zur Kulturgeschichte der Ökologie.* Köln/Weimar/Wien 1993, S. 233.

einem Band zusammen, vereinbart Tagebuchdiktion mit fotografischem Material. Zwar implizieren die Kapitelüberschriften einen epischen Bericht. Doch erweist sich rasch, dass Kraft und Befähigung Charakteristiken sind, die einem episch konstruierten Heldentum zugesprochen werden. Das patriotische Streben erweist sich als jene Denkfigur, die den gesamten Handlungsverlauf konfiguriert.

In ihrem Sinne entfaltet sich die topographische Raumordnung. Der Weg führt von Duala aus, dem Küstenhafen der deutschen Kolonie Kamerun, wo sich der ursprünglich in Lagos in Nigeria stationierte Protagonist bei Kriegsausbruch im Mai 1914 aufhält, über Accra an der so genannten Goldküste Westafrikas. Von dort aus treiben ihn die Geschehnisse in die togolesische Hauptstadt Lomé und die Stadt Kotonou bis nach Dakar in das damalige Senegambia, sowie nach Casablanca in Marokko und weiter nach Frankreich. Bordeaux, Bayonne, Biarritz und Lyon sind die Stationen der Kriegsreise, bevor es den unfreiwilligen Abenteurer, der inzwischen der französischen Fremdenlegion beigetreten ist, endgültig ins Feindesgebiet verschlägt. Um nach Hause zu gelangen, lässt er sich nach Prunay in der Nähe von Paris an die deutsch-französische Front verschicken. Dort wechselt er die Seiten. Der französischen Armee entflohen, fällt er in die Arme seiner deutschen Kriegsgenossen.

Ein „Kriegsbuch von *Dauerwert* zu schaffen", das „eine notwendige Beurteilung anderer Völker verkündet" [374], gelang damit nicht. Seine große zeitgenössische Popularität speist sich aber daraus, dass es im Kontrast zur gängigen Kriegsliteratur auf jegliche Kriegsverherrlichung verzichtet, Gewalt aber dennoch auf mehreren Ebenen verortet. Physische Gewalt wird vor allem gegen die einfache Bevölkerung Westafrikas ausgeübt, wobei sich die Kolonisatoren aller Couleur zur Sicherung ihrer Macht der zahlreichen Streitigkeiten unter den Stämmen und Dörfern bedienten, deren Wirtschaftsstruktur in der Regel vom Dorfchiefsystem geprägt war. Strukturelle Gewalt rückt mit der Erziehung zu einem europäisierten, auf Nützlichkeit eingeengten Arbeitsbegriff erneut ins Zentrum. „Wenn die Deutschen selbst so schwer unter ihren Begriffen von Pflicht und Arbeit zu leiden hatten", wird Paasche an anderer Stelle ausführen,

> „wie mußten sie erst farbige Menschen damit quälen, die sie als minderwertig anzusehen gelehrt wurden! Sie übersahen ganz, wie fleißig die Neger Innerafrikas zu allen Zeiten waren, muteten ihnen aber in ihrer Überhebung zu, Arbeit zu verrichten, deren Ertrag ihnen nicht zugute kam. Etwa aus Begeisterung für die Tat-

---

[374] Hans Paasche: Der Patriotismus des ‚Fremdenlegionärs Kirsch', in: Ders.: *„Ändert Euren Sinn!"*, S. 195–196, hier S. 196 (Hv. im Text).

> sache, daß ein Weißer, ein Vertreter der höheren Rasse, zu ihnen gekommen war. Den Neger zur Arbeit zu erziehen, das hieß Kulturaufgabe."[375]

Bereits die Darstellung zu Beginn der romanhaften Handlungs- und Raumkonfiguration des *Fremdenlegionärs* arbeitet der Stereotypie von Arbeitsunwille und Aufsässigkeit entgegen, die das Diskursgefüge des kolonisierten Raumes dominiert. Phänomene psychischer Gewaltausübung hingegen werden vor allem am Beispiel des Protagonisten aufgezeigt, regiert und ausgelöst vor allem durch den Druck der in Europa einsetzenden Kriegshandlungen. Ihre Wirkungsmacht strahlt rasch bis in die Kolonien aus. Gerade weil ihre Gewaltformen sich weitgehend aus der Anonymität von Entscheidungsapparaten und deren Legitimationsmacht speisen, ist ihre Destruktionsmacht so verheerend. Anonyme Mächte, personifiziert durch den kaiserlichen Namen, stehen an der Spitze jenes Hierarchiegefüges, das Paasches Held zu durchschauen sich weigert. Ihm unterwirft er sich in all seinen Handlungen, um am Ende seiner Reise wiederum, im Sinne eines Wiedererkennungseffekts des alten nationalen Identitätsmusters, in der Heimat zu landen. Der Kreis zur physischen Aggression militärischer Kriegshandlungen ist vollzogen. Gleich, auf welche Seite die Rolle des Soldaten ihn zwingt – solange die Waffen sprechen, schweigt jede Möglichkeit, sich dem Kriegsgeschehen zu entziehen. Diese Drohung ist im Roman omnipräsent. Identität definiert sich über das Verhaftetsein an ein gegenläufiges und dennoch zu weiten Teilen gleichförmiges patriotisches Programm. Nur in den Kolonien, noch ganz am Rande des Großen Krieges, der Europa verheeren wird, gelingt noch so etwas wie eine zivilisatorische Leistung:

> „In den Straßen von Duala war ein ungewöhnliches Leben. Ansiedler, Kaufleute, Ärzte und andere, die sich grade im Lande aufhielten, waren gekommen, um sich dem Kommando der Schutztruppe zu melden. Man fürchtete auch Spione. Alle Häuser waren belebt, man trank heute noch mehr als sonst, und die Stimmung wurde immer zuversichtlicher. Niemand zweifelte, daß wir Deutsche beide Gegner bald niedergerungen haben würden. Bald aber kamen Nachrichten, daß es auch mit England losgehe. Jetzt dachte ich besorgt an unsere Kameraden in Lagos. Alles, was deutsche Kaufleute in der englischen Kolonie begonnen hatten, war auf dem Vertrauen aufgebaut, daß Weiße sich in den Kolonien untereinander nie bekämpfen würden; dieser Grundsatz schien durchbrochen zu sein, Freiheit und Eigentum

---

[375] Hans Paasche: Das verlorene Afrika, ebd., S. 234.

der Deutschen waren gefährdet. Auch ich hatte einen Verlust; meine ganze Ausrüstung hatte ich in Lagos gelassen."[376]

Unter das Kommando der Schutztruppe gestellt, verliert sich der letzte Rest an Aufbauleistung auf dem afrikanischen Kontinent. Der antimilitaristische Affekt speist Paasches Gegenmission, die er in seinen publizistischen Aufrufen und Schriften entfaltet. Das ist in der Forschungsliteratur auf den Nenner eines verlorenen ‚paradiesischen Zustandes' afrikanischer Naturverbundenheit reduziert worden. Eingedenk der uneingeschränkten Bewunderung für die fremde Kultur und Landschaft habe der Versuch des Imports der Industriemoderne nur Bestürzung und „tiefe Trauer"[377], das heißt Depression auslösen können. Diese Lesart ist zu ergänzen. Denn der Bericht des Fremdenlegionärs deutscher Provenienz von seiner Flucht durch das Landesinnere und entlang der Küsten Westafrikas konzentriert sich deutlich auf eine moderne Polarität: die Kluft zwischen künstlicher Bedarfserzeugung und humanen Grundbedürfnissen. Sie wird offenbar in einer extremen Situation sozialer Isolation und gewinnt existenziellen Charakter. Erst von diesem Hiatus her schreibt sich die Naturverbundenheit als Ausgangspunkt von Paasches Beschwörung einer Wandlung ein, die zum Angelpunkt der Reform europäischer, insbesondere aber deutscher Art und Lebensweise werden soll. Entscheidend ist die Fähigkeit, ohne technische Hilfsmittel ‚im Busch', aus der Selbstversorgung über natürliche Ressourcen, zu leben:

„Es gab zwei Wege zur Flucht: an der Küste entlang nach Osten oder Westen oder ins Innere. An der Küste wäre man wahrscheinlich sofort aufgebracht worden, denn die Küste war gut von der Eingeborenenpolizei bewacht. Nach dem Innern aber schien mir eine Möglichkeit zu sein, weil kein Mensch darauf gefaßt war, daß ein Weißer ohne Hilfsmittel in den Busch und in afrikanische Steppen hineinlaufen könnte. Ich aber gewöhnte mich gerade an diesen Gedanken, erinnerte mich an meine Wandertage im Hinterlande von Kamerun, nahm mir Thoreaus Bedürfnislosigkeit zum Vorbild und dachte daran, daß Livingstone und viele andere Missionare jahrelang ohne Gepäck durch Afrika gezogen sind. Ich mußte eben wie ein Eingeborener leben, mußte bedürfnislos sein. Das schreckte mich nicht; denn ich war von keiner Gewohnheit abhängig. [...] Was brauchte ich Kaffee, wenn Bana-

---

[376] Hans Paasche: Fremdenlegionär Kirsch, S. 11f.

[377] Peter Morris-Keitel: Paradiesische Zustände, S. 227.

nen am Wege standen, Zucker, wenn mir ein Stengel Zuckerrohr oder wilder Honig geboten wurde!"[378]

Der Plan bedürfnislosen Lebens droht an der Kraftanstrengung zu scheitern, welche die Bedingungen der Flucht auferlegen. Nur die Gastfreundschaft der eingeborenen Bevölkerung garantiert das Überleben des deutschen Soldaten. An dieser Fluchtszenerie wird eins deutlich: Um den Lebensgenuss, der sich aus der Verbundenheit mit einer intakten Umwelt speist, werden die zivilisierten Nationen Europas insgesamt betrogen. Die Zerstörung der einheimischen Agrarwirtschaft, die ursprünglich auf ökologischen Prinzipien beruhte, durch das koloniale Plantagensystem ging den militärischen Aggressionsakten der Kolonialmächte in diesem Falle voraus. Seine Erträge – „Kautschuk, Sisal, Baumwolle, Kaffee, Kakao, Kopra sowie pflanzliche Öle und Fette"[379] – waren ausschließlich für den Export in das Deutsche Reich bestimmt und trugen zum „Funktionieren des kolonialen Pangermanismus"[380] nicht wenig bei. Damit operiert das vaterländische Machtbegehren nicht mehr allein mit den Erbkategorien rassenhygienischer Vorstellungen, sondern hämmert auch über die Muttersprache, über „Soldatenspiel und Soldatenspiele"[381] den Begriff eines Feindes ein, zu dessen Bekämpfung jedes Mittel Recht zu sein hatte.

Paasches Einsichten in die Hybris der Kriegsgewalt legt er in seiner Kampfschrift *Meine Mitschuld am Weltkriege*, wie Carl von Ossietzky und viele andere auch, öffentlich dar. Von anderen literarischen Schuldbekenntnissen unterscheidet sich die Veröffentlichung seiner Beweggründe durch ein besonderes Merkmal: Neben der „wirklichen, unmittelbaren Schuld am Kriege" bricht sich das Wissen Bann, „den Irrsinn des Krieges schon vor dem Kriege erlebt" zu haben und dennoch dazu verführt worden zu sein, „zu schweigen oder gar im üblichen Stil über solche Dinge zu sprechen".[382] Das Bekenntnis ist also Erkenntnis und damit Diskursbruch. Er leitet die Gegenmission ein. Formal bleibt sie zunächst gebunden an die Bekenntnisform, an das Pamphlet, den Gewissensaufruf, getragen von der ekstatischen Einsicht, zum Mord als Kriegshandlung und zur Verhandlung als Blutvergießen beigetragen zu haben. Wovon Paasche in seinen Schriften über das koloniale Afrika Zeugnis ablegt, ist das Sprechen

---

[378] Hans Paasche: Fremdenlegionär Kirsch, S. 37.

[379] Vgl. Peter Morris-Keitel: Paradiesische Zustände, S. 226.

[380] Pierre Kodjio Nenguie: Diskursespiele in deutschen Kolonialtexturen, S. 70.

[381] Hans Paasche: Ändert Euren Sinn!, S. 221.

[382] Ebd., S. 220.

im Namen einer Rechtsordnung, die Gerechtigkeit nicht kennt. Zum Unsinnigsten des Krieges zählt für ihn, dass die Scheidung von Freund und Feind undeutlich bleibt – dass die Menschen einander aus Angst oder Abschreckung strafen oder töten. Wie der Krieg selbst sei auch die Gerichtsbarkeit in den Kolonien ebenso „unwissend" wie „unvollkommen". Weil er auf afrikanischem Boden „deutlich sah, daß der Mensch nicht imstande ist, Richter zu sein", bekennt er sich als Gegner der Todesstrafe:

> „Wir waren doch die Richter und wir wußten nichts, und das Volk stand auf dem Platze und hielt uns für sehr gewissenhaft, unfehlbar und weise. Als die 'Verbrecher' in der Abendsonne an dem Mangobaume hingen, war ich überzeugt, daß es nie anders bei Hinrichtungen gewesen sei, daß es anderswo höchstens feiger herging als hier, da die, die das Todesurteil aussprachen, meist nicht einmal den Mut haben, der Vollstreckung beizuwohnen. Aber eins merkte ich aus dem Verhalten der Menschen, aus Briefen und aus Reden: die Zeit wurde größer dadurch, daß gemordet wurde. Leichen über Leichen, Tränen und Blut, Heldentum und Orden – das war große Zeit!"[383]

In der Tiefe des kolonialen Raumes ist es das Leid der Anderen, das die Erfahrung mit dem Eigenen prägt. Im immer wieder stockenden und verwirrenden Lauf durch die Schusslinie an der französisch-deutschen Front ist es die Begegnung mit dem Tod. An das Ende seines Berichtes unter fremden Namen setzt Paasche ein traumatisches Erlebnis: Die Hand seines Helden berührt den eingesunkenen Brustkorb eines Gefallenen, der der Berührung nachgibt. „In der erregten Vorstellung" zeichnet sich ein Eindruck ab, der „nie verwischen wird."[384] Das Trauma verankert sich an der haptischen Grenze zwischen Leben und Tod, als Sinneserfahrung. Im Kulturkontakt erregte der Gedanke der beseelten Natur Bewunderung, der die animistischen Kulturen Afrikas prägt. Noch für Autoren der 68er Generation des 20. Jahrhunderts wie Hubert Fichte wird das ein entscheidendes Faszinosum am Anderen ausmachen. Dies ist die Gegenwelt zur Entseelung des Menschen im Krieg. Wo die Mengen an Kriegstoten gezählt werden und das individuelle Leid dem Vergessen überantwortet wird, erhebt sich die Attraktivität einer dem europäischen Anthropozentrismus völlig entgegengesetzten Religions- und Weltauffassung. Doch das darin eingeschlossene physio-zentristische

---

[383] Ebd., S. 226.

[384] Hans Paasche: Fremdenlegionär Kirsch, S. 177.

Denken[385] und die damit implizierte gewaltlose Umweltethik lassen sich auf die europäischen Verhältnisse kaum übertragen.

Anschaulich wird die fremdkulturelle Logik erst mit der Feier afrikanischer Bildlichkeit im expressionistischen Aufschrei gegen die Zeit. Paasches Diskurs der Gewaltfreiheit mündet, auch vor dem Eindruck der neuen Kunstbewegung, in eine 1919 in Buchform erschienene satirische Reiseerzählung. Sie bedient sich der literarisch traditionsreichen Briefform in neun Kapiteln. Die *Forschungsreise des Afrikaners Lukanga Mukara ins innerste Deutschland* dreht den Blick auf die fremde Welt um. Aus der Perspektive eines Reisenden, der aus der afrikanischen Savanne kommt und neugierig die Augen auf das merkwürdige Treiben der Mitteleuropäer richtet, rückt das Zeitalter des Wilhelminischen Reiches in ein anderes Licht. In gekonnt naivem Tonfall berichtet der Forschungsreisende seinem mächtigen König Ruoma im fernen Lande Kitara, was er im fernen Deutschland so für betrachtenswert hält: Vom Rauch der Fabriken erzählt er, von der Art, wie die Frauen der ‚Wasungu' sich kleiden, von der beschleunigten Bewegung im Raum, von der Hektik der stets knappen Zeit, kurz: von der Glückssuche im modernen Industriezeitalter. Literarisches Vorbild von Paasches *Briefen* waren die *Lettres Persanes* des Baron von Montesquieu, die, 1712 erschienen, das heißt genau zweihundert Jahre vor der Erstveröffentlichung des *Lukanga Mukara*, eine groteske Geschichte erzählen. Sie berichten über ein persisches Freundespaar, das quer durch Frankreich reist und in seinen Briefen die Absurdität der Beziehungen im damaligen Frankreich aus der Perspektive zweier Fremder beleuchtet. In beiden Fällen konzentrieren sich die fingierten Briefe auf Kultur, Sitten und Unsitten des bereisten Gastlandes. Die Herausgeberfiktion war literarisch so artifiziell gebaut, dass nach der Veröffentlichung der ersten Briefe 1912 bis 1913 in der Zeitschrift *Der Vortrupp* geraume Zeit Unklarheit darüber herrschte, ob ihre Verfasserschaft nicht tatsächlich afrikanischen Ursprungs war. Umweltzerstörung und Wachstumsfetischismus werden satirisch aufs Korn genommen, Modernisierungserscheinungen, an denen ein platter Fortschrittsbegriff abgelesen wird. Die Fiktion der Briefe an den König führt all das vor Augen, was nach europäischen Maßstäben erstrebenswert erscheint, woran sich der zivilisatorische Effekt erweist: das Prinzip des Geldes und der Währung, Bekleidung und Konsum, die Kluft zwischen Reich und Arm, Geschlechterbilder, Esskultur, Tabak- und Alkoholkonsum. Der kulturelle Überlegenheitsanspruch der Moderne, der

---

[385] Vgl. dazu: Pierre Kodjio Nenguié: Ein Deutscher mit schwarzafrikanischer Seele besucht das Kolonialdeutschland, S. 104.

globale Ansprüche stellt, entlarvt sich selbst: „Sie nennen alles, was sie bringen wollen, mit einem Worte 'Kultur'".[386] Die Stiftung dieses Ordnungsbegehrens wird dem Leser als Garantie einer Obsession vorgeführt, die zwangsläufig Gewalt entbinden muss, weil sich die rigide Definition von Fremdheit als eines der Abfallprodukte der Errichtung des Nationalstaates erweist. All das wird zum Störfaktor, was der Einordnung in den Diskurs der Normalität trotzt. Auch in den Briefen erwächst die physische Gewalt weitgehend aus anonymen Strukturen, die soziale Distinktionsmerkmale erschaffen und für den Machterhalt nutzen.

Was Paasche als Ausgang aus der desaströsen Nachkriegsgesellschaft sieht, eröffnet der neunte Brief. Mit dem Ausblick auf den Hohen Meißner, zentrales Symbol der Jugendbewegung um 1900, nimmt er in idealisierter Form auf all jene Bestrebungen Bezug, die eine Alternative zum kolonialen Begehren verkörpern: Schutz der Natur, Tier- und Pflanzenwelt, Gleichberechtigung der Menschen aller Völker, Gewaltfreiheit und Verzicht. Den Aufruf zur Exterritorialisierung des Ich, mehrfach zensuriert und verboten, bezahlt der Verfasser mit dem Leben. Nach der Buchveröffentlichung der *Forschungsreise des Afrikaners Lukanga Mukara ins innerste Deutschland* bewirtschaftet er sein Gut und nimmt nur noch durch publizistische Arbeiten am politischen Alltag teil. Als seine Mörder, mit Karabinern und Maschinengewehr ausgerüstet, anrückten, wurde bei der Durchsuchung seines Hauses keine einzige Waffe gefunden. „Ein Strafverfahren gegen die Beteiligten wurde nicht eröffnet", schreibt Iring Fetscher in seinem Nachwort zu den *Briefen*. Der Tod des Pazifisten, so hieß es in der amtlichen Verlautbarung, sei auf ein „Zusammentreffen nicht voraussehbarer unglücklicher Umstände zurückzuführen"[387]. Für die missionarische Rettung der Welt durch Gewalt kann zu diesem Zeitpunkt noch niemand verantwortlich gemacht werden.

---

[386] Hans Paasche: *Die Forschungsreise des Afrikaners Lukanga Mukara ins innerste Deutschland.* Hrsg. von Franziskus Hähnel und mit einem Nachwort von Iring Fetscher. Bremen 1998, S. 15.

[387] Ebd., S. 105.

IV Unter dem Gesetz der großen Zahl

6 Gewalt und Gegengewalt

6.1 Von den Maßnahmen gegen die Gewalt (Bertolt Brecht)

Die Frage, welche Umstände den Menschen dazu zwingen, Ja zur Gewalt zu sagen, und wie er es lernen könnte, ein Nein auszusprechen, hat Brecht ein Leben lang nicht losgelassen. Im Jahr 1930, wenige Jahre vor der Machtübernahme der Nationalsozialisten, fasst er sie in die Knappheit einer Parabel:

> „Als Herr Keuner, der Denkende, sich in einem Saal vor vielen gegen die Gewalt aussprach, merkte er, wie die Leute vor ihm zurückwichen und weggingen. Er blickte sich um und sah hinter sich stehen – die Gewalt. ‚Was sagst du?' fragte ihn die Gewalt. ‚Ich sprach mich für die Gewalt aus', antwortete Herr Keuner. – Als Herr Keuner weggegangen war, fragten ihn die Schüler nach seinem Rückrat. Herr Keuner antwortete: ‚Ich habe kein Rückrat zum Zerschlagen. Gerade ich muß länger leben als die Gewalt.'"[388]

Die narrative Rückwendung demonstriert, verkleidet als Dialektik, durchgängig den Umgang des Dramatikers mit dem genuin modernen Thema. In einer Binnengeschichte dreht sich die Komplexität der Problemstellung noch eine Stufe weiter. In Form einer Spirale, der dialektischen Denkfigur *per se*, verwandelt sie sich in die Geschichte vom Herrn Egge. Auf die Zumutungen eines abverlangten Dienstes antwortet dieser nicht verbal, sondern führt still die Handlungen aus, die sein Agent von ihm verlangt. Doch wehe dem Sieger: Herr Egge tut das nur, um den Dienstherrn dick, gefräßig und schläfrig zu machen. Der Agent stirbt. Am Ende sagt Herr Egge sein Nein, aufatmend und außer Gefahr. Doch hat er sein ganzes Leben im Dienst verbracht. Vergleichbar der Lehrform des Gleichnisses, in der im ersten Teil der Parabel die Gewalt personifiziert wird, um ihre Wirkungskraft im zweiten Teil zu decodieren und auf verschiedenen Tableaus der Abstraktion, das heißt der List zu entfalten, fokussiert Brecht das Regiment der Befehlsgewalt in seinem dramatischen Werk.

---

[388] Bertolt Brecht: Frankfurter und Berliner Ausgabe [im Folgenden BFA], Bd. 18 (Prosa 3; Sammlungen und Dialoge) Berlin/Weimar/Frankfurt a.M. , 1995, S. 13f.

6.1.1 Vom allzu einfachen Umbau des Menschen oder Mann ist eben Mann

Mann ist Mann ist jenes Lustspiel, in dem sich Brecht am gründlichsten Gedanken darüber gemacht hat, warum es der Individualität im modernen Zeitalter so an den Kragen geht. In der Stückfassung von 1926 gerät der Packer Galy Gay, die Figur mit dem „weiche[n] Gemüt“[389], in die Fänge des Militärs. Sie wird zu einer emotionslosen Kriegsmaschine ‚umgebaut‘. In der ersten Fassung, 1926 unter der Regie von Jakob Geis am Landestheater Darmstadt uraufgeführt – mit Ernst Legal in der Hauptrolle und Helene Weigel in der Rolle der Witwe Begbick – setzt die Handlung damit ein, wie Galy Gay in Kilkoa ausgeht, um einen Fisch zu kaufen. Er fällt unter die Soldaten einer britischen Infanterieabteilung, die ihren vierten Mann beim Einbruch in ein Gotteshaus verloren haben. Damit dieser Verlust ihrem Sergeanten Fairchild nicht auffällt, verwandeln sie den Zivilisten in ihren vierten Mann. Galy Gay wird zu Jeraiah Jip. Er ist der „Mann, der nicht nein sagen kann“[390]. Anfangs nennt er sich so. Zuletzt ist er es auch. Brechts Frauen im Stück wissen es: Wen am Morgen das Weib noch vor den Soldaten warnt, weil er glaubt, er sei in zehn Minuten wieder daheim, der marschiert am Abend als Nummer unter Tausenden. Er fügt sich ein ins militärische männliche Kollektiv, verschickt wie ein Paket als Soldat nach Tibet. Mann *ist* eben Mann. Damit das ontologische Zeichen zur Geltung kommt, wird er wie eine Maschine, „wie ein Auto ummontiert“[391]. Teile seiner Identität werden stückweise abgeschraubt, neue aufmontiert. Der Soldatenpass und die Blechmarke tun das Ihrige hinzu. Die „Mama“ Armee entbindet ein neues Kind, wie es im Werbetext für das Heeresunternehmen heißt.[392] Brechts Montage findet in fünf Nummern statt. Draußen bricht die Armee auf. Die große Zeit drängt. Sie verlangt ihren Dienst: „Der Mensch steht in der Mitte, aber nur relativ.“[393]

In der großen Zeit nationalen Heldentums regieren das Gesetz der großen Zahl und das Soldatentum als größtes Geschäft, das einer Meinung nicht bedarf:

> „Man macht zu viel Aufheben mit Leuten. Einer ist keiner. Über weniger als 200 zusammen kann man gar nichts sagen. Eine andere Meinung kann natürlich jeder

[389] Ebd., Bd. 2, S. 95.

[390] Ebd., Bd. 2, S. 102.

[391] Ebd., S. 123.

[392] Ebd., S. 121.

[393] Ebd., S. 206 (Fassung von 1938).

haben. Eine Meinung ist ganz gleichgültig. Ein ruhiger Mann kann ruhig noch zwei oder drei andere Meinungen übernehmen."[394]

Galy Gay, der Mann, der nicht nein sagen kann, leugnet seine Identität, denn, so heißt es im Stück, „Ein Mann ist wie der andere"[395] – und „Einer ist keiner. Es muss ihn einer anrufen."[396] Auf den Namen allein kann einer nicht bauen, wo die Ordnung ihn in den Dienst nimmt, fremde Festungen zu erobern.

Das Stück aus den zwanziger Jahren wird 1931 unter dem Eindruck des sich formierenden Nationalsozialismus für die Inszenierung Erwin Piscators selbst noch einmal ummontiert, um den Theatereffekt des brutal Fratzenhaften einer kollektiv verfassten Tötungsmaschine zu verstärken. Der Umbau zeigt auf, was der zweite Teil der Parabel des Herrn Keuner in *Maßnahmen gegen die Gewalt* nur andeutet: Umwandlung ist ein vitaler Akt. Man(n) muss daran beteiligt sein. Die Unversehrtheit des Körpers behauptet sich gegen die Umwelt, indem sie ihr gerade keinen Widerstand entgegensetzt. Das Fleisch, die körperliche Einheit, kann aber nur überleben, wenn die Konstruktionen der Identität, das Triptychon von Individuum, Familie, Nation, ins Fließen gebracht werden. So wie das Wasser in jede Form fließt, geht Galy Gay an jedem Platz auf, an den er sich gestellt sieht. Sein Name und seine Person sind jeweils dort, wo sie gebraucht werden. Wo es um die Einmündung in ein Kollektiv geht, dient die Stimmgewalt der Anrufung dazu, die Rollen für das neue Zeitalter möglichst ideal zu besetzen.

Diese im doppelten Sinne dramatische Erkenntnis ist am überzeugendsten mit einem soziologischen Paradigma in Verbindung gebracht worden.[397] Tatjana Röber widmet sich dem Stück über den Ich-schwachen Hafenarbeiter Galy Gay, der bereitwillig zum Kriegshelden avanciert, im Kontext einer Auseinandersetzung mit kollektivistischen Tendenzen im ersten Drittel des 20. Jahrhunderts. Das Militär macht sie als jenes fixierende Medium aus, durch das der Verfasser seine paradoxe Intervention in den humanistischen Diskurs spiegelt.[398] In diesem Sinne hält er sich ganz an die behavioristischen Voraussetzungen der wissenschaftlichen Verhaltenslehren, wie sie sich seit den

---

394 Ebd., S. 117.

395 Ebd., S. 122.

396 Ebd., S. 142.

397 Tatjana Röber: *„Die neuen Methoden der Betrachtung". Subjektivitäts- und Wahrnehmungskonzepte in Kulturtheorie und ‚sachlichem' Theater der 20er Jahre.* Bd. 1. St. Ingbert 2001, S. 73–94.

398 Ebd., S. 77.

zwanziger und dreißiger Jahren entfalten.[399] Betrachtet man die Sache genauer, zielt Brechts Angriff auf das Subjektverständnis in *Mann ist Mann* aber nicht allein auf die zerebrale Orientierung des Menschen in der modernen Industriegesellschaft. Vielmehr geht es um die Umlenkung von Energien, um einen Umbau von Emotionen, um eine Transformation also. Auch Kälte beruht ja auf Empfindung, wenn auch auf einem Mangel.

Es kann also nicht allein die Frage im Zentrum stehen, ob Gefühle im Zuge der gesellschaftlichen Determinierung „unnützer Ballast" seien oder unverzichtbar. Das mag für den Handlungsverlauf stimmen. Die räumliche Konstellation des Stücks zeigt aber sehr deutlich, dass die Binnenspaltung des Ichs die „Möglichkeiten einer multiplen sozialen Identität" nicht grundsätzlich ausschließt. Jene „kampfdurchtobte Vielheit"[400], in der sich die gesellschaftlichen Aporien im Bewusstsein des Einzelnen spiegeln, ist nicht zwangsläufig auf den einfachen Austausch von Bewusstseinsinhalten hin aufzulösen. Zwar gibt es in *Mann ist Mann* noch keine Form von Hybridität im Aufbau und in der Ausgestaltung der Figuren. Gerade die Vermischung verschiedenartiger Anteile an der Bildung einer Person soll ja dramaturgisch ausgeschlossen bleiben. Tektonisch von Bedeutung für den Abschluss des Prozesses, der das Selbst neu konstituiert und damit die Spaltung abschließt, ist aber die Kontextualisierung in einem Außen. Sie nimmt das Drama erst gegen Ende vor. Damit aber verschiebt sich der Schauplatz des Ich als ein Kampfplatz deutlich zu einer Peripherie hin. Verlagert wird er nach Indien, in die Ferne des kolonialen Raumes hinein. Dort, am Rande der Welt, trifft das militärische Aggressionspotenzial, dem Galy Gay nun zugehört, eben gerade nicht auf Angehörige des gleichen identitären Feldes. Das ist auch nicht notwendig – der Umbau des Menschen zur Maschine ist ja bereits geschehen. Für das Kollektivsubjekt Militär bleibt die strukturelle Gewalt des Umbaus gefahrlos. Die Energien werden abgeleitet auf das Plündern und die Gegenwehr innerhalb der eigenen Ordnung militärischer Befehlsgewalt. Sie verkörpert sich auf der Bühne in der Figur des Sergeanten mit dem freundlichen Namen Fairchild, genannt der „blutige Fünfer". Während die Figur des braven Galy Gay zum Soldaten ummontiert wird, erfolgt als Parallelvorgang die ebenso mehrstufige Demontage des Sergeanten der britischen Armee zum Zivilisten. Als Söldner ist er nicht mehr brauchbar. Zeitweise wird er derart von Emotionen überflu-

---

[399] Vgl. zur wissenschaftlichen Auseinandersetzung mit dem behavioristischen Modell aus psychoanalytischer Perspektive Erich Fromm: *Anatomie der menschlichen Destruktivität.* Reinbek b. H. 1977, S. 19.

[400] Tatjana Röber: *„Die neuen Methoden der Betrachtung"*, S. 81.

tet, dass er nur noch trinkt und hurt. Die Gegenläufigkeit dieser beiden Umbauprozesse führt im Schlussakt des Stückes dazu, dass sich die Figur des Sergeanten dem neuen Helden mit der Waffe in der Hand entgegenstellt, bevor sie sich nach dem Ende der Kämpfe dann doch dem allgemeinen Siegestaumel anschließt. Umgekehrt verhält sich Galy Gay als Jeraiah Jip, im Zeichen und unter der Obhut seines neuen Namens, der wie ein Schlachtruf klingt. Für das Brüllen durch das Megaphon scheint er wie geschaffen. Was ihm als Panzerung des Emotiven dient, ist nicht Kaltblütigkeit, sondern Indifferenz. Es ist ihm gleichgültig, welches Opfer schreit: Das „eine Geschrei" ist wie das „andere Geschrei".

Im Frühwerk Brechts, vom *Baal* bis zu *Mann ist Mann*, ist Gewaltausübung nahe am triebhaften Geschehen, anthropologische Konstante der humanen Konfiguration und keine historisch jeweils anders situierte Dysfunktion. Je nach Stadium der Eroberung äußerer Welten entfaltet sie ihr Potenzial nach innen:

> „Und schon fühle ich in mir / Den Wunsch, meine Zähne zu graben/
> in den Hals des Feinds / Urtrieb, den Familien/
> Abzuschlachten den Ernährer /
> auszuführen den Auftrag / Der Eroberer."[401]

Die Formulierung in der späteren Fassung zeigt an, dass es im Stück keine Auflösung von Sicherheiten gibt. Was nie existiert hat, kann sich nicht auflösen. Wohl aber gibt es Referenzen auf eine soziokulturell sehr spezifisch ausgestattete Wunschproduktion. Es gibt Hinweise auf den Charakter der Identifizierung, auf die ‚Herstellung' eines emotionalen Haushaltes im wissenschaftlichen Zeitalter. In *Mann ist Mann*, dem Drama psychischer Gewalt, das jede Psychologie verabscheut, bleibt der Protagonist kalt gegenüber den Folgen seines technisch vermittelten Handelns. Aber er zeigt die *Wirkung* der Konditionierung auf. Zweifellos zeigt das Arbiträre des Namens eine Kastration an. Doch vollzieht sie sich als Verflüssigung und Verschiebung der Identitätsgrenzen.

Das aber ist nicht ein genuines Feld der Soziologie. Literaturwissenschaftliche Ansätze, die sich an dieser Kontextualisierung orientieren, vermögen zwar die soziokulturelle Verfasstheit des Individuums ins Zentrum der Werkanalyse zu rücken. Sie gehen in der Regel aber von zu festgefügten und eindeutigen Rollenvorstellungen aus. Gerade im Zusammenspiel mit diesem ‚blinden Fleck' eines sozialen Wahrnehmungsfeldes

---

[401] BFA, Bd. 2, S. 227 (Fassung von 1938)

führt das Drama indessen seine Destruktionsarbeit am bürgerlichen Subjektbegriff derart lustvoll aus. Deshalb wird die Transformation des Individuums in ein Kollektivwesen in eine spezifisch narratologische Weise des Dramenaufbaus überführt: Der Entwurf des neuen Ich folgt zunächst den Spuren jener ‚Großen Erzählung', die Wert darauf legt, alle bisherigen Erklärungen zum menschlichen Handeln in sich einzuschließen. Hinweise im Text lassen sich zunächst im Werk der Zwanziger Jahre finden, das zum Angriff auf die tradierte anthropozentristische Anschauung der Welt bläst. Allerdings schließt sich Brecht zu diesem Zeitpunkt in seinem Werk nicht an die zeitgleich einsetzende Zirkulation von Begriffen an, die in Form von Ismen theoretische Ensembles eröffnen. Theoriegebäude mit Axiomen, methodische Prozeduren, festgefügte institutionelle Strukturen hat er zu seiner Sache nicht gemacht. Abgestellt sind seine Handlungskonfigurationen vielmehr auf Konflikt und Konkurrenz, auf Mittel, mit denen sich antagonistische Deutungen des Gesellschaftskörpers und seiner potenziellen Entwicklungsmöglichkeiten durchsetzen. Im Sinne des Zusammenstoßes und der Konfrontation errichten sie soziale Oppositionen. Jede für sich tritt der jeweils anderen mit einer je „eigenen, stabilen Identität"[402] entgegen.

6.1.2 Vom Klang der Trommeln in der Nacht

Das Denken in Oppositionen, die einander ausschließen, entbindet Monster und insofern gewalttätige Auseinandersetzung. Diese dramatische Konstellation bringt bereits ein Stück Brechts aus dem Jahre 1919 auf die Bühne. In *Trommeln in der Nacht* soll der Heimkehrer Andreas Kragler, der tot geglaubte Artillerist, der aus der Kriegsgefangenschaft in Afrika zurückkehrt, zum Zivilisten umgebaut werden. Doch weil er seine Braut in den Händen eines anderen vorfindet, verlangt er nach vier Jahren Krieg das, was er für sein Recht hält: die Frau. Die Erinnerung an bessere Zeiten, sie will er wiederhaben. Mit einem auf der Ebene der Figurensprache kaum mitteilbaren Bewusstwerdungsprozess entronnener Gefahren setzt das Drama ein. Kragler ruft seiner Verlobten Anna entgegen, unter welchen Bedingungen er den Krieg überlebt hat:

> „Anna! Anna! Was tue ich? Schwindelnd über einem Meer von Leichen: mich ersäuft es nicht. Rollend in den dunklen Viehwagen südlich: mir kann nichts geschehen. Brennend im feurigen Ofen: ich selbst brenne heißer. Einer wird irr in

402 Jacques Derrida: *Einige Statements und Binsenweisheiten über Neologismen, New-Ismen, Post-Ismen, Parasitismen und andere kleine Seismen.* Berlin 1997, S. 9.

der sonne: ich bin's nicht. Zwei fallen ins Wasserloch: ich schlafe weiter. Ich schieße Neger. Ich fresse Gras. Ich bin ein Gespenst."[403]

Auf die Frage, was er in Afrika denn gemacht habe, antwortet er an anderer Stelle jedoch: „Straßen gepflastert."[404] Die Erinnerung an das Geschehen, die öffentlich unaussprechlich ist, trägt die Hauptfigur in den heimatlichen Raum hinein. Sie bringt das Andere in die bürgerliche Mitte, die selbst zu zerspringen droht unter dem Anprall eines eskalierenden Klassenkonflikts. Auf eine der Fronten hin ist es nicht abbildbar. Obgleich Kragler gleich zu Beginn der Komödie von Balicke mit den Kämpfenden identifiziert wird, bleibt die Assoziation von „Mord und Brand" dem Zuschauer als Unterstellung erkennbar. Sie dient der Abgrenzung vom Zivilleben ebenso wie der Diskreditierung der Aufständischen. Umgekehrt äußert sich Kraglers Fremdheit zunächst in seinem unbeholfenen Sprechen. Diese Situation macht es ihm unmöglich, mit den anderen Figuren so zu kommunizieren, dass die gewaltsame Horizonterweiterung, die er erfahren hat, mit deren Normalität sich überschneidet. Nicht mehr Teil der vertrauten Gemeinschaft, erscheint er in deren Augen bedrohlich, unberechenbar und selbst gewaltbereit.

Die Brechtforschung, etwa in Gestalt von Werner Mittenzwei, hat das Drama den Revolutions- und Agitationsstücken im Stile von Ernst Toller, Ludwig Rubiner, Paul Zech, Rudolf Leonhard, Franz Jung oder August Wittfogel gegenübergestellt und es somit von den literarischen Idealbildungen des revolutionären Diskurses abgegrenzt.[405] Dem Umstand, dass der Verfasser des Stücks den diskursiven Vorgang der Meinungsbildung hinsichtlich von Gewaltpotenzialen einer Gesellschaft eher für nebensächlich erachtete – weil, wie Jan Knopf hervorgehoben hat, „die Geschichte des Bürgertums zwar Meinungen und andere ethische ‚Grundsätze' hat, aber durchaus nicht daran interessiert ist, sich an sie zu halten"[406] – verdankt das Stück seine umstrittene Schlusslösung. Anna Balicke und Andreas Kragler, Protagonisten des ursprünglich unter dem Titel *Spartakus* firmierenden Stücks, glauben die Revolution im „große[n], weiße[n],

---

[403] Bertolt Brecht: Trommeln in der Nacht. Komödie, in: BFA, Bd. 1, Berlin 1971, S. 33.

[404] Ebd., S. 47.

[405] Werner Mittenzwei: *Das Leben des Bertolt Brecht oder der Umgang mit den Welträtseln.* Bd. 1. Berlin 1986, S. 108.

[406] Jan Knopf: Gegen Weltanschauungen. Am Beispiel von Bert Brecht, in: Wolfgang Asholt u.a. (Hrsg.): *Unruhe und Engagement. Blicköffnungen für das Andere.* Festschrift für Walter Fähnders zum 60. Geburtstag. Bielefeld 2004, S. 507–519, hier S. 518.

breite[n] [Fluss-]Bett"[407] überleben zu können. Die Kämpfe im Berliner Zeitungsviertel, die Auswirkungen der Novemberrevolution in ganz Deutschland, über deren Verlauf die Verlautbarungen der *Münchner Neuesten Nachrichten* oder der *Münchner Post* dem jungen Autor Auskunft gaben, sind zwar als den Konflikt vorantreibendes Geschehen durchgängig präsent. Kraglers Ruf: „[Auf] In die Zeitungen!" trägt sogar zur Dynamisierung der Handlung in entscheidendem Maße bei. Die praktische Umsetzung des Aufrufes zur gewaltsamen Besetzung aller Nachrichtenkanäle mündet indessen in einen ganz anderen Entschluss: „Und heim geh ich"[408], sagt Kragler im Schlussakt. Er motiviert seine Abwendung von der revolutionären Gewalt durch die Morddrohungen des Mobs gegenüber der schwangeren Geliebten, die als „das Schiebermensch" nach dem Willen der Aufständischen „unters Wasser" soll. Kraglers Einschreiten verhindert die Umsetzung der Todesdrohung am Fluss. Obgleich vom Objekt der Begierde trotz „der Photographie, mit Haut und Haar längst vergessen", bekennt er sich zu ihr, dem in der Ferne hallenden, dumpfen Kanonendonner lauschend, akustisches Zeichen der Artillerie, die tote Metallteile in das lebende „Fleisch" der Aufständischen schießt.

In *Trommeln in der Nacht* steht das physische Bedürfnis, seine Erdgebundenheit, der Abstraktheit einer „Idee" gegenüber, die ihre Verfechter gen „Himmel" fährt. Noch rückt nicht die Relativität der identitären Bestimmung eines handelnden Subjekts in den Fokus. Doch wird bereits auf die Prozesshaftigkeit seiner Entstehung Wert gelegt, wenn es heißt: „Jeder Mann ist der beste Mann in seiner Haut."[409] Kragler, der über dem abgenutzten Hemd „keinen Rock"[410] anhat, der vielmehr eine „afrikanische Haut umhat"[411], weil er mit „geschwollenen Händen" und „Schwimmhäuten" zwischen den Fingern aus dem Horror des Krieges in der Fremde zurückkommt, fühlt „eine Negersprache im Hals".[412] „Von Afrika" weiß er jedoch nichts zu erzählen, außer, dass er in einem Lehmloch lag und „Negern in die Bäuche geschossen"[413] hat. Selten ist die Sprachlosigkeit der Ohnmächtigen so beredt dargestellt worden. Von den Mächtigen des Krieges dazu verdammt, physische Gewalt auszuüben, verstummen die Worte in

---

407 Bertolt Brecht: BFA, Bd. 1 (Stücke), S. 229.

408 Ebd., S. 227.

409 Ebd.

410 Ebd., S. 209.

411 Ebd., S. 201.

412 Ebd., S. 193.

413 Ebd., S. 213.

der Kehle dieses „Niemand", der versucht, seine Liebe zurückzugewinnen, um sich darüber seiner Identität zu versichern.

Astrid Oesmann hat darauf verwiesen, dass die Wirkung der dramatischen Konstellation in diesem Stück sich weniger über die politische Positionsbildung des Protagonisten entfaltet, denn über eine Demontage seiner Subjektivität. Durch die ‚disjunktive Position'[414] bereits beschädigt, mit der er, aus dem kolonialen Raum kommend, in das Drama eintritt, erweist sich seine Diskursposition als nicht anschlussfähig.

Von dieser mangelnden Anschlussfähigkeit her, die sich so wenig mit anderen Sprechakten kreuzt, dass ein Dialog kaum möglich erscheint, sind die Bedingungen für das aktuelle Geschehen kaum einsehbar. Für die anderen Figuren ist klar: Der neue „rote Herr", dessen Herrschaft erwartet wird, soll einiges abstellen. „Abschaffen" auf Erden soll er die Ungerechtigkeit, das Verhältnis von Regierenden und Regierten soll er umkehren. Agiert und agitiert wird im Namen jener Gruppe, die im Begriff ist, die Macht zu ergreifen. Aber, so heißt es in der Picadillybar, „Kann man das Militär abschaffen oder den lieben Gott? Kann man abschaffen, das es Leiden gibt [...] und die Qualen, die die Menschen den Teufel gelehrt haben?", fragt Kragler den Wirt. Der aber verdient an den einfachen Begierden der Menschen. Sie entfalten sich unabhängig davon, welche der potenziell konkurrierenden Machtgruppen sich durchsetzt. „Man kann es nicht abschaffen", antwortet der Wirt, „aber man kann trinken. Darum trinkt und macht die Tür zu und laßt den Wind nicht herein, den es auch friert, sondern tut das Holz davor! Laßt die Gespenster nicht herein. Es friert sie."[415] Die Engführung von Wetterphänomenen und Geistern, die da gerufen wurden, impliziert die An- und Abwesenheit von Erscheinungen. Das Dämonische ihrer Gewalt besteht darin, dass sie ohne Verkörperung andauert, nicht greifbar ist, nur an der Wirkung erkennbar, also begreifbar.[416] Was die Akteure des Dramas als Gruppe oder Menge gegen die bestehende Ordnung zusammenhält, ist Macht und Potenzialität neuer Macht. Der flüchtige Augenblick des gemeinsamen Handelns verfliegt allerdings. Dann wird auch die

---

414 Astrid Oesmann: The Theatrical Destruction of Subjectivity and History in Brechts *Trommeln in der Nacht*, in: The German Quarterly 70.2 (1997), pp. 136–150, here p. 136.

415 Bertolt Brecht: BFA, Bd. 1, S. 216f.

416 Vgl. zum ‚Geist' Brechts im wissenschaftlichen Zeitalter Eva-Maria Siegel: 'Ghost Stories for the Scientific Age'. Bert Brecht, Roland Barthes und die Performanz, in: Who Was Ruth Berlau? The Brecht Yearbook 30 (2005) Ed. by Stephen Brockmann/The International Brecht Society, p. 380–400.

neue Macht zur Organisation und damit zur Ordnung, die Gewalt ausüben muss. Damit die Organisation sich nicht zerstreut, darf sie kein Außerhalb kennen.

Das in Afrika geschehene „kleine Unrecht" scheint vor diesem Hintergrund peripher, vom Standpunkt der Metropole aus betrachtet. Dennoch wächst kein Gras drüber, auch nicht, wie ein afrikanisches Sprichwort besagt, ‚wenn man daran zieht'. Die aufgeregte Zeit lässt keinen Raum für Trauerarbeit. Dennoch konfiguriert das Unrecht am Rand jene Figurenperspektive, von der aus betrachtet die revolutionären Ereignisse ins Blickfeld geraten. Der Nachrichtenkanal des Verstummens tritt an die Stelle des Berichts als Narrativ über die Erfahrung in der Fremde. Die Erörterung kolonialer Aneignungspraktiken stellt somit eine entscheidende Leerstelle im Drama dar. Doch ist diese fehlende Präsenz der Stimme von fern keineswegs beliebig zu füllen. Der Klang der Trommeln ersetzt den Sprechakt. In der Chronik der *Mutter Courage* baut Brecht das Requisit in den Händen der stummen Kattrin als optisches Zeichen des Aufruhrs und der Anklage gegen die Kriegsgewalt aus. 1919 ist es ein rein akustisches Signal. Was sein nächtlicher Klang verkündet, ist scheinbar banal: Es ist „die Macht der Liebe", auf der Bühne in Stellung gebracht als „gewöhnliches Theater", versehen mit Brettern und einem rotem Papiermond als Requisit, hinter dem die Fleischbank hervorlugt.[417] Dabei steht das Klanginstrument nicht allein für den kolonialen Rückbezug ein. Unsichtbar für den Zuschauer, wirkt es wie eine Projektionsfläche, ein Bild imaginierend, in dem sich die Gewaltförmigkeit der Ereignisse noch einmal spiegelt. Die Trommeln sind eine Sprache für sich. Ihre Klangwelt ist vorsprachlich, ihre Zeichenordnung führt die Sprache auf den Körper als entscheidende Funktion zurück. Sein Einsatz bildet jenen Klangraum aus, dessen Töne der Buchstabenfolge gar nicht bedürfen, um zum Ausdruck zu gelangen. Was Brecht revolutioniert, ist nicht die Gesellschaft, sondern die poetische Sprache. Auf andere Weise als das Wort spricht die Trommel zum Zuschauer: im Rhythmus, in der Variation des Tempos, im Reichtum der langsamen oder schnellen Folge von Lauten. Herzschlag nach außen. Der Klang der Trommeln beschwört das Reich der *Chora* herauf, der Semiose, der Energetik von materiell-triebhaften Prozessen. Er ist Spiegel der das Subjekt verwirrenden Ereignisse und verleiht zugleich dem Wunsch nach einer anderen Sprache Bedeutung, nach dem Erlernen einer anderen Lautordnung – und nur insofern auch dem Wunsch nach einer anderen Bewegung.

417 Bertolt Brecht: BFA, Bd. 1, S. 229.

So vervielfältigt sich der Einzelne in der Vielfalt der aufeinander abgestimmten Töne. Ihr Zusammenklang ruft zur Beteiligung am Kampf der Vielen auf. Dass Kragler ihnen nicht folgt, macht das Heldentum im Stück privat. Sterben ist nicht poetisch. Brechts ‚Maßnahme' gegen die Gewalt wird exemplarisch für die Konzipierung seiner Theatertheorie sein: Ausschluss des Theatralen, Negation der Romantik, Bühneneffekte als Publikumsprovokation. Kein Trauma des Helden, das sich in der Machtfülle der Aggression ausspricht; keine Bewunderung im Zuschauerraum, kein Staunen der Kritiker. Vielmehr ein Abgang der beiden Figuren nebeneinander ohne Berührung. Die Trommeln schweigen am Ende, „während" in der Ferne „das Geschrei andauert".[418] Die ausgeblendete Wahrnehmung der Gewaltexzesse am fernen Horizont kolonialer Fremde hält auf der deutschen Bühne Einzug. Ihre Geschichte kehrt in das Drama zurück auf dem Umweg über ihre Deplatzierung innerhalb einer Gewalt revolutionärer Ereignisse.

6.1.3 Die Rückkehr des Theatralischen in der Gewalt der Ökonomie: Dreigroschenoper

Brechts Revolution der Bühnensprache entfaltet sich entlang postkolonialer Diskurselemente. Sie nimmt theoretische Ausformungen in gewisser Weise vorweg, wie sie erst in der zweiten Hälfte des 20. Jahrhunderts zur Entfaltung gelangen. Mit Bezug auf die Macht des Tons und des Musikalischen in Gestalt des rhythmischen Elements findet sie in dieser Form allerdings keine Fortsetzung in seinem Werk. Freilich sind Transformationen zu beobachten. Ralf Simon hat sie in seinem Beitrag über Brechts Theatralität im Kontext einer Krise der Repräsentation auf den Nenner gebracht, dass „Brechts größter kommerzieller Erfolg" *Die Dreigroschenoper* im Grunde nur um den „Preis des Missverstehens" zu erkaufen war. Die angestrebte Reformation des Operngenres, die „auf so hinterhältige Art und Weise Theatralität als ideologiezertrümmernden Mechanismus vorführen wollte", habe „de facto genau gegenteilig gewirkt."[419] Statt eine kritische Reflexion über gesellschaftliche Zustände anzuregen, zog das szenische Geschehen während der Uraufführung am 31. August 1928 im Berliner Theater die Zuschauer stark in die illusionäre Welt des Stückes hinein. Diese Reaktion erschien den von Brecht erarbeiteten neuen Darstellungsprinzipien des epischen Theaters nicht gemäß.

---

[418] Ebd.

[419] Ralf Simon: Medienwechsel der Theatralität? Zu Brechts Dreigroschenprojekt (Oper, Roman, Film, Prozess), in: Erika Fischer-Lichte: *Theatralität und Krisen der Repräsentation.* Stuttgart/Weimar 2001, S. 252–280, hier S. 262.

Offenbar wurde damit, dass der überraschende Auftritt eines Ensembles von Bettlern, Huren und Räubern auf der Bühne vor allem elementare Vergnügungsansprüche des Publikums bediente. Trotz der Ansiedelung der Handlung im viktorianischen England war die surreale Komödie über die Weimarer Republik durchaus geeignet, zum größten Theatererfolg der zwanziger Jahre zu werden, obgleich sie Satire und Spott über die bürgerliche Welt ergoss. Sie muss sich darin wiedererkannt haben: Anhand der dunklen, an das Licht der Bühne gezogenen kriminellen Seiten der großstädtischen Weltordnung zeigt das Stück exemplarisch den Prozess auf, der im Kampf um das Eigentum die Gewalt in die Wirtschaftsordnung selbst hineinwandern lässt.

Diese Parallelität von Handlungskonfiguration und Realitätsauffassung der Zuschauer im Saal hat offenbar jenen ästhetischen Bann erzeugt, jene affirmative und sinnliche Identifikation, die kritische Untertöne als Imitation eines klassischen Genres verstand, wenn auch in neuer Besetzung. Die Absorption des kritischen Potenzials legt insofern weniger ein Missverständnis nahe als eine nicht entschlüsselte Parodie: Bis in die Anweisungen für die Gestik der Schauspieler hinein imitiert die *Dreigroschenoper* den militärischen Befehlston und überträgt ihn auf den nun zivilisierten Wirtschaftssektor. Distanzierungsmomente, die sich auf der Theaterbühne herstellen sollten, galten insofern weniger den gesellschaftlichen Ordnungsmächten selbst. Vielmehr hielt sich das mehr oder minder heimliche Vergnügen des Publikums auf der Distanzlinie auf zwischen dem kalten Vorzeigen menschlicher Defekte und der Gewissheit, die sich im Laufe des Stücks verfestigt: In der ‚großen Welt' der Wirtschaftsbosse läuft es nicht anders als im Milieu des Hinterhofs. Hier wie da heiligt der Zweck die Mittel. Die Abschiedsrede des Mackie Messer nach seinem Fall und vor dem Gang zum Galgen spricht diese Lehre unverblümt aus. Sie arbeitet mit der gefühlten Kluft zwischen einer sich selbst definierenden Wirtschaftselite und dem Rest der Welt, die im Verlauf der Handlung längst desavouiert worden ist:

> „Wir kleinen bürgerlichen Handwerker, die wir mit dem biederen Brecheisen an den Nickelkassen der kleinen Ladenbesitzer arbeiten, werden von den Großunternehmen verschlungen, hinter denen die Banken stehen. Was ist ein Dietrich gegen eine Akte? Was ist ein Einbruch in eine Bank gegen die Gründung einer Bank? Was ist die Ermordung eines Mannes gegen die Anstellung eines Mannes?"[420]

---

[420] Bertolt Brecht: BFA, Bd. 2, S. 305. Vgl. zum weiteren Ausbau dieser Semantik ökonomischer Prozesse, die in der *Dreigroschenoper* noch nicht zur „Tiefenstruktur" zählt, Walter Hinck: Der

Dass der Tod im Krieg durch den Dienst im Job ersetzt wird, konfiguriert die gesamte dramatische Konstellation der *Dreigroschenoper*. Unter dem eisernen Gesetz der Monopolisierung von Wirtschaftsprozessen ist das allerdings keine Frage der Wahl. Es entscheidet die Verfügungsmacht über Mittel, wo die Differenz Einzug hält zwischen bürgerlicher Reputation der Mitte und Fall in die Kleinkriminalität. Der Umschlag in die „kalte Theatralität der Defekte“[421], den Simon konstatiert hat, inszeniert Affekte wie Leid und Mitleid als Inszenierung der Affekte anderer. Einfühlung, Empathie soll ausgeschlossen werden. Doch stellt sie gerade darüber ihren Wiedererkennungswert her: Von kaltherziger Personalpolitik betroffen fühlt sich schließlich irgendwie jeder, in einer Wirtschaftskrise.

Der *Common Sense* einer allgemeinen Managerschelte, der in Zeiten globaler Finanzkrisen grassiert, bildet also das Pendant zu jener parodistischen Konstellation, die den Hinrichtungsakt Mackie Messers einleitet. Vor dem Hintergrund der rettenden Figur des Reitenden Boten wird sie zur oberflächlichen Kostümierung umgestaltet. Indiz dafür ist bereits die ironische Befestigung des Kriegszustandes, dessen Folgen das Bettlerheer von Jonathan Jeremiah Peachum speisen. Weitere Belege lassen sich finden: Die gemeinsame Vergangenheit von Macheath, genannt Mackie Messer, und Brown, dem obersten Polizeichef von London, beruht auf Kriegsgewalt und Erinnerung an die Toten. Im „Kanonen-Song“ tritt diese Verbundenheit in ihre neue Funktion ein, geschäftliche Verbindlichkeit zu stiften: „John ist gestorben und Jim ist tot / Und Georgie ist vermisst und verdorben / Aber Blut ist immer noch rot / Und für die Armee wird jetzt wieder geworben!“[422] Nicht das Gewehr, sondern der Geldschein stiftet Kooperativität, macht, dass die Erde sich dreht. Zwar fließt kein Blut mehr, aber die Beschwörung der einstigen gemeinsamen Todesgefahr dient dem Schmieden einer Allianz, die auf dem Tauschobjekt des Geldes basiert. Als Zeichen von Zeichen wird es zum Bedeutung tragenden Element. Seine Knappheit treibt die Handlung des Stücks voran. Kosten-Nutzen-Relationen unterliegen nicht nur alle Geschäftsprozesse in der *Dreigroschenoper*, sondern das Figurengefüge insgesamt, einschließlich aller Generationen- und Geschlechterverhältnisse. Diese unblutige Gewalt ist nur krisenhaft für diejenigen, die das Kapital für ihre Eigenverwertung selbst stellen und den Nutzwert erst

---

Haifisch schluckt eine Ladenkette. *Dreigroschenroman*, in: Marcel Reich-Ranicki (Hrsg.): *Romane von gestern – heute gelesen*. Frankfurt a.M. 1990, S. 31–38.

421 Ralf Simon: Medienwechsel der Theatralität?, S. 276.

422 Bertolt Brecht: BFA, Bd. 2 (Stücke), S. 252.

einmal heranschaffen müssen. Diesen Prozess nach dem Minimalprinzip des Kostendrucks zu optimieren, nennt Brecht ‚Peachums Prinzip'.

Der mitleidlose Blick, der die Oper regiert, gilt also weniger den Toten als den Überlebenden. Dass er auf der Bühne tötet, ist davon nur eine Folge. Was er für den Zuschauer imaginiert, ist aber nicht allein äußere Kälte. Es ist das Resultat innerer Verhärtung, Effekt der Panzerung des Affekthaushaltes. Damit dieser sich auszahlt, sind die Bühnenfiguren auf innere Ökonomik angewiesen. Die ‚Zuhältererotik' macht nur anschaulich und damit ästhetisch konsumierbar, was unter der Herbeizitierung brutaler Gewalt elementarste Abhängigkeitsverhältnisse sind. Durchgängig ersetzt die *Dreigroschenoper* jene Illusion romantischer Liebe, die bereits im Schlussakt *Trommeln in der Nacht* ad absurdum geführt wird, durch den Appell an die Triebstruktur. Die Verfügungsmacht über das sexuelle Begehren des anderen wird disponibel.

Das Machtgefälle, das damit einhergeht, ist dabei erstaunlich flexibel gehalten: Das Gefüge der Austauschprozesse erlaubt durchaus auch einen Tausch der Positionen und damit Statusgewinn und -verlust. So legt der „Fall" des Mackie Messer letzten Endes dem Publikum die Deutung nahe, dass es Pollys Verrat aus Eifersucht ist, der ihn um die Vorherrschaft über seine Gang bringt. Einzige Bedingung für diesen Positionswechsel ist die sich gegenseitig antreibende und sich übersteigernde ‚kriminelle Energie' der Figuren, wie die Rivalitäten zwischen Macheath und Brown zeigen. Unter den harten Verhältnissen des Wettbewerbs kann es sich als ausschlaggebend erweisen, aus der gebotenen Vielfalt von Optionen so einen Vorteil zu ziehen, dass der Gewinn jeweils maximiert werden kann. Auf den ersten Blick betrachtet, sind es die weiblichen Figuren, die Macheath verraten, maskiert als Huren in diesem Babylon der Konkurrenz. Mehrfach ihre Trümpfe im Spiel abwägend, berechnen sie im Voraus. Bei Lichte besehen sind es aber die eigenen Gewohnheiten, die den männlichen Protagonisten an den Galgen bringen.[423] Stabile Verhaltensmerkmale sind es, die verräterisch werden. Sie sind für das Selbst nicht so ohne weiteres einzuberechnen. Insofern führt die Figur des Mac – wie die *Ballade von der sexuellen Hörigkeit* unterstreicht – eine Form der Selbstüberschätzung vor Augen, deren Hybris als Bild von sich vor sich selbst verschlossen bleibt. Eingefahrene Reaktionsweisen generieren Identität als Gepflogenheiten. Ein Mackie Messer gibt sie nicht einmal auf der Flucht auf. Und deshalb wird er betrogen. Betrug ist in der *Dreigroschenoper* Geschäft. Das gilt aber nicht für den

---

423 Vgl. ebd., S. 273. Das erkennt vor allem Frau Peachum, wenn sie ihrem Mann in den Mund legt: „Die größten Helden der Weltgeschichte sind über diese kleine Schwelle gestolpert."

Selbstbetrug. Geschäft als Betrug prägt auch und ganz besonders die auf die Bühne gebrachten Leidenschaften. Gleich ob männlich oder weiblich, bleiben alle Figuren des Stücks in ihre innere Ökonomie der Kälte eingeschlossen. Das entspricht genau jener Lehre, die Mac, im Käfig gefangen, in seiner Schlussrede verkündet. Das Primat der Wirtschaftlichkeit setzt sich bis in die Intimität der Privatverhältnisse durch.

Mit dem Hinweis auf die Konvergenz von Verbrechen, Börse und Gewalt verabschiedet sich Macheath vorläufig von der Welt. Doch geschieht dies nicht ohne einen deutlichen Hinweis auf eine weitere anthropologische Konstante in Brechts Werk: Am Beispiel des Verrats seiner Frau Polly erklärt Macheath den menschlichen Eigennutz für unausweichlich unter den gegebenen Bedingungen dieser Welt. Dies ist im wahrsten Sinne der Verkündigung ein egozentristischer Akt. Sein selbstberuhigender Impetus mag zur amüsierten Widererkennung des Publikums das Seine beigetragen haben. Grundlegend aber ist die Durchrationalisierung des Beziehungsgefüges der Figuren bis hin zu jenem Maß, an dem ihre irrationale Kehrseite dieses Rationalisierungsprozesses hervortritt, weil keiner keinem traut. Dieser beunruhigende Effekt kommt auf der Bühne der Zwanziger Jahre aber noch kaum zum Tragen. Vielmehr wird die Beobachtungsperspektive polyvalent. Sie vervielfältigt sich selbst: ein Schauspieler betrachtet einen Schauspieler, der eine Rolle repräsentiert, die er einem Zuschauer zeigt. Im experimentellen Stadium war das Verfahren, die Aporie real existierender Gewaltverhältnisse auf die Bühne zu bringen, noch kaum transparent zu machen. Was als Wirkung dieses *Versuchs im epischen Theater* feststand, war aber die Verlebendigung einer abstrakten Materie – als ein soziokulturelles Experimentieren mit ihrem Material. Im *Dreigroschenprozeß*, der nachträglich die Reflexion des großen Erfolges vornimmt, den der Bühnenautor nicht ganz ohne Koketterie als Desaster seiner theoretischen Vorannahmen beschreibt, heißt es:

> „Ein solches soziologisches Experiment ist gleichzeitig der Versuch, das Funktionieren der ‚Kultur' zu begreifen. Öffentliches Denken wird entfesselt und findet mit verteilten Rollen statt. Es handelt sich beinahe im Wortsinn um einen Denkprozeß. Die Materie kommt hier lebend vor, sie funktioniert, sie ist nicht nur Gegenstand der Schau."[424]

Dass es Brecht um das Funktionieren der Materie samt ihrer Selbstwahrnehmung auf einer Ebene ging, die heute ‚Unternehmenskultur' heißt, ist bislang kaum jemandem

---

[424] Bertolt Brecht, BFA, Bd. 21 (Schriften I), S. 510.

aufgefallen. Ein anderer Begriff von Kultur als die von Mitgliedern eines Unternehmens getragenen Grundüberzeugungen macht aber im Kontext dieses Zitates kaum einen Sinn. Diese Akzentuierung des Kulturbegriffes setzt sich bis in die Exilzeit fort. Jede Position, hebt Simon anhand der weiteren Werkentwicklung hervor, die selbst nicht „ökonomischen Klartext" spricht, wird in den Vorgaben der Regie fortan zu einer „ironisch gewussten theatralen Geste"[425] gebündelt werden. Im Folgedrama *Die heilige Johanna der Schlachthöfe* verdichtet sich dieses Unterfangen zu einer Poetologie sozioökonomischen Wissens. In ihr kristallisiert sich die Funktion ökonomischer Diskurselemente aus.

6.2 Triumph und Seligkeit des Marktes: Die heilige Johanna der Schlachthöfe

Mit der Figur der Johanna Dark im Stück spielt Brecht auf mystische Dimensionen der historischen Jeanne d'Arc an und verstellt so zunächst den Handlungskontext. Doch setzt das Martialische der Raumordnung im Schlachthof, die heute jede Aufführung erschwert[426], ihn um so deutlicher in Szene. Inspiriert wurde das Stück durch die Lektüre von Upton Sinclairs Roman *The Jungle* aus dem Jahr 1906, der die Zustände in der amerikanischen Fleischkonserven-Industrie in den Union Stock Yards Chicagos schilderte. Entstanden ist es als Reaktion auf die Weltwirtschaftskrise Ende der Zwanziger Jahre, die den Kreditboom nach dem Ende der Versailler Verträge in den globalen Count Down eines Finanzcrashs überführte. Das gemeinsam mit Herrmann Borchardt, Emil Burri und Elisabeth Hauptmann verfasste Stück verlagert das wirtschaftliche Geschehen an einen Ort, der heute zu den Industriebrachen der modernen Wirtschaftsordnung zählt. In anderer Weise als *Die Dreigroschenoper* setzt es die Frage nach den Komponenten wirtschaftlicher Gewalt auf der Bühne um. Johanna findet den Tod in der Hölle der Fabrik. Nach ihrer Seligsprechung kann allerdings desto wirkungsvoller ihre altruistische Lehre verkündet werden. Die Figur ist Streiterin und Geopferte zugleich. Als Kämpferin stellt sie die Frage nach den Bedingungen der Möglichkeit des Unrechts in der Welt. Als Opfer nimmt sie die Schuld auf sich. Auf dieser Ebene fungiert sie im Sinne jener *Méconnaissance,* die Girard in seiner Opfertheorie beschreibt. Ob als Täuschung oder als Selbsttäuschung, diese Position markiert ein Nicht-Wahrhaben-Wollen, das der Illusion des Sündenbocks in aller Regel

---

425 Ralf Simon: Medienwechsel der Theatralität?, S. 261.

426 So jedenfalls die weitaus meisten Reaktionen auf die Inszenierung im Deutschen Theater in Berlin in der Spielzeit 2009/2010 unter der Regie von Nicolas Stemann, nachdem das Spiel am Berliner Ensemble seit 2004 mehr als einhundert Aufführungen erlebte.

vorausgeht.[427] Die gegenseitige Potenzierung dieser Illusion führt dazu, dass Gewalt nur durch Gewalt beendet wird und damit nicht enden kann. Sie perpetuiert sich ständig neu, wobei nicht unbedingt Blut dabei fließen muss, um das Geschehen zu erneuern. Was Brechts Drama mit einigen Elementen der Girardschen Gewalttheorie zusammenschließt, ist die Dreifaltigkeit in der Entstehung struktureller Gewalt: Es braucht einen Täter, ein Opfer und einen Ritus, verstanden als religiöser Akt.[428] Als Religion fungiert im Stück nicht nur die Ideologie der Heilsarmee. Libidinös besetzt ist vor allem das Glaubenssystem an den einzigen Gott. Es ist der Markt, auf dem ein Produkt gekauft und verkauft werden muss. Diese Form des Monotheismus schließt alle anderen Glaubenssysteme zugleich ein und aus. Handeln gegenüber diesem Einen heißt daher, den anderen zu opfern.

Der Bau des Stückes zeigt sich auffällig symmetrisch: Im Sinne der Dreieinigkeit von Täter, Opfer und Ritus werden drei Positionen aus dem weltanschaulichen Diskursgefüge der Zwanziger Jahre herausgegriffen. Als sprachliche Handlung werden sie im Wortsinn ‚vorgeführt': Besitz, Arbeit, Kirche. Das Krudeste und das Erhabenste greifen ineinander. Dreimal tritt Johanna ihren Gang in die Tiefe der Fabrikwelt an. Dreimal erscheint der Schillersche Botengang in gewandelter Form als Brief. Zweimal tritt er auf als Post aus New York, die sich gleichsam informell öffentlicher Verkehrswege bedient. Einmal erscheint er in Gestalt des von Johanna nicht zugestellten Briefes an die Arbeiter der Fleischfabrik. Seine Überbringung scheitert an der Schwäche ihres Körpers, an zufälligen Wetterbedingungen: Schnee, Eis und Kälte lassen den bloßen Gang zu Fuß scheitern.[429] Die Zentralfigur macht sich schuldig ohne Schuld, ohne vom Publikum schuldig gesprochen zu werden. Die Todesstrafe wird von keiner übergeordneten Instanz verhängt. Symbolische Schuld also, derweil das Auf und Ab der Konjunktur, der Wechsel von Hausse und Baisse, von Konkurrenz und Kooperation nicht aufgehalten werden kann. Notwendig ist für ihre Unendlichkeit aber der Glaube. Dass die Armen ihre Armut nur ihrer Schlechtigkeit zu verdanken haben, ist Grundüberzeugung der Moralphilosophie vom Guten im Menschen. Deshalb schickt der

---

[427] Vgl. zu dieser Illusionsbildung Konrad Thomas: René Girard: Ein anderes Verständnis von Gewalt, in: Stephan Moebius/Dirk Quadflieg (Hrsg.): *Kultur. Theorien der Gegenwart.* Wiesbaden 2006, S. 335.

[428] René Girard: *Das Heilige und die Gewalt.* Frankfurt a.M. 1992; Ders.: *Ausstoßung und Verfolgung. Eine historische Theorie des Sündenbocks.* Berlin 1992.

[429] Vgl. Bertolt Brecht: BFA, Bd. 3 (Stücke), S. 302.

philanthropische Geschäftsmann Johannes Mauler seine Dienerin Johanna zum wiederholten Mal auf ihren Weg in die Fleischfabriken:

> „Dann nimm sie mit“, sagt er zum Makler Slift, „Zum Schlachthof und zeig ihr / Ihre armen Leute, wie sie schlecht sind und tierisch, voll Verrat und Feigheit / und dass sie selber schuld sind. Vielleicht hilft das.“[430]

Helfen soll der Gang in die Hölle gegen den Zusammenschluss zur Gegengewalt. Sie wiederum kommt nicht ohne Gewalttätigkeit aus. Die Fleischfabriken sind kein Wallfahrtsort. Wo das eherne Lohngesetz Lassalles herrscht, darf das Entgelt nur um das Existenzminimum schwanken. Auch die Non-Profit-Organisation der Heilsarmee bietet da keinen Ausweg. Stemmt sich der hohe Ton der „Schlammflut des Materialismus“[431] entgegen, lassen die Bekehrer sich bekehren vom Geld. Fehlt es, mögen die Herzen gerührt sein. Die „Gesichter“ jedoch „sind lang“[432]. Moralische Kaufkraft zählt wenig. Deshalb sind die philanthropischen Anwandlungen des Herrn Mauler auch nie von langer Dauer: Dem Streben nach „höheren Zonen“ steht stets der Schmerz gegenüber, dass auch der Fabrikant „mit dem Fleisch nach unten hängt.“[433] Das Zusammenspiel von Kapitalverwertung und Arbeitsmarkt, Produktion von Reichtum und Erwerbslosigkeit setzt das Marktgesetz durch. Es wird in diesem Stück, das 1932 nur in einer gekürzten Hörspielfassung gesendet wurde, bühnenfähig gemacht. Freilich nicht in der Personifizierung ökonomischer Kategorien allein. Zwar mag sich „in der dramatischen Weltliteratur“ bis heute kaum „eine andere vergleichbare Gestalt dieses Typus“ finden, „die ebenso differenziert als Charakter und typisiert […] als moderner Industrieboss erfasst ist.“[434] Mauler steht jedoch nicht nur für die Börsenwelt ein. Um das herauszufinden, muss man sich freilich auf Untertöne des Textes einlassen, nicht nur auf sein Pathos, sondern auch auf seinen Witz, auf seinen zutiefst pessimistischen Gehalt. Vor diesem Hintergrund ergänzt sich die Geschichte einer Wirtschaftsspekulation und ihrer Folgen um die Geschichte einer missglückten Bekehrung zur marktgerechten Ordnung. Sie scheitert am Tod der weiblichen Hauptfigur. An ihrem Sterben ändert auch Maulers „komplizierte Gefühlswelt“[435] nichts, die im Profit dann doch

---

[430] Ebd., S. 147.

[431] Ebd., S. 206.

[432] Ebd., S. 208.

[433] Ebd., S. 226f.

[434] Werner Mittenzwei: *Das Leben des Bertolt Brecht oder der Umgang mit den Welträtseln,* S. 331.

[435] Ebd., S. 332f.

nicht so ganz öffentlich aufgehen will. Jeder von beiden macht seinen Schnitt. In diesem Drama geht die Ökonomie mitten durchs Herz. In einem der späten Gedichte, die aus dem Jahr 1953 stammen, sublimiert sich dieses Verhältnis von Geben und Nehmen in den klangvollen Versen eines Sonetts:

> „*Die Geheimnisse des Liebeslebens*
> Es walten zwei Geschicke in der Liebe
> Das eine wird geliebt, das andere liebt
> Eins erntet Balsam und das andere Hiebe
> Es nimmt das eine und das andere gibt.
> Verhülle dein Gesicht, wenn Glut es rötet,
> Verbiet dem Busen zu gestehen, was er litt!
> Reich ihm, den du da liebst, das Messer, und er tötet.
> Weiß er, du liebst ihn, macht er seinen Schnitt."[436]

Johannas Kanonisierung wird erst möglich vor dem Hintergrund des Zusammenspiels von Erniedrigung und Erhöhung. Der Geschäftsmann, von der Reue „zerfleischt", wie das Wortspiel besagt, kommt demgegenüber nicht umhin, jene siebenstündige „Schlacht" an der Börse fortzusetzen, die Mitbewerber wie Zulieferer in den Bankrott zu stürzen droht. Mit ihr setzt sich das „ewige Schlachten" fort, „das [...] heut nicht anders [ist] / Als es vor Menschenalters war, wo sie / mit Eisen sich die Köpfe blutig schlugen!"[437] Das Ausrufezeichen vollendet die Parallelführung von physischer und mittelbarer Gewalt, bei der kein Blut mehr sichtbar wird. Die Armut im Geiste – „kein Sinn für Höheres"[438] – zahlt sich aus. Zur Steigerung der Effizienz bedienen sich die Herren über das Fleisch des Networkings. Es verschafft dem zweiten Brief von der Wallstreet seinen Auftritt im Drama. Der anonyme Rat der Banker rettet das „System" des Kaufens und Verkaufens, „das wir nun einmal haben / Und das auch seine Schattenseiten hat".[439] Auf diesem doppelten Boden errichtet sich das neue, erfolgreicher agierende Konsortium. Die überschüssigen Rohstoffe werden vernichtet, was Arbeits-

---

436 Bertolt Brecht: *Gedichte über die Liebe.* Ausgewählt von Werner Hecht. Frankfurt a.M. 1984, S. 187.

437 Bertolt Brecht: BFA, Bd. 3, S. 210.

438 Ebd., S. 213.

439 Ebd., S. 214.

kraft einspart. Gestehungskosten zählen nicht. Das ist das „Unbewusste" des „Geschäfts"[440].

Als symbolische Figur des „Großen / Selbst- und Nutz- und Vorteilslosen", als weiblicher Faust, wird die Figur der Johanna durch das Stück nicht denunziert. Doch ist sie nützlicher im Tode als im Leben. Diese Erkenntnis bringt den Mehrwert im Brechtschen Sinne zum Vorschein: Die Tugenden sind zur handelbaren Ware geworden, mit enormen Gewinnmargen. Die Bändigung der Rache über das Opfer gelingt zwar in diesem Stück. Der Druck kann aber nicht kanalisiert und abgeleitet werden durch neue Regeln. Insofern lassen Brechts Rindfleischberge und -fabriken die Tötungsmaschinerie des Nationalsozialismus bereits erahnen.

6.3 Narrative des Tatsächlichen 1: Egon Erwin Kisch

Wie Brecht auch, stand Kisch jener Bewegung nahe, in der sich die Suche nach einer einheitlichen und klar identifizierbaren Gruppe herauskristallisiert, die Träger von Veränderung sein sollte. Ihren Formen der Gegengewalt sollte die Aufhebung der alten Ordnung gelingen. Die Erwartung scheinbar unmittelbar zu beobachtender sozialer Transformationen verheißt im ersten Drittel des 20. Jahrhunderts fest gefügte politische Identitäten. Shmuel Noah Eisenstadt, geboren 1923 in Warschau, hat sie zu jenen modernen „Arenen der ‚Erlösung'"[441] gezählt, denen er drei Merkmale zuordnet: Erstens gehöre dazu ein in der Regel unaufgelöstes „Spannungsverhältnis zwischen politischem und kulturellem Pol". Zweitens richte sich der „Entwurf großer Traditionen" an „symbolischen Rahmenwerken" aus. Das treibt eine zusätzliche „Entwicklung von Ideologien" voran. Damit geht drittens ein „Wandel der Weltinterpretation" einher. Im Zuge dessen, resümiert der israelische Soziologe, habe sich die Idee als selbstverständlich durchsetzen können, dass die Erforschung und „Bewältigung der Welt" durch eine einzige „bewusste Anstrengung von Mensch und Gesellschaft" zu leisten wäre. Die Idee, dass „essentielle Aspekte der sozialen, kulturellen und natürlichen Ordnungen durch *bewusste* menschliche Aktivität und Teilnahme *planmäßig* gestaltet werden können"[442], steht im Zeichen der Transformation durch die Revolution – als Inkorporation von Protest und Ausdruck dieser Erwartung. Der damit verbundene

---

440 Ebd., S. 208.

441 Shmuel Noah Eisenstadt: Die Konstruktion nationaler Identitäten in vergleichender Perspektive, in: Bernhard Giesen (Hrsg.): *Nationale und kulturelle Identität: Studien zur Entwicklung des kollektiven Bewusstseins in der Neuzeit.* Frankfurt a.M. 1991, S. 22f.

442 Ebd., S. 29 (Hv. im Text).

Fortschrittsoptimismus ruft nicht nach Eingrenzung der Krise, die Gewalt entbindet. Er setzt Gegengewalt als Antwort und verbleibt damit im Horizont moderner Lösungsparadigmen.

Die Reportage gilt im 20. Jahrhundert als das moderne Genre *per se*. Sie leitet sich her aus den Entwürfen aufklärerischer Publizität und weist vielfältige Bezüge zum Augenzeugenbericht und zur Reisebeschreibung auf. Folgt man der Darstellung in den Handbüchern für Journalisten, umgreifen ihre Themenfelder Exotisches aus der fernen Welt ebenso wie unfassliche Ereignisse. Dazu gehört nicht zuletzt der politische Umbruch. Dazu zählen aber auch andere Themen öffentlichen Interesses, sofern die Reportage in der Lage ist, Auskunft über die Innenansicht der Handlung zu geben. Formal gesehen ist ihre Hauptfunktion die Möglichkeit der Teilhabe einer Leserschaft. Die Vermittlungsleistung journalistischer Tradition zielt dabei auf die Überwindung räumlicher Barrieren hinsichtlich eines vorgegebenen Ereignisses ab. Die Vermittlungsleistung literarischer Tradition hingegen richtet sich an der Überwindung der Distanz zu einem selbst gestalteten Erlebnis aus. Als Höhepunkt der Genre-Entwicklung gilt die Zeit der *Neuen Sachlichkeit* gegen Ende der Weimarer Republik. Es ist zugleich eine Hochphase des Mediums Film. Was beide teilen, ist die Stereotypisierung in der Darstellung von Gewalt, die sich bis in andere Berichtsformen hinein fortsetzt.

Kischs Reportagen liefern „turbulenten Lesestoff von der Peripherie".[443] Das sagt ihnen bereits der Prager Autor Paul Eisner nach, der den Begriff benutzt, ohne ihn zu kennen. Ihr Verfasser nimmt damit eine extradiegetische Position ein, das heißt, er agiert von geographischen Räumen aus, die unter dem Postulat des Nationalen als eher randständig gelten. Peripherie eben, Umgebung im Gegensatz zum Kernbereich, Nicht-Metropole und insofern leicht zu deklassieren. Dabei hat Egon Erwin Kisch, der „Mann der fünf Erdteile", die mit seinem Werk in Verbindung gebrachte „Kategorie" der Reportage nicht geliebt.[444] Darauf hat Hans-Albert Walter bereits 1988 nachdrücklich hingewiesen. Dennoch lässt sich „das Exotische", das dem Genre inhärent ist, nicht auf jenes Spannungsmoment beschränken, das Walter zufolge „gebraucht wird, um den Leser in die Geschichte hineinzulocken". Die Wahrnehmung von Fremdheit fällt nicht immer auf jenen „Trick" herein, der darauf beruht, dass die eingeführte „literarische Gleichnissphäre mit der beschriebenen Sache ‚eigentlich' gar

---

443 Paul Eisner: Egonek, in: *Servus Kisch*. Berlin/Weimar 1985, S. 23.

444 Hans-Albert Walter: *Ein Reporter, der keiner war. Rede über Egon Erwin Kisch*. Stuttgart 1988, S. 7.

nichts zu tun hat".[445] Nimmt man den Band *Asien gründlich verändert* als ersten Ausgangspunkt, erweist sich der Bezug auf differente kulturelle Ordnungen als zentral. In der Regel wird ihr Zusammenspiel als gewaltfrei gekennzeichnet. Der spontane Eindruck der Begeisterung dominiert deutlich dic in der späteren Reflexion erarbeiteten Assoziationen. Der Impuls der Wahrnehmung von Interkulturalität, schriftlich nachträglich fixiert, lässt das Fremde neu und anders in den Blick geraten.

Dass die Begegnungen jeweils in die literarisierte Form eines *first contact* gebracht werden, ist bereits von der zeitgenössischen Kritik aufmerksam registriert worden. Doch erfahren weniger die Russlandreportagen eine Würdigung, die Kisch berühmt machten, weil die „Umwälzungen, die in diesem mittelasiatischen Keil vor sich gehen", als exemplarisch für den Rest der Welt zu gelten hatten. Vielmehr rücken die „grotesken Niederschläge" in den Fokus, die entstehen, wenn „zwei Zivilisationen, eine europäisch-kapitalistische und eine afrikanisch-naturalwirtschaftliche" sich begegnen. Besondere Aufmerksamkeit erweckt also das, was an Aporien und Asymmetrien sich aufbaut, seit „die Europäer [...] als Herren und Kolonisatoren"[446] über die Welt gekommen sind. Das politische Moment der kulturellen Differenz wird auf diese Weise klar herausgestellt. Und es wird vorgeführt, wie es innerhalb der Herrschaftsstruktur einer kolonialen Regierungskonzeption zum Vorschein kommt.

Noch einmal Afrika: Die Reportage soll, schreibt Peter Bark, dem deutschen Lesepublikum eine ebenso „lebendige Vorstellung" von den dortigen Verhältnissen geben wie dokumentarisches Filmmaterial. „Wer hat noch nie", fragt der kinobegeisterte Kritiker,

> „einen nackten Neger mit einem verbeulten Zylinderhut auf dem Kopf abgebildet gesehen? Oder: in einer katholischen Kirche Kongos singen die Neger des Sonntags *Ave Maria, Mater dolorosa* im klassischen Latein – dabei verstehen sie kaum Französisch. Oder: einem schwarzen Holzfäller, der zur Arbeit in den Okouméwäldern Äquatorialafrikas gezwungen wird, wird bei der monatlichen Lohn-

---

445 Ebd., S. 12.

446 Peter Bark: E.E. Kisch im gründlich veränderten Asien, in: *Servus Kisch*, S. 316. (Hv. im Text) Die Texte, auf die sich der Kritiker Bark bezog, sind offensichtlich in der derzeit greifbaren Ausgabe von Egon Erwin Kisch: *Gesammelte Werke*. Berlin 1960–1985 nicht enthalten. Marcus G. Patka: Egon Erwin Kisch. Stationen im Leben eines streitbaren Autors. Wien/Köln/Weimar 1997 vermerkt S. 409 aber, die Primärliteratur sei im Wesentlichen dort erfasst.

auszahlung erklärt: Dein Lohn beträgt minus 27 Francs – die Steuern sind höher als der Lohn...“[447]

Die unmittelbare Gestaltung von Widersprüchen, von „aufgelösten und unaufgelösten“, ihre gleichzeitige Existenz im Raum, soll die „überzeugende Kraft des geschriebenen Wortes in der Reportage“ verstärken. Das visuell oder akustisch Wahrgenommene, das, was einmal tatsächlich ‚der Fall gewesen ist', wird auch hier zum Material. Es dient als Kompass für den Schreibakt. Die Ausrichtung von Gegebenheiten auf Parameter ihrer Einordnung in ein ganzheitliches Bild bedarf allerdings „eines Fernrohrs“. Es bedarf der Fernsicht einer „logischen Phantasie“ des Betrachters, ausgehend von der „Hingabe an sein Objekt“.[448] Das in der Wahrnehmung von Fakten miteinander Unvereinbare soll gewaltsam nicht versöhnt werden. Es steht im Akt der beschriebenen Beobachtung als Beobachtungsfeld jeweils für sich. Erst in den programmatischen Erwägungen Kischs zur Reportage in den dreißiger Jahren wird die Frage nach den Möglichkeiten der Darstellung so differenziert erörtert werden, dass die Rolle des Imaginären zum Vorschein kommt. Zwar bleibt in dieser Kontradiktion von Fakt und Fiktion der wirkliche Vorfall Impuls der Wahrnehmung und Anlass der Beschreibung. Doch akzeptiert die dokumentarische Absicht wesentlich stärker das fiktionale Element.

Exemplarisch für die Hingabe an Objekte der Betrachtung ist die Reportage *Die tunesischen Juden von Tunis* aus dem Jahr 1927. Erkennbar ist das vor allem an der Art und Weise, in der Kisch ein offenes Frageraster zum Leitmedium seiner Darstellung macht. Es lässt Rückschlüsse auf das wenig sichtbare und doch spürbare Gewaltpotenzial zu. Seine formale Funktion besteht darin, die Neugierde des Lesers zu bündeln. Dessen Aufmerksamkeit soll durch die Wiedergabe sinnlicher Erfahrungen und Eindrücke geführt werden, um das wertende Urteil zu prägen. Wo leben sie? Wie leben sie? Wie tragen sie sich? Was ist ihre Gerichtsbarkeit? Welches sind ihre Gesetze? Wer achtet sie? Und wer verachtet sie? Was unterscheidet die jüdische Bevölkerungsgruppe der Grani von derjenigen der Tuansa? Weshalb denn, fragt Kisch und lässt den Leser das fragen, hassen sie einander? Der Übergang von der Frage nach kulturellen Lebensweisen hin zu den emotiven Gründen für die gegenseitige Exklusion ist so gestaltet, dass die strukturierenden Elemente kaum wahrnehmbar sind, die in einer literarisch konfi-

---

[447] Peter Bark: E.E. Kisch im gründlich veränderten Asien, S. 317f.

[448] Egon Erwin Kisch: *Gesammelte Werke*, Bd. 5, zitiert aus dem Vorwort zu: Der rasende Reporter [1925]. Berlin/Weimar 1974, S. 660.

gurierten Erzählung den Erzählerkommentar ausmachen. Die Form der Narration ersetzt die Erzählperspektive weitgehend durch eine Fokussierung von Eindrücken. In Kischs Reportagen sind sie überwiegend optischer, gelegentlich aber auch haptischer oder olfaktorischer Natur. Sie rufen über die Beschreibung von Berührungen, Gerüchen und Düften mehr oder minder identifikatorische Effekte hervor. Die Austragung von Streitigkeiten und die Ausübung physischer oder symbolischer Gewalt wird dabei zum Kennzeichen einer Differenz, die Vielfalt kennzeichnet, aber auch als Grenze durchschneidet:

> „Eben komme ich aus der Sahara, dort sah ich Berber, Neger, Beduinen, Kabylen, Ruarhi und andere mehr oder minder wilde Araberstämme bei tollen Schwerttänzen, bei ernsthaften Raufereien, bei Gericht wegen Blutrache. Aber ein solches Volk begegnete mir niemals wie die Juden von Tunis."[449]

Wiedergegeben im Modus der filmischen Eindrucksbildung, bezieht sich diese Passage auf die kulturspezifische Rolle des Kampfes in verschiedenen Volksgruppen. Daneben steht die Beschreibung von Kleidung, Sitten und Gebräuchen, etwa Reflexionen über das nicht vorhandene Scheidungsrecht. Die Herkunft von Handelswaren wird ebenso eruiert wie die Erkundung von Einwanderungswegen. Kischs enormer Wissensfundus speist sich nicht nur aus der Beobachtung, sondern ist auch zusammengetragen aus den enzyklopädischen Befunden der Neuzeit. Im Bericht über das Zusammenleben von Arabern und Juden enthebt er allerdings nicht literarischer Gestiken der Befremdung. Anders als zu erwarten, sieht der Schreiber die Auflösung kulturellen Konfliktpotenzials nicht im Modus klassenkämpferischer Befreiung. Er sucht sie vielmehr in einer Genealogie: Die Überwindung der Unterschiede wird der aufgeklärten nächsten Generation überantwortet und nicht der Sprengkraft sozialer Klassifikationen.

Kischs Exil im fernen Mexiko mag dazu beigetragen haben, die Möglichkeiten des Genres für ausgeschöpft zu halten, um das in Europa überbordende Gewaltpotenzial von Krieg und Vernichtung angemessen darzustellen. Die Distanz zu den Ereignissen ist zu groß. Hinweise darauf, von welchen Literarisierungsstrategien er sich einen Ausweg aus dem Dilemma der fehlenden Verifizierung erhofft, lassen sich aber in seinem Band *Entdeckungen in Mexiko,* erschienen 1945, finden. Besonders der Text *Interview mit den Pyramiden* nimmt in exemplarischer Weise darauf Bezug. Kisch setzt ein ähnliches Verfahren ein wie der Publizist Paasche in seiner *Forschungsreise.* Der Blick des

---

449 Ebd., S. 597 (Erstabdruck in *Wagnisse in aller Welt,* 1927).

Reporters dreht sich um. Er wendet sich aus der Fremde hin zum fernen Europa, wo die Entfesselung kriegerischer Auseinandersetzung den Kontinent verheert. Zum Sprechen gebracht werden aber nicht Figuren oder Personen – zum Sprechen gebracht wird der wahrgenommene Raum selbst. In Gestalt seiner Objekte und Dingwelten – Vulkane, Gifte, Pflanzen, Pyramiden – gibt er Auskunft über ihre mythologische Dimension, fasst die Aura in Worte. Die Konzeption des Bandes zeichnet insgesamt eine Ausweitung kulturhistorischer Wissensfragmente aus. Diese diskursive Ausdehnung ist für das Genre der Reportage eher untypisch. Im *Interview mit den Pyramiden* erstreckt sie sich auf das Spektrum von Ethnographie, Politik, Wirtschaft, Pharmakologie, Literatur und Kunst. Um die Geschichte der indigenen Hochkulturen einem Leser in Europa vor Augen zu führen, benutzt Kisch vordergründig das Narrativ des Historischen. Damit gewinnt die Intention des „literarischen Chronisten“[450] an Stellenwert. Dominant bleibt aber die Erzählstrategie der Personalisierung. Kisch widmet sie in einen Streifzug durch 8.000 Jahre Kulturgeschichte Lateinamerikas um. Am Beispiel der Baudenkmäler aus präcortezianischer Zeit führt er jene „andere Reihenfolge von Kulturen“ vor, die für ihn zum Differenzpunkt zur europäischen Bildungstradition wird:

> „Für die präcortesianische Zeit gibt es kaum Jahreszahlen, keine Begriffe wie Steinzeit, klassisches Altertum, Mittelalter, Renaissance oder dergleichen. Geschichte und Kulturgeschichte werden nur nach den Fundstellen eingeteilt und benannt. Das einzige, was mehr oder minder feststeht, ist die Reihenfolge einer Kultur innerhalb einer Zone, und so kann man in Mexiko eine Rundreise durch die Zeitalter machen, aus Urgestern nach Heute. Diese Strecke fährt der Pyramiden-Interviewer. Seinen Lesern soll es nicht ergehen wie den Touristen in Rom, die sich wundern, daß das Kolosseum verfallener ist als die Peterskirche, welche sie doch vorher gesehen haben.“[451]

Die intertextuelle Bezugsordnung, die insbesondere die Arbeiten Alexander von Humboldts umfasst, wird im weiteren Verfahren offengelegt. Sie lässt deutlich erkennen, wie wenig die Voraussetzung bloßer Augenzeugenschaft noch hinreicht, dem Standpunkt des Beobachters eine Bedeutung zu verleihen, die Anspruch auf Allgemeingültigkeit hat. Die darauf aufbauende Erzählstrategie, mit der Mündlichkeit des Inter-

---

[450] Friedhelm Schmidt: Literarische Reportagen aus ‚Anderen Zeiten und Breiten'. Egon Erwin Kischs *Entdeckungen in Mexiko*, in: Renata von Hanffstengel u.a.: *Mexiko, das wohltemperierte Exil.* Mexiko 1995, S. 73.

[451] Egon Erwin Kisch: Interview mit den Pyramiden, in: Ders.: *Entdeckungen in Mexiko.* Köln 1981, S. 65.

views einer exotistischen Sicht auf die Dinge entgegenzuarbeiten, ist als Kritik am aufkommenden Sensationsjournalismus gewertet worden. Dabei mögen Momente einer Binnenentwicklung des journalistischen Genres eine Rolle spielen, die sich in den vierziger Jahren unter dem Eindruck und Einfluss der Kriegsberichterstattung und der aktuellen Information zur Weltlage vollzogen haben dürften.[452] Mangels dieser Referenz macht Kisch die Reportage über ihr Ende entschlüsselbar. Wie viele andere Texte dieser Zeit zeichnet es sich durch ein kurzes Statement aus. Dort, im fernen Europa, teilt der Pyrameninterviewer mit, wo die Völker aufeinanderschlagen, vollziehe sich „zur Stunde des Jahres 1940" jenes „Heil, das die Konquistadoren einst über den Ozean nach Südamerika brachten". An den Ursprungsort wird imaginiert, was als koloniale Eroberung einst ihren Ausgang nahm. Deshalb, schließt der Text, ist es „Zeit", dass „*wir* einen Schreiber hinüberschicken, um *eure* Trümmer zu interviewen."[453]

6.4 Narrative des Tatsächlichen 2: Maria Leitner

„Der revolutionäre Reporter", glaubt Peter Bark zu wissen,

> „kann in jedem Durchlaufpunkt des Systems, dessen Teil er ist, aufzeigen, entlarven. Aber schon die Wahl der wesentlichen 'Durchlaufpunkte' ist ein Stück marxistischer Arbeit. Was alles hat uns Kisch in Amerika gezeigt: die Double-Kartotheken des Paramount und Charlie Chaplin, Hundefriedhöfe und die Safegewölbe einer Bank. Auch so kann dem Paradies Amerika die Larve vom Gesicht gezogen werden." Aber, so moniert der Rezensent, offen bliebe die Frage, „die uns am meisten interessierte: Wo sind die revolutionären Kräfte, die dieses vermeintliche Paradies in ein richtiges verwandeln werden. Wo ist das Proletariat und wie denkt es und warum denkt es noch nicht revolutionär? Auf all diese Fragen blieb uns Kisch eine Antwort schuldig."[454]

---

[452] Die Selbstreflexivität journalistischer Texte ist spärlich. Zu nennen sind aber Bartholomäus Grill, Korrespondent der *Zeit*, der in seinem Band *Ach, Afrika. Berichte aus dem Inneren eines Kontinents*. Berlin 2003, S. 10 die Kritik am „hermeneutischen Kolonialismus" aufgreift oder der 2007 in Warschau verstorbene Ryszard Kapuściński, dessen Reportagen aus Lateinamerika und Afrika häufig auf europäische Wahrnehmungs- und Interpretationsgewohnheiten zu sprechen kommen, vgl. z.B. Ders.: *Afrikanisches Fieber. Erfahrungen aus vierzig Jahren*. München/Zürich 2008.

[453] Egon Erwin Kisch: Interview mit den Pyramiden, in: Ders.: *Entdeckungen in Mexiko*. Köln 1981, S. 67.

[454] Peter Bark: E.E. Kisch im gründlich veränderten Asien, S. 319.

Der Umstand, dass das Subjekt gesellschaftlicher Veränderung in Kischs Arbeiten eine Leestelle bleibt, hat nicht davon abgehalten, sein Werk im weltumspannenden Arrangement kommunistischer Heilserwartung fast lückenlos zu kanonisieren. Im Falle der Reportagen und Miniaturstücke von Maria Leitner verfährt die Literaturgeschichte anders. In ihrem Werk erhebt eine soziale Peripherie deutlich die Stimme, um Ansprüche an Partizipation und Gerechtigkeit zu artikulieren.[455] Am 19.Januar 1892 als Tochter eines deutsch-jüdischen Bauunternehmers in Varaždin im heutigen Kroatien geboren, wuchs sie in Budapest auf. Nach der Zerschlagung der ungarischen Räterepublik 1919 emigrierte sie nach Wien und Berlin und verließ Deutschland über das Saarland und Prag im Frühjahr 1933 in Richtung Paris. Ihre Lebensdaten zeigen das Leben einer oft gewaltsam Entwurzelten. Nach dem Ausbruch des Ersten Weltkrieges berichtete sie aus Stockholm für Budapester Zeitungen. Wie große Teile der ungarischen Jugend schloss sie sich der antimilitaristischen Bewegung an. Später arbeitete sie im *Verlag der Jugendinternationale* im englischen Büro als Übersetzerin. 1925 reiste sie im Auftrag des Ullstein-Verlages in die USA sowie nach Lateinamerika. Drei Jahre lang durchquerte sie den Kontinent von New York aus über Massachusetts, Pennsylvania, Virginia, Georgia, Alabama, Florida, Venezuela, Britisch- und Französisch-Guayana bis in die Karibik. Nach 1933 erschienen Reportagen über geheime Kriegsvorbereitungen in Deutschland verstreut in den Emigrantenzeitschriften. 1937 veröffentlichte sie als Vorabdruck in der *Pariser Tageszeitung* ihren zweiten Roman *Elisabeth, ein Hitlermädchen. Roman der deutschen Jugend.* Anja C. Schmidt hat ihn mit Ödön von Horváths *Ein Kind unserer Zeit* verglichen, weist aber auch Gemeinsamkeiten nach mit anderen Exilwerken, wie etwa von Anna Gmeyner oder Irmgard Keun.[456] Das Todesdatum ist unbekannt. Wie man ihren letzten Briefen an eine amerikanische Hilfsorganisation entnehmen kann, starb Maria Leitner im Frühjahr 1941 im Süden Frankreichs nach ihrer Flucht aus dem Lager *Camp de Gurs* am Fuß der Pyrenäen. Wie andere Emigranten auch, war sie abgeschnitten von allen Hilfsquellen beim Versuch, die rettende Grenze nach Spanien zu überqueren.

---

455 Vgl. Eva-Maria Siegel: *Jugend, Frauen, Drittes Reich. Autorinnen im Exil 1933–1945.* Pfaffenweiler 1993, S. 81ff.

456 Anja C. Schmidt: „Ich muss mich schwächer zeigen als ich bin, damit er sich stark fühlen und mich lieben kann." Männer und Frauen in Exilromanen von Ödön von Horváth, Maria Leitner, Anna Gmeyner und Irmgard Keun, in: Julia Schöll (Hrsg.): *Gender – Exil – Schreiben.* Würzburg 2002, S. 112f.

Ihren Aufenthalt in den USA schildert ihr Roman *Hotel Amerika,* veröffentlicht 1930. Aufschlussreich für den spezifischen Blick auf den Zusammenhang von Kulturwahrnehmung und Gewalt sind aber ihre Reportagen. Sie entwerfen aus einer forciert sozialkritischen Perspektive heraus ein Gegenbild zum *American Dream.* Der Diskurs um die Deutungshoheit der Kulte der Moderne – Mode, Zeitgeist, Technik – gegenüber einer interessierten deutschen Leserschaft ist entbrannt. Von daher richtet sich der Blick hinter die Kulissen der farbenprächtigen Welt. Den Verlautbarungen der Reklame ist nicht zu trauen – ihre Fundamente erkundet Leitner in fast achtzig verschiedenen Anstellungen. Wie im Exil unterzieht sie sich der hybriden Existenz der Arbeitsemigration bewusst. Wie das Ullstein-Magazin *UHU* vermeldet, lautet ihr journalistischer Auftrag, die Erwerbsmöglichkeiten durch das Opfer persönlicher Dienststellung zu studieren. Sie reist in die lokalen Machtzentren der westlichen Welt, um dort die Auswirkungen der globalen Weltwirtschaftskrise zu beobachten.

Die Form der Reportage, die dabei entsteht, hält sich dicht an die nachweisliche Situation verifizierbarer Sachverhalte. Vor allem die Beschreibung der Arbeitsbedingungen im quirligen New York, das sich zu dieser Zeit als Epizentrum weltweiter Kommunikations- und Warenströme herausbildet, spiegelt die veränderte Wahrnehmung in einer Welt, in der alles perfekt durchorganisiert zu sein scheint. In ihr entscheidet die Frage nach dem Verkauf der Arbeitskraft über Sein oder Nicht-Sein. Der Stand der Technologie bestimmt Form und Entgelt der Tätigkeit. Die Leserschaft soll partizipieren können an den neuen Erfahrungen im *Melting Pot* der amerikanischen Megapolis, in der das Tempo regiert. Sie zeichnet sich durch ein ungeheures, gigantisches „Durcheinander von Warenhäusern, Fabriken, Banken, Bürohäusern, alles voller Arbeit, Menschen, Hast“[457] aus. Bestechend erscheint der Blick von den *Sky Grabbern,* hinein in die Zentren der Massenfütterung, in den Bauch der neu entstehenden Arbeitskultur:

> „Die ganze Straße strömt in das Automatenrestaurant hinein, von früh morgens bis spät in die Nacht. Aber hier wird nicht zum Vergnügen gegessen. Hier essen die Roboter, Deutsche, Amerikaner, Juden, Chinesen, Ungarn, Italiener, Neger. Jede Rasse ist vertreten. Man hört alle Sprachen der Welt, es bleiben Zeitungen liegen mit hebräischen und chinesischen, mit armenischen und griechischen Zeichen und in exotischen Sprachen, die man gar nicht erraten kann. Man wird durch unverfälschte sächsische und bayerische Dialekte überrascht, und man sieht Leute Tee schlürfen, wie nur russische Bauern ihren Tee trinken. Und doch sind sie sich alle

[457] Maria Leitner: *Eine Frau reist durch die Welt.* Berlin 1988, S. 10.

so ähnlich, wie zwei Brüder sich ähnlich sein können. Sie tragen alle die gleichen billigen Kleider, die gleichen Hemden, die gleichen Ausverkaufschuhe, sie essen alle jeden Tag die gleiche Tomatensuppe, die gleichen Sandwiches [...]. Die Roboter essen meist stehend, oder sie sitzen nur gerade so lange, bis sie die nötigen Kalorien und Vitaminmengen zur Instandhaltung der Maschine zu sich genommen haben. [...] Automaten sitzen an der Kasse und wechseln Fünfundzwanzig-, Fünfzigcentstücke, Dollars in Nickel um. Sie geben Nickel aus, den ganzen Tag, den ganzen Abend, immer Nickel, Nickel. Und Automaten gehen auf und ab zwischen den Tischen und geben acht, den ganzen Tag, den ganzen Abend, ob die Eßautomaten auch ihre Pflicht erfüllen, den ganzen Tag, den ganzen Abend, und essen, schnell essen."[458]

Neben der Hypermodernität der Automatenkultur bilden die Normierungen der Arbeitswelt den spezifischen Gegenstand von Leitners Reportagen und Miniaturen. Sie machen vor allem eins deutlich: Wo das Gesetz der großen Zahl regiert, dominiert der Erwartungshorizont an eine Masse. Dort herrschen Spielregeln, die der Einzelne nicht außer Kraft setzen kann. Zu vermessen ist das Terrain einer äußeren Welt, nicht die Geographie der Erde, nicht die Physiologie der Pflanzen oder das distanzierende Element der Zivilisation. Es ist der humane Faktor, der auszuloten ist und ausgeleuchtet wird in sein Innerstes. Dort erweist sich Wert und Nutzen im Kampf um die Hierarchie. Das kollektive Subjekt wird vorgezeigt – reduziert auf seine Funktion in einer arbeitsteiligen Welt effizienter Prozessorganisation.

Das ist literarischer *Fordismus* in Reinform. Auf den ersten Blick mag er nur wenige ästhetische Glanzlichter aufweisen. Doch gibt er umso genauere Auskunft über das Zusammenspiel genuin moderner Technologien mit den Akten der Disziplinierung des Selbst. Die Anstrengung der Körper wird eingebunden in Takt und Bandgeschwindigkeit. Massenproduktion und Kostendegression werden über den Druck auf Personalressourcen erreicht und vorangetrieben. Leitners Texte führen das Tayloristische Modell der Arbeit vor Augen. Das verändert die Form der Darstellung hin zu einer Art Filmschnitt. Er zerlegt den Text in Sequenzen, analog der arbeitswissenschaftlichen Vermessung menschlicher Bewegungsabläufe in Einzelbewegungen. Das macht die Zeit zur Durchführung messbar und ihre Ausgestaltung optimierbar. Auf der Ebene der Konfiguration führt das zu einer Fragmentarisierung. Das Zerschneiden des Textflusses bedient zum einen sicherlich die kurzlebigen Anforderungen des Zeit-

---

[458] Ebd., S. 18f.

schriftenmarktes. Zum anderen entstehen so aber Ausschnitte eines Realitätsmodells, das einer narrativen Verbindung glaubt entraten zu können, weil die Fähigkeit zur Montage auf der diskursiven Ebene einer geteilten Anschauung der Welt vorausgesetzt wird. Wenn man annimmt, dass das Soziale in der Textform selbst in Erscheinung tritt, ist Leitners Reportageliteratur dafür ein prominentes Beispiel.

Die Zerschneidung jedes Handlungsfadens erfolgt in zum Teil abschnittsweise gegliederte Miniaturen. Ihre Akte stehen unverbunden nebeneinander wie Bildfolgen eines Albums. Sie komplettieren sich allerdings durch eine Vernetzung und Kontrastierung thematischer Bezüge im Werk. In den Amerikareportagen berichtet Leitner etwa von der Rassentrennung im Süden der USA, aber auch von der Freiheit, die das Geld in New York mit sich bringt. Dort erfährt der Leser etwas über die Geschichte des Jazz und des Blues, über jene Musik, die gerade in die Vergnügungsetablissements der europäischen Metropolen Einzug hält.[459] Der Roman *Elisabeth, ein Hitlermädchen* zeigt demgegenüber die Verbotskultur des nationalsozialistischen Regimes auf, die das Musikalische auf Militärmärsche und Volksliedgut reduziert.[460] Ihre an die Redaktion übermittelten Zeitschriftentexte zeugen vom Leben in der amerikanischen Provinz, von der Akkordarbeit in den Fabriken der Tabakwarenindustrie, wo die blond gefärbten *Carmenitas* an ihren *love affairs* mit den *Don Josés* und *Escamillos* der Ostküste entlang der Operntragödie *Carmen* stricken. Der erste Teil des Romans führt die anhaltende Erwartung der Protagonistin vor, sie könne unter den neuen Verhältnissen ihr persönliches Glück finden. Ende der Zwanziger Jahre führt Leitner die Kehrseiten touristischer Paradiese vor Augen. Sie beobachtet das Völkergemisch in Britisch-Guayana und sucht die Diamantenclaims auf, in denen die Versprengten der Erde reich zu werden hoffen. 1937 destruiert sie die Illusionen ihrer Heldin und leuchtet die Gründe für das Scheitern ihres Lebensentwurfs aus. Auf Haiti und in Port-au-Prince, der Hauptstadt der Dominikanischen Republik, erinnert sie ihr Lesepublikum an die blutige Geschichte der Eroberung und die Tragödie der Sklaverei. Im Sommer 1940 sieht man sie zum letzten Mal in einem der zahlreichen Cafés von Toulouse sitzen, „allein und wie verloren an einem Tischchen".[461] Im Frühjahr 1941 lagern am *poste restante* Schalter von Marseille Briefe des amerikanischen Erfolgsautors Theodore

---

459 Maria Leitner: *Eine Frau reist durch die Welt*, S. 177.

460 Maria Leitner: *Elisabeth, ein Hitlermädchen. Erzählende Prosa, Reportagen und Berichte.* Berlin 1985, S. 288 f., S. 295, S. 388, S. 405.

461 Brief von Luise Kraushaar vom 1. Februar 1985 an Helga Schwarz, in: Dies.: *Internationalistinnen*, S. 108.

Dreiser an die Schriftstellerin Maria Leitner. Möglicherweise enthielten sie ein Visum. Sie werden nicht mehr abgeholt.

In den dreißiger Jahren hat sich der Raum derart verengt, dass die literarische Wahrnehmung allein um die Frage kreist, wie die absurde Logik der Rassenlehre zu einem so verheerenden Funktionsmechanismus gemacht werden konnte. Leitners letzter Roman wirft einen Blick hinter die Kulissen des Dritten Reiches auf seine Gewaltmittel. Der Text setzt mit der Schilderung einer Massenszene ein und schildert im zweiten Teil das Leben in einem Lager. Er führt dicht an die Binnenperspektive der Hauptfigur heran, ein Verfahren, das die Möglichkeit bietet, exemplarische Sozialisationsformen auszuleuchten. Sie lassen sich wie folgt systematisieren: Die propagandistische Losung von der Nation konfiguriert bis zur Selbstauslöschung der Figuren das Geschehen im Lager. Die Einordnung in eine Hierarchie bestimmt sich nicht mehr von einer arbeitsteiligen Funktion her, sondern zeigt sich dominiert von der Konditionierung für kriegerische Zwecke. Ihr Zentrum macht ein unterschwelliges Empathieverbot aus. Es wird angeleitet von der Erzeugung einer affektiven Bindungsmacht an eine kollektive Identität, die längst vordefiniert ist. Selbst noch die Rebellion gegen tradierte Autoritätsformen, Inkorporation von Protest, ist in diesem Totalitätszusammenhang eingebunden – in die permanent erneuerte Forderung nach raumgreifender Expansion.

Stellt Leitners Roman ein Pendant zu den Jugendromanen nationalsozialistischer Prägung dar, das sich von der Umkehrung des Blicks weit entfernt, so stilisieren Kischs Exilreportagen eine Beobachterposition, die weniger preisgibt als verhüllt. Ihre faktischen Aufzeichnungen, die Narrative des Tatsächlichen, werden nicht unmittelbar zu „Sprache und Bild".[462] Die am Schreibtisch nachträglich erarbeitete Assoziation muss sich zumindest aber auf ein Detail, eine Einzelheit und mithin auf jenes *punctum* stützen, das Roland Barthes als expliziten Realitätsbezug jeder Wahrnehmung herausgearbeitet hat.[463] Es muss einen Reiz im wirklichen Raum gegeben haben, der bedingt, dass der Auslöser betätigt wird. Die Hand muss zum Stift greifen und notieren, was das Auge sieht. Entscheidend ist für die Metonymie, die sich daran knüpft, das „Verlangen" nicht nach einer räumlichen, sondern „nach einer rhetorischen Expansion"[464].

---

462 Hans-Albert Walter: *Ein Reporter, der keiner war. Rede über Egon Erwin Kisch.* Stuttgart 1988, S. 12.

463 Roland Barthes: *Die helle Kammer. Bemerkungen zur Photographie.* Frankfurt a.M. 1985, S. 52ff.

464 Ebd., S. 59.

Diese Ausweitung bedingt in der Reportage im ersten Drittel des 20. Jahrhunderts, in der sich die Allgegenwärtigkeit der Beobachtung so gerne als Allgegenwart des Reporters verkleidet hat, die Vertauschung sozialer und medialer Kategorien. Was als Synonym für ‚fremd' und ‚rar' in der Exotik des Alltäglichen entdeckt wird, ist im zeitgenössischen Kontext mit „Unterwelt" assoziiert – mit einer Kategorie der Exklusion also aus dem Diskurs bürgerlicher Normalität. „Nicht nur wie sich tief unten in der Türkei die Völker schlagen", heißt es in der *Prager Presse* des Jahres 1935 im Rückblick auf die frühe Reportageliteratur, „auch der Auswurf der lokalen Menschheit schmeckt zum Morgenkaffee eines [...] gutgehenden protokollierten Familiendaseins ganz köstlich, die tüchtige Zeitung weiß, was sie will, indem sie will, was sie braucht, und es ist [...] ein hervorragend bewältigter Dienst am abonnierten Kunden."[465]

7 Empfindlichkeiten im Raum: Hubert Fichte, Postkolonialist avant la lettre

Der Dienst am Medium Zeitung, die Neuigkeit für den zahlenden Kunden, hat jene „herzverschwendenden Weltfreibeuter"[466] hervorgebracht, für die das technisch Besondere der Reportage in der Illusionskraft des Details lag. Sie hatte dafür zu sorgen, dass vom Technischen der Herstellung dieser Vorstellung, vom Handwerk des Schreibens, fast nichts zu spüren war. Insofern war das Genre jener Wissenssondierung verbunden, die jedes Mal zu leisten war, wenn ein neuer Typus von Realität auf einen anderen zurückzuführen war – immer, wenn es darum ging, das Terrain der Diskurse neu abzustecken. Im Kontext der Darstellung von Massenvernichtung hat diese Funktionssetzung allerdings kaum noch Bedeutung. Verwandelt in den Zeitzeugenbericht, erzeugt die literarische Auskunft darüber zunächst Unsicherheit im Schreibakt selbst: Sie trennt Wirklichkeitsbezug und Repräsentationsform voneinander ab. Das Grauen schwächt oder es überdimensioniert die Aussagekraft des Details so stark, dass die traumatische Wirkung der Gewalterfahrung deutlich wird. Die Auslösung dieses Vorgangs zeigen besonders Texturen auf, in denen das eigene Leben auf andere Weise zum Material wird. Dem thematischen Bezug von Kriegsgewalt und Auslöschung nähern sie sich nur mit größter Vorsicht, um ihre Folgen desto wirkungsvoller zu kennzeichnen.

465 Paul Eisner: Egonek, S. 23.

466 Paul Eisner: Egonek, S. 24.

7.1 Terror der Zuschreibungen

Hubert Fichtes Roman *Das Waisenhaus* presst alle Erinnerungen seiner kindlichen Erzählerfigur in jene wenigen Sekunden zusammen, die der Protagonist „abseits von den anderen auf dem Balkon“[467] verbringt. Manfred Weinberg hat auf die Struktur des *Déjà vu* verwiesen, in der wie in einem Kosmos die Ängste, Wahrnehmungen und Listen vor den Augen des Lesers entfaltet werden.[468] Der Erzählraum wandelt sich von der Vogelperspektive mit Blick auf das Geschehen zur ebenen Erde um zum Ausgeliefertsein an das Geschehen. Die Perspektive gleitet parallel zum körperlichen Vorgang des Abstoßens „von der Mauer“ entlang hin zu den mit Widersprüchen aufgeladenen Stationen der Vergangenheit, deren Erzählraum ein Jahr umfasst. Sie markieren den Vorstoß in die Tiefe des Erinnerungsraumes, geprägt von Körperbildern, in denen das physiologische Detail und seine gefährlichen Interpretationen ineinander schießen:

> „Schwester Silissia hatte gesagt: Detlef hat schöne große Ohren, als die Mutter ihn im Waisenhaus abgab. Deine Ohren sind so groß wie Judenohren, sagte die Lehrerin, ehe sie ihm mit dem gespaltenen Rohrstock über die Finger schlug. Der Rohrstock quetschte sich auseinander und klemmte die Haut ein.“[469]

Mit diesem Einsatz zu Beginn des Romans ist der Ton angeschlagen. Er bringt Ereignisse des großen Weltgeschehens im Bewusstseinsstrom eines achtjährigen Kindes so zusammen, dass die lineare Zeit aufgehoben scheint. Die Intensität des Moments lässt die umgebende Realität fremd und damit fragwürdig werden. Mit allen literarischen Raffinessen zeigt der Text auf, in welch vielfältiger Art und Weise Gewalt unter den Bedingungen einer Diktatur sich manifestiert, generiert und reproduziert. Sie liegt im allgegenwärtigen Verdacht ebenso wie in der unmittelbar physischen Tortur, sie gestaltet sich als psychischer Druck oder als bloße Niedertracht, sie kommt in der Quälerei zum Ausdruck, aber auch in den Demütigungen und Prügeln, im allgegenwärtigen Verrat. Sie kann als brave Andacht zu einem Gott verkleidet sein, der sich in Heiligenbildchen zu erkennen gibt. Nie aber greift er ein in den Verlauf des Geschehens. Grausamkeit, Überwachung und Kontrolle lässt er zu. Das Verhältnis der Religionen zueinander prägt das Beziehungsgefüge der Figuren im Roman und bleibt doch äußerliche Zutat. Fichtes Texturen vermitteln Gräueltaten auf höchst indirekte Art und Wei-

---

467 Hubert Fichte: *Das Waisenhaus.* Reinbek b.H. 1965, S. 7.

468 Manfred Weinberg: *Akut. Geschichte. Struktur. Hubert Fichtes Suche nach der verlorenen Sprache einer poetischen Welterfahrung.* Bielefeld 1993, S. 68.

469 Hubert Fichte: *Das Waisenhaus*, S. 8.

se. Das ideologische Konstrukt des Nationalsozialismus wird aus der Kinderperspektive destruiert. In seiner konkreten Erscheinungsform spiegelt sich das Dritte Reich in den Schaufensterscheiben eines Spielzeuggeschäftes, das als Kriegsschauplatz dekoriert ist. Die Kriegsszenen sind detailgetreu nachgestellt. Konkret fasslich wird es aber vor allem in der Sprache, deren alltäglichen Gebrauch Schlagwörter durchgeistern, in denen der kindliche Erzähler eine diffuse Bedrohung ausmacht: ‚lebensunwertes Material' etwa ist so ein Wort oder ‚Jude'. Solche ‚Totschlagwörter' schüren die allgegenwärtige Angst, machen sie greifbar, aber nicht begreifbar.

Fichtes Sprachkonzeption erarbeitet in diesem ersten Roman die quälenden Zeichen der Furcht als emotiven Zustand: sei es vor der Allgegenwart der Gestapo, sei es im Schrecken vor dem Angriff der Fliegerbomben auf die Waisenhauszöglinge. Dieser Kreislauf der Angst beruht auf einem Übertragungsprozess, der sich fortsetzt in der Ohnmacht, die gerade an jenem Ort, der Zuflucht sein soll, aggressiv ausagiert wird. Angesichts der bedrohlichen Umstände des Zusammenlebens geht es nicht um Aufmerksamkeit oder Zuwendung, sondern um den Terror der Zuschreibungen.

Besonders eindringlich weist der Roman *Das Waisenhaus* an der Figur der Mutter und ihrer Wahrnehmung durch die Hauptfigur auf, in welcher Weise das kindliche Bewusstsein sich die Welt vermittels Buchstaben, Wörtern, Sätzen, sprachlicher Handlungen also, zusammensetzt. So verbindet der Text den abstrakten ideologischen Gehalt in einer für den Verlauf des Romans signifikanten Szene mit der Unverständlichkeit eines Sinns. Am Beispiel der vier Buchstaben J-U-D-E und ihres aktualisierten Imaginationsgehaltes assoziiert das kindliche Bewusstsein zunächst die Sehnsucht nach der heimatlichen Stadt Hamburg. Ihre Lettern werden geradezu vergoldet durch die Erinnerung. Dazu trägt auch die märchenhafte Atmosphäre der abendlichen Vorleseszene bei, die Intimität und Geschlossenheit der Situation. Die bloße Nennung der vier Buchstaben, gesprochen als zweisilbiges Wort in der Öffentlichkeit des Städtchens, beschwört neuartige Ängste, ja Todesahnung herauf:

> „– Dein Vater ist Jude. Detlev sah ein großes goldenes J. Die Vögel saßen auf den Querbalken des Buchstabens und sangen. Die Äpfel wurden reif, die Pflaumen und die Reneclauden. Das U war die Elbe im Sonnenlicht. Das U war voller Wasser. Goldene Dampfer fuhren über das U. Möwen flogen darüber, und auf der Elbbrücke dampfte die Lokomotive. Onkel Brunos Auto hielt vor dem Elbtunnel.

> Die Hortensien morgens um sechs im Vorgarten, naß und golden, waren das D und das E. Dein Vater ist Jude. Er wohnte nebenan."[470]

Vorgeführt wird eine bis an die äußere Grenze zur Dissoziation getriebene Wahrnehmung, ein traumatischer Vorgang der Regression, in dem der Sinn des Wortes, für ein Kind ohnehin nicht begreifbar, zerfällt. Die einzelnen, miteinander unverbundenen Schriftzeichen gehen nicht von einer grammatikalisch verstandenen Struktur aus, sondern von einer emotionalen Bewegtheit: von der Sehnsucht nach einem anderen Ort, gespeist von der Unerträglichkeit des gegenwärtigen. Die Gewöhnung an den Zustand des Außerhalb mündet am Ende des Romans in den Wunsch nach der Selbstauslöschung am Rande des „gar nichts"[471]. Erst dann verwandelt sich die imaginäre Szenerie zurück in die Eingangsdisposition des Romans, in die Situation auf dem Balkon. Die Erwartung der Heimkehr ermöglicht es endlich, sich im Bewusstsein ebenso wie körperlich „von dem Gott im Waisenhaus"[472] zu entfernen:

> „Detlev sieht an sich herunter. Die Füße verschwinden, die Knie, der Bauch, ein Knopf nach dem anderen, die Hände, der Kot daran, die Nase in der Mitte, vor seinen Augen. Detlev klappt die Lider herunter. Zwischen Schließen und Wiederöffnen löst sich der Kopf auseinander; von Detlev bleibt nur eine letzte kleine Kammer übrig, kleiner als die Augenhöhlen oder die Muscheln der Ohren."[473]

Der Konzentrationspunkt folgt der Blicklinie der Figur und wechselt von der Wahrnehmung der Körperteile, die wie Fremdkörper empfunden werden, zum Wahrnehmungsorgan, der ‚kleinen Gehirnkammer', aus der die Gedanken hervortreten. *Das Waisenhaus* ersetzt die fehlende Chronologie von Zeit und Handlung durch das Bindeglied kindlicher Verlassensangst. Ausgelöst wird sie durch die Fremde als Tortur, versinnbildlicht durch die Zufallskonstruktion des „Puppenauges"[474]. Die symbolische Kraft des Auges beschwört den allgegenwärtigen Blick – einer Instanz, die abwesend bleibt in ihrer doch immer wieder angerufenen Anwesenheit, in Gestalt einer Macht, die doch selbst nicht zu handeln vermag. Das mechanische Auge, das keines ist, weil organischen Ursprungs, assoziiert den passiven Vorgang der Beobachtung. Ihre Wachsamkeit kann daher göttlicher Natur jedenfalls nicht sein. Das Auge ist Zeichen der

---

[470] Ebd., S. 184.

[471] Ebd., S. 189.

[472] Ebd., S. 194.

[473] Ebd., S. 187.

[474] Ebd., S. 8 und 193.

Täuschung. So wie der Roman in Gesprächen und Bewusstseinsausschnitten Realitäten ineinander schachtelt, im Wechsel von Dialog und innerem Monolog, wird dieses Schichtungsverfahren fortan zum festen Repertoire des Fichteschen Werkes gehören.

7.2 Lomé ist nicht animistischer als Schrobenhausen

Das traumatische Erleben einer in der Regel mit Unbeschwertheit in Verbindung gebrachten Lebensphase der Kindheit prädestiniert und öffnet die weiteren Texte für Orte, die aus der Schleife des Normalitätsdiskurses tragen. Sie nehmen den Leser mit auf eine Reise, die ein Werk lang andauern wird. Von daher schreibt sich das Faszinosum durch den Raum, die Aufmerksamkeit für seine Topographien, für seine Bewusstseinszustände in Hubert Fichtes Texte ein. Dieser Zustand entfaltet sich in einem physikalischen Raum, der bereist werden kann, in einer Bewegung, die mit dem Körper und als ein Körper im Raum vollzogen wird. Er ist abhängig von der Erschließung jener Dimensionen, die historisch, kulturell und individuell als Raum erfahrbar sind und im Wortsinn er-fahren werden müssen. Die Erkundung solcher kulturellen Topographien bleibt so wesentlich für Fichtes Werk, dass die Auseinandersetzung damit zwangsläufig auf eine Problematik stößt, die jedem wissenschaftlichen Denken inhärent ist: Ohne den Bezug zu einem kulturellen Wissen erschließt das Auge keine Räumlichkeit. Kulturelle Organisation beginnt *per se* mit Kulturtechniken des Raumes. Sie müssen gelernt und gelehrt werden, sind erworben und tradiert. Insofern sind sie diskursiv verfasst. Sie stellen räumliche Ordnungsverfahren dar, bilden Denkfiguren als Knotenpunkte aus, die Räume erst als handlungsrelevant markieren. Sie können sogar Aktionsraum werden, der mögliche Handlungen vorzeichnet. In jedem Fall jedoch sind sie darstellend, mit welchem Grad der Literarisierung und in welcher narrativen Form auch immer, und damit sind sie Konstruktion.[475]

Mit dieser repräsentativen Dimension von Räumlichkeit ist im ethnopoetischen Teil des Werkes von Hubert Fichte ein dezidierter Identitätsentwurf verbunden. Er findet sich bereits im Titel des Gesamtwerkes repräsentiert, der weniger auf die Empfindsamkeit als Kategorie deutscher Innerlichkeit abhebt als auf die Empfindungsgabe, die der Aufmerksamkeit gegenüber dem äußeren Raum beigemessen wird, der Umgebung, die sprachliche Interaktion begleitet. Einen solchen Entwurf des Selbst teilt er mit anderen

---

475 Zu den Grundlegungen dieses kulturwissenschaftlichen Raumkonzeptes Hartmut Böhme: Raum – Bewegung – Topographie. Einleitung zu: Ders. (Hrsg.): *Topographien der Literatur. Deutsche Literatur im transnationalen Kontext.* Stuttgart, Weimar 2005 (Germanistische Symposien. Berichtsbände, XXVII), S. XV–XX.

Autoren der mittleren Generation. Uwe Timm hat ihm am einprägsamsten Ausdruck verliehen. Er fasst ihn in ein Wunschbild, das auf den geographischen Raum rückbezogen ist. Wie stark dieses Bild als Gegenentwurf zur eigenen Welt an Bedeutung und an Sprengkraft gewinnt, zeigt der Bezug auf einen Ordnungsbegriff, dessen materielle Manifestationen als restriktiv und dessen Selbstverständlichkeit als sinnentleert empfunden werden:

> „Afrika ist ein Wunsch: Der Wunsch nach einer anderen Chemie, der Wunsch nach einer anderen Sprache und der Wunsch nach einer anderen Bewegung: ‚Etwas Neues, verstehst du, wo man sich nicht selbst ausspart. Neue Erfahrungen. Neue Wahrnehmungen. Und das konsequent. Diese Scheißstädte abreißen. Die Straßen aufbrechen. Die Maschinen umbauen. Zusammenleben. Raus aus den isolierten Betonwaben. Sich einfach holen, was man braucht. Das Unmögliche denken. Etwas davon muß in die Arbeit rein. Das muß rein. Sonst war die Arbeit umsonst.'"[476]

Diesem anarchischen Wunsch, geboren aus der Desillusionierung einer Erwartung, geben die Arbeiten Fichtes aus den siebziger und achtziger Jahren einen eigentümlichen und spezifischen Akzent. Was sie ins Zentrum rücken, ist die Erkundung psychischer Phänomenologie und ihrer zum Teil religiös fundierten Ausdrucksweisen. Zugleich werden an ihnen Symptomatiken festgemacht, die den eigenen kulturellen Zusammenhang näher beleuchten. Auch sie werden im Hinblick auf potenziell Angst und Gewalt auslösende Faktoren untersucht. Anders als in der Romantetralogie der frühen Jahre, zu der *Das Waisenhaus* gehört, ist dieser Vorgang in den Fichteschen Texten der enthnopoetischen Trilogie – *Psyche, Petersilie, Xango* – eng verbunden mit medialen Bezugsorten. Zum einen wird die Fotografie, jenes Aufzeichnungsverfahren, das Roland Barthes 1980 zum Ausgangspunkt seiner Untersuchung von Realitätsbezug und Imagination nahm, zum Gegenpol sowie zum Referenzpunkt poetischer Darstellung. Zum anderen nutzt Fichte verstärkt die Möglichkeit, Differenzen und Analogien der *structure mentales* am konkreten Material der mündlichen Sprache zu verankern –

---

[476] Uwe Timm: Heißer Sommer. Roman. Köln 1985, S. 227. Zum Afrikabild dieser literarischen Generation vgl. Peter Horn: „Haschisch und Klicks. Afrika als utopischer Ort der 68er Generation und Uwe Timms Roman ‚Morenga'", in: *Weltengarten. Deutsch-Afrikanisches Jahrbuch für interkulturelles Denken.* Hrsg. von Leo Kreuzer und David Simo. Hannover 2004, S. 65–83, hier S. 65.

ein Vorhaben, das sich bereits seit der polemisch eingefärbten Auseinandersetzung mit Claude Lévi-Strauss' Konzeption des *Wilden Denkens* abzeichnet.[477]

An einigen Texten aus *Psyche. Annäherungen an die Geisteskranken in Afrika*, eingeordnet als Band 20 der *Geschichte der Empfindlichkeit*, soll diese These näher ausgeführt werden. 1990 erschien der Band als Textband der Leseausgabe. 2005 wurde er in Teilen erneut publiziert als Bildband, der erstmals auch die Fotoaufnahmen von Fichtes Lebens- und Reisegefährtin Leonore Mau enthielt.[478] An beiden Fassungen wird deutlich: Die Begründung der Poesie durch die Empirie, wie Fichte sie immer wieder programmatisch eingefordert hat, sucht und findet ihr Parallelprojekt im spezifischen Erinnerungsvermögen des fotografischen Bildes. Das Empirische ist also nicht in einer vermuteten „Eigenschaft der Dinge selbst" zu suchen, in einem vorausgesetzten „objektiven Faktum"[479]. Es liegt in einer Bezugsordnung des Realen, die medial vermittelt ist. Fichtes Motto, das der Herausgeber der Werkausgabe zitiert, „Besser als in modernen Schlagworten ein Surrogat zu suchen, ist die schlichte Einstellung der uns bekannten äußeren Erscheinungen in der scheinbaren Kälte ihrer Tatsächlichkeit",[480] erscheint unter dieser Voraussetzung in einem anderen Licht. Zum Einfluss der Dinge, die Macht über das Selbst gewinnen, „weil ich sie selbst einmal war", zu den „Buchstaben der Psyche", die sich aus dem Zufalls-Orakel der „Stäbe" ergeben, die „auf den Boden geworfen werden"[481], gehört auch die Gegenständlichkeit der Fotografie. In poetologischer Form nimmt der Eingangstext über den Besuch des Zaubermarktes am Rande von Lomé auf die Frage nach jenen Geschichten Bezug, die sich selbst als Gegenstand ausgeben.[482] Ihre Vielfältigkeit erscheint der Nicht-Klassifizierbarkeit tech-

---

477 Manfred Weinberg: *Akut. Geschichte. Struktur*, S. 327f.

478 Leonore Mau/Hubert Fichte: *Psyche. Annäherung an die Geisteskranken in Afrika.* Hrsg. von Ronald Kay. Frankfurt/M. 2005.

479 Ebd., S. 45.

480 Hubert Fichte: *Psyche. Glossen. Annäherungen an die Geisteskranken in Afrika.* Die Tropfen fallen im nebligen Regenwald. Dahomey, ein westafrikanisches Königreich beziehungsweise Die Volksrepublik Benin. Afrika. 10. Dezember 1984 bis 28. Februar 1985, Frankfurt/M. 1990 (Die Geschichte der Empfindlichkeit. Hrsg. von Gisela Lindemann u.a. Bd. 20), S. 520, Editorische Notiz von Ronald Kay.

481 Ebd., S. 9.

482 Hartmut Böhme nennt dies am Beispiel des Psychiaters Robert J. Stoller „die bündigste Formel, die je über den Fetischismus geschrieben wurde.", Hartmut Böhme: *Fetischismus und Kultur. Eine andere Theorie der Moderne.* Reinbek b. H. 2006, S. 401.

nisch fabrizierter Bilder äquivalent – mit dem entsprechenden „*Eigensinn* des Referenten“[483].

Fichtes in sich wenig homogene Aufzeichnungen, die aus den Jahren 1974 bis 1985 stammen, verfolgen die Stationen seiner Reisen von Dakar an der Westküste des Kontinents ausgehend über Lomé, der Hauptstadt der ehemaligen deutschen ‚Musterkolonie‘ Togo, nach Kenia, einem psychiatrischen Dorf im Südwesten des Senegals, um weiter über Tanzania, Cotounou in Benin, Ougadougou, der Hauptstadt von Burkina Faso, große Teile des Kontinents zu durchstreifen. Mehrfach kehrt er dabei nach Dakar, in die Hauptstadt Senegals, zurück. Die als ‚Glossen‘ bezeichneten Texte weisen vielfach, aber nicht durchgängig, eine dialogische Struktur auf. Sie setzen sich aus Mischformen von gebundener und ungebundener Rede zusammen. In Bruchstücken berichten sie aus der Perspektive eines interessierten, aber distanzierten europäischen Beobachters über die während der Reise vorgefundenen Eindrücke. Der Fokus liegt dabei deutlich auf den Begegnungen mit den Kranken sowie auf Gesprächen mit Psychiatern und Pflegern. Fasziniert vom so offensichtlich anderen Umgang mit psychischen ‚Störungen‘ in Westafrika, knüpft der Band, wie bereits David Simo hervorgehoben hat, in singulärer Form an die Mitte der achtziger Jahre auch in der Bundesrepublik lebendige Anti-Psychiatrie-Bewegung an.[484] Zugleich geraten ins Blickfeld der Beobachterposition erste Erfolg versprechende Unternehmungen, Afrikas ‚Gewaltmärkte‘ durch Bildungs- und Reformbewegungen einzudämmen. Sie verhelfen einem anderen Umgang mit kollektiven Lebensformen zum Durchbruch. Angesichts dessen, dass der Verfasser im Nachklang der Herausgabe seines Gesamtwerkes als „Postkolonialist avant la lettre“[485] gewürdigt worden war, ist als postkolonial einzuordnen vor allem der Versuch, einer Konstruktion von Identitäten gerade über aufgesuchte Formen der Nicht-Identität nachzugehen.

---

483 Roland Barthes: *Die helle Kammer*, S. 14 (Hv. im Text).

484 David Simo: Die Suche nach einer postkolonialen Sprache, in: Paul Michael Lützeler (Hrsg.): *Schriftsteller und Dritte Welt. Studien zum postkolonialen Blick.* Tübingen 1998 (Studien zur deutschsprachigen Gegenwartsliteratur, Bd. 8), S. 210.

485 Hans-Jürgen Heinrichs: Postkolonialist avant la lettre. Dem Schriftsteller und Ethnopoetologen Hubert Fichte, der am 21. März 70 Jahre alt geworden wäre, steht eine Renaissance bevor, in: *Frankfurter Rundschau*, 16.03.2005, S. 16.

7.3 Zwischen Tradition und Technokratie

Die Voraussetzung, dass Lomé „nicht animistischer" sein kann „als Schrobenhausen"[486], jener geheime Handlungsort der Romans *Das Waisenhaus*, bestimmt Fichtes Blickwinkel auf die fremde Welt. Um das zu erkunden, was er die „Poetik der Psychiatrie"[487] im afrikanischen Raum nennt, führt er ausgedehnte Gespräche zum Beispiel mit dem Leiter der Psychiatrischen Abteilung in Fann, einem kleinen Villenviertel in Dakar. Mit mehreren seiner Interviewpartner stimmt er darin überein, den „Irrsinn" als eine Art „Botschaft" aufzufassen. Sie stellt im Kontext der „außereuropäischen Kulturen die Verbindung her zwischen Diesseits und Jenseits"[488]. Gegen diese rhetorische Übereinkunft spricht allerdings der Einsatz von Elektroschocks in den psychiatrischen Kliniken ebenso wie die Verwendung moderner Neuroleptika durch die Ärzte überwiegend französischer Herkunft. Der Zustand der psychiatrischen Versorgung der Kranken wirkt alles andere als idyllisch. In den Kliniken der siebziger Jahre herrschen inhumane, rein medikamentöse Behandlungsformen vor. Die Kranken werden diskriminiert und ausgestoßen. Vor allem vor diesem Hintergrund liest Fichte die Anwendung traditioneller Mittel als eine Erfolgsgeschichte. Er macht die weitgehende Abwesenheit der Psychoanalyse in Afrika zum Testfall für die Universalität jener Kultur- und Gesellschaftstheorie, die vor mehr als einhundert Jahren in einem sehr spezifischen Kontext begründet worden ist – an der Grenze zwischen West- und Osteuropa, im Milieu assimilierter jüdischer Gelehrter, die in Wien, Berlin und Budapest selbst eine Minderheit darstellten. Das lokale Wissen der Heilungsverfahren und -riten, wie sie etwa die Marabouts und vor allem die Guérisseurs in ganz Westafrika und auch im Senegal praktizieren, kommt während der ersten Interviews als Betrachtungsgegenstand der Dialogszenen ins Spiel. Zwar gehört das Messen an den Standards europäischer Normalität weitgehend der Vergangenheit an, doch erfährt die religiöse Bindung der meisten Patienten und ihre Einbettung in größere soziale Gruppenzusammenhänge aus Fichtes Sicht erstaunlich wenig Berücksichtigung.

Kernthema seiner Interviewfragen ist die Differenz zum modernen bzw. abendländischen Verständnis von Individuum und Subjekt, von Person und Rolle. Aus der Sicht des Vertreters eines alternativen Journalismus – das ist die Erzähldisposition, die Fichte einnimmt – ist sie ebenso zu überdenken wie die Heilverfahren der Schulmedizin. Im

---

[486] Hubert Fichte: *Psyche. Glossen*, S. 171.

[487] Ebd., S. 80.

[488] Ebd., S. 77.

Triptychon von Psychiatrie, Magie und Poesie ist eine eklatante Leerstelle aufzufüllen. Obgleich die afrikanische Heilkunst eine der ältesten der Welt darstellt und ihre Wurzeln mehrere tausend Jahre zurückreichen, ist in Europa wenig über sie bekannt. In Fann stößt der Interviewer auf den Kontrast zwischen moderner Medizin und traditionellen Naturheilverfahren. Sie fassen den Menschen ganzheitlich auf und wissen seine Bedürfnisse nach einem Zustand der Entrückung für das Heilungsritual zu nutzen:

> „Der Irrsinn, wann und wo immer er auftritt, ist nicht in einem System, auf Karteikarten unterzubringen. Der Irrsinn ist der ganze Mensch. Ich glaube, es ist nicht zufällig, daß man früher den Irrsinn als etwas Heiliges betrachtete. Das Heilige ist etwas, das man nicht zähmen kann. Es ist außerhalb der Natur. [...] Man kann sehr wohl als Verrückter in einer Gesellschaft leben, wenn man sich durch ein Gedicht befreien kann. [...] Träume sind etwas Ähnliches. Der Traum, die Poesie, der Irrsinn sind miteinander verwandt. [...] In Europa hat man die Möglichkeit verloren, für Augenblicke verrückt zu sein. Die großen Volksfeste sind eine Notwendigkeit. Der Karneval zum Beispiel. Für das Gleichgewicht des Menschen ist es notwendig, daß er gelegentlich verrückt wird. Hier erfüllen die Trancen, die Einweihungsriten diese Funktion. Es ist die Verbindung mit dem Transzendentalen, mit dem Jenseits. Es hat keine Bedeutung, ob dies nur als Vorstellung existiert oder real."[489]

Das Heilige, seine Relikte und Ersatzformen treten in den Erscheinungsformen des Wahns zu Tage. Sie machen seine Verortung in der Ökonomie unserer Vorstellungen aus. Aus den Heilungsritualen, die auf religiösen Traditionen basieren, erschließen die Texte in *Psyche* die Faszinationskraft westafrikanischer Kultur und ihrer Ethnopsychiatrie. Warum wird in Afrika so anders reagiert auf psychische Krankheiten als in Europa? Das Spektrum möglicher Antworten reicht in *Psyche* vom Glauben an die sympathetischen Effekte der Tierutensilien, wie der „Zaubermarkt" in Lomé sie vorzeigt, über die bis an die Grenze der Erschöpfung gehenden Prozeduren in den psychiatrischen Dörfern. Sie beziehen den Zusammenhalt der Dorfgemeinschaften in den Heilungsprozess mit ein. Angesprochen wird aber auch die traumatisierende Exklusion, die traurigste Variante des Umgangs mit den Hilfsbedürftigen. Wenn die Ethnopsychiatrie Fichtes als Versuch zu werten ist, eine im westlichen Denken tief verwurzelte Kulturtheorie so weit mit außereuropäischen Kulturen ins Verhältnis zu setzen, dass

[489] Ebd., S. 80.

die Erkenntnisse wiederum erhellend auf die eigene Kultur anzuwenden sind, dann tut Fichte genau das: Er fasst das beobachtende Subjekt als Narrativ und als Teil der Beobachtung zugleich auf. Was als eher zufälliges Interesse für das Fremde einsetzt, verwandelt sich in eine produktive Verfremdung.

Insofern kennt der Raum der Fichteschen Literatur sicherlich „keine auf ein Ziel zulaufenden narrativen Sequenzen", keine „hierarchisierenden Unterscheidungen zwischen mehr oder weniger Wesentlichem".[490] Doch bilden psychische Formen das Epizentrum seiner Betrachtungen, in denen jene Gespaltenheit in „Tradition und Technokratie" sich ablesen lässt, die er dem ‚afrikanischen' Denken als mentale Ausformung ablesen will. Zu dieser Fokussierung trägt bei, dass auch Fichtes Informanten aus der klinischen Feldforschung in der Regel in den Gesprächen von der Voraussetzung ausgehen, Gegenstand der Behandlung bzw. der Heilung sei weniger die Person eines Kranken als vielmehr ihr soziales Umfeld. Was mit Hilfe der Tonbandaufzeichnung als Hörakt festgehalten wird, ist in seiner Informationsstreuung allerdings dem Bild kaum ablesbar. Sowohl die Konzeption des 2005 erschienenen Bildbandes als auch eine zeitgleiche Ausstellung der Sammlung Prinzhorn in Heidelberg versuchen sich aber an der Darstellung der Erfahrung, dass die Systeme der afrikanischen Psychiatrie auf einem „magischen" Weltbild beruhen, das „ebenso unerbittlich funktioniert"[491] wie unsere naturwissenschaftlich geprägte Weltanschauung. Mit hoher Intensität umkreisen die Texte des Bandes *Psyche* die Frage nach der „Konzentration" im rituellen Akt und in der Trance, in der Bewusstlosigkeit, dem leeren Kern im Geflecht der gegenseitigen Beeinflussung von Mythen, Riten und Verhaltensweisen. Dabei geht es in *Psyche* weniger als im *Waisenhaus* um die Fähigkeit, zu sprechen oder um ihren Verlust im Sinne von Sprachverweigerung. Vielmehr rückt ins Zentrum der Darstellung der Vorgang des Miteinander-Sprechens selbst, die Art und Weise des Kommunizierens als Ausdruck von „Beziehungssuchten" wie „Beziehungsfluchten". Die Suche gilt nicht mehr der Sprache allein, sondern den „alten Modellformen der Psyche", aus denen die literarischen Poetiken sich einst ebenso entwickelt haben wie die Traumdeutung oder der Vogelflug. Ihre archaischen Formen sind die gemeinsame Quelle des Rausches, der Verrückung, aber auch ihrer Heilung.

---

490 Christa Karpenstein-Eßbach: Kulturtopographie in der Erfahrung von Massentourismus und erzwungener Migration: Zur Literatur Hubert Fichtes, in: Hartmut Böhme (Hrsg.): *Topographien der Literatur. Deutsche Literatur im transnationalen Kontext.* DFG-Symposion 2004. Stuttgart/Weimar 2005, S. 698–723, hier S. 717.

491 Hubert Fichte: *Psyche. Glossen*, S. 166.

Nicht also um „der vierhundertfünfzigste Weiße" zu sein, „der über die Türen der Dogon forscht oder über die Geomantik an den Königshöfen der Westküste", entwickelt Fichte sein Konzept einer nicht identitätslogischen Erfahrung. Ihren Möglichkeitsraum entnimmt er jener „Abart von Lebensregeln", die als Verhaltensweise, als sich ihrer selbst bewusst gewordenen Magie, „abgesondertes Verhalten"[492] wieder einzurenken in der Lage ist – im rituellen Kontext oder mit Hilfe von Trancezuständen und Absencen. *Psyche*, das Schmetterlingswesen, symbolisiert erlebende Wahrnehmung und vorstellende Erinnerung zugleich. Der antike Traditionsbezug steht für das Träumen der Realität ein. Es impliziert auch das spontane sich Hineinversetzen in mögliche oder andersartige Erfahrungen aller nur erdenklichen Art. Schon der Titel des Bandes rückt diesen Übertragungsvorgang ins Zentrum der Betrachtungen. ‚Psychisch' in diesem Sinne ist die Vielfalt beobachtbarer emotionaler Reaktionen und ihres Ausdrucksvermögens. Es zeigt sich im Bild, ist aber erfassbar nur als Textur. Seine Grammatikologie zu erkunden hat Fichtes Untersuchung sich vorgenommen – jenseits der Fixationen einer experimentellen Psychologie, die auf Versuche, Quantifizierung und Daten angewiesen ist, um das menschliche Seelenleben zu vermessen.

Dass dieser ambitionierte Versuch nicht erst mit Band 20 der Werkkompilation *Geschichte der Empfindlichkeit* beginnt, zeigen die in *Xango* und *Petersilie* veröffentlichten Textcollagen. Als Trilogie war das Unternehmen geplant, das durch Fichtes frühen Tod verhindert wurde: eine Ethnographie der globalen Ausdrucksvielfalt psychischer Empfindungsweisen zu schreiben.[493] Zum Ausgangspunkt wird ihm dabei die elementarste aller Empfindungen, der Mangel an Nahrung. „Dreiviertel aller Menschen hungern", heißt es in *Xango* gleich zu Beginn. Hunger interpretiert Fichte am Ende des 20. Jahrhunderts angesichts der Überfülle an Produktion von Gütern in anderen Regionen der Welt als strukturelle Gewalt. Sie markiert den Körper, aber auch die psychischen Ausdrucksformen. Welche besonderen Verarbeitungsformen entbindet diese Situation in der afroamerikanischen Welt? Welche Gewaltformen gehen damit einher? „Die Welt des Hungers ist eng strukturiert.", fasst Fichte seine Beobachtungen zusammen. Und weiter:

---

492 Ebd., S. 240.

493 Darauf lassen neben Fichtes Skizzierung der Gesamtkonzeption Teile der Verlagskorrespondenz schließen. Ich danke den Mitarbeiterinnen und Mitarbeitern der Kölner Universitäts- und Stadtbibliothek für die Möglichkeit der Einsicht in den Bestand.

> „Es ist zugleich die Welt der ‚anamistischen', der ‚schamanistischen' Religionen, die Welt des Synkretismus; sie bietet kaum die Möglichkeit der Freiheit oder der Flucht für den Einzelnen. Schlaf, Sterben, Irrsinn, Liebe, Krieg, Folter, Mord, Diebstahl, Krankheit, Trunkenheit, Feste stellen begrenzte Ausbrüche, die keine Aufhebung der täglichen Unterwerfung bedeuten und dichten Systematisierungen unterliegen. Die Trance in den afroamerikanischen Religionen ist eine der wenigen Formen von Befreiung, von Freiheit. Trance ist ein Sondersystem, so außerordentlich beim ersten Auftreten, dass sie als Gegenstruktur erscheint, als Unstruktur, als Chaos. Sie lässt sich für den Einzelnen und für die Gruppe nur mit äußerster Mühe zu etwas in Beziehung setzen. Diese Mühe aber ist kalkuliert, sie wird unternommen. Die Schamanen holen den Ausbruch aus den Systemen in die Tradition der Gruppe zurück; das Fast-Ganz-Andere wird zum Eben-Gerade-Anderen ritualisiert."[494]

Für Fichtes Zugriff auf die Welt des Mangels ist die Frage, wie unter den gegebenen Lebensbedingungen „das Chaos" jeweils „in die Enge der Welt eingelassen" wird, charakteristisch. Ihre Interessenlage ist fern von jener „popartigen Weltumarmung der afroamerikanischen Religionen" angesiedelt, wie sie der Tourismus in der Regel befördert. Selbst wenn dieser poetologischer Gegenentwurf, den Fichte selbst als „puristische Tendenz"[495] bezeichnet, noch einige Elemente des Exotismus enthält, sind diese vor allem mit dem Impetus des Bisexuellen in Verbindung zu bringen, wie Fichte ihn gern und oft in seinen Texten platzierte. Um ein Zurücksuchen nach wie immer gearteten Wurzeln handelt es sich nicht.

7.4 Gewalt als Vernachlässigung

Die Provokation liegt eher in der schürfenden Spracharbeit der Texte selbst. Diese Grabungsarbeit ist mit der Suche nach einer nicht kolonialisierten Sprache in Verbindung gebracht worden. Die Forschungsliteratur führt sie in der Regel auf den Anregungscharakter der Geisteshaltung des Synkretismus zurück.[496] In den Texten selbst

---

494 Leonore Mau: *Xango.* Texte: Hubert Fiche. Die afroamerikanischen Religionen I. Bahia Haiti Trinidad, Frankfurt/M. 1976, S. 7–8.

495 Ebd., S. 8.

496 David Simo: Die Suche nach einer postkolonialen Sprache. Hubert Fichte: Psyche, in: Paul Michael Lützeler (Hrsg.): *Schriftsteller und Dritte Welt. Studien zum postkolonialen Blick*, S. 217: „Fichte glaubt, eine nicht-kolonisierte Sprache nicht nur in den Ausdrucksweisen der Afrikaner, nicht nur in ihren Wörtern, sondern in ihrer Geisteshaltung gefunden zu haben, eine Geistes-

wird sie eher an sprachmolekularen Verschiebungen manifest. Als Beispiel mag der Einführungstext zum Band *Petersilie* gelten. Sein scheinbar kryptischer Titel ist nur mit Hilfe der Bezugnahme auf die Schichtungen historischer exzessiver Gewalt auflösbar:

> „Am 2. Oktober 1937 ließ Trujillo / der Staatschef der Dominikanischen Republik / 20.000 Neger ermorden. / Sie wurden von den Exekutionskommandos / gezwungen, das spanische Wort für ‚Petersilie' - / ‚Perejil' auszusprechen. Trujillo gab vor, / die dominikanischen Schwarzen zu schützen / nur die haitianischen Zuckerarbeiter / sollten ausgerottet werden. Man behauptet, daß die Haitianer kein R / sprechen können. Jedem, der ‚Pelejil' sagte / wurde der Kopf abgeschlagen. / Kein dominikanischer Neger sagt ‚Perejil'. Schon die spanischen Eroberer nannten Katharina ‚Catalina'."[497]

Die Textpassagen, die darauf folgen, setzen die in poetische Form gegossene Anekdote über das Verhältnis von Sprach- und Rassenkategorien in Bezug zu einer Bibelpassage. Sie entstammt dem Buch der Richter XII 5.6. Gearbeitet wird dort mit einer ähnlichen Metonymie, der Verschiebung von Schiboleth zu Siboleth. Diese lautliche Differenz soll der Legende nach 42.000 Ephraitern den Kopf gekostet haben. Mit der versammelten Wirkungsmacht der Sprache erweitert die Lautverschiebung, die nur einen einzigen Buchstaben betrifft, das Wahrnehmungsvermögen des potenziellen Lesers. Auf den konkreten historischen Begründungszusammenhang muss sie dabei gar nicht mehr referieren. In dieser poetischen Verschiebung scheint das Wunschpotenzial einer nicht-kastrierbaren und insofern auch nicht gewaltförmigen Sprache auf. Sie macht sich selbst zum Thema und reflektiert sich zugleich von ihrer Wirkung her.[498]

Sicherlich ist gegen die Textcollagen in den drei Bänden der geplanten Trilogie einzuwenden, dass sie weitgehend eines narrativen Verdichtungsprozesses entbehren. Dass dieser durch metonymische Verfahrenstechniken ersetzt wird, ist aber zum Teil Programm. Die literarische Konstruktionsweise korrespondiert mit einer Einsicht, die an

---

haltung, die er in Amerika, in der Karibik untersucht hat und die er Synkretismus nennt. Diese Geisteshaltung ist durch die Tatsache gekennzeichnet, daß sie Disparates, Heterogenes zusammenzuhalten vermag. Hier wird das Andere als zugleich verschieden und gleich behandelt und nicht, wie das in der kolonialen Logik geschieht, von einer absoluten Instanz entweder ausgegrenzt oder hierarchisch geordnet und neutralisiert."

497 Hubert Fichte: *Petersilie. Die afroamerikanischen Religionen IV.* Frankfurt/M. 1980, Vorblatt.

498 Vgl. dazu die Arbeiten von Marshall Rosenberg, insbesondere Ders.: Gewaltfreie Kommunikation. Eine Sprache des Lebens (8. Aufl.) Paderborn 2009.

den Interviews in *Psyche* explizit gemacht wird: Das Abstraktionsvermögen der Sprache, ihr Potenzial zur Verdichtung und Verallgemeinerung, weist einen Zusammenhang auf zur Herausbildung bestimmter Sozialisationsformen. Fichte benennt etwa die nuklearen Familienstrukturen, die Freud und Lacan untersucht haben. Demgegenüber lenken die Dialoge die Aufmerksamkeit auf nicht-ödipale Strukturen und Formen der Gruppenzugehörigkeit, die von denen europäischer Gemeinschaftsformen abweichen. Im *Gespräch mit Professor Dr. Henri Collomb, dem Leiter der psychiatrischen Abteilung von Fann, Dakar, im Februar 1974* heißt es:

> „Das Ich des Afrikaners, des traditionsbewussten Afrikaners ist in höherem Maße an die Gruppe gebunden, in die Gruppe integriert, es verschmilzt mit der Gruppe. Die Erziehung tut alles, um die Bildung kleiner Nukleen zu verhindern, damit die Gruppe erhalten bleibe. Eine solche Gruppe kann aus der Großfamilie bestehen oder aus allen Mitgliedern eines Stammes oder aus einer Altersklasse. [...] Die Psychoanalyse entstand in einer Gesellschaft mit kleinen Famliennukleen, mit Dreiecksverhältnissen.“ [499]

Solche Gegebenheiten finden sich hier in einer anderen Profilierung wieder. Man sei etwas verloren, betont Collomb, wenn man den Ödipuskomplex in seiner klassischen Form wiederfinden wolle:

> „Die Gesellschaft verwirklicht etwas wie eine Gemeinschaftsseele. Der Afrikander hat ein spontanes Gefühl für die Gruppe. Dies ist vielleicht ein Weg für die zukünftige Existenz des Menschen – es ist ein anderer Weg als die zwanghafte Individualisierung, in der Verbindungen schließlich nur noch auf abstrakter Ebene hergestellt werden können in Zeichen der Vernunft oder des allgemeinen Wohls.“[500]

Der Dialog arbeitet unübersehbar einen Gegenstandsbereich heraus, an dem beide Gesprächspartner brennend interessiert sind: die Empfindung, dass hier etwas vorliegt, dass die allgemeine Kenntnis vom Menschen erweitern könne. Wenn die Antworten des Arztes davon sprechen, dass es eine besondere „Disponibilität des Afrikaners seiner Umwelt gegenüber“ gäbe, referiert er nicht auf den mangelnden Umweltschutz oder auf fehlende Hygienevorschriften, sondern auf die „Beziehung zu seinen Mitmenschen, auch in der Beziehung zu Pflanzen, Tieren, Mineralien.“ Was geschehe, sei ein

---

499 Leonore Mau/Hubert Fichte: *Psyche. Annäherung an die Geisteskranken in Afrika*, S. 58.

500 Ebd.

ununterbrochener Austausch, der eine starke religiöse Prägung trage. Das sei grundlegend für die Konstitution dieser Gesellschaften und es vermittle dem afrikanischen Menschen eine „Fülle und einen Reichtum“ – an dieser Stelle zitiert er Léopold Sédar Senghor, den damaligen senegalesischen Präsidenten – der „zu dem Übersprudeln der afrikanischen Kunst führt.“[501]

Das Aufbrechen einer ausschließlich auf Marktkonkurrenz getrimmten Weltordnung steckt also nicht zuletzt in den Sinnen. Das hat auch Fichte gewusst – und diese Erkenntnis hat ihn nicht wieder losgelassen. Bei aller Heterogenität der Komposition lässt sich an seinen Erzählungen, Interviews, Tagebuchaufzeichnungen und Notizen, dem heterogenen Materialkonvolut in *Psyche* die Beobachtung machen, dass die Frage nach den Konfigurationen des Geistes keineswegs nur den klinischen Kontext der Psychiatrie betrifft. Die Subversivität, die Lust an der Störung, die den in den Texten ausgestellten Provokationen zu Eigen ist, erweist sich gekoppelt an die Wahrnehmung anderer Verkehrsformen. Sie betreffen den Tausch und die Zirkulation unter den Gesichtspunkten einer anderen Ökonomie. In diesem Sinne darf Fichte, einem Urteil seines Schriftsteller-Kollegen Hermann Peter Piwitt folgend, tatsächlich als der „vielleicht einzige wirklich weltläufige, mondäne deutschsprachige Schriftsteller der Nachkriegszeit“[502] gelten. Gerade auf Grund der Widersprüchlichkeit und Heterogenität seiner Bestandteile, die auf unterschiedlichen Bearbeitungsstufen des Materials basieren, sei die „Ethnopoesie“ seines Werkes „der Versuch einer Rückverzauberung der Welt“. [503] Aber es ergehe ihm mit den Mythen der Ferne wie Eichendorff mit denen der Heimat: Sie seien oft nur noch Artefakte, im schlimmsten Falle Folklore, übrigge-

---

[501] Ebd., S. 59.

[502] Ungedrucktes Skript aus den Beständen der Kölner Universitäts- und Stadtbibliothek als Anhang der Korrespondenz zu Michael Fisch: *Hubert Fichte – Explosion der Forschung. Bibliographie zu Leben und Werk von Hubert Fichte unter Berücksichtigung des Werkes von Leonore Mau.* Bielefeld 2006 (Bibliographien zur deutschen Literaturgeschichte, 16); vgl. auch: Michael Fisch: *Verwörterung der Welt. Über die Bedeutung des Reisens für Leben und Werk von Hubert Fichte. Orte – Zeiten – Begriffe.* Aachen 2000 (Studien zur Literaturgeschichte, 1). Zum Zeitpunkt der Einsicht war der Bestand noch nicht katalogisiert.

[503] Vgl. ebenso Marc Peschke: Der Uneingeordnete, in: *Jüdische Allgemeine*, 17.03.2005: „Ethnopoesie hat man seine Literatur genannt, ein Begriff, der sonderbar steif anmutet bei der ‚lyrischen' Fülle seiner Texte. […] Seine Bücher gehören zum Schillernsten und Prägnantesten, was die deutsche Nachkriegsliteratur hervorgebracht hat, vor allem, weil bei Fichte die Gegensätze der Genres und Stile, der wissenschaftlichen Disziplinen, auch die Gegensätze von Hoch- und Populärkultur aufgelöst erscheinen – aufgelöst sind in einen Rausch zum Leben hin, in einer überquellenden Gier nach Sinnlichkeit.“

blieben wie Kleingewerbe in der modernen Ökonomie und sich selbst versorgende Landwirtschaft in Übersee, während das alltägliche Leben bis hinein ins Intime und Unbewusste sich nach der Decke von multinationalen Banken, Ölgesellschaften und Agrobusiness streckte. „Im 16. Jahrhundert verfügten die Medici: keine weiteren Investitionen mehr in San Gimignano! So blieb die Stadt [...] erhalten." Piwitt prognostiziert, dass es der afrikanischen Magie, dem Schamanismus, den Kulten ähnlich ergehen werde. Dass sie, wenn überhaupt, nur kraft Vernachlässigung überleben. Denn anderswo, argumentiert er, „sind die letzten Bastionen des Eigensinns, die Binnenmärkte, längst sturmreif geschossen von unseren global players. Daß es sich bei den Billionen, die täglich um die Erde jagen, um die enteigneten Arbeitsergebnisse vieler Generationen handelt, ist eh vergessen. Ich fühle mich wohl in einer Branche, in der noch etwas hergestellt wird, sagt der Chef von ‚Infinon' [Sic! Infineon] – und niemand ruft nach dem Medizinmann. [...] Das Magische ist selbst Bestandteil der neuen Ökonomie, Triebkraft der Welt beherrschenden Rationalität geworden."[504] Fichte sei wach und klug genug gewesen zu erfassen, was das bedeute. Als Homosexuellen und Sohn eines jüdischen Vaters sei ihm Heimat zum Träumen verweigert gewesen. So suche er sich den Zauber in der Ferne. In die Fremde nehme er mit seine Sehnsüchte und Versagungen. Und am Ende sehe die Ferne danach aus: nämlich nach ihm.

Dass die Magie überlebt hat, wird in Piwitts ernüchternder Darstellung auf fehlende Investitionen, auf die Vernachlässigung eines ganzen Kontinents zurückgeführt, die Brechts ‚kleines Unrecht' am Rande der modernen Welt flächendeckend ausweitet. Die Schlussfolgerung, Fichte habe im Zuge dessen selbst einen „kolonialistischen Blick" entwickelt, ist aber keineswegs zwingend. In einem späteren Brief wird sie auch vorsichtig korrigiert. Gerade weil Fichte die „große innere Erlösung" von dort niemals erwartet hätte, habe er nie zu denjenigen gehört, schreibt Piwitt, die als Reisende in einem geschlossenen „Wahnsystem" [505] unterwegs sind, das von der Fiktion der einen Welt ausgeht – in der das einzige, was sich noch bewege, der Kapitalfluss sei.

Burkina Faso 1985, das ehemalige Obervolta, zwei Jahre vor dem gewaltsamen Tod von Thomas Sankara: „In Ouagadougou findet der trojanische Krieg nicht statt"[506], heißt es. Aber auch: Waffen kann man nicht essen. Fichte zieht seine Kontrastlinien zur abendländischen Herrschaftsauffassung, indem er vor dem ehemaligen Kaiserpalast

---

504 Kölner Universitäts- und Stadtbibliothek, Archivbestand Hubert Fichte, Ordner II.

505 Ebd., Hermann Peter Piwitt an Michael Fisch, Brief vom 07.03.2000.

506 Hubert Fichte: *Psyche. Glossen*, S. 344.

die Quintessenz traditionaler Weisheit zieht: „Der Moronaba kommt zu dem Schluß, es sei wichtiger, das Reich der Mossi in Frieden weiter zu regieren als aus Leidenschaft in den Krieg zu ziehen.“ [507] Die Enttäuschung über das verweigerte Interview, dem der als charismatisch geltende Staatschef, dem Fichte tagelang im Jeep zusammen mit dem deutschen Botschafter nachreist, nicht stattgibt – im Gegensatz etwa zu Leopold Séng-hor, dem senegalesischen Präsidenten – weicht bald einem anderen Beobachtungsfeld als dem der Politik: Was er sieht und was seine Begleiterin, Leonore Mau, mit der Kamera dokumentiert, ist die anstrengende Feldarbeit der Frauen bis spät in die Nacht[508], ist fehlendes „Umweltbewußtsein“, begründet durch den Umstand, dass „Umwelt immer noch als feindlich empfunden wird“[509]; sind aber auch sichtbare Zeichen des Erfolgs der Bildungskampagne, ist die Bewegung der Gewerkschaften, die Berichte und Abrechnungen über die Waffenkäufe der Regierung verlangt. Was ihm auffällt, ist die strenge Koppelung von Sex und Essen im Alltag,[510] ist die zerstörerische Seite der Nahrungsmittelhilfe, sind damit einhergehende „Nehmerqualitäten“ und „Almosenmentalität“[511], gespeist von der „Berichterstattung in Europa“, die sich „zu sehr auf Notsituationen konzentriert“[512]. Kursierende Gerüchte über Folter[513] dokumentiert der Text und er hält fest, was ein deutscher Journalist, der sich als Trendsetter des Alternativen versteht, dem Präsidenten des Landes an Fragen gestellt hätte, hätte er die Gelegenheit dazu gehabt.[514]

Hans Mayer hat es bereits bei Erscheinen der Leseausgabe hervorgehoben: Die Empfindlichkeit bei Fichte hat kaum etwas zu tun mit Gefühlen wie Hass oder Liebe, mit

---

507 Vgl. ebd., S. 348.

508 Vgl. ebd., S. 381–319.

509 Ebd., S. 422.

510 Ebd., S 398.

511 Ebd., S 442.

512 Ebd., S. 444.

513 Vgl. ebd., S. 399, S. 469 und S. 475.

514 Vgl. ebd., S. 465–743: Was bedeutet Burkina Faso? Was für eine Sprache ist das? Welche Maßnahmen will ihre Regierung ergreifen, um die Desertifikation zu bekämpfen? Aufklärung der Landbevölkerung? Family Planning? Haben Sie auf dem Lande gelebt? Haben Sie Äcker bebaut? Haben Sie die Absicht, die traditionelle Medizin zu benützen? Werden Sie eine neue Oppositionszeitung stimulieren? Wünschen Sie Kritik durch die Medien? Werden Sie in Ihrer Gesellschaft Minoritäten dulden? Gibt es einen Vertreter von Amnesty International in Burkina? Was bedeutet Ihnen die Idee des Todes? Wie kann man weiterexistieren, wenn man weiß, daß durch einen Menschen andere hingerichtet worden sind? Wäre es nicht nützlich, sie misstrauten etwas Ihrem Charisma?

der Welt der *Psyche* im engeren Sinne: „Es geht nicht um Emotionen, es geht um die Existenz. Existenz ist nämlich gemeint, wenn Hubert Fichte den Ausdruck ‚Empfindlichkeit' verwendet."[515] Empfindlichkeit ist eher eine Reaktionsweise auf eine Zumutung, auf die Anforderungen dessen, was Mayer das Existenzielle nennt. Sie kennzeichnet die Sensibilität über das Sensorum hinaus, ist leibliches Fühlen und intuitiver Sinn. Empfindlichkeit ist auch Empfänglichkeit, braucht das Zuhören, das Hinhören auf Antworten. Sie werden zum Zeitpunkt von Fichtes Aufenthalt gegenüber den wirtschaftlichen Expansionsbestrebungen formuliert, im Zeichen der selbstgewissen und autonomen Umbenennung. Burkina Faso heißt ‚Land der Aufrechten'. Die Signifikation der Haltung steht für das Bestreben, Sozialreformen für die ländliche Bevölkerung durchzuführen, der erstmals in der afrikanischen Geschichte staatliche Förderung gewährt wurde. Dass Sankara, der Präsident, die Privilegien der bisherigen Staatsklasse drastisch beschnitt, die Gleichbehandlung der Frauen in sein Programm aufnahm und einen Entwicklungsplan für den ländlichen Raum verfocht, hat Fichte wohl auch deshalb fasziniert, weil er selbst Agrarwirtschaft studiert hatte. In Frankreich in den sechziger Jahren hatte er sie auch praktiziert.

Um den „Kreislauf einer Ruhigstellung der städtischen Bevölkerung bei gleichzeitiger Überstrapazierung und Vernachlässigung der ländlichen Ressourcen"[516] zu durchbrechen, braucht es Macht, viel Macht. Es braucht die Organisation von Kooperativen. Erkennbar ist aber auch der Empfindungsreichtum der Freude: „Es gibt Kulturen, die haben unser Jammer-, Haushalts-, Naziwort ‚anstrengend' nicht entwickelt. Anstrengend – das hieß früher einmal Kraft durch Freude,"[517] notiert Fichte bissig während eines Aufenthaltes in der Volksrepublik Benin. Jener Bewusstseinszustand, den er den modernen Faktoren der Beschleunigung entkommt sieht, hängt offenbar auch mit der Konstitution von Gemeinschaftsformen zusammen, die an ältere Traditionen anknüpfen und sie erfolgreich in die Gegenwart transformieren. Dieser kollektive Sub-

---

[515] Zit. nach dem Herbst/Winter-Programm des S. Fischer Verlages 1987, Ankündigung der „Geschichte der Empfindlichkeit" in 17 Bd. Abgeschlossen war die Ausgabe erst 2006, das heißt zwanzig Jahre nach Fichtes Tod, mit dem Band „Die zweite Schuld". Vgl. dazu Jan-Frederik Bandel: *Fast glaubwürdige Geschichten. Über Hubert Fichte.* Aachen 2005, insbesondere auch das Gespräch mit Hermann-Peter Piwitt, S. 90–109.

[516] Christoph Marx: *Geschichte Afrikas*, S. 296.

[517] Hubert Fichte: *Psyche. Glossen*, S. 307.

jektfaktor aber muss bedeutend strukturierter sein „als das Ich im Freudschen Sinne“[518], hält Fichte fest.

Seine poetischen Konstruktionen, die von der Zentrierung um eine einzige und identifizierbare Beobachterfigur absehen, sind als „Netze und Masken zugleich“[519] beschrieben worden. Seine poetologischen Textverflechtungen gelten heute als Vorform einer „Theorie der synkretistischen Wissensbildung und -organisation“. Diesem poetischen Wissen um „die Differenz, das Heterotope, die Alterität aller Erscheinungen“ ist sogar die Vorläuferschaft zum Paradigmenwechsel in den „Verfahren der Humanwissenschaft“.[520] beigeordnet worden. Der Band *Psyche* jedenfalls erinnert daran, dass dieses nomadenhafte Wissen sich aus sinnlichen Komponenten zusammensetzt: Auge, Ohr, Geschmack, Geruch, taktile Reize: Empfindlichkeit. Nicht Selbst-Biographie und Erhöhung, sondern Schichtung, Blick und Buchstabe – ohne an einem vereinheitlichenden Identitätskonzept festzuhalten. Religionen, Zugehörigkeiten, Verwandtschaften sind Glaubenssysteme, in diesem Sinne den animistischen Religionen vergleichbar, die „exklusive Zugehörigkeiten und die Schismen von eigen und fremd, von ‚ich bin' und ‚ich bin nicht'[521] auch unterlaufen können. Das ist eine andere poetische Wissensordnung. In ihr ergänzt sich aber „das wache Ohr des Hubert Fichte“ um „das fantastische Auge der Leonore Mau“.[522] Beide Sinneswelten vereinen ihre suggestive Kraft, um das Klischee vom Katastrophenkontinent Afrika zu durchkreuzen. Empfindlichkeit heißt Gewaltfreiheit dem Raum gegenüber und das bedeutet, sich jenseits der Identität generierenden Selbstplatzierungen aufzuhalten. Dafür waren die afroamerikanische, vor allem aber die afrikanische, die animistische Erfahrung im Falle Fichtes prägend.[523]

---

518 Hubert Fichte: *Psyche. Glossen*, S. 22.

519 Hartmut Böhme/Nikolaus Tiling (Hrsg.): *Medium und Maske. Die Literatur Hubert Fichtes zwischen den Kulturen.* Stuttgart 1995, S. 13.

520 Ebd., S. 16.

521 Christa Karpenstein-Eßbach: Kulturtopographie in der Erfahrung von Massentourismus und erzwungener Migration: Zur Literatur Hubert Fichtes, S. 699.

522 Leonore Mau/Hubert Fichte: *Psyche,* S. 445, Editorische Notiz. Der seit 1968 anhaltenden Lebens- und Arbeitsgemeinschaft hatte Fichte in seinem Roman *Eine Glückliche Liebe* 1988 literarisch gedacht.

523 Wie auch Fichtes handschriftlicher Plan der *Geschichte der Empfindlichkeit* zeigt, bildete *Psyche* einen der Eckpfeiler der Gesamtgliederung.

8. Untergangsvisionen

8.1 Zur Stereotypie von Gewalt (Hans Pleschinski)

Die Geschichte und der Ertrag einer Reise sind lange Zeit die *story line* der Identitätsbildung gewesen. Diesem Umstand hat auch die moderne Narrationsforschung Rechnung getragen.[524] Zur Symbolisierung eines Lebensweges gilt die Reise im „Diskurs einer narratologisch ausgerichteten Psychologie und Psychoanalyse"[525] allerdings weitgehend als nicht mehr adäquat. Dieses Schicksal teilt sie mit dem Roman, an dessen Ausdrucksmöglichkeiten sich die Erzähltheorie in ihren Anfängen orientierte, indem sie medienspezifische Merkmale als definitionsrelevant setzte.[526] Ohnehin sind vereinheitlichende Identitätskonzepte, gleich ob in- oder außerhalb des Leistungspotenzials einer Erzählgattung, angesichts der Vielfalt und Disparatheit von Lebenswelten kaum noch aufrecht zu erhalten, wo die Erfahrung von Inkohärenz wächst. Daran scheint auch der Befund nichts zu ändern, dass unter zunehmenden Identitätszwängen im realen, vor allem aber im sozialen bzw. medialen Raum mehr erzählt wird über die Unmöglichkeit des mit sich selbst Identischen als in vergangenen Zeiten.[527] Mit ihm geht jedoch auch eine Verengung der Möglichkeiten stabiler Zukunftsentwürfe einher. Zum unabschließbaren Projekt wird, was einst festes Fundament für einen Selbstentwurf gewesen war. Zu den wesentlichen Rahmenbedingungen dieses narrativen Paradigmenwechsels rechnet Müller-Funk die folgende Voraussetzung:

> „Das Leben des einzelnen und das der ihn umgebenden kulturellen Umwelt wird zur symbolischen Baustelle, in der jeder abschließende Versuch der Identitätsbildung ironisch dementiert wird. Indem aber das Erzählen auf ein gutes (oder ein schlechtes) Ende abzielt, muß das Verhältnis zu sich selbst und zu den dieses Selbst begleitenden Geschichten zwangsläufig ironisch werden, entweder dergestalt, dass

---

524 Vgl. zu den theoretischen Grundlagen Wolfgang Müller-Funk: *Die Kultur und ihre Narrative. Eine Einführung.* Wien/New York 2002.

525 Ebd., S. 27.

526 Nicole Mahne: *Transmediale Erzähltheorie. Eine Einführung*. Göttingen 2007, S. 9 und 12.

527 So kommt es zum Aufstieg des Sozialdramas und seiner medialen Wiederauflage: Die „naturalistische Wiedergabe der Konflikte determinierter Personen in einer milieubestimmten Handlung" feiert ihre Wiederauferstehung als Reality TV, mit einer erheblichen Bannbreite an Formaten, die ihre emotionalen Effekte aus einer spezifischen Kombination von Person, Situation und Drehort herleiten und nicht aus einer schauspielerischen Leistung. Zur Fundierung des Sozialdramas in der Ästhetik des Naturalismus und der Präsenz des Bildes vgl. Eva-Maria Siegel: *High Fidelity – Konfigurationen der Treue*, München 2006, S. 195–250.

wir die runden Geschichten uneigentlich lesen, oder so, dass wir, nach dem Vorbild der klassischen Moderne, unrunde, kantige, komplexe, perspektivische, in die Zukunft hin offene Geschichten erzählen."[528]

Das Leben ist eine Baustelle – der Titel des Films von Wolfgang Becker aus dem Jahr 1997 ist zum ironiegesättigten und/oder unabschließbaren Programm geworden. Während Fichte für seine in den Grundzügen konzipierte und fragmentarisch umgesetzte Trilogie den Entwurf moderner Erzähltechniken wählte, also die Variante komplexer und offener Bezugssysteme als ästhetisches *Reframing* seiner Ethnopoesie bevorzugte, schließt sich der postmoderne Erzähltypus einer anderen Organisation des Narrativen an: der nachträglichen Störung einer zunächst errichteten ästhetischen Illusion bzw. das nachträgliche Unterlaufen von aufgestellten Positionen. Was aufgewiesen werden soll, ist die radikale Unbegründetheit unseres Handelns, im Widerstand vor allem gegen den Ernst des Glaubens, im Besitz der ‚richtigen' Werte zu sein.

Weitgehend im Ambivalenten einer Situation verbleibend, wird in diesem Erzählverfahren die Zukunft zu einer Art *terra incognita*, die mit aller Vorsicht zu betreten ist. Dafür bedarf es der ironischen Zitation aller zur Verfügung stehenden Stilmittel. Das gewaltsame Aufbrechen literarischer Formen, Stile und Gattungen weicht einem Umgehen oder Umspielen in der Pluralität ästhetischer Stile. Im Zuge dessen formt sich das apodiktische Misstrauen gegenüber dem Erzählten wie gegenüber dem Erzählen selbst in eine Renaissance klassischer Erzählmuster um. Glätte und Griffigkeit werden zu zitierten Stilelementen. Diese Veränderung betrifft auch jene Linearität narrativer Grundmuster, die Kontinuität verbürgt und damit ein einigermaßen stabiles Identitätsmuster nahelegt, dessen Funktion es ist, „die Angst vor dem Chaos"[529] zu bannen. Dass diese anthropologische Fundierung des Erzählens die Konstruktion der Identität und des Selbst als Ergebnis narrativer Konstruktionen vorführt, zeigen neuere narratologische Untersuchungen auf.[530] Vor dem Hintergrund solcher theoretischen Ansätze konstituiert sich ‚der Mensch' als *story telling animal*[531] oder auch als *homo nar-*

---

528 Wolfgang Müller-Funk: *Die Kultur und ihre Narrative*, S. 27.

529 Ebd., S. 29.

530 Vgl. Vera Nünning/Ansgar Nünning: „Produktive Grenzüberschreitungen. Transgenerische, intermediale und interdisziplinäre Ansätze in der Erzähltheorie", in: Dies.: Erzähltheorie transgenetisch, intermedial, interdisziplinär. Trier 2002, S. 1–23.

531 Ebd, S. 2 zum „Erzählen als phänomenologischer, kognitiver Modus der Selbst- und Welterkenntnis".

rans[532]; vor Augen geführt wird damit das Erzählen als ein universales Element der *human condition*, als anthropologische Variante, die sich als Grundtyp menschlichen Verhaltens zum *homo oeconomicus*, zum *homo faber* oder auch zum *homo ludens* hinzugesellt.[533]

Im Kontext der Untersuchung zur literarischen Darstellung von modernen Gewaltformen bieten sich zwei Romane dieses literarischen Feldes besonders an. Sie sind recht verschiedener Provenienz, wie zu sehen sein wird. Auf ähnliche Weise bedienen sie sich jedoch kultureller Wahrnehmungsmuster und Stereotype, um sie am Ende hin zu Untergangsvisionen zu wenden. Hans Pleschinskis *Brabant. Roman zur See* und Alex Capus' Roman *Eine Frage der Zeit* kommen ohne den programmatischen Bruch mit traditionellen Erzählwelten aus. Beide Romane nehmen, wenn auch auf sehr verschiedene Weise, von der Sanktionierung manifester Erzählformen Abstand bzw. reflektieren sie in moderater und abgeschwächter Form. Ihnen gemeinsam ist der Bezug auf gleichsam über Bord geworfene Theorien, die sich für die Protagonisten ihrer Romane auf deren Reise, besonders aber bei der Ankunft vor Ort, im unvertrauten Terrain, nicht bewährt haben.

Der Roman des Münchner Journalisten Hans Pleschinski mit dem zunächst irritierenden Titel *Brabant* inszeniert ein turbulentes Drama um das vielfach gespaltene europäische Seelenleben, ein Überfahrts- und Untergangsepos, um eine Art literarischen Schlussstrich zu ziehen. Für die Dauer der Erzählzeit wird das Steuer herumgerissen. Es dreht sich der Wind in den Takelagen, treibt an den Horizont fester Wertvorstellungen zurück. Einhundert Jahre nach der Besiedelungs- und Gründungspolitik der Missionen und rund zweihundert Jahre nach den wissenschaftlichen Forschungsreisen der Entdecker haben sich die Bedingungen für die Seefahrt allerdings grundlegend gewandelt. Von der Mole des flämischen Nieuwpoort aus führt der *Roman zur See* seine Leser weit westwärts über den Ozean. Geplant wird das Unternehmen allerdings in einer der zentralen Metropolen des europäischen Halbkontinents. In Paris nämlich nimmt es seinen Ausgang, wo der Vorstand des Europäischen Kulturvereins tagt. Von

---

532 Wolfgang Müller-Funk: *Die Kultur und ihre Narrative*, S. 19.

533 Vgl. zu den Formen der Selbstreferenz in der literarischen Narration insbesondere Michael Scheffel: Metaisierung in der literarischen Narration. Überlegungen zu ihren systematischen Voraussetzungen, ihren Ursprüngen und ihrem historischen Profil, in: Janine Hauthal/Julijana Nadj/Ansgar Nünning/Henning Peters (Hrsg.): *Metaisierung in Literatur und anderen Medien. Theoretische Grundlagen – Historische Perspektiven – Metagattungen – Funktionen.* München 2007, S. 155–171.

Europas Küsten nach Nordamerika geht die Überfahrt, genauer gesagt, in die Vereinigten Staaten von Amerika. Der Funker des Schiffes, im „abgedunkelten Brückenraum“ bei „Kaffeemaschine und abgelegtem Kopfhörer“ sitzend, bringt es auf den Punkt: In einer nahezu durchmodernisierten Welt ist die „Seefahrt [...] monotoner geworden“[534]. Es rücken die Regionen der Erde zusammen zum ‚globalen Dorf'. Flugzeuge durchstreifen den Himmel, die Beschleunigung der Verkehrsmittel macht das Schiff zu einem schwerfälligen und langsamen Medium des Transports. Unter den Bedingungen neuer Kommunikationstechniken kommt ihm eine veränderte symbolische Funktion zu: Nicht Handel und Wandel oder Gütertransfer sind seine Aufgabe, sondern Entschleunigung, Konzentration, Zeit fürs Nach-Denken bietet das einstige Transportmittel.

Vor diesem Hintergrund inszeniert Pleschinskis 1995 erschienener Roman mit postmoderner Ironie die Traditionen der Christlichen Seefahrt noch einmal. Auf den Planken des Schiffes mit dem Namen *Brabant* drehen kurz vor der Jahrtausendwende die Tänzerinnen und Tänzer aus der alten Welt ihre Pirouetten. An einem Ende angekommen, das sie mit allen rhetorischen Mitteln beschwören, schippern sie über das Weltmeer, um im Namen der Liebe, der Ruhe und der Erbauung Gewalt und Terror auszuüben gegen das Symbol der Macht in der Neuen Welt. Die damit aufgerufene Polarität kommt derart mit Stereotypen behaftet einher, dass der Blick des Erzählers sich aus erheblicher Distanz auf die Denk- und Redegepflogenheiten seines Figurenensembles richten kann. Vom sicheren Ort der Vogelperspektive aus erfolgt die Differenzierung des umfangreichen Arsenals an parallel ausgeführten Nebenfiguren und anhand einer nationalen Vorurteilsstruktur, die auf diese Weise zugleich vorgeführt und literarisch aufs Korn genommen wird. Vielleicht mit Selbstironie, gewiss aber nicht ohne Nostalgie angesichts des Endes der „europäischen Welteroberung“[535] blickt der Erzähler zurück, während seine Figuren von einer Verschwörungstheorie ausgehen, die als Schuldigen an dem ganzen Schlamassel das Pentagon-System samt seiner Kultur- und Wirtschaftspolitik ausmacht. Unversehens schließen sich die Repräsentanten der ‚Alten Welt' damit scheinbar dem Befreiungspostulat von der abhängigen Nutzung der ‚Dritten Welt' an, wie es etwa Noam Chomsky verficht. Der nur an der Textoberfläche als „Kulturkrimi“ daherkommende Roman bringt die Welt jenseits der Auseinan-

---

[534] Hans Pleschinski: *Brabant. Roman zur See*. Frankfurt a.M. 1995, S. 7.

[535] Noam Chomsky: *Wirtschaft und Gewalt. Vom Kolonialismus zur neuen Weltordnung*. Lüneburg 2001, S. 27.

dersetzung mit amerikanischer Expansionspolitik im Zuge von Walt Disney und Mac Donalds allerdings geradewegs zum Verschwinden. Er macht sie unsichtbar in einem stereotyp und klischeehaft, weil ohne glaubwürdige Begründungsmacht inszenierten Gewaltakt, der, aus dem historischen Abstand heraus betrachtet, erstaunlich viele Züge des Terroranschlages vom 11. September 2001 antizipiert. Nach dem Modell der sich selbst erfüllenden Prophezeiung legt der Roman den Schluss nahe, dass die Literatur gelegentlich klüger ist als die Realität.

Sicherlich ist die Deutung der Romanhandlung überfrachtet, unterstellt man den Versuch, ein Machtgefüge aufzuweisen, das zum Phänomen eines transnationalen Terrorismus führt. Die Art der Narration siedelt die Logik des Terrors auch eher auf der Ebene des Spektakels und der Sensation an: Es machen sich in empörter Stellvertretung für die Nationen Europas Vertreter der europäischen Kultur auf den abenteuerlichen Weg ins Pentagon, um ein Zeichen gegen die Globalisierung im Stile der *World Disney Culture* zu setzen. Abgeschottet auf ihrem komfortablen Hotelschiff debattieren sie, der Freiheit des Atlantischen Ozeans ausgesetzt, das Für und Wider ihrer gewalttätigen Aktion. Sich selbst in Gefahr bringend, arrangieren sie sich schließlich mühsam am Rande der Selbstvernichtung miteinander, um den Schuss auf das Pentagon schließlich möglich zu machen. Diese literarische Seereise kennt kein Außen. Sie gibt kaum etwas zu sehen außer den Allüren der Passagiere, deren Ticks und Tricks so zahlreich sind wie die Liste ihrer Differenzpunkte lang ist.

Die Romanhandlung setzt ein mit der Jahrestagung des europäischen Kulturbundes ARTEMIS auf dem Hotelschiff und sie endet mit dem Kanonenschuss, abgegeben auf das Pentagon, dem Symbol des amerikanischen Strebens nach kultureller und wirtschaftlicher Hegemonie. Wozu dieser aggressive Akt führt, ist jedoch nicht die weltweite Befreiung von einer Übermacht. Es ist eine Massenkarambolage auf der Arlington Bridge, deren Folgen ebenso banal wie vorhersehbar sind:

> „Der Feuerstoß war unter der Potomac-Brücke durchgegangen. Über den Fluß hinweg. Auf das Ufer hinunter. Und da brannten schon die Büsche am Pentagon. In einem ungeheuren Bogen machte eine schwarze Karavelle auf den Stromesfluten kehrt. Alles suchte Deckung. Holzsplitter flogen durch die Luft. Eine gewaltige Sprengung."[536]

---

536 Hans Pleschinski: *Brabant. Roman zur See*. Frankfurt a.M. 1995, S. 640.

So kreuzbrav die europäischen Kulturvermittler daherkommen, eine wesentliche Voraussetzung teilen sie mit den terroristischen Gruppierungen der realen Welt: die Überzeugung, mit einem einzigen symbolischen Schlag das Ruder in den Kommandozentralen der Welt herumreißen zu können. Für diesen Gewaltakt benutzen sie eine massenmediale Präsenz, die aufweist, wie verletzlich die Steuerungssysteme der Moderne bereits geworden sind. Gezielte Medien- und Kommunikationsstrategien gehören *per se* zur Ausrüstung terroristischer Gruppierungen:

> „Denn wenn man Terrorismus als das systematische Verbreiten von Angst und Schrecken definiert, so macht bereits das Wort ‚Verbreitung' deutlich, worum es Terroristen zu allen Zeiten ging und geht: Ihre Entführungen, Bombenanschläge oder Attentate müssen bekannt, müssen mit einer großen Reichweite medial verbreitet werden, um ein Maximum an Angst und Schrecken hervorzurufen. Zugespitzt könnte man es so formulieren: Terroristen, über deren Taten man nichts erfährt, existieren nicht – zumindest nicht für die Öffentlichkeit. Die Tat ist von ihrer kommunikativen Wirkung also nicht zu trennen..“[537]

Terrorismus ist also immer auch eine Medienstrategie, betonen dessen Analytiker. Wenige Jahre vor dem Flug American 77 hinein in das Machtzentrum des Pentagon ist die Inszenierung von Selbstdestruktion als Kommunikationsstrategie diesem Roman deutlich abzulesen. Erzählt wird der Zusammenprall zweier Ordnungen, die sich als eine alte und eine neue Kolonialmacht definieren. Der Verlust an Macht und Handlungsfähigkeit bildet die Basis dieser Konfiguration. In ihr werden die Figuren zu Porträts nationaler Stereotypen, zu Versatzstücken von Kategorienbildungen, die gleichsam in Rede gebannt und in Konversationsakten gebündelt werden. Zielscheibe dieser eloquenten, auf den ersten Blick aber sinnfrei erscheinenden Technik sind insbesondere jene mächtigen Staatengebilde, deren Angehörige sich nach dem Hinzutreten Osteuropas zur Union offenbar nur mit Mühe von ihren alten Privilegien lösen können. Aber auch die Vertreter kleinerer Nationen kommen nicht eben gut weg. Zum Teil hebt sich der literarische Akt des *stereotyping* auf diese Weise in seiner Gegenseitigkeit wieder auf. Er gewinnt damit eine integrierende Funktion, die stark mit Wiedererkennungseffekten arbeitet. Larmoyant spielt der umfangreiche epische Text mit literarischen Rückblicken auf Befindlichkeiten und Empfindlichkeiten, die den Bewohnern des europäischen Festlandes zugeordnet werden. Als Beispiel mag an dieser

---

[537] Andres Elter: *Propaganda der Tat. Die RAF und die Medien.* Frankfurt a.M. 2008, S. 11.

Stelle eine Auslassung der Figur des Hannoveraner Feuilletonredakteurs Friedhelm Lambert gelten, der, in seinem Bugstuhl auf Deck platziert, sinniert:

> „Die stattlichen 24 Evangelischen Landeskirchen der Bundesrepublik Deutschland setzten auf den Massenprediger aus den USA – gemeint ist Billy Graham – um orientierungssüchtige Bundesbürger zurückzuerobern. Das würde in der Gruga-Halle, im Frankfurter Waldstadion, in der hannoveranischen Stadthalle ein mächtiges ‚O Lord, we praise you. O Lord, Du bist mein Abendmahl. O Lord, Du bist bei mir im Supermarkt und in der letzten Stunde' geben. Es war vorauszusehen, dass dieser Heilskram alsbald in noch ungeahntem Ausmaß über die entzauberte und auch wieder stark analphabetisierte Welt schwappen würde. [...] Die Sinnesnot war für die, die wenig mit sich anzufangen wussten, offenbar groß![538]

Die Mission scheint wieder in Europa angekommen. Das Transzendentale der Religion wird wieder schick. Es erobert das Terrain der Leere, das der politische Umbruch von 1989, das Ende des Kalten Krieges in manchen Köpfen hinterlassen hat. Obgleich im Roman das Bekenntnis zu Europa zum festen Bestandteil politisch korrekten Verhaltens gehört, bleibt das kontinentale Bündnis für die Figuren in einer so weitgehenden Abstraktheit, dass sich Gemeinsamkeit und Austausch nur mühsam herstellen wollen. *Wozu* sich im Bekenntnisakt zu Europa bekannt wird, weiß irgendwie keiner mehr. Beliebig auffüllbar erscheint der Begriff als ein Denkraum, dessen Systematik leer bleibt. Die Orientierung, die damit angeboten wird, verbindet zwar wirtschaftspolitische Aspekte mit bürokratischer Zentralisierung, nimmt ansonsten aber keinerlei Verantwortlichkeit wahr. Zwar bringt das Schlagwort vom geeinten Europa Manifeste, Gesetze und Postulate hervor, gibt aber kaum eine Sinnverbindung her. Gäbe es sie, müsste vermutlich von Schuld die Rede sein. Solche „Absurditäten im Detail"[539], wie Hans-Rüdiger Schwab ausführt, werden im Roman atmosphärisch umgesetzt und äußerst erfolgreich für den literarischen Spannungsaufbau genutzt.

Der in rasantem Erzähltempo verfasste Roman benutzt die inzwischen antiquierte Symbolik des Schiffs also nicht allein dazu, seiner Leserschaft die These einer drohenden oder bereits erfolgten Kolonialisierung der ‚Alten Welt' Europas durch die Überfremdung angloamerikanischer Kulturelemente nahezulegen. Genau genommen sind Pleschinskis Abenteurer auf See weder ernsthaft gefährdet noch sind sie wirklich gefährlich. Sie frönen vor allem der Muße und dem Streit. So eine Seefahrt zieht sich in

---

538 Hans Pleschinski: *Brabant,* S. 59.

539 Ebd., S. 641.

die Länge – das lässt Zeit für Frontenbildung und Debattenkultur. Dabei zeichnen sich die diversen Streitmächte auf der *Brabant*, die sich zunehmend nach zwei Seiten hin entlang der Legitimation von Gewalt polarisieren, durch die Verstrickung in die fixe Idee des Attentats sowie die Kundgabe gepflegter Depressionen aus. Literarisch breit ausgemalt wird so ein Zustand der Verwirrung, dessen Symptome gekennzeichnet sind durch die Gleichzeitigkeit von Sinn und Unsinn im ‚brabantisierenden' Geplapper der Protagonisten. Deutlich wird, dass der Aufbruch zur See sich im Grunde gegen die repressiven Tendenzen des eigenen gesellschaftlichen Prozesses richtet, gegen die Instrumentalisierung des Europagedankens, gegen die bürokratische Einschließung in Staatsordnungen, gegen die Vorrangigkeit von Kennziffern. Diese Situation lässt Pleschinskis literarische Atlantikfahrer geradezu zwanghaft das Abenteuer als Ausdruck eigener Originalität suchen. An Bord angekommen, erweisen sie sich allerdings lediglich als Kopien von Kopien: Klischees eben, die die Runde machen, abgenutzt und verbraucht in den Wendungen vielerlei Sprachen. Bewusstheit darüber herzustellen, vermag ihr kommunikativer Austausch nicht. Und so überlagert der Selbstzweck des Unerhörten und Einmaligen ihr Unternehmen, der symbolische Akt der Inbesitznahme eines Handlungsraumes, der eher als militärische Guerillataktik denn als Terrorismus zu kennzeichnen wäre.[540] Ohne dass die Figuren einander Gehör schenken, finden ihre Klagen eben kein Ohr. Als Mittel- und Oberschichten-Intellektuelle fahren die Kulturträger Europas erster, zweiter und dritter Klasse, mit sich selbst beschäftigt und ohne jede Perspektive, die aus der Blindheit herausführen könnte.

Insofern bleibt das Ende dieser merkwürdigen, als Roman erzählten Geschichte zu Recht offen. Unvermittelt bricht das literarische Abenteuer ab. Es lässt den Leser allein mit seiner Ratlosigkeit. Was nachhallt, ist der melancholische Unterton, der die Turbulenz der Ereignisse auf dieser dunklen Arche Noah durchgehend souffliert. Das Tableau an Figuren, das vorgeführt wird, kennzeichnet nicht nur eine fatal eindimensionale Sichtweise, geprägt von übersteigerten Identitätszwängen. Es kommt auch ohne feindselige Ab- und Ausgrenzungen nicht aus. Denn die Wirkung ihrer Tat entfaltet sich proportional zur imaginierten Prominenz der zu erwartenden Opfer. Eskalationsstrategie und Eskapismus, der sich als Tatendurst verbrämt, ergänzen sich gegenseitig perfekt. [541] Das Ungenügen an der Tradition, auf die man sich dennoch beruft, der Zustand der Larmoyanz und das Gejammer auf hohem Niveau projizieren die

---

540 Vgl. zu dieser Differenzierung Andreas Elter: *Propaganda der Tat*, S. 21.

541 Vgl. ebd., S. 272.

Figuren, gleich ob pauschal oder interessengelenkt, auf den großen Kontrahenten Amerika – eine Verfahrensweise, die sie zusätzlich schwächt. In dieser Fluchtbedürftigkeit der auf dem Schiff versammelten Heldinnen und Helden verbirgt sich der bitterernste Kern dieser Parodie. Ihre Symbiose von massenmedialer Präsenz und militärischem Aktionismus gemahnt auf andere Weise an einen ‚Kampf der Kulturen' und persifliert jenes eurozentristische Denken, in dessen Namen die Passagiere ihre fundamentalistisch unterfütterten Phantasien einer Weltmacht des guten Willens inszenieren. Nicht in der Streitkultur, die in den überbordenden Dialogen vorgeführt wird, ist die facettenreiche Sprengkraft des Romans aufzusuchen. Sie liegt in den allzu billigen, anachronistischen Vorurteilen, mit deren Hilfe die auf dem Hotelschiff versammelte Personage das fiktive Faszinosum Amerika beschwört, um sich gleichzeitig genüsslich daran zu reiben. Der ‚Rest der Welt' fällt durch das Wahrnehmungsraster schemenhafter Phrasen und kommt folgerichtig auf den Schiffsplanken der Weltbühne im Roman auch gar nicht vor.

8.2 *„Ich finde die Verfassung meiner unsterblichen Seele nicht mehr abendfüllend"*[542] *(Alex Capus)*

Während Hans Pleschinskis *Brabant* die ironischen Zitationen seiner Hotelschiffsgäste für das Erinnern an fehlende europäische Kulturstandards nutzt, spielt der Roman des Schweizer Autors Alex Capus *Eine Frage der Zeit* als postkolonialer Roman *par excellence* mit der Verwendung von Konstrukten und kulturellen Klischees, bei denen Leser und Verfasser ein vergleichbares Repertoire an Zeichen verbinden. Seine Leserschaft versetzt er aus der Gegenwart in das Deutsch-Ostafrika am Vorabend des 1. Weltkrieges, in die Zeit kurz nach der Jahrhundertwende, und referiert damit auf die Negativität einer Erinnerung, die in der Verdrängung vom Pleschinskis Passagieren weitgehend untergegangen ist. Am Ufer des Tanganika-Sees treffen deutsches Pflichtbewusstsein und britisches Heldentum aufeinander. Wie sehr die Figuren Gefangene jener Zeit sind, in der sie leben, Gefangene auch und ganz besonders jener Gewalt, die Krieg und koloniale Ordnung entbergen, zeigt bereits die ironische Anlage der Exposition: Anton Rüter, ehemaliger deutscher Werftarbeiter, erklettert, dem Tode durch Hunger und Erschöpfung nahe, am Rande des ostafrikanischen Hochlandes einen Bahndamm. Was ihn, die Gefährdung durch die feindliche britische Nachbarschaft vergessend, aus

---

542 Alex Capus im Interview mit Beate Arabin, ungedrucktes Skript, Anhang zu „Stereotyp und Klischee – postmoderne Erzählverfahren im Werk des Schweizers Alex Capus" (Magisterarbeit 2008, Universität zu Köln), S. 78.

seinem Versteck hervorlockt, ist der „Duft von heißem Haferbrei“[543]. Der Roman basiert auf Recherchen zu einem nachweislich historischen Ereignis und montiert den Rapport des belgischen Sergeanten Dequanter aus dem Jahre 1915 als textuellen wie bildlichen Beleg an prominenter Stelle mit ein.[544] Vor diesem dokumentierten Hintergrund erzählt Capus die abenteuerliche Geschichte von drei Arbeitern aus Norddeutschland, die 1913 im Namen von Wilhelm II beauftragt werden, das Dampfschiff *Götzen* in seine Einzelteile zu zerlegen, um es südlich des Kilimandscharo wieder zusammenzusetzen. Über den Nutzwert der Seetüchtigkeit hinaus hat die Aktion hohen symbolischen Wert, denn sie soll die imperialen Ansprüche des deutschen Kaiserreiches unterstreichen. Und so fahren die drei mit der Aussicht auf einen exorbitanten Verdienst nach Ostafrika in das heutige Tansania, um sich von der exotischen Kulisse Afrikas, einer weiß gewandeten Gouverneurin und den Kochkünsten der Fremde bezaubern zu lassen. Rasch geraten sie allerdings in das gewalttätige Räderwerk miteinander konkurrierender kolonialer Mächte. Plötzlich werden, mit Beginn des 1. Weltkrieges, aus den Briten, die am gegenüberliegenden Ufer stationiert sind, Feinde. Keiner will, jeder muss Krieg führen. Und so kommt der exzentrische Oberleutnant Spicer Simson ins narrative Spiel, der kurze Zeit später von Winston Churchill beauftragt wird, zwei Kanonenboote auf dem Landweg durch das südliche Afrika an das andere Seeufer zu transportieren. Vor der pittoresken Kulisse der ostafrikanischen Landschaft setzen die Kriegshandlungen ein, unabänderlich wie die tropische Regenzeit, die den Monsun schickt und jene fatalen Krankheiten, die beide sich gegenüber liegenden feindlichen Formationen deutlich mehr in Schach halten als all ihre Waffensysteme:

> „Aber nicht nur auf dem Land, auch auf dem See war alle Bewegung zum Erliegen gekommen. Commander Spicer Simson wagte sich nicht mehr aufs Wasser, seit er die imposante Gestalt der *Götzen* gesehen hatte – nicht ahnend, wie wehrlos sie war, seit ihre großmächtige Bordkanone durch eine grau bemalte Kokospalme ersetzt worden war. Kapitänleutnant von Zimmer seinerseits behielt die *Götzen* ebenfalls im Hafen zurück, weil er durch einheimische Spione von der Existenz Mimis und Toutous erfahren hatte – nicht wissend, dass die beiden pfeilschnellen Boote derart beschädigt waren, dass man die Bordkanonen hatte entfernen müssen.“[545]

---

543 Alex Capus: *Eine Frage der Zeit. Roman.* München 2007, S. 8.

544 Ebd., S. 240f.

545 Ebd., S. 296.

Virtuos kennzeichnet der Roman seine Figuren durch sich kreuzende Wahrnehmungs- und Darstellungsverfahren und setzt Versatzstücke kultureller Stereotypisierung so souverän ein, dass sie, in ihrer Aufeinanderbezogenheit mit Raffinesse als literarisches Gestaltungsmittel platziert, zum selbstreflexiven Medium literarischer Repräsentation und ihrer Möglichkeiten werden. Im Wissenshorizont der Romanhandlung, auf diskursiver Ebene, überwiegt deutlich die Kontextgebundenheit aller Figuren. Ihre lokale, partielle Gebundenheit führt, gekoppelt mit der um sich greifenden Absurdität jeder vollzogenen Handlung, zu tragikkomischen Lebensentwürfen. Ihnen entkommt keine der Figuren. Der ironische Befund trifft alle im Roman versammelten Anti-Helden, deren scheinbar disparaten Verbindungen der Erzähler aus dem Off intensiv nachspürt. Der mit dem historischen Materialismus liebäugelnde Hermann Wendt, der die proletarische Revolution für so unausweichlich hält, dass er keiner Gewerkschaft beitritt, scheitert mit seinem hehren Anspruch auf Gleichbehandlung in einer kolonialisierten Welt bereits auf der Anfahrt. Nicht anders ergeht es dem Antikolonialisten und Kriegsgegner Anton Rüter, der dennoch seine Aufgabe zur subversiven Tätigkeit ausweitet, um sich mit der „Unabänderlichkeit“[546] des Krieges nicht abfinden zu müssen. Es scheitert an den eigenen Ansprüchen auch Rudolf Tellmann, der seit seiner Einberufung zum Militär nur noch mit den Tieren spricht und den die ferne Heimat, vor seinen Briefen sitzend, zu poetischen Höhenflügen verführt, die allein der Erzähler festhält. Vor allem auf dieser Ebene arbeitet der Roman mit dem Verfahren der Metalepse, das die Illusionsbildung des Lesers stört, indem im Kurzschluss der Erzähler in die autonome Welt seiner Figuren eingreift.[547] Und auch der selbsternannte Hüter der Zivilisation Simson, der aufzeigt, wie ambitionierte Karriereabsichten Wesentliches zum Scheitern von hochfliegenden Identitäts- und Lebensplänen beitragen können, scheitert, nicht zuletzt am Ehrgeiz seiner Ehefrau, die sich im *Epizentrum der Zivilisation* bei den Londoner Suffragetten engagiert, weil „das bisschen Haushalt“ ihren Tag eben „doch nicht aus[füllt]“[548]. Das Verbleiben in einer Ambivalenz zwischen Glücksanspruch und Misslingen, das die zentralen Handlungsträger auszeichnet, schließt auch weitere Figuren ein. Es betrifft etwa die Figur des Massai Mkene, ein mit deutlichen Fiktionalisierungssignalen versehener afrikanischer Stammeshäuptling, dem das mediale Stereotyp ‚indianischen' Krieger- und Heldentums angeheftet wird. Das

---

546 Ebd., S. 240.

547 Vgl. zu diesem Kennzeichen postmoderner Erzählkunst Nicole Mahne: *Transmediale Erzähltheorie*, S. 31f.

548 Alex Capus: *Eine Frage der Zeit*, S. 104.

kämpferische Flair dieser Figur hebt die Faszinationskraft einer kulturellen Gegenwelt hervor. Zwar will sie unerkannt bleiben, kann sich aber kolonialer Expansionsmacht nicht entziehen. Die Verfügungsmacht über das Mittel der Auspeitschung kennzeichnet demgegenüber die Unterwerfungsstrategie der deutschen Militärs, die doch, unbehelligt von einheimischen Mächten, zu einem ungestörten Krieg kommen wollen. Der Vorstoß der afrikanischen Gegenmacht zeichnet sich in diesem Kräftefeld durch eine Unterwanderung genau jener Autoritäten aus, die auf dem fremden Territorium agieren und für die Implementierung und Aufrechterhaltung des Kriegszustandes gegen die rivalisierende Militärmacht dringend auf Kooperation der Afrikaner angewiesen sind.

So wird im epischen Text der Ort des Fremden einerseits nahezu austauschbar. Andererseits stellt die Dichte und Intensität der landschaftlichen Beschreibung rasch eine trügerische Nähe zu heimatlichen Gefilden her. Kaisers Geburtstag kommt als Anlass zur Geselligkeit in den Kolonien ebenso ritualisiert daher wie der stets in Weiß blendende Auftritt der Gouverneursgattin, die mit Namen ausgerechnet Schnee heißt. Diesem Signalement von Namen und Funktionen gegenüber arbeitet der Roman deutlich mit der Singularität der kriegerischen Situation. Zwar setzen ihre Auswirkungen am Ufer des Tanganikasee verzögert ein, sie tauchen das tropische Ambiente aber dennoch in ein verändertes, fahleres Licht. Der Krieg definiert Raum, Zeit, Zugehörigkeit und Landschaft neu:

> „Der Krieg erfasste alles und machte sich alles untertan. Die Menschen waren nicht mehr Menschen, sondern Soldaten und Zivilisten. Die Landschaft war keine Landschaft mehr, sondern der Raum zwischen Schützengräben, Maschinengewehrnestern und Straßensperren. Und die Zeitspanne zwischen Sonnenaufgang und Sonnenuntergang war kein Tag mehr, sondern die Frist zwischen Zapfenstreich und Ausgangssperre. Auch Rüter, Wendt und Tellmann mussten sich dem Krieg unterwerfen. Sie waren jetzt keine Papenburger mehr, sondern Reichsdeutsche, und die *Götzen* war kein unfertiges Fracht- und Fährschiff mehr, sondern ein Kreuzer der Kaiserlichen Kriegsmarine.“[549]

Das Reich holt die Figuren des Romans heim, ohne dass sie ihren Ort verlassen. Gerade die Verlagerung des Kriegsgeschehens in eine exotische Ferne zeigt den hohen Ritualisierungsgrad militärischer Gewaltpraktiken auf, entzieht sie dem Kontext der

---

[549] Ebd., S. 125.

Normalisierung. Solche restrukturierenden, literarischen Eingriffe beginnen mit der Überreichung der drei Armbinden[550], die den Mangel an noch fehlenden Uniformen der deutschen Schutztruppe kompensieren sollen, und sie enden mit der Versenkung der *Götzen*, die Rüter zusammen mit den letzten verbliebenen Askaris, den afrikanischen Kolonialsoldaten, vornimmt. Nachdem „alles gesagt war"[551], wie der Text verlautet, lässt der Lauf der Dinge im fernen Europa den Krieg über die Figuren des Romans kommen wie ein Naturereignis, urwüchsig, unausweichlich und grausam, vergleichbar einem Jagdgeschehen. Die Reflexion dieses Prozesses als Titelbezug bindet der Roman an das reflektierende Medium des Briefes. Tellmann, einem der drei Protagonisten, im öden Alltag am Seeufer längst stumm geworden, entströmen im Angesicht des leeren Papieres „die Worte, gelesene und eigene, mit Leichtigkeit"[552], ohne dass er in der Lage ist, sie in der literarisch stilisierten Ausdrucksform zu fixieren. Während die Sehnsucht zurück geht ins Heimische, verwandelt sich die Poesie des Exotischen auf geradezu unheimliche Weise zurück in eine Poetik der Nähe und in eine imaginierte Ursprünglichkeit allen Geschehens. Wo die Wahrnehmung der Todesnähe zusammenfließt zu einer Vertrautheit, die keine Unsterblichkeit der eigenen Seele und damit auch keine kulturelle Differenz mehr kennt, entbindet sich Trost allein über die Geschichtslosigkeit des Mythos, über den Naturzusammenhang:

> „Du siehst, in unserem wässrigen Papenburger Moor liegt genauso viel Poesie wie in den Dschungeln Afrikas, und seine Kanäle sind so genauso kostbar wie die todbringenden Wasserstraßen Venedigs. Mal sprießt der Farn hier und versinkt dort alles im Schlamm, dann müssen nur mal tausend Jahre vergehen, und schon wimmelt es von Leben da, wo eben noch Einöde war, und herrscht dort der Tod, wo gerade noch der Dschungel wucherte. Das alles ist nur eine Frage der Zeit."[553]

Unbestechlich und routiniert wie ein Schweizer Uhrwerk protokolliert der Roman das Verstreichen der Zeit, in die seine Figuren eingeschlossen sind. Er richtet sein Sensori-

---

550 Ebd., S. 127.

551 Ebd., S. 300. Den Informationen auf Capus' Website zufolge, die inzwischen als „Special zum Buch" eine Zeitskala von 1848 bis 1925 anführt, hat die britische Kolonialverwaltung nach dem Ende des 1. Weltkrieges das Schiff gehoben und unter dem Namen *Liemba* wieder flott gemacht. Bis auf den heutigen Tag ist es das einzige große Fährschiff auf dem Tanganikasee und unermüdlich unterwegs auf wöchentlichen Fahrten von Kigoma nach Kasanga an der Südspitze des Sees.

552 Ebd., S. 115.

553 Ebd.

um an jenem im Freudschen Sinne unheimlichen Prozess aus, im dem die Sinnhaftigkeit ihres Tuns sich immer mehr verliert. Die Zeit ist die eigentliche Macht in diesem Text. Ihrem Verstreichen entkommt niemand. Noch nicht einmal der bürokratische Apparat, dessen Verfügungsmacht dennoch bis an das Ufer des ostafrikanischen Sees reicht, ist dagegen gefeit. So bleibt es im verlassenen Örtchen *Kigoma* des militärischen Vertreters der Schutztruppe letzte Pflicht, sich um das „mächtigste Herrschaftsinstrument" zu kümmern, „das man dem Feind unter keinen Umständen überlassen" will: die Schriftstücke und die militärischen Akten, die „Bürokratie".[554] Sie zeugen von einer Macht, deren Gewalt gebrochen ist, in ihrer Willkür aber jederzeit wieder heraufgerufen werden kann. Verantwortliche Recherche beruht in diesem Roman insofern auf einem verpflichtenden Akt der Hortung und Archivierung, der in der Regel absichert, dass ein historisches Geschehen rekonstruierbar bleibt, nicht auf einer Schuldzuweisung. Von daher thematisiert der Ausgang des Romans nicht nur ein Autostereotyp deutscher Gründlichkeit. Er macht die Voraussetzungen für seine Entstehung selbstreflexiv. Auch hier gehört die Arbeit mit Wiedererkennungseffekten national vergesellschafteter Sprache, die sich äußerst wortgewandt auf den Schauplätzen kultureller Grenzziehungen tummelt, zu den essenziellen Bestandteilen von Capus' Schreibweise. In *Eine Frage der Zeit* beruht ihre literarische Bindungsmacht auf den Redegewohnheiten anderer, insbesondere wirtschaftlicher und militärischer Sinnsysteme, die dem Leser als Gegenstand einer in sich komplexen, doppelten Lektüremöglichkeit dargeboten werden. In dem Maße, wie der Konstruktcharakter von Phrasen, Handlungsschemata und selbst literarischen Gattungsmerkmalen hervorgehoben wird, sieht sich der Leser in die Lage versetzt, sich ihres außerästhetischen Kontextes bewusst zu werden. Als vertrauter Referenzrahmen sind sie somit Teil der narrativen Stiftung von Kohärenz. Bei aller Heterogenität der Deutung bleibt diese nötig für die Lesbarkeit des Textes. Mit dem Spannungsverhältnis von Stereotypenakzeptanz und Stereotypenkritik, das sich in die Narration des Romans so deutlich einschreibt, entstehen aber Kippphänomene von Illusionsaufbau und Illusionsdurchbrechung, die paradigmatisch erscheinen für das Stilgefüge der nachmodernen Literatur. Mit diesem Wechsel von Orientierungs- hin zu Irritationsfunktionen wird der Realitätszugriff von Sprache, wird ihr Verhältnis zur Gewalt im postmodernen Schreiben aber zu einem grundsätzlichen Thema.

---

[554] Ebd., S. 298.

8.3 Gewalt als Revenant. Das Universum der Exklusion (Wilfried N'Sondé)

Wie komplex das Verhältnis zwischen Sprache, sozialen Integrations- und Desintegrationsmechanismen in hybriden Kontexten zu sein vermag, zeigt ein in französischer Sprache verfasster Roman, der im deutschsprachigen Kontext beheimatet ist. Insofern ist er keineswegs allein als literarische Aufarbeitung der Jugendrevolten in den ‚Ghettos' der französischen Vorstädte zu verstehen, wie es die Kritiken nahelegen. Auch wenn der schmale Text die dortige Randzone ausgeschlossener Minderheiten in einer „prinzipiell individualistisch orientierte[n] und egalitäre[n] Kerngesellschaft"[555] spektakulär zum Thema macht, gehört er einem literarischen Feld an, das Leroy T. Hopkins und andere in den Kontext globaler Vergesellschaftung stellen. Hopkins hebt es als „afrodeutsches Programm" hervor, das „ein bedeutsames Opus von Texten"[556] zu inspirieren beginnt.

Der Autor, Wilfried N'Sondé, geboren 1968 in Brazzaville, Hauptstadt der Republik Kongo, gehört seiner Selbstauskunft nach jener Gruppe hybrider Existenzen an, die jede Art von Kategorisierung kategorisch ablehnt. Weder Schriftsteller der Pariser Banlieue noch Berliner Sozialarbeiter, der zufälligerweise auch der schreibenden Zunft angehört, weder Musiker allein noch Chansonier und Songwriter, weder Migrant noch Ghettoliterat, setzt er sich dezidiert gegen die Zuschreibung einer einzigen manifesten Identität zur Wehr:

> „Man nennt jemanden wie mich Migrant – das macht keinen Sinn. Ich bin migriert vor 35 Jahren, ich migriere nicht mein ganzes Leben. Dieses ‚Ausländer', das macht doch keinen Sinn. Gerade im jetzigen Europa, wer ist da Ausländer? Man müsste die Worte neu erfinden. Wenn man mich fragt: ‚Bist du Afrikander, Franzose oder Deutscher', kann ich da eine Antwort geben?"[557]

Auch ohne die Eindeutigkeit einer Antwort als eine erneute Zuschreibung zu generieren, darf doch gesagt werden, dass der Roman *Das Herz der Leopardenkinder* das Thema der Kulturwahrnehmung auf eine Art und Weise in den Mittelpunkt rückt, die Rückschlüsse auf den Stellenwert interkultureller Erfahrung aus einer Binnenperspek-

---

[555] Susanne Karstedt: Typen der Sozialintegration und Gewalt: Kollektivismus, Individualismus und Sozialkapital, in: Wilhelm Heitmeyer/Hans-Georg Soeffner (Hrsg.): *Gewalt*, S. 287.

[556] Leroy T. Hopkins: Sprich, damit ich dich sehe! Eine afrodeutsche Literatur, in: Paul Michael Lützeler: *Schreiben zwischen den Kulturen. Beiträge zur deutschsprachigen Gegenwartsliteratur*. Frankfurt a.M. 1996, S. 9 und 12.

[557] Zitiert nach Brigitte Neumann, www.br-online.de

tive auch in Deutschland erlaubt. Die ‚dritte Welt' im eigenen Land scheint als erste Reaktion eine Wahrnehmung *durch* Gewalt zu entbinden. Ausgezeichnet mit dem *Prix Senghor de la Création Littéraire* sowie dem *Prix des cinq continents de la francophonie*, entfaltet sich die Erzählung um die Figur eines jungen Mannes afrikanischer Herkunft anhand einer Fallbeschreibung von Gewaltkriminalität. In einem Pariser Gefängnis sitzend, versucht der Protagonist, sich verzweifelt an die geschehene Tat zu erinnern, den nächtlichen Mord an einem Polizisten, der ihn dorthin gebracht hat. Mit unerbitterlicher Präzision und poetischer Genauigkeit folgt die Diktion dem Bewusstseinsstrom des Ich-Erzählers. Er führt ihn zurück in seine Studienzeit an der Pariser Sorbonne, in das Geflecht von Beziehungen seiner Kindheit und Jugend, das eingebettet ist in das vorstädtische Milieu der französischen Metropole. Diesen Akt der Vergegenwärtigung zeichnet eine hohe Dynamik aus, die den Leser stark in die Ursachenforschung des Tatherganges einbindet. Dabei kommt im Verlauf des Erinnerungsprozesses im Wesentlichen ein doppeltes Erklärungsmodell zum Tragen: Verweist es zum einen auf eine verwehrte Teilhabe an gesellschaftlichen Institutionen, vor allem an Berufschancen, zeigt es zum anderen kollektivistische Orientierungs- und Aktionsmuster auf. Vor allem in letzter Hinsicht erweist sich die über das individuelle Erinnern hinausreichende Vergangenheit als ein Denkraum, der gleichermaßen schützt und hemmt. Symbolisiert wird er im Text durch die Stimme eines Ahnen aus dem fernen Kongo, die von jenem Ort aus ertönt, wo der Ich-Erzähler einst geboren worden ist.

8.3.1 „Fragen, nichts als Fragen"

Die Handlungskonfiguration des Romans rückt vor dem Hintergrund dieser Erzählexposition nicht die Frage nach moralischer Schuld ins Zentrum. Sie zeigt vielmehr die Logik einer Konflikteskalation auf, anhand einer Gewaltspirale, deren einzelne Segmente und Schichtungen im Verlauf des Erinnerungsprozesses auseinandergefaltet werden. Angesichts der treibenden Dynamik der Ereignisse und der Vielfalt an Erklärungsmustern, die dem Leser angeboten werden und die alle zum zufälligen Anlass der Tat hinführen, bleibt der Leser weitgehend im Unklaren darüber, wem da Schuld zukomme und in welcher Weise; welche Figur des komplexen Personengefüges da haftbar zu machen wäre für das Geschehen der Affekthandlung. Denn der Erzähler selbst, als Polizistenmörder angepöbelt, in der Zelle geschlagen und gedemütigt, kann sich, den Kopf vernebelt durch Alkohol und Drogen, im „Wirbel wirrer Bilder“[558] an nichts mehr erinnern, was seine unmittelbare Vergangenheit ausmacht. In den vierundzwanzig Stunden, welche die unmittelbare Erzählsituation umgreift, dominiert der Schmerz des Verlassenen. Er ruft ein explosives Gemisch an Emotionen hervor, Wut, Ohnmacht und zärtliches Eingedenken zugleich, das in die Urteilsfindung des Lesers mit eingeht. Was die aktuelle Erzählsituation immer wieder durchbricht, ist aber ein Rationalitätsmoment: Es sind die vielen Fragen derjenigen, denen „das Recht“ gehört, Signalement einer diskursiven Definitionsmacht, die Entscheidungsgewalt über den „Fall“ gewinnt. In die Kriminalitätsstatistiken der Metropole ginge er als dürre Zahl ein, wäre er real. Mit der intensiven Beleuchtung solcher insistierenden Fragetechniken setzt der Text ein:

> „FRAGEN, FRAGEN, nichts als Fragen, der hört überhaupt nicht mehr auf! Und ich begreife kaum, wo ich bin. Er brüllt auf mich ein, der Kommissar, mein Kopf kriegt das alles nicht richtig mit, es ist spät, und ich habe zu viel getrunken, zu viel geraucht, er soll endlich aufhören! Vielleicht ist ihm ja nicht klar, dass ich ihm gar nicht antworten kann. Machen Sie wenigstens ein Fenster auf, bitte! Aber nein, der ist stur, ich soll verdammt noch mal mein Maul halten, schließlich bin ich hier in Polizeigewahrsam! Ich gebe mir Mühe. Und in dem Nebel plötzlich die Gestalt meines Ahnen, außer sich! Dafür bist du nicht nach Frankreich gegangen, mein Sohn! Ich fürchte mich vor Verhören, mein Kopf ist verstopft von den ganzen Fragen seit Jahren: Wer bist du? Wo kommst du her? Warst du gut in der Schule? Wie ist dein Land?“[559]

Die Passage macht deutlich, in welchem Maße in dieser exponierten Situation Sprachgewalt und Sprachohnmacht aufeinanderprallen. Sie rufen eine innere Stimme hervor, deren Funktion im Text es ist, die Auseinandersetzung mit dem Akt physischer Gewalt von der Täterseite her in den psychischen Binnenraum zu verlagern. Eine solche Erzählkonstellation innerer Pluralität ist erzähltechnisch nicht eben häufig anzutreffen. Und nur selten wird sie so gekonnt in Szene gesetzt wie in diesem Roman, dessen Sprechakte sich überdies durch eine ungewöhnlich vibrierende Musikalität auszeichnen. Ihr Rhythmus ist dem *Slang* verwandt, dem Straßenjargon, aber auch dem Klang

---

558 Wilfried N'Sondé: *Das Herz der Leopardenkinder. Roman.* Aus dem Französischen von Brigitte Große. München 2008, S. 9. (Französische Originalausgabe unter dem Titel *Le Coeur des enfants-léopards* Arles 2007)

559 Ebd., S. 9.

der Trommeln, die selbst das Sprechen nachahmen. Die literarische Faszination dieses Textes lebt von der extremen Kluft zwischen dem Vorstadtmilieu, das zwischen Bundesstraße, Wohnblocks und Supermarkt angesiedelt ist, und der brillanten Dichte des literarischen Ausdrucks, den der innere Monolog erreicht. Mehrfach durch die Stimme des Ahnen unterbrochen und zweifach, gegen Ende, durch die neutrale Tonlage des Polizeiberichts ersetzt, treibt die dynamische Bewegung des Spannungsaufbaus der Auflösung der Exposition entgegen. Während der gesamten Lektüre muss sich der Leser den Hergang der Tat wie Teile eines Puzzles zusammensetzen.

8.3.2 Finsternisse

Bezieht man die Tiefendimension des Romans mit ein, die auf der Ebene der Repression nicht aufgeht, erweist sich der Kampf mit der fehlenden Erinnerung im Grunde als ein Kampf gegen die Enge der Wörter. Mit ihren Beharrungskräften verweilen sie in der Ignoranz ihrer Benutzer, einem „negativen Konformismus"[560] folgend, mit dessen mimetischer Kraft sich der Erzähler eingestandenermaßen nicht zufrieden geben kann. Vor dem Hintergrund dieses sprachlichen Imitationsgebarens entzieht sich das eigene Ausdrucksvermögen anfangs zum Teil der Artikulation und setzt sich daher auch nur zögerlich in eine Klarheit des Erinnerungsvermögens um. Die Expressivität des Ausdrucks zeigt diesen Prozesscharakter aber deutlich auf. In der Vorstellungswelt des Lesers ergänzt er sich auf dieser Basis um die Exzessivität der Tat. Gerade weil im literarischen Darstellungsakt zunehmende Eloquenz den Rekonstruktionsakt des Erzählers kennzeichnet, wird die Aufmerksamkeit des Rezipienten umgelenkt auf die Reflexion der Kraftanstrengung zu leben unter Bedingungen, die das Erzählsubjekt aus der Normalität längst ausgegrenzt haben. Von vornherein auf Begriffe wie Außenseiter, Störfaktor und potenzieller Krimineller reduziert, erzählt der Täter vom Furor der Tat.

Die Struktur dieser Geschichte trägt also die Spuren einer sich selbst erfüllenden Prophezeiung, die zu den Einsichten sozialpsychologischen Wissens längst gehört. In diesem Roman wird allerdings weniger ihre Diskursivierung betrieben als eine literarische Rehabilitierung jener aus dem sozialen Feld Ausgeschlossenen nahe gelegt, die lediglich über den Ort des Gefängnisses, der Einschließung, an den gesellschaftlichen Institutionen partizipieren können. Der geschehene Gewaltexzess wird zum Gradmesser eines prekären Gesellschaftszustandes. Eine solche literarische Konstellation hat Tradition.

---

560 René Girard: *Gewalt und Gegenseitigkeit*, S. 440.

Dass N'Sondé in seinen wenigen Interviews in deutscher Sprache auf die Namen von Hugo, Baudelaire und Chateaubriand verweist, mag seinen Hintergrund darin haben, dass er mit dieser Referenz auf die französische Literaturmoderne das Klischee vom ungebildeten ‚Afrikaner' zu durchbrechen sucht. Näher als ein Vergleich mit den genannten Autoren und ihren Werken liegt jedoch der weltliterarische Rang von Joseph Conrads Roman *Herz der Finsternis*, auf den der Roman *Das Herz der Leopardenkinder* in sublimer, aber deutlicher Weise Bezug nimmt.

1902 schilderte Conrad die Abgründe der Eroberung des afrikanischen Kontinents durch die westliche Zivilisation am Beispiel des Kongo. 2008 schildert *Das Herz der Leopardenkinder* die Rückkehr der Gewalt in die Metropole, geboren aus den Verwirrung stiftenden Abgründen der kolonialisierten Welt. Insofern gehören beide Texte dem gleichen Diskursfeld an. Es weist erzählstrategisch eine Destruktion personaler Identität auf, wenngleich in geradezu antithetisch gesetzten kulturellen Kontexten. Die Auseinandersetzung mit der Barbarei gewalttätiger Praktiken macht ihr Gegenstandsfeld aus. Es umfasst die Sphäre des Bewussten wie des Unbewussten ebenso wie den geographischen Raum und seine topographische Ordnung. Gefängnis, Straße, Universität sind die wesentlichen Orte, an denen sich die Handlung von N'Sondés Roman abspielt; alles Nicht-Orte, gekennzeichnet durch Mobilität und Übergang. Eingezurrt in ein Sozialgefüge, das den Protagonisten nicht zu brauchen meint oder jedenfalls nicht in herkömmlicher Weise einer Nutzbestimmung zuzuführen vermag, blenden Täter- und Opferrolle ineinander über. Um 1900 repräsentiert sich das Opfer der einheimischen Bevölkerung im brutal kolonialisierten Kongo im Sterben des belgischen Elfenbeinhändlers Kurtz. Einhundert Jahre später trifft der unvermittelte Tod den französischen Beamten Pascal Froment, der sich zufälligerweise, wenn auch im dienstlichen Auftrag, am Tatort befindet. Die Zufälligkeit der Opferwahl im Akt des Tötens trägt zu der sich in sorgfältigen Schritten steigernden Intensität der Narration in beiden Romanen Erhebliches bei. In beiden wandelt sich das Erzählmedium selbst gegen Ende zur Romanfigur um, die den Schlusspunkt in der Auflösung der Handlungsdramatik setzt. An dieser sich selbst reflektierenden Figur – und an ihrem Verhältnis zum Scheitern einer Nebenfigur, dem Freund Drissa, dessen Erinnerung das Gedächtnis des Täters am Ende ein letztes Mal überformt – zeigt N'Sondé die Unmöglichkeit der Zuordnung zu einer rein ‚weißen' oder ‚schwarzen' Kultur in bestechender Weise auf. Sie kann nicht von außen erfragt werden, schon gar nicht aus nur einer einzigen Figuren- und Wahrnehmungsperspektive. Am Beispiel der inneren Verbundenheit seines Erzählers Marlow zur Figur des Handelsagenten Kurtz führte Conrad die Auszehrung des Menschlichen im kolonialen Raum vor und wies auf die Gefahren der Persönlichkeitszersetzung, des Identitätsverfalls hin, wie sie einst von der kolonialen Eroberung ausgegangen waren. Demgegenüber konstituiert *Das Herz der Leopardenkinder* eine Exterritorialisierung des einst kolonialisierten Ich, das sich noch immer gefangen zeigt in den Grenzen, die Kolonialmächte und Kolonisierte gegen einander errichtet haben.

Es gibt weitere Details der Handlung, die Parallelen aufweisen. Sie seien an dieser Stelle summarisch benannt:

Im für den Roman konstitutiven „Prozeß der erzählerischen Wahrheitsfindung durch Beobachtung, Analyse, Reflexion und Kommentar“[561] schildert Conrads *Herz der Finsternis* die Ankunft des Erzählers Marlow bei der ersten kongolesischen Handelsstation als Eintritt in den „düsteren Kreis eines Infernos“, angesiedelt unter den „stillen Baumwipfeln eines Totenhains“[562]. Es birgt die Opfer der Vernichtung durch Arbeit beim Eisenbahnbau durch den afrikanischen Urwald, während ein „Strom von Fabrikware, Baumwollplunder, Glasperlen und Kupferdraht“ sich „in die Tiefen der Finsternis“ ergießt, um dafür „ein Bächlein kostbaren Elfenbeins“ zurückzufließen lassen.[563] Das Inferno des Ich-Erzählers in N'Sondés Roman, namenloser Revenant von Marlow, setzt mit der fehlenden Erinnerung an die Tat ein. Der Kreis der Wiederkehr von Gewaltpraktiken endet im Gefängnis. Im Verlauf der Handlung wird jener Entwicklungsprozess aufgezeigt, der als fatale Identifikation mit dem Aggressor über das Auge diverser sozialer Kontrollinstanzen verläuft. Nahezu jede Figur in der Umgebung des Erzählers glaubt Hautfarbe und Kriminalitätsverdacht in eins setzen zu können, ohne dass dies in irgendeiner Weise verifiziert werden muss. Die Kindheit erlaubt im Schutze der Mütter, die sich den Markt erobert haben, noch weitgehend freie Bewegung und Pläne. Sie sind der Freiheit und Schönheit jenes Raubtiers nachgebildet, dessen pure Animalität, Schönheit und Gefährlichkeit vereinend, am Ort der Herkunft Kultstatus genießt.

Spätestens mit den Anfechtungen der Pubertät greift das Stereotyp des Dunklen und Finsteren, dessen Signalement nicht zuletzt dem Conradschen Œvre entstammt. Dabei bleibt es in N'Sondés Roman gleich, ob seine Verwendung in integrierender oder in desintegrierender Absicht geschieht. In jedem Falle greift es in die Bildung des Selbst-

---

561 Joseph Conrad [Teodor Józef Konrad Korzeniowski]: *Herz der Finsternis* (1902), Berlin 2009, S. 146.

562 Ebd., S. 28 und 33.

563 Ebd., S. 31.

werts ein: „Erst später, mit dreizehn, vierzehn, wurden wir Fremde, Verbrecher, ‚Integration', ‚Immigration', Illegale, Toleranzschwelle in politischen Programmen."[564], heißt es im Text. Gewaltformen tauchen in diesem Roman in all ihren Variationen auf. Sie durchziehen ihn wie ein Rizom: Physische Gewalt entfaltet sich im Klima der Hoffnungslosigkeit und Frustration des Emigrantendaseins bis in die familiären Strukturen hinein. Sie verschafft sich ihr Ventil im Rassenhass, aber auch in den körperlichen und psychischen Demütigungen der Gefängnishaft. Gewalt blüht gefährlich nahe an den Leidenschaften und schlägt dort in eine asymmetrische Machtvariable um, die das Verhältnis der Geschlechter äußerst ungleich mit Widerstandpotenzialen gegen ihren Missbrauch ausgestaltet. Gewalt wendet der Erzähler schließlich gegen sich selbst an, wenn er sich in Scham und Selbstbeschuldigung aufgrund seiner ausweglosen Lage verstrickt. Die Grenzen zwischen Unrecht und Recht werden in diesem narrativen Universum zum Fließen gebracht.

Wie als vorausblickender Kommentar dazu liest sich Conrads Bemerkung gleich auf den ersten Seiten von *Herz der Finsternis*: „Die Eroberung der Erde, was meist heißt, dass man sie denen nimmt, die eine andere Hautfarbe haben oder deren Nasen etwas flacher sind als die unseren, ist keine schöne Angelegenheit, wenn man sich gründlich damit befaßt."[565] Keine ‚schöne Angelegenheit' ist auch der Umschlag in die Zentren der ehemaligen Kolonialmacht. Die Rückkehr der Gewalt in die Metropole, gerade weil sie so eindrucksvoll erzählt wird, verweist auf eine Konvergenz von Erster und Dritter Welt, die sich mit dem Feiern freiheitlicher und demokratischer Werte nicht zufrieden geben will. Der soziale Kitt der Asylländer zeigt sich gesprengt von der Wucht eines Aufschlages, der nicht die Fallhöhe der Zivilisation markiert, sondern vielmehr das Unvermögen, mit ihren Folgen umzugehen. Der Schwärze, der Dunkelheit der Haut steht „das Elend der Welt ins Gesicht geschrieben", und „dafür will sie nicht aufkommen müssen"[566], kommentiert lakonisch der Erzähler in *Das Herz der Leopardenkinder.*

Insofern lässt sich dieser Roman als ein aktuelles ‚Traktat' über jene Gewalt lesen, die sich unmittelbar im Herzen Europas abspielt. Bereits die Widmung des 2008 sofort ins Deutsche übersetzten Romans spielt im Wortsinn mit den Motiven der Hautfarbe, deutet sie im Rahmen geradezu universeller Praktiken der Ausgrenzung um, gleich

---

564 Wilfried N'Sondé: *Das Herz der Leopardenkinder*, S. 23.

565 Joseph Conrad: *Herz der Finsternis*, S. 11.

566 Ebd.

welcher Provenienz. Die Homage an die Historie von Opfern, deren Kette von den in die Sklaverei Verschleppten bis hin zu den modernen *boat people* reicht, macht unmissverständlich das Bemühen der Uminterpretation deutlich. Sie zeigt aber auch, dass emotionale Stabilität und Bindungsmacht nicht gewährleistet sind, wo gesellschaftliche Identitätszuschreibungen an die Farbe der Epidermis gebunden werden. Vor einem solchen soziokulturellen Hintergrund bieten weder Gesicht noch Namen Gewähr für individuelle Präsenz. Die europäische kulturelle Norm bindet Individualität an eine personale Kennzeichnung.[567] Was dem Erzählsubjekt als Kraftquelle während der Anstrengung der Erinnerung zur Verfügung steht, ist jedoch nicht die individuelle Kennzeichnung über einen persönlichen Namen. Ohnehin ist dieser im konkreten Fall lediglich als symbolische Nachbildung der Namen früherer Herrschaft zu entschlüsseln. So sehr er in der bürokratischen Welt der Akten und Pässe das Identifikationsmoment der äußeren Welt sein mag, zum Epizentrum der Energie, die das Antriebsmoment der Narration speist, wird er deshalb nicht. Der Antrieb zum Sprechen liegt vielmehr in einer stellvertretenden Zerklüftung des Selbst, in der ungeheuren Distanziertheit zu allem und jedem, die es ausmacht und umgibt. Von daher wird die Anrede des Vorfahren zum Kristallisationskern der Bindungsmacht an Herkunft und Kultur. Sie treibt die Erzählung an den primordialen Haltepunkt, zur Frage des ‚Wer bin ich?' zurück, in deren Antwort der Erzähler Herr über sich selbst zu werden versucht:

> „Charlemagne Ngouvou, Jeanne d'Arc Maboundi, Wilfried N'Sondé, Anatole Nganga – was ist aus uns geworden, Ahne, wenn es uns nicht einmal bewusst ist, dass wir mit diesen lächerlichen Namen den früheren Herren nacheifern. [...] Und wer, Ahne sind wir wirklich? Sieh, was aus mir geworden ist!"[568]

Aber auch diese Orientierung am Vektor einer weit zurückliegenden Vergangenheit muss enttäuschen. Weder Zeit noch Geschichte sind umkehrbar. Und so bleibt sie schließlich stumm, die Stimme atavistischer Rückfall in eine als überholt markierte Verhaltensweise. In der modernen Weltordnung wird sie entsorgt und gibt bestenfalls noch den Nutzwert des Betruges her:

> „Du bist enttäuscht vor mir, Ahne? Ich habe getan, was ich konnte. Was willst du jetzt mit mir machen? Mülleimer für Menschen gibt es nicht! Ich werde ein Stück

---

[567] Girard bringt sie mit jenem „modernen Individualismus" in Verbindung, der zur „verzweifelten Ablehnung" von Ähnlichkeit und mimetischem Begehren und damit zur Geringschätzung der Masse führe, Ders.: Gewalt und Gegenseitigkeit, S. 143.

[568] Joseph Conrad: *Herz der Finsternis,* S. 11.

von dir zum Leiden in mein Verlies mitnehmen. Spiel nicht den Taubstummen mit deiner abschätzigen Mine, komm runter von deiner Verachtung und nimm mein Gewitter auf dich! Ich habe die Hellsicht derer, die verloren sind. Erinnere dich daran, wie Drissa wissen wollte, wer die Chefs der Bakongo, Zulu, Kikuyu, Shona, Bamileke, Mandingue, Ashanti und Wolof sind! Sein Vater hat sich da unten einen Führerschein gekauft, um mit einem Wagen anzugeben, der viel zu teuer für seinen Lohn war. Zu Hause hatten sie keinen Strom mehr, und du hast ihm was von großen, würdigen, aufrechten Männern erzählt, die nobel Gerechtigkeit walten lassen unter stolzen, friedfertigen Völkern."[569]

Die Anrufung des Ahnen durch den Erzähler zeigt die nicht mehr funktionierende Glaubwürdigkeit der Herkunftstraditionen auf, wie sie die mündlichen Erzählungen der Griots im westlichen Afrika verbreiten. In Conrads *Herz der Finsternis* ist es „die Idee" der Zivilisation, die nicht mehr trägt, weil sie „gewaltsamen Raub" und „erbitterten Mord in großem Maßstab"[570] entschuldigt, weil sie das Raffen um des bloßen Besitzes willen rechtfertigt. In N'Sondés Roman wird das Festhalten an der primordialen Bindung zum Weg, der ins Leere führt.[571] Das wäre eine zutiefst entmutigende Prognose, stünden da nicht die Namen für Kulturen, die eine Vielfalt an Traditionsbezügen aufrufen. Selbst wenn viele der damit verbundenen rituellen Praktiken im europäischen Kontext als „Macht verscherbelt"[572] worden sind, wie es im Roman heißt, wird deutlich, wie wenig sie sich unter einer stereotypen Sammelbezeichnung ‚Afrika' subsumieren lassen. Für den Erzähler stellen sie dennoch ein Reservoir dar, aus dem Kraft zu schöpfen ist. Ahnenkult und Verehrung von Naturelementen generieren als Säulen afrikanischer Spiritualität wesentliche Bezugspunkte im Text. Die Spur des

569 Wilfried N'Sondé: *Das Herz der Leopardenkinder*, S. 38f.

570 Joseph Conrad: *Herz der Finsternis*, S. 11.

571 Unter den ursprünglichen bzw. primordialen Bindungen fasst der amerikanische Kulturanthropologe Clifford Geertz jene angestammten Loyalitäten zusammen, die aus den Grundgegebenheiten sozialer Existenz hervorgehen. Dazu gehören beispielsweise die von frühester Kindheit an vermittelten Gefühle der Zugehörigkeit zu den nächsten Verwandten, zu einer bestimmten Religion, zu einer besonderen Sprache, zu bestimmten Normen und Bräuchen oder auch zu jener begrenzten und überschaubaren Örtlichkeit, die wir als Heimat bezeichnen. Diese Bindungen hält Geertz für stärker als jene, die Menschen in späteren Lebensphasen eingehen, nämlich jene aus wirtschaftlichen Interessen und politischen Überzeugungen. In seiner Modellierung ist es der Appell an diese Gefühle und diese affektiven Bindungen, die den Erfolg ethnischer oder nationaler Vergemeinschaftung, Nation und Identität, ermöglichen. Vgl. Clifford Geertz: *Dichte Beschreibung, Beiträge zum Verstehen kultureller Systeme.* Frankfurt a.M. 1983.

572 Wilfried N'Sondé: *Das Herz der Leopardenkinder*, S. 39.

Vergangenen taucht ab in die traditionellen Vorstellungen animistischer Kulturen, nach denen die Welt des Sichtbaren mit dem Unsichtbaren eng verbunden ist.[573] Menschen, Tieren, Pflanzen, Wasser und Steinen wird ein Funken jenes göttlichen Wesens zugeschrieben, das unsichtbar bleiben muss und das sich die Götter, die Ahnen, die Ungeborenen und die Geister teilen. Obgleich es *den* Animismus nirgendwo gibt, erwächst aus dieser gemeinsamen Manifestation einer dualistischen Welt die Verehrung von Ahnen und zahlreichen Naturelementen als göttliche Spur. Weitgehend ohne Metaphysik bildet sich ein religiöser Kult heraus, aus dem der Einzelne Kraft schöpfen kann, um sich in seiner Realitätssphäre zu verwirklichen. Erst von diesem teleologischen Bezug her erschließt sich auch der Ruf nach einem schützenden „Reservat". Gilt die Diesseitsorientierung des Erzählers der Sicherung seiner körperlichen Existenz, erfordert sein zweites Ich in der geistigen Welt das Verbleiben in einem „ursprüngliche[n] Ökosystem", in dem es unmöglich ist, „sämtliche äußeren Einflüsse scharf zu kontrollieren". Die Würde, der Respekt, das letzte ‚Heilige', das der Erzähler für sich einfordert, soll seiner Umgebung nicht weniger wert sein als der Schutz „der Wale" oder der „Lebensrechte der Riesenschildkröte".[574]

Während auf der Textoberfläche die Rekonstruktion des kriminellen Tatherganges das Interesse des Lesers fesselt, stellt *Das Herz der Leopardenkinder* in einer Tiefendimension eine faszinierende Bestandsaufnahme von Verantwortungssphären dar, die vom Zugang zum öffentlichen sozialen Raum über Gruppendynamiken bis zu Konstitutiven des Individuellen reichen. Doch mündet der Roman weder in Schuldzuschreibung noch in Opfergebaren. Zwischen den Lesarten von Gewalt als defensive Aggression einerseits und der Zuschreibung von Destruktionsbegehren andererseits gibt er keine Deutungshoheit vor. Den Weg aus der Misere kennen gerade die Mütter im Viertel nicht, die doch für andere Erziehungspraktiken verantwortlich zu machen wären. Ihn kennen die abwesenden Väter nicht, isoliert in ihren Hahnenkämpfen und Männlichkeitsritualen. Es kennt ihn nicht der fragende Kommissar, nicht der Staatsanwalt und nicht der Richter. Die juristische Instanz bleibt hilflos und ohnmächtig. Insofern mag die analytische Betrachtung mit der Frage nach einem produktiven Ausweg aus den Gefährdungen der multikulturellen Gesellschaft überfordert sein. Angesichts der sprachlichen Brillanz, mit der hier die Illusionslosigkeit perfektioniert wird, wäre dies

573 Vgl. dazu Sylvie Natcha: *Interdisziplinarität – Kulturtransfer – Literatur. Afrika-Fremdwahrnehmung in ausgewählten deutschsprachigen Reisewerken von der Kolonialzeit bis zur Gegenwart.* Würzburg 2009, S. 89–96.

574 Ebd., S. 40.

nur eine weitere überflüssige Frage. Keine Figur findet einen Ausgang aus der Welt der Perspektivlosigkeit ohne Zuhilfenahme religiöser Zufluchten, nicht die Geliebte, nicht die Freunde, nicht der Ahne. Transzendentale Obdachlosigkeit scheint in Krisensituationen schwer auszuhalten. Und so verschiebt sich die Lösung der Diesseitsproblematik nicht nur auf die nächste Generation, der Erzähler als narrative Instanz entzieht sich auch seinem weltlichen Gericht, um am Ende aller Fragen den Flug der Seele aus dem Körper anzutreten.[575]

8.3.3 Körperpolitik

Ein weiterer Tod also markiert das vorläufige Ende der Gewaltspirale. Das Ende alles Sprechens wird zum Richter auf der Ebene der Repression. Doch wird die Untersuchung den Mustern von Kulturwahrnehmung und ihrem Verhältnis zur Gewalt gerade in diesem Roman nicht gerecht, verbleibt sie in dieser Eindimensionalität und blendet intertextuelle Zusammenhänge aus, wie sie am Beispiel von Joseph Conrad bereits vorgeführt worden sind. Ähnlich wie in Hubert Fichtes *Das Waisenhaus* zeigt die narrative Dichtheit der Konfiguration etwa in besonderer Weise an, dass sich der Erzähler in einer gespaltenen Zeit befindet. Die Personalunion von Erzähler in eigener Sache und diegetischer Person verweist auf eine Zeit, *von* der erzählt wird, die in der Erinnerung durchforschte Zeitspanne von zweiunddreißig Jahren, und eine Zeit, *in* der erzählt wird, die Erzählzeit von vierundzwanzig Stunden. Aus dieser „unhintergehbaren Differenz“[576] erwachsen alle anderen Differenzen, die der Roman entfaltet. Sie betrifft die Spaltung identitärer Bezüge ebenso wie die Drehung der Zeitachse in den sich dem Leser eröffnenden Gefängnisraum am Schluss, die nur einen imaginären Fluchtpunkt offen lässt. Die Sprengkraft dieser Erzählkonfiguration liegt damit aber weniger im Aufzeigen, wie die Mikrophysik der Strafe funktioniert, als im Aufzeigen der Latenz einer Macht, die gemeinhin als ein *Common sense* zu wirken pflegt.

Das aber ruft wiederum den theoretischen Referenzort der Machtanalyse auf. Implizit verweist der Romanschluss auf jene Gesamtheit von strategischen Positionierungen, über die sich Macht verteilt, in Gestalt der ‚politischen Anatomie' ausformt, die Konstellation von Herrschaft und Wissen präformiert, Gerichtswesen und Kausalprozess definiert. Und so kann dieser Roman mit seiner auf den ersten Blick desillusionierend wirkenden Schlusslösung folgerichtig nur mit jener „Verdoppelung durch ein Unkör-

---

[575] Ebd., S. 125.

[576] Wolfgang Müller-Funk: *Die Kultur und ihre Narrative*, S. 146.

perliches“ enden, die Michel Foucault in *Überwachen und Strafen* jener „Übermacht“ an die Seite gestellt hat, „die sich am unterworfenen Körper des Verurteilten auslässt“[577]. Am literarischen Ort des Gefängnisses erweisen sich die Technologien der Macht über den Körper in besonderer Weise. Dort, wo „die Seele“, einst Teil des animistischen ‚Kosmos', am Ende den Leib des Erzählsubjekts verlässt, existiert sie eben nicht als „Illusion“ oder als „ideologischer Begriff“, wie der Foucaultbezug deutlich macht. Sie ist eine „Wirklichkeit“, die immer wieder und ständig neu „produziert“ wird, und zwar, wie es in *Überwachen und Strafen* heißt,

> „um den Körper, am Körper, im Körper“, und zwar „durch Machtausübung an jenen, die man bestraft, und in einem allgemeineren Sinne an jenen, die man überwacht, dressiert und korrigiert, an den Wahnsinnigen, an den Kindern, den Schülern, den Kolonisierten, an denen, die man an Produktionsapparate bindet und ein Leben lang kontrolliert.“[578]

Fragen überwachen, dressieren und kontrollieren in einem sozialen Raum, der, so zeigt es der Roman, nur minimal in den Grenzen eigener Entscheidungsmacht beeinflussbar ist. Foucault setzte 1975 seine Analyse an der „Bindung an den Produktionsapparat“ an. Diese soziale Anbindung bleibt zu Beginn des 21. Jahrhunderts für viele Angehörige der Migration ein frommer Wunsch. Was der Roman am Funktionieren der Gefängniswelt innerhalb wie außerhalb von Mauern aufzeigt, referiert letzten Endes auf Prozeduren der Bestrafung, der Züchtigung und des Zwanges. Sie verzahnen „Machtwirklichkeit“ und „Wissensgegenstand“ so miteinander, dass sie „Psyche, Subjektivität, Persönlichkeit, Bewusstsein, Gewissen, usw.“[579] generieren und als ein „es“ fortschreiben, das der Sublimierung bedarf, nicht zuletzt der literarischen. „Effekt und Instrument“ zugleich, führt die Dynamik des psychischen Exzesses am Beispiel des nicht fassbaren Tötungsmotivs die Gewaltspirale vor, die vom „Gefängnis des Körpers“[580] ausgeht. Das unausgesprochene Urteil legt in *Das Herz der Leopardenkinder* Tat im Affekt nahe und deutet den beschleunigten Rhythmus des Herzschlages an, der die Hand zum Schlag führt, jenseits der Kraft des abwägenden Verstandes. Die Farbe der Haut des lebendigen Leibes wird als eine Art von Gefangenschaft imaginiert, die aus

---

577 Michel Foucault: *Überwachen und Strafen. Die Geburt des Gefängnisses.* Frankfurt a.M. 1976, S. 41.

578 Ebd.

579 Ebd., S. 42.

580 Ebd.

eigener Kraft nicht beendet werden kann. Dafür braucht es Bedingungen, die zu schaffen sind – und zwar im „großen Spagat über die Kontinente, die Welten und die Zeit“[581] hinweg.

581 Wilfried N'Sondé: *Das Herz der Leopardenkinder*, S. 126.

V Abspann

9 Gewaltwirtschaft? Im Inneren der Funktion (kathrin röggla)

Dem soziologischen Diskurs zufolge kennzeichnet der Exklusionsbegriff die „Plazierung eines Individuums in der modernen Gesellschaft". Sie, die Exklusion oder Ausschließung multipliziert sich, wenn es einen „Steigerungseffekt ineinandergreifender Ausgrenzungen"[582] gibt. Wie der letzte Roman zeigt, der hier zu untersuchen ist, zeigt sich auch der Inklusionsbereich allerdings keineswegs frei von Einflüssen, die mit Machteffekten in Verbindung zu bringen sind. Das Minimalprogramm, das es dem Einzelnen ermöglicht, an den Leistungen ausdifferenzierter Institutionsgefüge teilzuhaben, drängt mit leiser, kaum sichtbarer Gewalt auf Inanspruchnahme. „Auch im Inklusionsbereich", führt Markus Schroer aus,

> „herrscht also Gewalt, wenn auch eine vergleichsweise sanfte Gewalt, die zum mitmachen zwingt. Inklusion ist nicht nur eine Offerte, die man annehmen oder zurückweisen kann. Vielmehr handelt es sich um ein Angebot, das man gewissermaßen ‚nicht ablehnen kann' [...] , ohne Nachteile in Kauf zu nehmen. Die Gesellschaft gibt sich keineswegs damit zufrieden, einige ein- und andere auszuschließen. Gerade weil ein Totalausschluß letztlich gar nicht dauerhaft möglich ist, weil niemand dorthin gehen kann, wo ihn der Inklusionsscheinwerfer der modernen Gesellschaft nicht zu erfassen vermag, wird versucht, diejenigen, die ‚draußen stehen', ‚in die Gesellschaft hinein[zu]pressen, unter welchen Arbeits- und Lebensbedingungen auch immer."[583]

Und so steht ein Todesfall auch am Ende von Kathrin Rögglas Roman *wir schlafen nicht*, ein literarischer Text, der den Übergang vom tayloristischen System der Arbeit, der einstigen Hochphase industrieller Massenproduktion – Foucaults ‚Produktionsapparat' – zum Zeitalter moderner Informationstechnologien und Dienstleistung am Kunden markiert. Allerdings erkundet der Text der 1971 in Österreich geborenen und in Berlin lebenden Autorin die Signalements der *softmoderne* weniger als eine ‚historische Wirklichkeit' des Seelischen, das heißt als eine Dynamik des Psychischen. Worum

---

582 Markus Schroer: Gewalt ohne Gesicht. Zur Notwendigkeit einer umfassenden Gewaltanalyse, in: Wilhelm Heitmeyer/Hans-Georg Soeffner: *Gewalt*, S. 167.

583 Ebd., S. 171.

es geht, ist ein Lebensgefühl, es ist ein sich durchsetzender prägnanter Stil. Was der Roman offeriert, sind Binnenperspektiven, aber in der Schräglage einer Befindlichkeit von Untoten, von „zombies“ und „monstern“[584], wie der Text behauptet. Seine Monologe kommen einher fast wie eine Selbstpersiflage, umreißen gehetzte Figuren in einer endlos sich beschleunigenden Zeit, die stillsteht im Auge der Betrachterin, im Zentrum des Taifuns. Es kommen zu Wort auf ihre Funktion reduzierte Betriebsangehörige, die im kalten Krieg wirtschaftlicher Konkurrenz am Nicht-Ort einer Messe in Deutschland nebeneinander stehen, aneinander vorbeireden und sich voreinander gruseln. Begrifflichkeiten wie Geschichte, Wirklichkeit und selbst Realität sind nicht mehr *up to date.* Sie erscheinen ausgelagert aus den Zentren, die den Prozess einer am Wirtschaftsliberalismus orientierten Globalisierung steuern. Kaum noch zeigen die Bewusstseinströme, die da siebenfach ineinander fließen, Bewusstsein als bewusstes Sein. Und im Grunde bewegt und fließt da ja auch nichts, vielmehr umkreisen die rhetorischen Akte in der verdichteten Interviewaussage den Gewaltwirbel eines tödlichen Geschehens, das über lange Zeit im Unsichtbaren verbleibt. Erst am Ende der kommunikativen Flut entpuppt sich dieser brausende Wortsturm als Plot eines Romans, der auf Handlung, auf den Faden einer Narration nahezu vollständig verzichtet.

Eine moderne Gespenstergeschichte könnte man diesen Roman nennen, ein Traktat schlafloser Tag- und Alpträume, wäre die Surrealität des Wirklichen in der indirekten Figurenrede nicht so gekonnt literarisch verpackt. Der Konjunktiv der miteinander verblendeten Reden erweist sich als Teil einer Inszenierung, die auf die Gleichzeitigkeit und auch Gleichförmigkeit des Kollabierens mehrerer Systemkreise hinausläuft: dem der körperlichen Disposition, dem einer Stabsfunktion, dem einer Firma, dem eines Freisetzungsapparats. Gewalt kommt hier zum Vorschein in einem rasanten Stillstand, in einer Textbewegung, in der es keinen konkreten Aufenthaltsort, kein Gefängnis mehr gibt. Einer Textbewegung, die

> „ihrerseits dem gewaltverhältnis folgt, das in alles eingeschrieben ist, auf der suche nach dem erlösenden fehler, den es als idee heute im zeitalter der systemtheorie und der unternehmensberatung gar nicht mehr geben kann.“[585]

---

[584] kathrin röggla: *wir schlafen nicht.* Roman. Frankfurt a.M. 2004, S. 201. Zur Stückinszenierung Eva Behrendt: Die Sprachverschieberin, in: Theater heute 03-04 (Jg. 2004), S. 56–58, Theater heute 05-04 (Jg. 2004), S. 40.

[585] www.kathrin-roeggla.de/meta/mueller.htm. Es handelt sich bei dieser Belegstelle um einen Text über Heiner Müller, der im Januar 2004 in Theater der Zeit erschien.

Eingeschlossen in diese Zeitblase, gebannt in Funktionsmechanismen, die an der Unternehmensberatung und dem Consulting in Fragen der Informationstechnologie exemplarisch durchgespielt werden, wird eine „Firmengeschichte im Militärkontext" erzählt. Es äußern sich: eine *Key Account Managerin*, eine *Praktikantin*, eine *Online-Redakteurin*, ein *IT-Supporter*, der *Senior Associate* und der Geschäfts-*Partner*. Ohne persönliche Kennzeichnung bleiben sie nicht. Ihre Namen aber sind peripher, verschwinden in der Fiktionalität des Organigramms. Nur ihre Aussagen montiert der Text als fingierte Interviews zu einem jeweils in sich geschlossenen sprachlichen Konstrukt. Funktionalisiert werden solche Funktionen also auch in sich selbst, fixiert im Namen einer Erzählerin, die selbst namenlos bleibt und insofern in Deckung und ebenfalls nur als Textfunktion in Erscheinung tritt, in Form einer Bündelung von Redeakten. Darin geht ihr Stellenwert auf. Insofern ist sie weitläufig verwandt mit dem von der Narratologie für tot erklärten allwissenden Erzähler, der in der vorgeführten Situation allerdings auch keinen Ausweg mehr weiß, dennoch präsent ist als Adressat aller Wortströme, wenn auch wiederum nur in der Negation einer konkreten Funktion: Gegenüber einem ihrer Interviewpartner, dem einzigen, der nachfragt, gibt sich die Erzählerin als Nicht-Journalistin zu erkennen, als Nicht-Redakteurin, als nichtige Existenz und dennoch will sie „es" wissen, mit dem Aufnahmegerät in der Tasche.

Im Kosmos der Consulting-Unternehmung, vorgeführt im Kammerspiel des Messegewimmels, übt der artifizielle Aufwand der Materialmontage von Wörtern zu Sätzen und Selbstaussagen eine verfremdende Wirkung auf den Leser aus. Fast gemahnt die Erzählexposition ein wenig an den zeigenden Gestus von Brechts Dramaturgie. Im epischen Text, der keine Handlungsführung durch eine narrative Instanz mehr kennt, tritt er dichter an die Figuren des Romans heran, als jede andere Erzählperspektive es könnte. Das akustische Hören auf Stimmen zentriert den Text als vorrangige Konfiguration. Vorgezeigt werden am Ende Sieger und Verlierer. Sie gibt es nun einmal im betriebsamen Geschehen des win & lose, im Auf und Ab von Hausse und Baisse. Am Ende gibt es einen Toten oder eine Tote, wer weiß das schon, wo doch die Erinnerung der Erzählfiguren zwangsläufig nur bruchstückhaft vergangene Realitätspartikel speichert. Darüber zumindest sind sich die Figuren im Klaren und einig. Als entscheidendes Stichwort der Gewaltförmigkeit im Roman erweist sich damit Virtualität: Virtuell erscheint die literarische Spezifizierung der Figuren über zu erschließende Eigenschaften, die sich physisch in Redeakten materialisieren. Deshalb sind sie nur als Funktionalität oder Wirkung auf den jeweils anderen erfasst, zusammengeschlossen zu einem Geschäftsverbund, dessen Aufgabe es ist, überwiegend technisch zu kommunizieren.

Virtualität impliziert als Gegenbegriff indessen Realität. Was im Textraum von *wir schlafen nicht* nicht ohne Anstrengung versucht wird, ist die ästhetische Reflexion ihres Konstitutionsprozesses, um damit aufzuzeigen, in welcher Weise sich Realitätspartikel zu Gedankenströmen verdichten und zu einer eigenen Welt nichtiger Worte zusammenfügen, die am Ende des Romans wie eine Börsenblase platzt.

Diese Verfahren nennt die Autoren mit einem allzu bekannten Wort eine „realistische methode", abgelauscht den Texten und der Interviewtechnik von Hubert Fichte, aber auch den dramatischen Werken des Stückeschreibers Heiner Müller oder den Texten des Filmemachers, Produzenten und Schriftstellers Alexander Kluge. Mit Hilfe dieser ‚Methode' bewegt sich der Text in die Widersprüche des Realen hinein, ohne sie in Wohlgefallen aufzulösen. Als literarisches Vorgehen orientiert sich dieses Verfahren, wie Röggla am Beispiel Kluges ausführt, an einer spezifischen Referenztheorie, am *punctum* im Sinne von Roland Barthes, ein Signalement des Wirklichen, das als

> „durchaus faszinierend" erfahren wird „in zeiten, die sich durch das gefühl eines gewaltigen realitätsverlustes und dem daraus resultierenden hunger nach dem ‚wirklichen leben' auszeichnen, ein irrsinnshunger muss das sein, blickt man auf die doku-soaps, die jetzt überall in unserer lieben fernsehlandschaft entstehen, doch was geschieht darin? man sieht menschen, die sich selbst spielen müssen und zwar nach einem drehbuch, das sie in kommerzieller [!] fernsehformate und handlungsschemata einpasst, sie so ihrer authentizität enteignet, man könnte sagen: das letzte Hemd."[586]

Widerspiegelung des Wirklichen also, nachdem die Nachahmung, die Mimesis, längst zu den Akten gelegt scheint? Das letzte Hemd bleibt auch den Figuren in *wir schlafen nicht* nicht. Die sanfte Gewalt der Inklusion schreibt sich unter den Bedingungen der Industrialisierung des Bewusstseins entlang der medialen Kontexte und importiert ihre sprachlichen Regelwerke. Unter den Voraussetzungen solcher Tauschverhältnisse, die zwangsläufig misslingen müssen, weil ein Bild nun einmal nur ein Abzug, Abglanz des Wirklichen ist, ist „Realität" zunächst einmal „als ein feld [zu] begreifen, das durch fakten und wünsche gleichermaßen bestimmt ist". In ihrer Selbstdarstellung legt die Autorin Wert auf die Feststellung, dass „sozusagen das gesellschaftliche imaginäre als gleichwertiges teil der realität [zu] sehen" ist, bevor es in einen „protest"[587] umgewan-

---

[586] Die Tageszeitung Nr. 6676 vom 14.02.2002, S. 5, zit. nach: www.kathrin-roeggla.de/meta/kluge.htm (letzter Zugriff am 20.01.2010)

[587] Ebd.

delt werden kann. Damit übersetzt sich jener Zustand, der ursprünglich einmal von der neomarxistischen Kulturkritik der Frankfurter Schule und später etwa von Hans Magnus Enzensberger unter dem Stichwort der „Bewusstseinsindustrie“ verhandelt worden ist, in einen Prozess. Die Entfremdung hat nun selbst eine Geschichte, deren jeweils aktuellsten Eckwert Rögglas Romanwerk aufzusuchen und zu fixieren sucht.

Dabei erfolgt die Auflösung narrativer Handlungsführung in die Rastlosigkeit und Ratlosigkeit von Figurenreden durchgehend im exponierten Raum der mündlichen Kommunikation. Die kommunikativen Akte verbleiben jedoch im Rahmen des fingierten Gesprächs, weil Verständigung nur akustisch begriffen wird und nicht den Austausch von Sinn impliziert. Sie sind somit Monolog und nicht Dialog. Dass die Figuren damit nicht wirklich in eine Beziehung zueinander eintreten, ist somit Teil der Inszenierung und damit formales Kennzeichen einer literarischen Methode, die die aktuelle Erzählzeit so selbstironisch wie treffend mit dem Namen der *softmoderne* versieht. Die Bezeichnung rekurriert zum einen auf den Begriff der *soft skills*, den die Wirtschaftssprache in der Regel dazu benutzt, einen Verhaltenskodex betrieblicher Normen zu kennzeichnen. Im Kontext des Romans assoziiert diese Verortung aber zugleich das Weiche, Fließende einer Konditionierung als eines unbewussten, unheimlichen Geschehens, das mit der Postmoderne und ihrer Entropie der Auflösung und Veränderung im Ganzen wenig gemein hat. Die sanfte Moderne ist eben auch eine Spielart der Moderne und das Fließende ihrer Begrifflichkeit verweist in erster Linie darauf, dass im Zeitalter der *New Economy* sich ohnehin kaum mehr identifizierbare Denkfiguren zu großen Erzählungen verdichten. Sie lässt kaum mehr Polyvalenzen zu, weil diese ununterscheidbar in ihren Strömungsvarianten werden und sich nicht auf differenzierbare kognitive Ziele hin ausrichten. Eine konkretisierbare Zielvorstellung, weder eine transzendente noch eine gemeinschaftliche noch eine individuelle, lässt der fieberhafte Zustand der Figuren gar nicht mehr zu. Selbst das Schlafen als bewusstloser, verarbeitender, ent-spannter Zustand ist ihnen „abtrainiert“ worden. Die Protagonisten dieses Romans übernehmen das Training gleich selbst, wie der *Senior associate* es in seiner konjunktiven Sprachregelung ausdrückt, distanziert und zugleich fasziniert beobachtend,

> „mit wie wenig schlaf die kollegen auskämen, ‚da wird ja direkt ein wettbewerb gemacht’, besonders auf projekten werde kaum noch geschlafen, und auf messen? ‚fragen sie nicht!’ das sei ja schon ein außergewöhnlicher arbeitseinsatz, der da von einem erwartet werde. Das werde ja immer häufiger von einem verlangt: dass man tage und nächte durcharbeiten könne. Dass man sich gar nicht mehr nach der uhr-

zeit umdrehe, die schon dicht hinter einem stehe und jeden moment über einem zusammenklappen könne – „[588]

Die durchgängige Möglichkeitsform der indirekten Rede dient hier nicht nur zur Kennzeichnung einer distanzierten, berichtenden Wiedergabe von Äußerungen. Sie versetzt das literarische Sprechen selbst in eine Art von virtuellem Raum. Seine Ausdehnung zeigt an, dass die Sprecher nicht mit sich selbst, mit einem Persönlichkeitskern identisch sind, sondern ausschließlich mit der Erfüllung einer Berufsrolle. Diese Form des Rollenverhaltens allerdings ist bei näherem Hinsehen nicht mehr berufsbasiert im Sinne einer sozialen Unterscheidungskategorie, sondern schließt Tätigkeitsfelder und Qualifikationsprofile zusammen, ohne Persönlichkeitsmerkmale zu tangieren oder auch nur zu brauchen. Die Konditionierung durch Arbeitsüberlastung, die daraus erwächst, betrifft in der formatierten Wirklichkeit des Romans, in der die Betriebsgröße des abzuwickelnden Kunden zum Maßstab des Erfolgs wird, daher durchgängig alle Figuren. In der aufgekratzten Gesprächigkeit der Messe ziehen sie daraus allerdings recht unterschiedliche Konsequenzen: Die Praktikantin flieht vor dem *quick-eating* und *short-sleeping,* dem „schlafen in geparkten autos“[589] und den Anforderungen immer neuer Vergangenheiten im Hamsterrad des Bewerbungskarussells. Die Managerin kapselt sich ab von jeder Form der direkten Kommunikation „auf diesem Planeten“, bis ihr selbst die Stimme schwindet, die doch fit gehalten werden müsste für das telefonische Gespräch im Kundenkontakt. Die Online-Redakteurin widmet sich den Genüssen auf diversen Sektempfängen, und wo der Alkohol nicht hilft, gibt es ja noch die moderne Möglichkeit der Medikamentation. Generell greift man in dieser Szene gern zu Aufputschmitteln und der Versorgung mit künstlichem Adrenalin, wie der *Senior Associate* zu berichten weiß, während der IT-Supporter zugibt, sich in regelmäßige Auszeiten zu retten. Der Partner in Sachen *Consulting* ist sich seiner Unverzichtbarkeit ohnehin bewusst. Auch wenn er telefonisch im gesamten Raum der Handlung nicht erreichbar ist, behält er das Sagen, und dass es da „tote […] in arbeitsprozessen“, gibt, davon hat er gehört, aber „immer […] in einem ganz anderen Unternehmen, in ganz anderen Bereichen“[590]. Das gehört im Wahrnehmungshorizont der Figur einfach zu den Gestehungskosten der modernen Welt. Denn auf Messen verschwindet man

588 kathrin röggla: wir schlafen nicht, S. 24.

589 Ebd., S. 21.

590 Ebd., S. 154.

nicht, dort taucht man auf. Die Messe als gesellschaftlicher Raum wie als Nicht-Ort ist „der ort, wo dinge zum erscheinen gebracht werden."[591]

Sein ästhetisches Sprachmaterial und das ihm inhärente Konfliktpotenzial macht dieser Roman also nicht in einer fixierbaren und erzählbaren Außenwelt aus. Nicht in „sachen israel/palästina" ist er unterwegs, nicht bei „unsere[n] politikern, unsere[n] hauspolitikern, haushaltspolitiker[n]" fragt er nach einem verifizierbaren Bild des Wirklichen. Nein, die schöne neue Welt, die er vor Augen und Ohren führt, verweist auf „menschen, die gar nicht so sehr in erscheinung träten, zumindest zunächst, aber in wirklichkeit die fäden zögen"[592]. Sie erweist sich am Binnenraum des Sprechens selbst. Zum Gegenstand literarischer Betrachtung wird damit die Regulationsmacht der Sprachkonventionen, festgehalten am Beispiel jener durchgängig ökonomisierten Sphäre, die ihre „harte bwl" vor allem den Kundenfirmen predigt. Die „sturmtruppen"[593] der Beratung, die Berater selbst nehmen das betriebswirtschaftliche Modell aber auch in Anspruch für die Maximierung der eigenen, der persönlichen Rentabilität. Die literarische Figurensprache verweist auf einen minimierten Handlungsspielraum und exekutiert damit das Sprechen selbst. Sie denunziert nicht, führt die Sprechakte aber im Leerlauf vor, bis die Masken schlussendlich für einen Augenblick des Schocks reißen. Es setzt der Systemabsturz ein, bevor man sich an der Wiederbelebung des Ganzen versucht.

In einer Besprechung für die *Neue Züricher Zeitung* hat Paul Jandl den Roman eine „bravouröse Studie prägender Befindlichkeiten"[594] genannt, die das atemberaubende Tempo der modernen Arbeitswelt auf den ästhetischen Nenner einer leisen Gewalt bringt. Das fehlende Auftrumpfen im Ton entäußert sich literarisch in einem brausenden Sprechsound. Zum Teil korrespondiert er mit Bestimmungen jener ‚Gewalt ohne Gesicht', die im Anschluss an Johan Galtungs Definition die indirekte, strukturelle Gewalt unter die sanften Gewaltformen subsumiert. Neu ist, dass diese auf den Kultur- und Darstellungsraum der Dienstleistungs- und Medienbranche angewendet werden. Im Zuge dessen sind Anknüpfungen an Traditionen des Mündlichen zu beobachten, die in die schriftliche Kommunikation des Textes als literarisches Feld einge-

---

591 Ebd., S. 155.

592 Ebd., S. 7.

593 Ebd., S. 10.

594 Paul Jandl in seiner Besprechung für die Neue Züricher Zeitung, zitiert nach den Auszügen auf der Website der Autorin, www.kathrin-roeggla.de (letzter Zugriff am 20.01.2010)

hen. Dieses Verfahren hat bereits Hubert Fichte favorisiert und in seinen Interview- und Hörtexten vorgezeichnet. Sein Frühwerk macht insofern auch einen der entscheidenden Referenzorte der Überschneidung von mündlichen und schriftlichen Darstellungsverfahren in der jüngsten deutschen Literatur aus. Die Kreuzung der sprachlichen Gesten in einer engen kommunikativen Rahmung trägt entschieden dazu bei, dem Realen seine theatralen Effekte abzulesen. In der Ausformung von Sprachfiguren überträgt sich der Diskurs vom akustischen in den schriftlich fixierten Bereich.

Solche Schnittstellen zwischen verschiedenen Sinneskanälen werden offenbar verstärkt ausgelotet im Feld einer Literatur, die sich des Maßes bewusst wird, in dem die Reduktion auf das Stimmliche einen Rückzugsraum gegenüber den medialen Bilderwelten darstellt. Wenn Röggla konstatiert, dass sie sich mit diesem Verfahren in eben jene Szene hineinbewegt, die sie porträtiert, heißt das mit anderen Worten, es muss eine Art Anteil an Echtzeit im Schreibakt geben, der auf den Auslöser des Schreibens verweist. Was daraus entsteht, ist allerdings nicht eine Ethnologie des Fremden wie etwa bei Fichte. Es ist eine Ethnologie der Entfremdung. Sie lässt jene Gewalt von Zeichenordnungen und Statussymbolen in den Fokus geraten, die als diskursiver Zustand sich zwischen die Figuren, zwischen die Figuren und ihre Arbeit, zwischen die Figuren und das Produkt ihrer Arbeit sowie in das Verhältnis zu sich selbst als Subjekt der Aussage schiebt. In dieser Zwischenwelt hebt sich ein ursprünglich einmal ganzheitlich gedachtes Beziehungsgefüge auf, es wird verkehrt und gewinnt destruktive Züge. Der Roman der jungen österreichischen Autorin führt diese Fremdbestimmung auf ein reduziertes wirtschaftliches Effizienzbegehren zurück. Er zeigt auf, in welchem Ausmaß dieses Begehren, dieser Wunsch in andere Wirtschaftsbereiche als den des produktiven Sektors eingewandert ist, von dem es einst seinen Ausgangspunkt nahm. Einzug gehalten hat es diesem Befund zufolge vor allem in jene Branche, die in *wir schlafen nicht* als die „Medienkarawane“[595] gekennzeichnet wird. Die Karawane zieht weiter, wenn der *Content* einer Thematik ausgereizt ist. Sie parkt ihre Übertragungswagen woanders, da, wo der Neuigkeitswert größer ist oder mehr Gewinn verspricht. Identität mit einem eigenen Erfahrungswert gibt es da nicht. Und insofern kann es den Wunsch nach Erzählung nicht geben, der einen Zusammenhang zwischen äußerem Bedingungsgefüge und innerem, unruhigen, schlaf- und bewusstseinslosen Zustand sinnvoll generieren und Veränderungsbedarf signalisieren könnte.

---

[595] kathrin röggla: *wir schlafen nicht*, S. 17.

Damit wird deutlich, dass sich die Vorhersage zu Beginn des 20. Jahrhunderts erfüllt, Kolonialisierung sei unter bestimmten Umständen gar kein begrenzter regionaler Akt – dass der modernen Eroberung und den geographischen Landnahmen eine zweite Welle folgen wird, die die Praktiken des Selbst betrifft. Der Prozess der Aneignung von Natur, ihrer materiellen und geistigen Umgestaltung zur Kultur, hat mit der Ausbreitung der Industrialisierung spätestens seit dem 18. Jahrhundert begonnen. Die Untersuchung moderner Gewalttopographien zeigt, dass er im literarischen Gegenstandsfeld in die Konstituierung selbständiger, voneinander weitgehend unabhängig agierender Einheiten einmündet, deren Risiken nicht mehr abgesichert sind und die insofern auf den Einzelnen verlagert werden. *Wir schlafen nicht* weist auf, wie sehr dieses Fremdwerden zugleich ein einander Fremdmachen ist. Die Differenz ist ein selbstverursachtes Symptom, das die diskursimmanenten Bedingtheiten seiner Redeformen unaufhörlich erschafft und zugleich als Wahrnehmung des eigenen kulturellen Bedingungsgefüges reflektiert. Damit schließt sich der Kreis. Als Abspann zeigt Rögglas Romankonfiguration das vorläufige Ende jenes Prozesses auf, in dessen Verlauf Gewalt sich vom zweckrationalen Einsatz physischer Kräfte zu einem Typus sozialen Handelns umgewandelt hat. Doch auch die Sprache der Effizienz ohne Sinn erscheint in dem Maße veränderbar, wie zu den moralischen und ethischen Postulaten, die dem Beginn der Moderne entstammen, andere Kalkulationen hinzutreten. Solche Kalküle müssen die Folgen des Handelns für andere *und* für sich selbst in Rechnung stellen. Viel wäre gewonnen, wenn sich das knappe Gut der Aufmerksamkeit nicht auf die Unterschiede zwischen Kulturen richten würde, um sie in ihrer Fremdheit darzustellen, sondern auf den Bedarf an Verständigungsweisen, die auf Selbstkenntnis beruhen *und* auf der Resonanz eines Dialogpartners, dem im wahrsten Sinne des Wortes ‚gerecht' zu werden ist.[596]

[596] Vgl. Marshall B. Rosenberg: *Gewaltfreie Kommunikation. Eine Sprache des Lebens.* (8. Aufl.) Paderborn 2009.

Literaturverzeichnis

Arbet, Helga: Die Kolonialromane der Frieda von Bülow, in: Akten des XI. Internationalen Germanistenkongresses Paris 2005, Bd. 9 (Divergente Kulturräume in der Literatur – Kulturkonflikte in der Reiseliteratur). Jahrbuch für internationale Germanistik Reihe A – Band 85. Bern u. a. 2007, Lang

Bachmann-Medick, Doris: Cultural Turns. Neuorientierungen in den Kulturwissenschaften. Reinbek b.H. 2006, Rowohlt

Bandel, Jan-Frederik: Fast glaubwürdige Geschichten. Über Hubert Fichte. Aachen 2005, Rimbaud

Barck, Karlheinz: Poesie und Imagination. Studien zur Reflexionsgeschichte zwischen Aufklärung und Moderne. Stuttgart/Weimar 1993, Metzler

Barck, Karlheinz: 'Umwandlung des Ohrs zum Auge'. Teleskopisches Sehen und ästhetische Beschreibung bei Alexander von Humboldt", in: Bernhard J. Dotzler/ Ernst Müller (Hrsg.): Wahrnehmung und Geschichte. Markierungen einer Aisthesis materialis. Berlin 1995, Akademie-Verlag

Bark, Peter: „E.E. Kisch im gründlich veränderten Asien", in: Servus Kisch. Erinnerungen – Rezensionen – Anekdoten. Hrsg. von Fritz Hofmann. Berlin/Weimar 1985, Aufbau

Barthes, Roland: Die helle Kammer. Bemerkungen zur Photographie. Frankfurt a.M. 1985, suhrkamp

Bauer, Joachim: Warum ich fühle, was du fühlst. Intuitive Kommunikation und das Geheimnis der Spiegelneurone. Hamburg 2005, Heyne

Beck, Rainer (Hrsg.): 1492. Die Welt zur Zeit des Kolumbus. Ein Lesebuch. München 1992, C.H. Beck

Beck, Rainer/Eberhard Schmitt (Hrsg.): Das Leben in den Kolonien. Wiesbaden 2003 (Dokumente zur Geschichte der europäischen Expansion; Bd. 5), Harrassowitz

Bertaux, Pierre: Vorwort zu: Alexander von Humboldt. Leben und Werk. Hrsg. von Wolfgang-Hagen Hein. Frankfurt a.M. 1985

Bhabha, Homi K.: Die Verortung der Kultur. Tübingen 2000 und 2007, Stauffenburg

Bitterli, Urs: Die Entdeckung Amerika. Von Kolumbus bis Alexander von Humboldt. München 1991, Beck

Blaicher, Günther (Hrsg.): Erstarrtes Denken. Studien zu Klischee, Stereotyp und Vorurteil in der englischsprachigen Literatur. Tübingen 1987, Narr

Blumenberg, Hans: Die Lesbarkeit der Welt. Frankfurt a.M. 1981, suhrkamp

Böhme, Hartmut/Nikolaus Tiling (Hrsg.): Medium und Maske. Die Literatur Hubert Fichtes zwischen den Kulturen. Stuttgart 1995, Fischer

Böhme, Hartmut: Ästhetische Wissenschaft. Aporien der Forschung im Werk Alexander von Humboldts, in: Ottmar Ette/Ute Hermanns/Bernd M. Scherer/Christian Suckow (Hrsg.): Alexander von Humboldt – Aufbruch in die Moderne. Berlin 2001, Akademie-Verlag

Böhme, Hartmut: Einführung. Netzwerke. Zur Theorie und Geschichte einer Konstruktion, in: Netzwerke. Eine Kulturtechnik der Moderne, hrsg. von Jürgen Barckhoff, Hartmut Böhme, Jeanne Riou, Köln/Weimar/Wien 2004, Böhlau

Böhme, Hartmut (Hrsg.): Topographien der Literatur. Deutsche Literatur im transnationalen Kontext. Stuttgart /Weimar 2005, Metzler (Germanistische Symposien. Berichtsbände, XXVII)

Böhme, Hartmut: Fetischismus und Kultur. Eine andere Theorie der Moderne. Reinbek b. H. 2006, Rowohlt

Bolz, Norbert/Friedrich Kittler/Raimar Zons (Hrsg.): Weltbürgertum und Globalisierung. München 2000, Fink

Bolz, Norbert: Das konsumistische Manifest. München 2002, Fink

Bolz, Norbert: Blindflug mit Zuschauer. München 2005, Fink

Brecht, Bertolt: Große kommentierte Frankfurter und Berliner Ausgabe [BFA]. Hrsg. von Jan Knopf, Werner Hecht und Werner Mittenzwei. Bd. 1–3; Bd. 18; Bd. 21. Berlin/Frankfurt a.M. 1971 – 1995, Aufbau/suhrkamp

Brecht, Bertolt: Gedichte über die Liebe. Ausgewählt von Werner Hecht. Frankfurt a.M. 1984, suhrkamp

Bülow, Frieda Freiin von: Am anderen Ende der Welt. Berlin 1890, Otto Janke

Bülow, Frieda von: Tropenkoller. Episode aus dem deutschen Kolonialleben. 1. Aufl. Berlin 1895, F. Fontane & Co.

Capus, Alex: Eine Frage der Zeit. Roman. München 2007, Knaus

Castro Varela, María do Mar/Nikita Dhawan: Postkoloniale Theorie. Eine kritische Einführung. Bielefeld 2005, Transcript

Chomsky, Noam: Wirtschaft und Gewalt. Vom Kolonialismus zur Neuen Weltordnung. Lüneburg 2001, Deutscher Taschenbuch-Verlag

Conrad, Joseph [Teodor Jósef Konrad Korzeniowski]: Herz der Finsternis (1902), Berlin 2009, Aufbau

Coy, Wolfgang: ‚I'm looking through you, you're not the same!', in: Manfred Faßler (Hrsg.): Alle möglichen Welten, Virtuelle Realität – Wahrnehmung – Ethik der Kommunikation. München 1999, Fink

Despoix, Philipp: Benennung und Tausch. Zur Semantisierung des Unbekannten in Reiseberichten der 1770er Jahre, in: Inge Baxmann/Michael Franz/Wolfgang Schäffner (Hrsg.): Das Laokoon-Paradigma, Zeichenregime im 18. Jahrhundert, Berlin 2000, Akademie-Verlag

Derrida, Jacques: Den Tod geben (Donner la mort), in: Gewalt und Gerechtigkeit. Derrida – Benjamin. Hrsg. von Anselm Haverkamp. Frankfurt a.M. 1994, suhrkamp

Derrida, Jacques: Einige Statements und Binsenweisheiten über Neologismen, New-Ismen, Post-Ismen, Parasitismen und andere kleine Seismen. Berlin 1997, merve

Duala-M'bedy, Leopold-Joseph Bonny: Xenologie. Die Wissenschaft vom Fremden. Freiburg 1977, Alber

Dürbeck, Gabriele: Stereotype Paradiese. Ozeanismus in der deutschen Südseeliteratur 1815 – 1914. Tübingen 2007, Niemeyer (Studien und Texten zur Sozialgeschichte der Literatur. Bd. 115)

Dyserinck, Hugo: Komparatistik. Eine Einführung. Bonn 1977, Bouvier

Eisenstadt, Shmuel Noah: Die Konstruktion nationaler Identitäten in vergleichender Perspektive, in: Bernhard Giesen (Hrsg.): Nationale und kulturelle Identität: Studien zur Entwicklung des kollektiven Bewusstseins in der Neuzeit. Frankfurt a.M. 1991, suhrkamp

Elter, Andreas: Propaganda der Tat. Die RAF und die Medien. Frankfurt a.M. 2008

Enzensberger, Hans Magnus: Alexander von Humboldt (1769–1859), in: Mausoleum. 37 Balladen aus der Geschichte des Fortschritts. Frankfurt a.M. 1984, suhrkamp

Ette, Ottmar: Alexander von Humboldt heute, in: Alexander von Humboldt. Netzwerke des Wissens. Haus der Kulturen der Welt. Berlin: 6. Juni – 15. August 1999. Kunst- und Ausstellungshalle der BRD, Bonn: 15. September 1999 – 9. Januar 2000. In Kooperation mit dem Goethe-Institut [Katalog]

Ette, Ottmar u.a. (Hrsg.): Alexander von Humboldt – Aufbruch in die Moderne. Berlin 2001, Akademie-Verlag (Beiträge zur Alexander-von-Humboldt-Forschung; 21)

Fichte, Hubert: Das Waisenhaus. Reinbek b.H. 1965, Rowohlt

Fichte, Hubert: Petersilie. Die afroamerikanischen Religionen IV. Frankfurt/M. 1980, Fischer

Fichte, Hubert: Psyche. Glossen. Annäherungen an die Geisteskranken in Afrika. Die Tropfen fallen im nebligen Regenwald. Dahomey, ein westafrikanisches Königreich beziehungsweise Die Volksrepublik Benin. Afrika. 10. Dezember 1984 bis 28. Februar 1985, Frankfurt/M. 1990, Fischer (Die Geschichte der Empfindlichkeit. Hrsg. von Gisela Lindemann u.a. Bd. 20)

Fisch, Michael: Hubert Fichte – Explosion der Forschung. Bibliographie zu Leben und Werk von Hubert Fichte unter Berücksichtigung des Werkes von Leonore Mau, Bielefeld 2006, Aisthesis

Fisch, Michael: Verwörterung der Welt. Über die Bedeutung des Reisens für Leben und Werk von Hubert Fichte. Orte – Zeiten – Begriffe, Aachen 2000, Rimbaud

Fischer, Rotraut: Die 'Wahrheit' in den 'Bildern des Wirklichen'. Zur Funktion des Ästhetischen in Forsters Reisewerk, in: Georg Forster in interdisziplinärer Perspektive. Beiträge des Internationalen Georg Forster-Symposions in Kassel, 1.–4. April 1993, Berlin 1993, Akademie-Verlag

Florack, Ruth: Nation als Stereotyp. Fremdwahrnehmung und Identität in der deutschen und französischen Literatur. Tübingen 2007, Niemeyer

Forster, Georg: Werke, Bd. 7 (Kleine Schriften zu Kunst und Literatur. Sakontala. Bearb. von Gerhard Steiner). Berlin 1963, Akademie-Verlag

Forster, Georg: Werke in vier Bänden. Hrsg. von Gerhard Steiner. Leipzig/Frankfurt a.M. 1969–1971, Insel

Forster, Georg: Ein Blick aufs Ganze der Natur. Einleitung zu Anfangsgründen der Thiergeschichte, in: Georg Forsters Werke, Bd. 8. Sämtliche Schriften, Tagebücher, Briefe. Kleine Schriften zu Philosophie und Zeitgeschichte. Bearb. von Siegfried Scheibe. Berlin 1974, Akademie-Verlag

Forster, Georg: Cook, der Entdecker. Frankfurt a.M. 1976, Reclam

Forster, Georg: Werke, Bd. 11 (Rezensionen. Bearb. von Host Fiedler). Berlin 1977, Akademie-Verlag

Forster, Georg: Reise um die Welt. Hrsg. von Gerhard Steiner. Frankfurt a.M. 1980, Insel

Forster, Georg: Des Capitain James Cooks dritte Entdeckungsreise in die Südsee und nach dem Nordpol (1789), in: Georg Forsters Werke. Sämtliche Schriften, Tagebücher, Briefe. Bd. 5 (Kleine Schriften zur Völker- und Länderkunde). Bearb. von Horst Fiedler u.a. Berlin 1985, Akademie-Verlag

Forster, Georg: Werke, Bd. 17 (Briefe 1792–1794 und Nachträge). Berlin 1989, Akademie-Verlag

Forster, Georg: „Über das Verhältniß der Mainzer gegen die Franken. Gesprochen in der Gesellschaft der Freunde der Freiheit und Gleichheit in Mainz (Jakobinerclub)", 15. November 1792, in: Georg Forster: Werke, Bd. 10 (Revolutionsschriften 1792/93. Reden, administrative Schriftstücke, Zeitungsartikel, politische und diplomatische Korrespondenz, Aufsätze. 1. Text), bearbeitet von Klaus-Georg Popp, Berlin 1990, Akademie-Verlag

Forster, Georg: Der Brodbaum, in: Georg Forster: Werke. Sämtliche Schriften, Tagebücher, Briefe. Hrsg. von der Deutschen Akademie der Wissenschaften zu Berlin. Bd. 6, 1. Teil (Schriften zur Naturkunde). Berlin 2003, Akademie-Verlag

Forster, Georg: Vorlesungen über allgemeine Naturerkenntnis, in: Georg Forster: Werke. Sämtliche Schriften, Tagebücher, Briefe. Hrsg. von der Deutschen Akademie der Wissenschaften zu Berlin, Bd. 6, 2. Teil (Schriften zur Naturkunde). Berlin 2003, Akademie-Verlag

Forster, Georg: Über Leckereyen und andere Essays. Hrsg. von Tanja van Hoorn. Hannover-Laatzen 2004, Wehrhahn (Fundstücke; 6)

Foucault, Michel: Überwachen und Strafen. Die Geburt des Gefängnisses. Frankfurt a.M. 1976, suhrkamp

Foucault, Michel: In Verteidigung der Gesellschaft. Vorlesungen am Collège de France (1975–76). Frankfurt a.M. 1999, suhrkamp

Foucault, Michel: Andere Räume, in: Aisthesis. Wahrnehmung heute oder Perspektiven einer anderen Ästhetik. Essais. Hrsg. von Karlheinz Barck, Peter Gente, Heidi Paris and Stefan Richter. Leipzig 1991, Reclam

Foucault, Michel: Des espaces autres/Von anderen Räumen (1969), in: Schriften in vier Bänden/Dits et Ecrits, Bd. IV. Edited by Daniel Defert and François Ewald, Frankfurt a.M 2005., suhrkamp, S. 931–942

Fritsch, Ute: Michel Foucaults Einführung in die Anthropologie Kants, in: Paragrana. Internationale Zeitschrift für historische Anthropologie. Hrsg. vom Interdisziplinären Zentrum für historische Anthropologie. Bd. 11 (2002) 2, S. 11–37

Fromm, Erich: Anatomie der menschlichen Destruktivität. Reinbek b.H. 1977, suhrkamp

Galtung, Johan: Strukturelle Gewalt. Beiträge zur Friedens- und Konfliktforschung. Reinbek 1975, Rowohlt

Geertz, Clifford: *Dichte Beschreibung, Beiträge zum Verstehen kultureller Systeme*. Frankfurt a.M. 1983, suhrkamp

Girard, René: Das Heilige und die Gewalt. Frankfurt a.M. 1992, Fischer

Girard, René: Ausstoßung und Verfolgung. Eine historische Theorie des Sündenbocks. Berlin 1992, Fischer

Girard, René: Gewalt und Gegenseitigkeit, in: Sinn und Form 54. Jg. (2002) 4, S. 437–454

Glasl, Friedrich: Konfliktmanagement. Ein Handbuch für Führungskräfte, Beraterinnen und Berater. Bern 1999, Haupt

Gnéba, Kokora Michel: Die Auseinandersetzung zwischen Georg Forster und Immanuel Kant über die Frage der Menschenrassen, in: Welfengarten. Jahrbuch für Essayismus. Hrsg. von Leo Kreuzer und Jürgen Peters, 11 (2001), S. 50–65

Goethes Briefwechsel mit Wilhelm und Alexander von Humboldt. Hrsg. von Ludwig Geiger. Mit e. Gravüre, die beiden Standbilder darstellend. Berlin 1909

Goethes Naturwissenschaftliche Correspondenz. Erster Bd. Leipzig 1874

Greenblatt, Stephen: Wunderbare Besitztümer. Die Erfindung des Fremden, Reisende und Entdecker, Berlin 1994, Wagenbach

Grill, Bartholomäus: Ach, Afrika. Berichte aus dem Inneren eines Kontinents. Berlin 2003, Siedler

Das Gold der Neuen Welt. Die Papiere des Welser-Konquistators und Generalkapitäns von Venezuele Philipp von Hutten 1534–1541. Hrsg. von Eberhard Schmitt und Friedrich Karl von Hutten. Hildburghausen 1996, Verlag Frankenschwelle

Gouaffo, Albert: Wissens- und Kulturtransfer im kolonialen Kontext. Das Beispiel Kamerun – Deutschland 1884–1914. Würzburg 2007, Königshausen & Neumann

Grosser, Thomas: Die Bedeutung Georg Forsters als Kulturvermittler im Zeitalter der Französischen Revolution, in: Georg Forster in interdisziplinärer Perspektive. Beiträge des Internationalen Georg Forster-Symposions in Kassel, 1.–4. April 1993. Hrsg. im Auftrag der Georg-Forster-Gesellschaft e.V. von Claus-Volker Klenke u .a. Berlin 1994, Akademie-Verlag

Haas, Andrew: Metaphysik und Gewalt. Unendlichkeit bei Descartes und Lévinas, in: Ilka Becker u.a.: Unmenge – wie verteilt sich Handlungsmacht? Köln 2008, DuMont

Haverkamp, Anselm: Kritik der Gewalt und die Möglichkeit von Gerechtigkeit. Benjamin in Deconstruction, in: Gewalt und Gerechtigkeit. Derrida – Benjamin. Hrsg. von Anselm Haverkamp. Frankfurt a.M. 1994, suhrkamp

Hawking, Stephen: Eine kurze Geschichte der Zeit. Reinbek b. H. 2004, Rowohlt

Heitmeyer, Wilhelm/Hans-Georg Soeffner (Hrsg.): Gewalt. Entwicklungen, Strukturen, Analyseprobleme. Frankfurt a.M. 2004, suhrkamp

Herbst, Wilhelm: Johann Heinrich Voss. Bd. 1. Leipzig 1872

Hinck, Walter: Der Haifisch schluckt eine Ladenkette. Dreigroschenroman, in: Marcel Reich-Ranicki (Hrsg.): Romane von gestern – heute gelesen. Frankfurt a.M. 1990, S. Fischer

Holdenried, Michaela: Künstliche Horizonte. Alterität in literarischen Repräsentationen Südamerikas. Berlin 2004, Schmid

Holl, Frank: 'Wir kommen von Sinnen, wenn die Wunder nicht bald aufhören'. Die amerikanische Reise, in: Alexander von Humboldt. Netzwerke des Wissens. Haus der Kulturen der Welt. Berlin: 6. Juni – 15. August 1999. Kunst- und Ausstellungshalle der BRD, Bonn: 15. September 1999 – 9. Januar 2000. In Kooperation mit dem Goethe-Institut [Katalog]

Honold, Alexander/Oliver Simons (Hrsg.): Kolonialismus als Kultur. Literatur, Medien, Wissenschaft in der deutschen Gründerzeit des Fremden. Tübingen 2002, Francke

Hopkins, Leroy T.: Sprich, damit ich dich sehe! Eine afrodeutsche Literatur, in: Paul Michael Lützeler (Hrsg.): Schreiben zwischen den Kulturen. Beiträge zur deutschsprachigen Gegenwartsliteratur. Frankfurt a.M. 1996, Fischer

Horn, Peter: Haschisch und Klicks. Afrika als utopischer Ort der 68er Generation und Uwe Timms Roman ‚Morenga', in: Weltengarten. Deutsch-Afrikanisches Jahrbuch für interkulturelles Denken. Hrsg. von Leo Kreuzer und David Simo. Hannover 2004

Horwitz, Tony: Cook. Die Entdeckung eines Entdeckers. Hamburg 2004, mare

Humboldt, Alexander von: Ansichten der Natur. Mit wissenschaftlichen Erläuterungen. Dritte verbesserte und vermehrte Aufl. Bd. 1, Stuttgart u. Tübingen 1849

Humboldt, Alexander von: Über zwei Versuche, den Chimborazo zu besteigen. o. O., o. J. (1836). Aus dem Nachlass Alexander von Humboldts. Deutsche Staatsbibliothek, abgedr. in: Peter Hahlbrock: Alexander von Humboldt und seine Welt. 1769–1859. Ibero-amerikanisches Institut Preußischer Kulturbesitz (Schloß Charlottenburg, Orangerie. Berlin 29.6.–10.8.1969) [Katalog]

Humboldt, Alexander von: *Die Wiederentdeckung der Neuen Welt.* Erstmals zusammengestellt aus dem unvollendeten Reisebericht und den Reisetagebüchern. Hrsg. und eingel. von Paul Kanut Schäfer. Berlin 1989, Verlag der Nation

Humboldt, Alexander von: Reise in die Äquinoktial-Gegenden des Neuen Kontinents. Hrsg. von Ottmar Ette. Mit Anm. zum Text, e. Nachw. u. zahlr. Abb. sowie e. farbigen Bildteil. 1. u. 2. Bd. Frankfurt a.M. 1991

Humboldt, Alexander von: Kosmos. Entwurf einer physischen Weltbeschreibung [1845], in: Alexander von Humboldt: Studienausgabe. Bd. 7. Teilbd. 1. Hrsg. von Hanno Beck. Darmstadt 1993, Wissenschaftliche Buchgesellschaft

Humboldt, Alexander von: Kosmos. Entwurf einer physischen Weltbeschreibung, in: Alexander von Humboldt: Schriften. Darmstädter Ausgabe, Bd. VII/2. Hrsg. und komm. von Hanno Beck in Zusammenarbeit mit Wolf-Dieter Grün u. a. Darmstadt 2008, Wissenschaftliche Buchgesellschaft

Jahn, Bernhard: Raumkonzepte in der Frühen Neuzeit. Zur Konstruktion von Wirklichkeit in Pilgerberichten, Amerikareisebeschreibungen und Prosaerzählungen. Frankfurt a.M./Berlin/Bern/New York/Paris/Wien 1993, Lang

Jahn, Ilse: Scientia Naturae, in: Georg Forster in interdisziplinärer Perspektive. Beiträge des Internationalen Georg Forster-Symposions in Kassel, 1.–4. April 1993, Berlin 1993, Akademie-Verlag

Kant, Immanuel: Werke, Bd. I–XI. Hrsg. von Wilhelm Weischedel (3. Aufl.) Frankfurt a.M. 1977, suhrkamp

Kapuściński, Ryszard: Afrikanisches Fieber. Erfahrungen aus vierzig Jahren. München/Zürich 2008, Piper

Kertscher, Birgit: Johann Reinhold Forsters Log-Book kept on board His Majesty's Sloop Resolution, in: Georg-Forster-Studien XIII (2008), S. 201–213

Kinzel, Ulrich: Zeichen und Schüsse. Georg Forsters pazifistische Aufklärung, in: LWU. Literatur in Wissenschaft und Unterricht XXXVII (2004), S. 159–168

Kisch, Egon Erwin: Gesammelte Werke. Bd. 5. Berlin/Weimar 1974, Aufbau

Kisch, Egon Erwin: Interview mit den Pyramiden, in: Ders.: Entdeckungen in Mexiko. Köln 1981

Kittler, Friedrich: Optische Medien. Berliner Vorlesung 1999. Berlin, 2002, Merve

Knopf, Jan: Gegen Weltanschauungen. Am Beispiel von Bert Brecht, in: Wolfgang Asholt u.a. (Hrsg.): Unruhe und Engagement. Blicköffnungen für das Andere. Festschrift für Walter Fähnders zum 60. Geburtstag. Bielefeld 2004, Aisthesis, S. 507–519

Konersmann, Ralf (Hrsg.): Kritik des Sehens. Leipzig 1997, Reclam

Kreutzer, Leo: Alexander von Humboldt und die Gruppe 94. Naturwissenschaft und Naturästhetik im Projekt einer anderen Moderne, in: Welfengarten. Jahrbuch für Essayismus 4 (1994), S. 78–96

Kristeva, Julia: Fremde sind wir uns selbst. Frankfurt a.M 1990, suhrkamp

Lambert, Johann Heinrich: Texte zur Systematologie und zur Theorie der wissenschaftlichen Erkenntnis. Hrsg. von Georg Siegwart. Textbearbeitung von Horst D. Brandt. Hamburg 1988 (Philosophische Bibliothek; Bd. 406)

Langmantel, Valentin (Hrsg.): Ulrich Schmidels Reise nach Süd-Amerika in den Jahren 1534 bis 1554, Nach der Münchener Handschrift. Tübingen 1889, Litterarischer Verein Stuttgart

Lehmann-Nitsche, Robert: Ulrich Schmidel, der erste Geschichtsschreiber der La-Plata-Länder. München 1912, M. Müller

Leitner, Maria: Eine Frau reist durch die Welt. Berlin 1988, Dietz

Leitner, Maria: Elisabeth, ein Hitlermädchen. Erzählende Prosa, Reportagen und Berichte. Berlin/Weimar 1985, Aufbau

Lesbarkeit der Kultur. Literaturwissenschaft zwischen Kulturtechnik und Ethnographie. Hrsg. von Gerhard Neumann und Sigrid Weigel. München 2000, Fink

Lützeler, Paul-Michael: Europäische Identität in der Postmoderne. Vom Nationalismus zur Multikulturalität, in: Jahrbuch Deutsch als Fremdsprache 19 (1993), S. 100–115

Lützeler, Paul-Michael: Bürgerkrieg global. Menschenrechtsethos und deutschsprachiger Gegenwartsroman. München 2009, Fink

Macho, Thomas: Tiere 2. Ordnung. Kulturtechniken der Identität, in: Schmidinger, Heinrich/C. Sedmak (Hrsg.): Der Mensch – ein „animal symbolicum“? Sprache – Dialog – Ritual. Darmstadt 2007, S. 51–66

Mackay, John Henry: Die Anarchisten. Kulturgemälde aus dem Ende des 19. Jahrhunderts. [1891] Neue Ausg. (5. Aufl.) Berlin 1924

Mahne, Nicole: Transmediale Erzähltheorie. Eine Einführung. Göttingen 2007, Vandenhoeck & Ruprecht

Malinowski, Bronislaw: Argonauten des westlichen Pazifik. Ein Bericht über Unternehmungen und Abenteuer der Eingeborenen in den Inselwelten von Malinesisch-Neuguinea. Mit e. Vorw. von James Frazer. Aus dem Engl. von Heinrich Ludwig Herdt. Hrsg. von Fritz Kramer. Frankfurt a.M. 1984, Syndikat

Marx, Christoph: Geschichte Afrikas. Von 1800 bis zur Gegenwart. Paderborn u. a. 2004, UTB

Maslow, Abraham H.: Psychologie des Seins/Toward a psychology of being. Ein Entwurf. München 1973, Kindler

Maslow, Abraham H.: Motivation und Persönlichkeit. Olten 1978, Walter

Mau, Leonore: Xango. Texte: Hubert Fiche. Die afroamerikanischen Religionen I. Bahia Haiti Trinidad, Frankfurt/M. 1976, Fischer

Mau, Leonore/Hubert Fichte: Psyche. Annäherung an die Geisteskranken in Afrika. Hrsg. von Ronald Kay. Frankfurt/M. 2005, Fischer

Mauss, Marcel: Die Gabe, Form und Funktion des Austausches in archaischen Gesellschaften. Mit e. Vorwort von E.E. Evans-Pritchard. Übersetzt von Eva Moldenhauer. Frankfurt a.M. 1990, suhrkamp

Mayr, Franz: „Adieu ihr lieben Schwarzen". Gesammelte Schriften des Tiroler Afrika-Missionars Franz Mayr (1865–1914). Hrsg. von Clemens Gütl. Wien/Köln/Weimar: Böhlau 2004, Böhlau

Memmi, Albert: Der Kolonisator und der Kolonisierte. Zwei Porträts. Mit einem Vorwort von Paul Sartre. Frankfurt a.M. 1980, Syndikat (frz. Erstausgabe 1957)

Mittenzwei, Werner: Das Leben des Bertolt Brecht oder der Umgang mit den Welträtseln. Bd. 1. Berlin 1986, Aufbau

Morris-Keitel, Peter: Paradiesische Zustände. Zu Hans Paasches Weltnaturschutzkonzept, in: Jost Hermand (Hrsg.): Mit den Bäumen sterben die Menschen. Zur Kulturgeschichte der Ökologie. Köln/Weimar/Wien 1993, Böhlau, S. 221–240

Müllenmeister, Horst Martin: Berichte aus dem Paradies. Der Traum von den Inseln des Glücks, in: Erkundung und Beschreibung der Welt, Zur Poetik der Reise- und Länderberichte. Vorträge eines interdisziplinären Symposions vom 19. bis zum 24. Juni 2000 an der Justus-Liebig-Universität Gießen. Hrsg. von Xenia von Ertzdorff und Gerhard Giesemann u. Mitarb. von Rudolf Schulz. Amsterdam/New York 2003, S. 589–618

Müller-Funk, Wolfgang: Die Kultur und ihre Narrative. Eine Einführung. Wien/New York 2002, Springer

Natcha, Sylvie: Interdisziplinarität – Kulturtransfer – Literatur. Afrika-Fremdwahrnehmung in ausgewählten deutschsprachigen Reisewerken von der Kolonialzeit bis zur Gegenwart. Würzburg 2009, Königshausen & Neumann

Nenguié, Pierre Kodjio: Diskursespiele in deutschen Kolonialtexturen: Anmerkungen zu Hans Paasches publizistischen Texten, in: Mont Cameroun. Afrikanische Zeitschrift für interkulturelle Studien im deutschsprachigen Raum /Revue africaine d'etudes interculturelles sur l'espace germanophone Nr. 2 (Nov. 2005), S. 65–76

Nenguié, Pierre Kodjio: Ein Deutscher mit schwarzafrikanischer Seele besucht das Kolonialdeutschland: Zu Hans Paasches Anti-Globalisierungsdiskurs in den Werken ‚Ändert euren Sinn!' und ‚Die Forschungsreise des Afrikanders Lukanga Mukara ins Innerste Deutschland', in: literatur für leser, 2/2007, S. 97–109

Neuber, Wolfgang: Fremde Welt im europäischen Horizont. Zur Topik der deutschen Amerika-Reiseberichte der Frühen Neuzeit. Berlin 1991, Erich Schmidt

Niederwieser, Christof: Über die magischen Praktiken des Managements. Persönlichkeitsmodelle des modernen Managements im kulturhistorischen Vergleich. München/Mering 2002, Rainer Hampp

N'Sondé, Wilfried: Das Herz der Leopardenkinder. Roman. Aus dem Französischen von Brigitte Große. München 2008, Kunstmann (Französische Originalausgabe unter dem Titel Le Coeur des enfants-léopards Arles 2007)

Nünning, Vera/Nünning, Ansgar: „Produktive Grenzüberschreitungen. Transgenerische, intermediale und interdisziplinäre Ansätze in der Erzähltheorie", in: Dies.: Erzähltheorie transgenetisch, intermedial, interdisziplinär. Trier 2002, S. 1–20

Oesmann, Astrid: The Theatrical Destruction of Subjectivity and History in Brechts 'Trommeln in der Nacht', in: The German Quarterly 70.2 (1997), pp. 136–150

Paasche, Hans: „Ändert Euren Sinn!" Schriften eines Revolutionärs. Hrsg. von Helmut Donat und Helga Paasche. Bremen 1992 (Schriftenreihe Geschichte und Frieden, Bd. 2), donat-Verlag

Paasche, Hans: Die Forschungsreise des Afrikaners Lukanga Mukara ins innerste Deutschland. Hrsg. von Franziskus Hähnel und mit einem Nachwort von Iring Fetscher. Bremen 1998, Donat Verlag

Pleschinski, Hans: Brabant. Roman zur See. Frankfurt a.M. 1995, dtv

Pontzen, Alexandra/Heinz-Peter Preußer (Hrsg.): Schuld und Scham. Heidelberg 2008, Winter (Jahrbuch Literatur und Poetik; Bd. 3)

Promies, Wolfgang: Reisen in Zellen und durch den Kopf. Ansichten von der Aufklärung. Tübingen 1997, Kloepfer & Meyer (Promenade; 7)

Raabe, Wilhelm: Abu Telfan oder die Heimkehr vom Mondgebirge. (1868) Freiburg i.Br./Braunschweig 1951

Reemtsma, Jan Philipp: Die Gewalt spricht nicht. Drei Reden. Stuttgart 2002, Reclam

Ricœur, Paul: Das Selbst als ein Anderer (1990). München 1996, Fink

Ricœur, Paul: Vielzahl der Kulturen. Von der Trauerarbeit zur Übersetzung, in: Übersetzung als transkultureller Prozess. Exilforschung. Ein internationales Jahrbuch 25 (2007), S. 3–6

Röber, Tatjana: „Die neuen Methoden der Betrachtung“. Subjektivitäts- und Wahrnehmungskonzepte in Kulturtheorie und ‚sachlichem' Theater der 20er Jahre. Bd. 1. St. Ingbert 2001, S. 73–94.

röggla, kathrin: wir schlafen nicht. Roman. Frankfurt a.M. 2004, Fischer

Rosenberg, Marshall B.: Gewaltfreie Kommunikation. Eine Sprache des Lebens. (8. Aufl.) Paderborn 2009, Junfermann

Said, Edward W.: Kultur, Identität und Geschichte, in: Kulturtheorien der Gegenwart. Ansätze und Positionen. Hrsg. von Gerhard Schröder/Helga Breuninger. Frankfurt a.M./New York 2001, S. 39–58, Campus

Schäffner, Wolfgang: Topographie der Zeichen. Alexander von Humboldts Datenverarbeitung, in: Inge Baxmann/Michael Franz/Wolfgang Schäffner (Hrsg.): Das Laokoon-Paradigma, Zeichenregime im 18. Jahrhundert. Berlin 2000, Akademie-Verlag

Schäffner, Wolfgang: Verwaltung der Kultur, in: Wolfgang Schäffner/Sigrid Weigel/ Thomas Macho (Hrsg.): Der liebe Gott steckt im Detail. Mikrostrukturen des Wissens. München 2003, Fink

Scheffel, Michael: Metaisierung in der literarischen Narration. Überlegungen zu ihren systematischen Voraussetzungen, ihren Ursprüngen und ihrem historischen Profil, in: Janine Hauthal/Julijana Nadj/Ansgar Nünning/Henning Peters (Hrsg.): Metaisierung in Literatur und anderen Medien. Theoretische Grundlagen – historische Perspektiven – Metagattungen – Funktionen. München 2007, de Gruyter

Schlegel, Friedrich: Fragment einer Charakteristik der deutschen Klassiker, in: Friedrich Schlegel: Kritische Werke, 2. Bd. (Charakteristiken und Kritiken I). Sonderausgabe für die Wissenschaftliche Buchgesellschaft Darmstadt. München u. a. 1967

Schmidel, Ulrich: Wahrhaftige Historien einer wunderbaren Schiffart. Graz 1962

Schmidt, Anja C.: ‚Ich muss mich schwächer zeigen als ich bin, damit er sich stark fühlen und mich lieben kann.' Männer und Frauen in Exilromanen von Ödön von Horváth, Maria Leitner, Anna Gmeyner und Irmgard Keun, in: Julia Schöll (Hrsg.): Gender – Exil – Schreiben. Würzburg 2002, Königshausen & Neumann

Schmidt, Friedhelm: Literarische Reportagen aus ‚Anderen Zeiten und Breiten'. Egon Erwin Kischs ‚Entdeckungen in Mexiko', in: Mexiko, das wohltemperierte Exil. Hrsg. von Renata von Hanffstengel u.a. Mexiko 1995, Institudo de Investigaciones Interculturales Germano-Mexicanas

Schneider, Manfred: Der Barbar. Endzeitstimmung und Kulturrecycling. München 1997, Hanser

Schopenhauer, Johanna: Reise nach England (1818), Berlin 1982, Rütten & Loening

Schwarz, Helga: Internationalistinnen. Lebensbilder. Berlin 1989, Militärverlag

Schwarz, Thomas: Kolonialer Ekel und die Kultur der Gewalt. Zur strategischen Allianz von Tropen- und Rassenhygiene mit der deutschen Kolonialliteratur, in: Worte, Blicke, Träume. Beiträge zum deutschen Kolonialismus in Literatur, Fotografie und Ausbildung Jg. 29 (2007) Sonderreihe, Bd. 53, S. 23–49

Siegel, Eva-Maria: Jugend, Frauen, Drittes Reich. Autorinnen im Exil 1933–1945. Pfaffenweiler 1993, Centaurus

Siegel, Eva-Maria: High Fidelity – Konfigurationen der Treue um 1900. München 2004, Fink

Siegel, Eva-Maria: Topographie des Tausches, Topographie des Instruments. Zwei Wahrnehmungsmodi des Fremden um 1800, in: Hartmut Böhme (Hrsg.): Topographien der Literatur. Deutsche Literatur im transnationalen Kontext. DFG-Symposion 2004. Stuttgart/Weimar 2005, Metzler, S. 625–647

Siegel, Eva-Maria: Tauschverhältnisse. Gabe, Diebstahl und Besitz um 1800 am Beispiel von Georg Forsters ‚Reise um die Welt'. In: Host Dippel/Helmut Scheuer (Hrsg.): Georg-Forster-Studien XI/1 (2006), Kassel, S. 301–321

Siegel, Eva-Maria: Verstrickte Akteure. Schwellen und Vernetzungen von Mensch und Umwelt im Werk Georg Forsters, in: Georg-Forster-Studien XII (2007), S. 99–118

Simo, David: Die Suche nach einer postkolonialen Sprache, in: Paul Michael Lützeler (Hrsg.): Schriftsteller und Dritte Welt. Studien zum postkolonialen Blick. Tübingen 1998, Stauffenburg (Studien zur deutschsprachigen Gegenwartsliteratur, Bd. 8)

Simon, Josef: Kant. Die fremde Vernunft und die Sprache der Philosophie. Berlin/New York 2003, de Gruyter

Simon, Ralf: Medienwechsel der Theatralität? Zu Brechts Dreigroschenprojekt (Oper, Roman, Film, Prozess), in: Erika Fischer-Lichte: Theatralität und Krisen der Repräsentation. Stuttgart/Weimar 2001, Metzler, S. 252–280

Smith, Adam: Theorie der moralischen Empfindungen. Braunschweig 1770

Smith, Adam: Der Wohlstand der Nationen. Eine Untersuchung seiner Natur und seiner Ursachen. Aus dem Engl. von Horst Claus Recktenwald. Vollst. Ausg. nach der 5. Aufl. (letzter Hand). London 1789 (10. Aufl.) München 2003, dtv

Stagl, Justin: Eine Geschichte der Neugier, Die Kunst des Reisens 1550–1800. Wien/Köln/Weimar 2002, Böhlau

Thomas, Konrad: René Girard: Ein anderes Verständnis von Gewalt, in: Stephan Moebius/Dirk Quadflieg (Hrsg.): Kultur. Theorien der Gegenwart. Wiesbaden 2006, Verlag für Sozialwissenschaften

Timm, Uwe: Heißer Sommer. Roman. Köln 1985, Kiepenheuer & Witsch

Trotha, Trutz von: Die Zukunft der Gewalt, in: Kursbuch Jg. 2002, 147, S. 161–173

Uhlig, Ludwig: „Georg Forster, Captain Cook und das Tabu", in: Georg-Forster-Studien IX (2004)

Uhlig, Ludwig: Georg Forster. Lebensabenteuer eines gelehrten Weltbürgers (1754–1794). Göttingen 2004, Vandenhoeck & Ruprecht

Vogl, Joseph: Kalkül und Leidenschaft. Poetik des ökonomischen Menschen. München 2002, Sequenzia

Vogl, Joseph: Sympathie und Symbolik bei Lessing, in: Kontingenz und Steuerung. Literatur als Gesellschaftsexperiment 1750–1830. Hrsg. von Torsten Hahn/ Erich Kleinschmidt/Nicolas Pethes, Würzburg 2004, Königshausen & Neumann

Waldenfels, Bernhard: Studien zur Phänomenologie des Fremden, Bd. 1–3. Frankfurt a.M. 1999, suhrkamp

Walter, Hans-Albert: Ein Reporter, der keiner war. Rede über Egon Erwin Kisch. Stuttgart 1988

Weinberg, Manfred: Akut. Geschichte. Struktur. Hubert Fichtes Suche nach der verlorenen Sprache einer poetischen Welterfahrung. Bielefeld 1993, Aisthesis

Winkelmann, Dirk: Selbstbeschreibungen der Vormoderne. Theorietypologien und ästhetische Reflexionen gesellschaftlicher Ausdifferenzierung bei Schiller, Novalis, Forster und Marx. Frankfurt a.M. u.a. 2000 (Forschungen zur Literatur- und Kulturgeschichte; Bd. 68), Lang

Zanetti, Véronique: Kants Auffassung von Wahrheit, in: Athenäum. Jahrbuch für Romantik 12. Jg. (2002), S. 91–110

Zur Kritik der Gewalt. Trajekte 8. Jg. (2007) 15

1 Überarbeitete Fassung eines auf der Tagung des Internationalen Germanistenverbandes Paris 2005 gehaltenen Vortrags, in gekürzter Fassung abgedruckt im Tagungsband: *Akten des XI. Internationalen Germanistenkongresses Paris 2005*, Bd. 9 (Divergente Kulturräume in der Literatur – Kulturkonflikte in der Reiseliteratur). Jahrbuch für internationale Germanistik Rehe A – Band 85. Bern u. a. 2007

2 Überarbeitung der Vorabdrucke in: Mont Cameroun. Afrikanische Zeitschrift für interkulturelle Studien im deutschsprachigen Raum/Revue africaine d'études interkulturelles sur l'espace germanophone. Hrsg. von Esaie Djomo 4 (Dezember 2007), S. 143–156 sowie in: Amadou Booker Sadji (Ed./Hrsg.): L'Afrique et Kant/Afrika und Kant. Etudes Germano-Africaines, Vol. 22, Berlin 2008, S. 148–161

3 Überarbeitung und Zusammenfassung mehrerer Beiträge für die Georg-Forster-Studien: Tauschverhältnisse. Gabe, Diebstahl und Besitz um 1800 am Beispiel von Georg Forsters „Reise um die Welt", in: Georg-Forster-Studien XI/1 (2006). Hrsg. im Auftrag der Georg-Forster-Gesellschaft von Horst Dippel und Helmut Scheuer. Kassel: University Press, S. 301–321; Verstrickte Akteure. Schwellen und Vernetzungen von Mensch und Umwelt im Werk Georg Forsters, in: Georg-Forster-Studien XII (2007). Hrsg. im Auftrag der Georg-Forster-Gesellschaft von Horst Dippel und Michael Ewert. Kassel: University Press, S. 99–117. der 3. ist derzeit im Erscheinen im Band XV (2010): Keine Revolution ohne Weltreise? Zur Konvergenz von Prä- und Postkolonialismus am Beispiel Georg Forsters

4 Stark überarbeitete Fassung des Habilitationsvortrages in der Philosophischen Fakultät der Universität zu Köln am 30. Januar 2002, Erstfassung in: HiN, Alexander von Humboldt im Netz, IV, 7 (2003)

5.1 und 8.1 Vorfassungen in: See(h)reisen 1800 – 1900 – 2000 in: Acta Germanica. German Studies in Africa. Jahrbuch des Germanistenverbandes im südlichen Afrika Bd. 35 (2007), S. 25–38

6.1 Vorfassung in: Liebe, Verrat und Tod. Anmerkungen zum Verhältnis von Diskurs und Materialität in Brechts dramatischem Werk der 20er Jahre, in: Acta Germanica. German Studies in Africa. Jahrbuch des Germanistenverbandes im südlichen Afrika Bd. 36 (2008), S. 47–58

6.2 und 6.3 Vorfassungen in: Lesestoffe von der Peripherie. Zur Kunst der Reportage oder Filme, die man im Kino nicht zu sehen bekommt, in: Exilforschung. Ein internationales Jahrbuch. Hrsg. im Auftrag der Gesellschaft für Exilforschung/Society for Exile Studies von Klaus-Dieter Krohn und Lutz Winckler in Verbindung mit Wulf Koepke und Erwin Rotermund, Bd. 27 (2009): Exil, Entwurzelung, Hybridität, S. 102–114

EVA-MARIA SIEGEL, geb. 1957, Apl. Professorin der Universität zu Köln im Fach Neuere Deutsche Literaturwissenschaft, Dr. phil. an der Humboldt-Universität zu Berlin, Trainerin und Beraterin mit den Schwerpunkten Coaching und Mediation, wissenschaftliche Forschungs- und Lehrgebiete: Literaturgeschichte 18. bis 21. Jh., Diskurs-, Gattungs- und Mediengeschichte

Zeitfracht Medien GmbH
Ferdinand-Jühlke-Straße 7
99095 Erfurt, Deutschland
produktsicherheit@kolibri360.de